本书由国家社科基金教育学一般项目"我国公共教育投资绩效的区域差异及其空间溢出效应研究"（BFA180065）资助

中国公共教育支出绩效及其区域异质性研究

ZHONGGUO GONGGONG JIAOYU ZHICHU JIXIAO

JIQI QUYU YIZHIXING YANJIU

张同功　等著

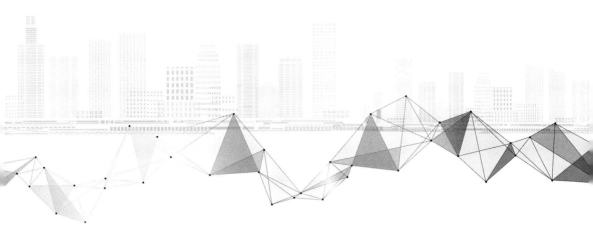

中国财经出版传媒集团

经济科学出版社
Economic Science Press
北京

图书在版编目（CIP）数据

中国公共教育支出绩效及其区域异质性研究／张同
功等著 . -- 北京：经济科学出版社，2024.3
ISBN 978 - 7 - 5218 - 5708 - 5

Ⅰ. ①中… Ⅱ. ①张… Ⅲ. ①教育经费 - 社会文教支
出 - 绩效 - 评价 - 中国 Ⅳ. ①G526.7

中国国家版本馆 CIP 数据核字（2024）第 058197 号

责任编辑：李　雪　凌　健
责任校对：李　建
责任印制：邱　天

中国公共教育支出绩效及其区域异质性研究
ZHONGGUO GONGGONG JIAOYU ZHICHU JIXIAO JIQI QUYU YIZHIXING YANJIU
张同功　等著
经济科学出版社出版、发行　新华书店经销
社址：北京市海淀区阜成路甲 28 号　邮编：100142
总编部电话：010 - 88191217　发行部电话：010 - 88191522
网址：www. esp. com. cn
电子邮箱：esp@ esp. com. cn
天猫网店：经济科学出版社旗舰店
网址：http：//jjkxcbs. tmall. com
固安华明印业有限公司印装
710 × 1000　16 开　21.75 印张　380000 字
2024 年 3 月第 1 版　2024 年 3 月第 1 次印刷
ISBN 978 - 7 - 5218 - 5708 - 5　定价：98.00 元
（图书出现印装问题，本社负责调换。电话：010 - 88191545）
（版权所有　侵权必究　打击盗版　举报热线：010 - 88191661
QQ：2242791300　营销中心电话：010 - 88191537
电子邮箱：dbts@ esp. com. cn）

前　言

　　百年大计，教育为本，教育是民族振兴、社会进步的基石。党的十九大报告明确指出建设教育强国是中华民族伟大复兴的基础工程，必须把教育事业放在优先位置，加快教育现代化，办好人民满意的教育①；党的十九大报告还明确指出我国社会主要矛盾已经转化为人民日益增长的美好生活需要和不平衡不充分的发展之间的矛盾②，而区域发展的不平衡是其中非常重要的一个方面，教育投资在促进区域均衡发展、解决社会主要矛盾方面将发挥重要作用。新时代背景下，做好公共教育支出绩效及其区域异质性问题研究，为教育经费管理部门提供相应的决策支持，对提高我国公共教育经费使用效率、改善教育投资质量，促进教育投资公平及区域均衡发展具有一定实际意义。

　　现代社会以人为本，人力资本因素是地方经济发展和社会进步的核心要素，地区公共教育支出往往通过影响地方人力资本的积累，进而影响到地方经济发展和社会进步，即公共教育经费作为一种投入，最直接的产出便是人力资本，即公共教育经费通过投入教育系统，培养出各级各类人才，形成经济发展所需要的人力资本积累，而人力资本参与科学研究与经济建设，通过技术创新、技术模仿等手段直接或间接作用于经济增长，再进一步带动社会各项事业的发展，进而促进经济社会全面发展。这就是公共教育支出的绩效问题，而公共教育经费投入绩效受区域环境、投入规模、结构、人口流动等多种因素的影响，如人口流动造成的人力资本的溢出和溢入问题等都值得密切关注和研究。

　　自从经济学家们研究发现了人力资本对经济的重要作用以来，学者们对教育绩效和人力资本作用的研究就没有间断过。1957 年，索洛（Solow）通过建立教

---

　　① http：//opinion. people. com. cn/n1/2018/0715/c1003 – 30147464. html.

　　② http：//opinion. people. com. cn/n1/2018/0330/c1003 – 29897552. html.

育投入与教育产出的生产方程，首次研究了教育对经济增长的影响；1960 年，舒尔茨（Schultz）研究证明美国教育投资的收益达到整个国民收入增长收益的 1/3，教育对国民收入余值增长的贡献率达到 70%。自此人力资本理论逐步创立，开辟了关于人类生产能力的崭新思路，也逐渐肯定了教育在人力资本形成和积累中的重要作用。在基础理论逐步确立以后，国内外众多学者就教育投资绩效和人力资本的作用等问题进行了大量理论推演和实证检验，如 1998 年，沃尔特（Walter）等建立了考虑教育外部性的生产函数，肯定了公共教育投资正的外部性；2006 年，芬格尔顿（Fingleton）证明了人力资本不仅作用于特定区域，且影响邻近区域，若未考虑空间溢出效应，那么教育对经济的回归结果可能有偏差。我国学者王善迈、范柏乃、于凌云、刘晔、陈红玲、才国伟等也从不同视角，对不同区域教育投资的经济绩效进行了实证研究，肯定了教育投资的重要作用。如赵树宽、刘新荣、卜振兴、左勇华等认为虽然教育投入对经济增长具有倒 "U" 型的影响，但我国处在促进经济增长的阶段；又如钟无涯研究发现北京教育投入对经济增长绩效统计不显著，而上海、广东教育投入与经济增长均存在双向格兰杰因果关系，且广东教育投入对经济增长具有持续显著的高正向激励；再如谢秀桔（2015）认为目前东中部教育投入的公平程度明显好于西部地区，对于教育资源的合理分配程度也优于西部地区，因此教育投入对东、中部经济发展与社会进步是明显有效的。总之，国内外相关研究为本书研究奠定了深厚的理论和经验基础。

我国正处于经济转型发展的关键时期，新旧动能的转换、产业结构的升级和优化都离不开人力资本的有效支撑，而教育投资是培养适用人才、促进人力资本积累的主要手段，因此应做好公共教育支出的规模与结构管理、效率与效果评价等工作。在此背景下，本书将基于前人理论与经验研究，从我国省际差异视角出发，以公共教育支出绩效为主线，在构建公共教育支出绩效评价体系的基础上，就公共教育支出、人力资本积累、经济增长和社会发展，以及教育投资绩效溢出和溢入等问题进行中国实证研究，并提出了相应的对策建议。本书以理论和政策研究为基础，以实证研究为主体，力求把理论性、前沿性与实践性、可操作性融为一体。既可以为读者学习和研究相关问题提供必要的支持和指导，也可以为政府部门解决教育经费管理中的诸多问题提供一定的理论支撑与现实指导。

需要着重说明的是，笔者从事财政与金融投资研究工作十余年，2016 年获批青岛市"十三五"教育规划重大招标课题以来，把教育投资作为一个重要的研究方向，开始了潜心研究，并于 2017 年获批山东省"十三五"教育规划重点课题、2018 年获批国家社科基金教育学一般项目：我国公共教育投资绩效的区域差异及其空间溢出效应研究，省市级课题为本书研究拓展了思路，奠定了研究基础，而本书研究思路和内容基本围绕国家社科基金项目主题开展，可以说是该国家社科基金教育学专项的成果汇编，如果没有相关课题经费的支持，本书就无法高质量地完成，在此向课题委托方表示衷心的感谢！

　　本书在写作过程中，参考了大量的国内外资料，笔者已尽可能地在脚注和参考文献中一一列出，在此，对书中所有的引文资料原作者表示诚挚的感谢。但是，也有可能由于疏忽和文献来源不清，引用了一些资料而没有注明出处，若有此类情况发生，在此深表歉意与感谢。本书写作过程中得到了刘立峰、李勋来、戴尊红、赵得志、陈明、陈阳、孙一君、张隆、初桂民、孟凡良等领导、老师和研究生的大力支持与帮助，在此一并表示感谢。此外，个别章节由研究生张隆、赵得志、初桂民、孟凡良等同学和笔者一起完成，相关论文已经发表，在此对辛苦付出的研究生、论文审稿专家和杂志编辑老师表示衷心的感谢！最后，由于笔者能力等有限，本书作为一部探索之作，难免存在缺陷和不足，恳请各位同仁和广大读者批评指正。

张同功

于天津市南开区白堤路

2020 年 5 月 6 日

目　　录

第一篇　基础篇

第二篇 实证篇

第三篇　专题篇

第一章　绪　　论

第一节　研究背景与意义

一、研究背景

（一）优先发展教育事业是我国政府重要的政策取向之一

近几年来，民生问题已经成为我国经济社会发展中的重中之重。党的二十大报告着重提出要坚持在发展中保障和改善民生，并指出保障和改善民生要抓住人民最关心最直接最现实的利益问题[1]；提出要实现好、维护好、发展好最广大人民的根本利益，紧紧抓住人民最关心最直接最现实的利益问题，坚持尽力而为、量力而行，深入群众、深入基层，采取更多惠民生、暖民心举措，着力解决好人民群众急难愁盼问题[2]。而教育事业的发展牵涉几乎所有老百姓的利益，又是民生问题中的重点。党的十九大报告[3]和党的二十大报告[4]均强调：必须把教育事业放在优先位置，办好人民满意的教育。党的二十大报告强调，坚持以人民为中心发展教育，加快建设高质量教育体系，发展素质教育，促进教育公平[5]。我们要全面贯彻党的教育方针，落实立德树人根本任务，发展素质教育，推进教育公平，培养德智体美劳全面发展的社会主义建设者和接班人。推动城乡义务教育一体化发展，高度重视农村义务教育，办好学前教育、特殊教育和网络教育，普及

---

[1]　http：//sn. people. com. cn/n2/2022/1021/c186331 - 40165864. html.

[2]　http：//opinion. people. com. cn/n1/2022/1021/c223228 - 32548876. html.

[3]　https：//www. gov. cn/zhuanti/2017 - 10/27/content_5234876. htm.

[4][5]　https：//www. gov. cn/gongbao/content/2022/content_5722378. htm.

高中阶段教育，努力让每个孩子都能享有公平而有质量的教育。完善职业教育培训体系，深化产教融合、校企合作。加快一流大学和一流学科建设，实现高等教育内涵式发展。健全学生资助制度，使绝大多数城乡新增劳动力接受高中阶段教育、更多接受高等教育。支持和规范社会力量兴办教育。加强师德师风建设，培养高素质教师队伍，倡导全社会尊师重教。办好继续教育，加快建设学习型社会，大力提高国民素质。可见，教育工作是民生问题的重点，优先发展教育事业是我国政府重要的政策取向之一。

（二）加强财政投资绩效管理已经成为财税体制改革的重要方向

党的十九大报告明确指出要加快建立现代财政制度，建立全面规范透明、标准科学、约束有力的预算制度，全面实施绩效管理①。可见党的十九大报告确立了新一轮财税改革的顶层设计，为今后一段时期全面深化财税体制改革，指明方向、明确任务。其中"绩效"二字首次写入纲领性文件，将绩效管理提升到一个前所未有的高度，对新一轮财税体制改革具有指引性的重大意义。

其实，关于财税制度改革，早在 2015 年 1 月 1 日正式施行的新预算法，就强调了"绩效性"原则，即各级预算应当遵循统筹兼顾、勤俭节约、量力而行、讲求绩效和收支平衡原则（第 12 条），并指出预算编制要结合"有关支出绩效评价结果"进行（第 32 条）。2018 年，我国政府将依然坚持积极的财政政策取向不变，但要聚力增效，尤其提出要优化财政支出结构，提高财政支出的公共性、普惠性，更多向创新驱动、"三农"和民生等领域倾斜。要求各级政府仍要坚持过紧日子，执守简朴、力戒浮华，严控一般性支出，把宝贵的资金更多地用于为发展增添后劲、为民生雪中送炭。

同时，我国经济运行依然面临较大压力，财政收支矛盾突出，要求各级政府要坚持树立过紧日子的思想。强化财政资金统筹力度，优化支出结构，改变部分支出项目只增不减的固化格局，切实提高支出绩效。可见，我国财政收支矛盾加剧的现实，也凸显了预算绩效管理的紧迫性、重要性。

综上所述，一方面教育是民生问题的重点，我国越来越重视教育事业的发展；另一方面，财政收支矛盾加剧要求我们必须十分重视财政支出的绩效管理工作，这也是科学财政的必然要求，公共教育支出占据了我国财政支出的 1/5 左

---

① https：//www.gov.cn/zhuanti/2017 - 10/27/content_5234876.htm.

右，是财政支出的重要环节和内容，自然也是财政绩效管理的重要内容，因此，在新时代背景下，构建科学合理的公共教育支出绩效综合评价体系，实施公共教育支出全面绩效管理不仅符合时代要求，而且具有现实意义。

（三）区域协调发展战略是我国今后一段时间的重点战略

中国特色社会主义进入新时代，我国社会主要矛盾已经转化为人民日益增长的美好生活需要和不平衡不充分的发展之间的矛盾，其中区域发展的不平衡和中西部地区发展的不充分问题是非常重要的一个方面，所以实施区域协调发展战略同样是党的十九大报告的一个重要议题。党的十九大报告同样明确指出要实施区域协调发展战略，加大力度支持革命老区、民族地区、边疆地区、贫困地区加快发展，强化举措推进西部大开发形成新格局，深化改革加快东北等老工业基地振兴，发挥优势推动中部地区崛起，创新引领率先实现东部地区优化发展，建立更加有效的区域协调发展新机制①。教育事业是地区经济发展和社会进步的基石，实施区域协调发展战略离不开教育事业的均衡发展。今后一段时期，区域协调发展战略必然是我国重点发展战略，而促进教育均衡发展也将是其中一个非常重要的议题。

二、研究意义

基于以上三大背景，我国今后一段时间必然要大力促进教育事业的区域均衡发展，以服务于我国的区域均衡发展战略，而教育事业的均衡发展离不开公共教育支出的优化和管理，无论是中央，还是地方，都希望财政资金的支出是有效率的，尤其是在目前财政资金吃紧的情况下，加强公共教育经费支出效率研究，提高公共教育经费的使用效率，具有现实意义。而公共教育经费进入教育系统，通过教育系统的人才培养，可以为地方经济发展和社会进步奠定人力资本基础，对地方经济发展和社会进步，以及人口素质的提高都具有非常重要的作用，但是由于人才流动等原因的存在，公共教育支出的空间外溢效应十分明显，落后地区的人才流向发达地区的情况虽不如以前那么严重，但随着国家政策的变化和时代的

---

① https：//www.gov.cn/zhuanti/2017－10/27/content_5234876.htm.

进步，区域间人力资本的流动已成为常态，因此，在新时代背景下，从区域差异视角出发，系统研究公共教育支出绩效及其空间溢出问题，尤其是案例分析和实证研究，不仅有利于客观认识各区域教育支出的实际贡献，进而为国家层面教育投资政策倾斜提供决策依据，对促进教育投资公平具有现实意义，而且对我国各省份贯彻党的十九大精神，提升教育投资的绩效，促进区域均衡发展具有较高的应用价值。

此外，本书将在经典教育学与经济学理论的指导下，系统研究我国 31 个省域公共教育投资绩效的现状及影响因素，并基于空间溢出效应修正其绩效，其中相关理论的梳理与研究范畴的拓展能够进一步丰富教育经济学理论体系，对拓展教育经济学研究广度与深度较具学术价值，而空间溢出效应的研究将对研究公共教育投资的外部性问题做出一定的理论贡献。此外，利用多种统计与计量方法对各省份经济绩效、社会绩效和综合绩效指数的测算、采用空间计量模型对公共教育投资空间溢出效应的评价、采用多元回归分析法对绩效及其溢出效应影响因素开展的研究、采用波士顿矩阵和层次聚类分析方法所进行的聚类分析，以及对地方公共教育支出合理规模的测度等都离不开理论与实际的结合，尤其是理论与方法的支撑。上述多种计量与评价方法的综合运用，能够进一步丰富教育绩效领域的研究方法体系，具有一定学术价值。

总之，本书将理论、方法与实证结合起来，从区域差异视角出发，对我国公共教育经费的绩效及其相关问题进行测度与评价，在理论支撑的基础上，得出较为客观的结论，对丰富公共教育投资领域相关理论、加强公共教育经费管理、促进区域协调发展较具意义。

第二节　研究对象与内容

本书以"我国公共教育支出绩效及其区域异质性"相关问题为研究对象，基于我国公共教育支出的现状与问题，从区域差异视角出发，在财政经济学、教育经济学和空间经济学原理与研究方法的指导下，围绕我国各省份公共教育支出的绩效测评、空间溢出效应、聚类分析及规模合理化等问题展开研究。具体研究内容如下。

一、公共教育投资的投入产出现状与问题研究

这部分是本书的逻辑起点。首先是现状描述。拟根据收集与调研的数据，从受教育人口、人口流动、公共教育投资、科技创新能力、学历结构等投入和产出指标入手，分析典型区域公共教育投入与产出的现状，并采用 Dagum 基尼系数等统计分析方法进行空间定量统计描述，分析我国公共教育投入与产出的空间动态和演进态势，全面分析我国省际公共教育投资和产出的非均衡性；其次是问题提炼。基于现状分析结果，全面认识我国公共教育投入和产出的区域非均衡性、投资绩效的区域差异性及其空间溢出等问题，并在问题导向下进一步研究公共教育支出的规模合理性、结构差异性和绩效客观性等关键问题。

二、公共教育支出的绩效问题研究

一是规模绩效及规模合理性相关问题研究。拟基于省域差异研究规模绩效，并对各省份的规模合理性进行系统测度，以衡量我国 31 个省份①公共教育支出的合理性及其效用问题。二是公共教育支出经济绩效测度及区域差异分析。基于31 个省份的教育投入与产出面板数据，选择多元回归计量模型，系统测评各省份公共教育投资的经济绩效及其差异性。三是社会绩效的测度及区域差异分析。拟从经济发展、社会进步、促进就业和缩小城乡差距等方面出发构建公共教育支出的社会绩效指标体系，采用综合评价法求出社会绩效指数，并进行区域差异分析。四是综合绩效测度及区域差异分析。基于对经济绩效和社会绩效的测度，采用德尔菲法获取专家意见，构建综合评价模型，测度各省份公共教育投资的综合绩效指数，并进行区域差异比较研究。此外，将设定投入产出指标，采用传统的数据包络分析，对公共教育支出的综合绩效进行验证，以增强研究结论的客观性。此外，公共教育支出对地方人力资本积累和居民收入也有较为重要的影响，该主题也是本书研究的重点之一。五是影响因素研究。根据绩效测度结论，采用多元回归计量方法，进行公共教育支出规模、结构绩效等的影响因素进行系统研究，厘定投入规模、结构、人口流动等影响因素的性质，进而引出教育投资的空

---

① 考虑数据的可获得性、完整性和统一口径的一致性等原因，全书选取的数据未包含港澳台地区。

间溢出效应问题。

三、公共教育支出、人力资本相关问题的实证研究

在本书的实证篇，在系统测评区域公共教育支出经济绩效和聚类分析的基础上，基于中介效应模型和多元回归分析，从区域差异的视角出发，对公共教育支出、人力资本积累和居民收入、经济增长等问题进行了实证分析，并就公共教育支出绩效溢出问题进行了实证研究，主要是基于空间计量模型，从人口流动和知识溢出等角度研究我国公共教育支出绩效的空间溢出问题和治理措施。最后，专门分析我国公共教育支出的空间异质性和区域投入的合理性问题。该部分基于多种计量模型进行实证分析，主要是从不同角度深入分析公共教育支出的绩效问题。

四、基于典型特征的聚类分析与对策建议研究

首先是典型特征分析。根据之前的测算结果与影响因素研究，分析不同省份的实际公共教育支出绩效的高低、空间溢出和溢入效应的大小等典型特征与问题。其次是基于典型特征的聚类分析。基于公共教育支出绩效的高低、空间溢出效应的大小等典型特征，采用波士顿矩阵与层次聚类法对我国 31 个省份进行聚类分析。最后是对策研究，主要是分类型和特征、宏中微观相结合，为国家层面和省域层面做好教育投资管理提出相应的对策建议，以供相关部门决策参考。该部分内容主要体现在第六章和其余章节的对策建议部分。

五、高等教育专题与典型地区案例研究

基于本书作者已有研究成果和支撑本书内容系统全面的需要，考虑到高等教育支出绩效一直是学术界研究的热点，本书将进行高等教育资源配置效率和高等教育对科技创新、产业高质量发展的影响等问题进行专题研究。典型案例研究选择的是山东省实证报告。山东省是人口和教育大省，在自身公共教育支出方面有自己的特点和问题，值得专门研究，如其近些年来的人口外流造成的公共教育支出绩效溢出问题就非常值得关注和研究的。

基于上述研究内容，研究团队完成了多篇论文与研究报告的写作，并就相关问题进行了针对性的研究，汇集成本书。

第三节 研究视角与思路

一、研究视角

本书进行相关研究是为了客观认识公共教育支出规模、结构和绩效的区域差异，促进各地区进一步提高公共教育资金使用效率，进而促进教育公平，以为我国区域协调发展提供相应的理论支撑和现实指导。因此，基本研究视角是认识区域差异、促进教育公平和提升财政绩效。

（一）区域差异视角

我国幅员辽阔，地区受教育人口、经济发展水平和各种背景条件差异较大，区域发展很不均衡，而教育经费主要由地方政府承担，中央划拨只占其中的一小部分，因此造成了各省份教育事业发展的差异性较大；而由于投入规模、结构和管理能力的差异，各省份公共教育经费的使用效率也具有一定的差异性，因此，从区域差异的视角出发，客观分析各省份公共教育支出的规模、结构和绩效问题，为31个省份认清自身问题，后进学习先进，全面改善教育支出绩效提供了理论支撑和现实指导。在我国大力促进区域协调发展的大背景下，基于区域差异视角的分析较具意义。

（二）教育公平视角

现实背景条件决定我国地区和城乡教育水平差距明显，教育基础设施差别很大，教育经费支出倾斜是改善落后地区，尤其是乡村地区办学条件，促进教育公平的重要手段，因此基于教育公平视角，分析各地区公共教育经费支出的绩效问题，研究公共教育经费支出绩效评价、存在问题及提升对策，对中央转移支付、专项教育经费针对性地使用和促进教育公平很有意义，在我国大力改善民生，加快乡村建设，重点发展落后地区等各项政策背景下，基于教育公平视角的系统研究具有一定理论和实践意义。

(三) 财政绩效视角

党的十九大报告明确指出要加快建立现代财政制度，全面实施绩效管理。公共教育经费是财政资金的重要组成部分，其绩效管理自然也成为财政绩效管理的重要组成部分。从绩效视角出发，加强公共教育经费支出规模和结构的研究，为各级政府提升公共教育经费使用效率、促进资金的有效分配和合理使用提供必要的理论支撑和现实指导是本书的研究目的之一。新时代背景下，在各级政府财政吃紧，十分重视财政资金使用绩效的背景下，基于财政绩效视角的系统研究很有必要。

二、研究思路

本书基本遵循"提出问题—分析问题—解决问题"的基本思路。重点是分析问题，偏重理论与实践的有效结合。首先是基于背景与现状分析、文献和理论研究，提出新时代背景下，为了促进区域教育支出的公平分配与均衡发展，需要客观厘定我国公共教育支出绩效的区域差异问题。其次是从多个视角对各省份公共教育投资的绩效进行测度与比较研究，这部分由本书实证篇构成，是研究的重点，除了对经济绩效、社会绩效和综合绩效进行测度之外，还对公共教育支出和地区人力资本积累、经济增长、居民收入的关系机制和影响程度等进行了系统分析，并基于绩效视角，进一步研究公共教育支出的合理规模、空间溢出等问题。最后大部分实证研究，都会基于客观的研究结论进行聚类分析，并提出相应的对策建议，以供参考。具体逻辑框架如图 1 - 1 所示。

三、主要研究方法

（1）统计测度与计量分析法。一是现状分析部分将采用 Dagum 基尼系数法和空间马尔可夫链法对我国公共教育投资与产出的均衡性进行空间定量统计描述；二是公共教育投资的综合绩效测度将采用 DEA - Malmquist 指数模型进行统计处理，同时还将基于生产函数进行模型构建与计量分析；三是社会绩效与综合绩效测度将采用模糊综合评价法，构建指标体系，测算社会绩效和综合绩效指数；四是对影响因素的研究，拟构建动态面板数据模型，进行多元回归分析，实

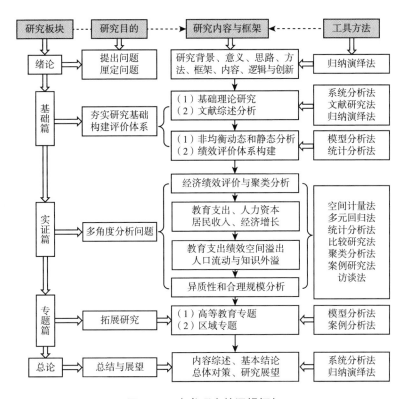

图1-1 本书研究的逻辑框架

资料来源：笔者绘制。

证检验各影响因素贡献程度及其显著水平；五是空间溢出效应测算部分将引入时空变量，构建动态空间面板模型，在空间滞后模型（spatial lagged model，SLM）、空间误差模型（spatial error model，SEM）和空间杜宾模型（spatial Durbin model，SDM）中选择最优模型，或者多模型分别测算后比较结果，以增加研究结果的客观性。

（2）聚类分析与比较研究法。区域差异研究必然要进行区域比较，研究过程中将对我国各省份的三类绩效指数、相关影响因素、空间溢出溢入效应等进行纵横向的对比研究，以识别区域差异及其变化趋势，而在区域异质性研究的基础上，将采用基于典型特征的层次聚类法和波士顿矩阵法对31个省份进行聚类分析，并针对性地提出对策建议。

（3）专家访谈与案例分析法。研究过程中将根据需要进行专家访谈，采用德尔菲法等调查方法，寻求专家智力支持，同时将选择典型省份进行案例分析与结论验证，以增加研究结论的说服力和客观性，研究过程中不仅对行业专家进行了访谈，还深入几个省份的教育主管部门进行了数据调研和行业访谈，最终形成了地方专题报告。

（4）归纳演绎与系统分析法。无论是研究背景与意义分析，还是文献研究，以及对策建议分析，都离不开对已有资料的归纳和演绎，而整个研究对象和管理部门都是系统化的存在，必须系统和全面地分析问题。因此归纳演绎和系统分析研究方法贯穿于整个研究过程和研究内容之中，如对策建议的研究必须归纳已有政策，并能提出创新性的思路建议，而建议对象势必包含中央和地方整个教育管理系统中的多个部门。

第四节　研究创新与展望

一、研究创新

（1）研究视角的创新。本书主要是从多个视角来研究公共教育支出及其绩效问题。主要视角是区域差异视角，无论是公共教育支出的空间分布、支出绩效测度、人力资本效应，还是支出效应溢出和溢入等问题的研究都是基于我国 31 个省份的空间差异进行的系统研究，较之前相关研究更加具体和全面，有一定新意。此外，基于区域差异对 31 个省份公共教育支出的合理规模研究，以及空间溢出和溢入的研究，着眼点都有一定新意，丰富了相关研究内容，研究视角有一定的创新性。

（2）研究方法的创新。本书针对研究的问题，基本思路就是在已有研究方法的基础上尽可能地引入新的研究方法展开系统研究，如在公共教育支出绩效测度方面，除了采用传统的生产函数法、模糊综合评价之外，还根据研究需要在综合绩效测度时，引入了三阶段 DEA 模型方法，具有一定的新意。而在公共教育支出空间溢出效应测度时，所采用的空间计量模型也是在该领域首次应用。此外，在空间聚类分析方面，打破了传统东部、中部、西部区域聚类的惯性思维，根据关键要素差异把波士顿矩阵和层次聚类分析方法应用到了研究之中，使得研究结果更加合理。

（3）研究内容的创新。本书对公共教育支出绩效多层次、多方面的测度研究，公共教育经费合理规模的测定及其影响因素研究，以及公共教育支出绩效的空间溢出问题分析都是在已有研究基础上的深入分析研究，较之前已有研究成果，研究内容新意明显，具有一定的创新性。

二、研究展望

纵观全书，研究团队对相关内容进行了系统全面的研究和梳理，研究的深度和广度都在已有研究的基础上进行了较大的拓展，但从整体来看，相关研究还可以进一步完善和延展，所以希望以后的研究者能够在本书的基础上从以下几个方面进行进一步的探索。首先是公共教育支出绩效的评价体系还可以更加完善，如借助大数据系统和现代调研手段，把公众满意度等主观指标纳入评价体系等；其次是限于数据，本书主要是借助宏观数据进行的宏观和中观层面的理论研究，微观层面的研究仅仅体现在典型地区的研究中，希望有能力和资源的业界同人能够进行更加微观的研究，提升研究成果的应用性和操作性；此外，在现状分析、经济绩效评价等方面的研究还不够深入，希望后来者能够根据时代变化，进行更加深入的研究，当然，课题组成员还会在以后的研究工作中，在这些方面持续努力，以求丰富和深化相关研究成果。

第五节　本章小结

综上所述，本书首先从我国宏观层面要求优先发展教育事业和提升财政支出绩效等现实背景出发，确定了本书研究的逻辑起点和重大意义；其次就本书的研究对象和研究内容进行了系统分析，以确立本书的研究范围和重点；再次就本书的研究思路和各部分的逻辑关系进行了梳理，设计出了逻辑严密的研究体系和框架；最后就本书的研究方法与创新，以及研究不足进行了客观阐述。总之，本章作为绪论，为本书的研究确立了研究范围、厘清了研究思路，是本书研究的基础和指针。

第一篇
基 础 篇

第二章　理论基础

任何研究都需要坚实的理论基础，并且伴随着外部环境的变化而不断创新，本书将围绕公共教育支出绩效的区域差异问题进行系统研究和理论创新，研究主题属于教育学和经济学学科的交叉融合，与财政学、空间经济学、公共物品和人力资本管理理论密切相关，因此研究该主题的理论基础涉及教育学理论、财政学理论、公共物品理论、人力资本理论和空间经济学理论，以上理论的核心内容将为本书系统研究提供有效的理论支撑，同时本书将基于我国现实背景去实证这些理论之间千丝万缕的联系。

第一节　教育学理论

一、教育与劳动力再生产

劳动力是人的体力和智力的融合体，那么劳动力再生产就包括生理上体力的再生产和精神上智力的再生产。前者主要是人类的生育繁衍以及生理性的物质消费活动，是身体的出生和成长过程；后者则相对复杂，是人类不断学习、积累、去伪存真、思想进步和能力提升的过程，主要表现为知识的生产、积累、传递和创新，是人类社会生产力的主要推动力量，其中教育将发挥非常关键的作用。劳动力再生产是社会再生产的必要条件，教育则是劳动力再生产的基本手段，劳动力通过接受教育实现其精神再生产。教育最根本的社会职能就是使社会得以发展和延续，使个体社会化以适应社会生活的需要，教育的社会功能可以表现在经济方面——劳动能力的提升、政治方面——意识形态的建设和遵纪守法、文化方面——精神愉悦等，进而促进人的全面发展。

知识经济时代，科技活动已经成为社会经济活动的主体，经济发展和社会进步的主要推动力量早已从体力劳动者变为了脑力劳动者，为了使劳动力得以顺利再生产，就必须大力发展教育，使得人类智慧和知识得以源源不断地补充和发展。在世界上较为富有的国家中，如瑞士、瑞典、日本等，虽然自然资源匮乏，但因其教育水平和科技水平较高，一直比较发达富足；而在世界上较为贫困的国家中，很多国家自然资源虽然丰富，但由于教育和科技发展落后等原因，始终挣扎在贫困线上，当然贫穷落后的原因很多，但教育投入和发展不足始终是一个地区或国家贫困的内在核心因素。

现代社会，以人为本，而这里的人主要指的是"人才"，是具有较高智慧和科技含量的人，劳动力再生产早已不再是传统意义上体力劳动力的再生产，而主要是科技劳动力的再生产，是通过教育培养优秀的科技人才。具体而言，教育在劳动力再生产中的地位和作用体现在以下几个方面。

（1）教育使得劳动者获得进行生产与科技活动的基本知识和技能。人的知识和从事生产的能力主要是在后天社会实践中通过教育和训练活动获得的。教育，特别是学校教育是人的劳动能力和科研能力产生和发展的最有效形式，教育可以把人类长时期积累的科学知识和生产技术，经过有目的地选择、提炼、概括，然后传授给受教育者，并使受教育者能够较快地掌握和运用。

（2）教育可以提高劳动力的质量和素质。劳动力的质量和素质主要是指劳动者的技术水平和智力水平。一般来说，劳动者的质量和素质与劳动者的受教育程度成正比，即受教育程度越高，其文化水平、技术水平和智力水平也就越高，从而劳动者的质量和素质也就越高。20世纪70年代，美国经济学家萨缪尔·鲍尔斯（Samuel Powers）和英国教育经济学家乔治·萨卡罗普洛斯（George Zacalo-poulos）基于多个国家数据，根据教育程度、就业和收入情况实证分析了教育在劳动力就业和收入方面的重要作用，研究结果表明教育水平是决定劳动者质量和素质，进而决定就业和收入的关键因素。

（3）教育可以改变劳动力的形态。劳动力的形态主要是指劳动者所从事的劳动性质，是以简单的体力劳动为主，还是以复杂的脑力劳动为主，教育可以增加物质生产过程中脑力劳动因素，进而改变劳动力的形态，教育可以通过知识和技能的植入把体力劳动者培养成脑力劳动者。现代社会，随着社会经济与科技不断地进步发展，生产过程中的体力劳动逐渐被机器所替代，物质生产过程中体力劳动因素日益减少，脑力劳动要素日益增加，社会生产过程的不断智能化和科学化使得脑力劳动要素越来越重要，这就对教育提出了相应的要求。马修·卡列佛（Matthew Kalev）以加拿大 2011 年不同受教育程度的就业学生为样本进行了实证研究，结果表明：受教育水平高的学生在劳动力市场中具有明显的优势，并且对国民经济的贡献更大；相反失业率随教育水平的升高而降低，证明了教育对劳动者形态改变和社会贡献的影响。

（4）教育可以增加家庭资本积累。美国著名社会学家科尔曼（Coleman，1988）认为家庭资本可以分为三个维度：文化资本、经济资本和社会资本。其中，有形的资本是经济资本，无形的资本是文化资本和社会资本，三者之间是可以相互转换的，并影响到人们对教育机会的获得情况；日本教育学家天野郁夫（Yufu Amano，2009）认为家庭资本是影响高等教育机会获得的重要因素，即一个家庭的经济、文化和社会资本越高，该家庭子女所获得的教育机会和教育资源也就越充分，进而所获得的教育回报也就越大，教育是一种代际传递的主要机制，拥有较多的文化资本、经济资本以及社会资本的家庭，通过其子女获得较好的教育成就而努力实现着优势阶层的代际传递。教育是实现代际传递的重要"中介变量"，通过教育可以实现家庭的文化、经济和社会资本的提升，增加家庭资本积累。我国学者李德显等（2015）基于中国家庭追踪调查（CFPS）数据构建了教育与家庭资本模型，用来研究我国高等教育机会获得与家庭资本的相关性，结果表明：家庭的文化资本和社会资本对子女的高等教育机会获得有显著影响，教育作为代际传递的"中介变量"，使得获得高等教育的子女对家庭的文化、社会乃至经济资本产生正向的影响，即教育可以增加家庭资本积累。

二、教育与社会再生产

社会再生产是指人类生产过程的重复。马克思政治经济学认为，社会生产可分为简单再生产与扩大再生产。简单再生产指生产在原有的、不变规模上重复进行；扩大再生产又可分为外延型扩大再生产和内涵型扩大再生产。这两种扩大再生产作为一个整体，虽然对其不能做截然机械的分割。但随着社会的发展和科学技术水平的提高，以及资源的有限性与使用的无限扩张之间的矛盾尖锐化，社会再生产必然转移到内涵型扩大再生产为主的轨道上，内涵型扩大再生产代表了社会再生产的根本内容和本质特点。因此，这里主要是研究内涵型扩大再生产与教育的关系。教育与社会再生产的关系主要表现在以下几个方面。

（1）教育与社会物质再生产。卡尔·马克思（Karl Marx）在《资本论》中研究的社会再生产主要是物质的社会再生产。既然内涵型扩大再生产意味着生产规模的扩大主要依靠生产要素质量的提高，那么，加速技术改造、提高生产资料的质量、提高资源的使用效率就是实现内涵型扩大再生产的根本途径。但加速技术改造、提高生产资料的质量、提高资源的使用效率必须以提高劳动者的素质为前提，因为最高质量的生产资料、最好的技术也只有经过劳动者的科学管理和加工才能成为商品。而就劳动者素质的提高来说，主要是提高其技术水平、管理水平及专业知识的应用能力。显然，在现代科技发展及知识更新日益加速的条件下，只有依靠教育才能使劳动者快捷、系统、尽可能充分地获得科学文化知识及技术能力。因此，只有现代教育的发展及其功能的相应发挥，才能从根本上提高劳动者的素质，也才能使内涵型扩大再生产真正成为可能。从这个意义上讲，教育是内涵型物质再生产间接的、根本的推动力，没有劳动者接受充分的教育这一前提，要实现物质的内涵型扩大再生产是十分困难的。

（2）教育与人口再生产。人口再生产是社会再生产的重要组成部分，人口的外延型扩大再生产是指单纯的人口数量的增加，人口的内涵型扩大再生产主要是指人口质量的提高。教育对人口再生产的作用恰恰主要表现在提高人口质量方面，也就是体现在把自然人塑造成社会人的过程中，即人口质量的扩大再生产包括两个方面：一方面是培养自然人的劳动技能，使之成为社会需要的劳动力；另一方面是培养自然人的社会属性，使之成为合格的社会公民。就前者而言，教育可以改变人的劳动能力性质和形态。通过教育可以把一个以体力劳动经验和体力劳动技能为特征的简单劳动力加工训练成一个复杂的和专门的劳动力，培养成以科学知识形态为特征的劳动力，增加物质生产过程脑力劳动成分，提高劳动效率。就后者而言，教育不仅要培养人的劳动技能，更要培养人的思想道德素质、科学文化素质、生理心理素质，而不是单单造就一部高级劳动机器。通过教育，人在社会中更加和谐地发展，社会最终成为自由人的联合体，这也是人口再生产的最终目标。显然，教育在其中的作用是其他任何活动所无法取代的。

（3）教育与知识再生产。在知识经济时代，知识正成为一种最重要的生产要素渗入经济活动之中，知识再生产已成为社会再生产不可割舍的一部分，是维护物质再生产和人口再生产高效运行的保证。知识的扩大再生产也可以分为外延型扩大再生产与内涵型扩大再生产。外延型知识扩大再生产就是指知识的普及；内涵型知识扩大再生产就是指知识创新，不断发现新的科学知识。在扩大再生产模式中，外延的扩大再生产和内涵的扩大再生产互相结合，共同发展。作为一种传递生产经验和生活经验的手段，教育把人类长期积累的科学知识经过有目的的选择、提炼、概括进行传递，是知识再生产最有效的形式。通过教育，人们可以大大缩短科学知识再生产的必要劳动时间。内涵型知识再生产主要依靠科学研究来实现，任何科学研究都必然建立在前人积累的知识之上，而要获得这些知识，也只有依靠教育。也就是说，内涵型知识再生产是建立在外延知识再生产基础上的。因此，无论是从内涵型知识再生产还是外延型知识再生产来说，教育都是其最主要、最有效的形式。

总之，教育与社会再生产之间存在着密切、不可分割的关系，它是知识经济社会再生产的重要基础和条件，本身也已成为社会再生产的内容之一，是物质再生产、人口再生产、知识再生产最根本的、直接或间接的推动力。同时，由于社会的物质再生产、人口再生产、知识再生产水平的不断提高，人们对教育的认识也越来越深刻，越来越意识到教育在社会再生产中的"催化剂"作用。

三、教育与劳动生产率

教育对经济发展的促进作用典型地表现为提高劳动生产率。劳动生产率指劳动者的生产效果或能力，它用劳动者单位劳动时间生产的产品数量或单位产品所耗费的劳动量表示，劳动生产率的提高，意味着劳动或物化劳动的节约或单位劳动消耗的产出增加，因而是生产发展和经济增长的决定条件，劳动生产率的高低首先取决于劳动者的质量和劳动手段、劳动对象的性能和质量，劳动者是生产工具的创造者和使用者，劳动者的平均熟练程度、文化技术水平是充分发挥生产工具效率、改进生产工具的重要条件。

现代经济增长所要求的劳动者是受过教育以及掌握现代文化、科学技术知识和技能的劳动者，现代教育对经济增长的作用，正是通过将知识形态的生产力世代传递下去，传播开来，提高劳动者的素质、推动劳动生产率的提高和经济增长。经济学家研究认为投资于教育或人力资本是经济增长的一个主要源泉。在过去40多年间，美国每年产出增长约3.5%，劳动生产率增长约2.4%，而教育对劳动生产率增长的贡献为总量的13%~30%；在工业化后的知识经济时代，投资于人力资本将更加重要。在我国，1993~2004年，研究生教育程度的劳动力对经济增长的明瑟收益率（Mencerian rate of return）为17.4%，本科教育程度的收益率为18.9%，比中等教育程度的收益率高5.1%。

总体来看，教育对提高劳动生产率的促进作用，主要表现为：其一，教育能提高劳动者的技术熟练程度，提高劳动过程中产品和生产的技术含量；其二，教育能提高劳动者的文化知识水平，使他们在劳动过程中对新知识和新技术的学习、理解和应用能力得到提高；其三，教育能提高劳动者的自身修养水平，使他们能更自觉地把更多的精力花在工作、学习过程中；其四，教育能提高劳动者的管理水平，使部门的管理工作更加科学、合理和有序，从而可以降低生产性消耗水平、节省工人的劳动时间。另外，教育还能提高劳动者身体素质和抵抗自然灾害的能力，这些都有利于提高社会劳动生产率。

综上所述，教育可以通过提高人口素质，进而提高劳动生产率，促进人口的再生产和社会再生产，教育在推动经济发展和社会进步方面发挥着非常重要的作用，这就是本书研究的重点概念之一——教育投资绩效。历史经验和理论研究表明，通过教育投资，推动教育产事业发展，可以极大地推动社会进步和经济发展。大力投资教育产事业，功在当代，泽被后世，利在千秋。

第二节　公共物品与公共财政理论

教育在一定程度上是一种公共物品，人人都有受教育的权利，教育对促进社会公平和社会进步十分重要，因此政府财政必须对教育进行投资和支持，而在公共财政支持教育事业发展中就面临着公共选择与决策治理问题，公共物品、公共财政、公共选择与治理等理论将形成本书的主要理论支撑。

一、公共物品理论

（一）西方公共物品理论

公共物品又称公共产品，公共产品理论的早期成果可以追溯至1919年的林达尔均衡理论（Lindahl equilibrium theory），林达尔均衡指出个人对公共产品的需求和公共产品的成本之间达到稳定状态时，就达到了均衡，认为公共产品的供给数量并非由政治和税收决定，而是由每个人的需求决定，即在均衡状态下，每个人对公共产品的需求是相等的，且所有个体的需求之和构成全社会的公共产品总量。

萨缪尔森（Samuelson）认为任何人对一种产品的消费不会影响其他人对该产品的消费，该产品就是公共物品。从公共物品的定义可以看出公共物品所具备的特征：效用的不可分割性、消费的非竞争性和受益的非排他性。效用的不可分割表示公共产品并非与私人产品相同，不可进行分割买卖，如国防和治安等；非竞争性则是指边际生产成本为零（新增公共产品的消费者时，成本不会增加）和边际拥堵成本为零；非排他性则表示个人对公共产品的消费不会影响其他人消费，由于非排他性的存在，"搭便车"的现象也不容易避免。另外，根据非竞争性和非排他性，公共物品还分为准公共物品和纯公共物品，准公共物品的非竞争性和非排他性则是有限的，如教育、拥堵道路等。

由于公共物品的非竞争性和非排他性的存在，消费者在对公共物品进行消费时会出现"搭便车"的现象，即使此时公共物品带给个人的受益大于其成本，个人仍不会提供该产品，在经济人假设的条件下，每个人都尽可能地以自身最小成本获得最大收益，会出现公共物品的供给远远低于最优水平的局面，政府则可以弥补市场的缺陷，因而由政府提供公共物品尤为重要。

（二）马克思公共物品理论

公共物品一词虽最早由西方经济学者林达尔（Lindal）提出，马克思虽未在理论著作中直接提出，但在此之前，马克思已从产品分类和政府供给责任等方面间接论述了公共物品，这也构成了马克思主义政治经济学的重要组成部分。

马克思认为社会再分配需先扣除关系社会存在和发展的共同需要后，才考虑剩余产品的个人分配，研究的重点为社会产品的分配问题。马克思认为用于整个社会存在和发展的产品均有一定的支付非均等性和非排他性，这些特殊的性质并非由市场失灵而造成，而是因为用于整个社会发展的产品由整个社会提供，社会成员为此付出的代价是非均等的。

从公共物品的分类而言，马克思公共物品理论认为公共物品分类与人类社会的发展层次相关，人类社会发展可分为生存型、发展型和享受型三个层次，相应的公共物品也应分为满足生存、发展和享受的公共物品，产品覆盖公共交通、福利事业、卫生事业等公共产业，涉及的范围较广。当社会的生产能力较低时，社会的总产品则优先满足用于维持社会生存的需要，当生产能力有所提升，社会总产品的数量也有了较大的提升，此时人们的共同需求也有所上升，且随着生产力的提高会不断地发展和改变。

从公共物品的供给来看，公共物品需由政府主导和提供，以保证公共物品供给的数量、质量和价值取向，这并不意味着政府必须以自身为主要提供者，除政府提供外，也可用多种手段来实现，如市场供给、自愿供给和混合供给（政府、市场和自愿三种的组合）等方法。马克思公共物品理论认为，随着社会的发展，用于满足整个社会需要的产品数量也将越来越多，所占比重将会越来越高，因此公共物品供给的方式将会多元化发展。

教育作为一项准公共物品，公共教育市场和其他公共物品一样，存在市场失灵的问题，很多时候呈现出低效率情况，因而，根据公共物品理论，公共教育的供给需有政府介入才能摆脱低效率状态，进而达到市场最优水平。

二、公共财政理论

公共财政理论是指由于市场失灵（仅凭市场已无法合理有效地配置资源，不能达到最优的资源配置状态）的存在，需政府弥补市场空白，进而使公共产品资源达到最优配置的理论。从公共财政理论的起点来看，在当今市场经济条件下，"看不见的手"支配着市场资源，将资源分配至最需要的地方，但这双手并不能支配所有的市场资源，此时政府的介入显得十分重要，政府运用财政手段纠正市场的失灵，因而公共财政理论产生的起点和原因为市场失灵。从公共财政理论的研究对象来看，其研究对象覆盖市场失灵的各种状态。公共财政理论同其他理论相同，是不断发展演变的，从其发展历程可以看出，公共财政理论的研究总是围绕政府与市场的关系。西方经济学的公共财政理论发展脉络和观点大致如下：

（一）廉价政府论

亚当·斯密（Adam Smith）曾在1776年发表的《国富论》中指出："看不见的手"操纵社会经济的运行，社会资源也在"看不见的手"的操纵下达到最优配置，此时市场经济的运行是有效率的，所有的要素均流向了最需要的地方，政府干预反而会扰乱市场经济的秩序，影响经济的平稳发展，政府的直接干预均是不可取的，政府的职责则是充当经济的"守夜人"，为经济的运行创造良好的环境。廉价政府论则主要体现在"廉价"，主张政府财政支出费用应尽可能的低，政府的财政支出应当仅限于国防、司法费用、交通费用、教育和宗教、公共工程和维持君主费用等方面的支出。

（二）政府干预论

20世纪30年代，资本主义世界发生了最为严重的一次经济危机，由于供给和需求的错配，产品出现大量积压，失业率极高，引致货币信用危机，进而导致严重后果。此时主张自由的亚当·斯密理论对经济的作用微乎其微，以凯恩斯（Keynes）为主的政府干预理论开始登上舞台，凯恩斯认为尽管市场有自我调节的机制，但市场本身仍有缺陷，政府只有弥补这些缺陷，市场才能平稳有效地运行。凯恩斯认为政府不进行干预，有效需求的问题得不到解决，失业和经济危机的情况仍得不到解决。罗斯福听从了凯恩斯的建议，采取了政府干预的措施，结束了此次危机。与亚当·斯密不同，凯恩斯运用"乘数理论"论证了财政支出与社会总需求的关系，强调财政的作用。

（三）公共选择理论

政府干预论只强调了政府的作用，认为政府应当干预经济的发展，但并未真正回答政府应如何干预经济的发展，这使得在现实操作中，政府对经济的干预方式有时会出现错误，进一步妨碍经济的运行；20世纪70年代，西方经济出现了"滞涨"的问题，此时以凯恩斯为主的政府干预理论失去了效用，公共选择理论有了较大的发展，公共选择理论认为，人类社会的市场可以分为经济市场和政治市场，其中经济市场主要的微观研究对象为个体消费者和生产者，通过货币投票的原则追求个体效用和收入的最大化，是利己主义的市场经济；政治市场的主要研究对象为选民和官员等具有政治色彩的人或组织，他们则可以通过选票制度带来最大的效益。与经济市场不同，政治市场追求的是公共利益的最大化，是利他主义的经济。公共选择理论的主要代表人物为詹姆斯·布坎南（James Buchanan）、戈登·塔洛克（Gordon Turlock）和邓肯·布莱克（Duncan Blake），主要理论则为投票规则与代议民主制度、利益集团理论、寻租理论以及关于政府的认识等方面。

（四）财政职能理论

理查德·马斯格雷夫（Richard Masgrave）认为财政的职能是研究财政问题的起点，政府财政的职能为稳定经济、收入分配和再配置，其中稳定经济为稳定充分就业条件下的经济，以使整个社会的经济状态达到最佳，即社会就业达到充分就业状态、国际经常性项目收支平衡以及物价稳定；收入分配只是公平分配，公平分配并非是指分配平均，而是指经济公平和社会公平两个方面，经济公平是在等价交换原则上的公平，社会公平则是指在现有的收入差距下，各收入群体所能接受的分配；再配置是指资源配置，财政对资源配置则主要通过调整财政支出的多少、财政支出结构优化等手段进行，合理的财政支出规模和支出结构可以提高社会投资的整体效率。

总体而言，财政作为一种国家或政府的经济行为，伴随着国家的产生而产生，是国家为实现其职能，满足国家建设需要，通过资源再分配以促进社会公平、优化资源配置的经济活动。公共教育支出即国家公共教育经费，作为教育经费的重要来源，是国家为实现教育战略目标、优化教育资源配置以及提升人力资本水平等目的而设立的资金投入项目，在促进社会公平和区域协调发展方面发挥重要作用，如区域间教育支出的差异对区域经济乃至社会公正都会产生影响，所以教育公平也是诸多学者关注的重点。加强教育财政管理，促进社会公平是教育财政本质的职能之一。

三、公共治理理论

"治理"一词最早出现在古希腊，有引导的意思，常常和统治进行比较，但统治则是指上级对下级的单方面指挥，不存在双方的交流。治理作为一种理念，运用至各个行业，也赋予了新的内涵，就其定义而言，治理是指公共部门和私人部门处理事务的方式，而公共治理理论是治理理论的一部分。从公共治理理论的特征来看：治理指的是一个过程，并非指单纯的结果；治理的主体为公共部门（在私人经济中则为私人部门）；治理强调的是上级与下级之间的互动，而非单纯的控制；公共治理还体现了权利和义务的统一。公共治理理论的内涵则是利益主体之间的协商，通过协商将双方的矛盾最小化，获得的利益最大化。随着经济社会的发展，公共治理理论也不断地发展和完善。其演变与发展具体如下：

新公共管理理论。该理论旨在解决政府低效率问题，对政府的管理模式进行创新，将市场和经济引入政府部门，以企业的管理模式管理政府部门，提高政府运行的效率。新公共管理理论主张的是效率，以顾客为导向，将社会公民看作顾客，强调公民的满意度，在权利分级上，主张政府分权，将传统的层级命令方式，转变为授权和负责的形式，明确政府职员的各项责任与义务，认为政府部门不应守旧，应当根据当前的经验和发现的弊端，及时调整自己的组织形式。

新公共服务理论。新公共管理理论将企业的管理模式移植到政府管理中，效率低和垄断度高等问题得到改善，但该理论体系仍存在架构封闭、公共决策内部化等弊端，催生了新公共服务理论。新公共服务理论认为，政府的决策不再是单方面地做出决定，掌握整个社会的运行，应更多地担任协调者的角色，协调社会事务，主张社会成员与政府共同参与公共事务的决策；认为公民并不等同于顾客，公民拥有的权利远非顾客享受的权利，而是更加的复杂；认为政府不能只关注其效率的高低，而应较多地关注政府的职责。

多中心治理理论。多中心治理理论相比于新公共服务理论，赋予了治理主体更多的选择，认为社会中的经济和社会组织应与政府的地位相同，社会治理应依靠他们的合作展开，这也是多中心治理理论的"多中心"的内涵，认为社会和经济组织与政府是相互独立的，但又必须通过合作制定统一的决策，治理过程是三者相互制约、相互依赖，而又相互合作的过程。

近几年，随着治理理论向其他行业的渗透，不同的行业又赋予了治理理论新的内涵。如今，西方的不少文献中已经出现了教育治理理论的概念，综合来看，教育治理理论是指政府、社会组织、市场、企业和个人对教育事业公共事务的参与和管理的一系列理论。由于教育事业公共参与者的多元性，教育治理理论的特征也与传统公共治理理论有所不同，教育治理理论的主体是多元的，权力分散呈现多中心趋势，由于多元的治理主体交流更加复杂，教育治理组织呈网络化发展。

教育事业的发展需要以政府为中心，多方参与来共同推进，当教育事业发展出现问题时，需要政府同社会各界组织共同协商解决，公共治理理论则为各治理主体的参与、对话、谈判和协商等活动提供科学的组织方法，以最小的成本解决公共教育支出存在的问题，致力于办好公众满意的教育。

综上所述，教育是具有较高的正外部性、带来较大社会效益的准公共物品，对现代社会的发展具有十分重要的作用，这就需要公共财政本着效率与公平原则，做好教育支出规划和管理工作，不断提升政府治理和管理水平，进而提升教育支出效率，以促进教育公平与社会进步。

第三节 区域经济理论

第二次世界大战以后，全球经济得以迅速发展，但区域间经济发展不平衡问题有加剧趋势，发达国家和地区更加发达，落后国家和地区始终无法发展或发展缓慢，经济差距加大，导致了越来越多的区域问题，影响区域经济和生活的正常运行，为解决区域发展问题，研究经济活动与地理位置和环境的学科应运而生，区域经济理论也得到了不断发展。此处仅分析与本书主题密切相关的区域发展理论和新经济地理学理论，以及空间计量经济学理论。

一、区域发展理论

（1）部门理论。部门理论所研究的主要内容是：随着社会进步和生产力的发展，不同部门之间的转换规律，解释当技术条件发生变化时，区域结构的变化规律。部门理论认为：任何区域经济的发展都有不同的发展阶段，且各发展阶段有不同的发展特点。第一阶段属于自给自足的经济，当前经济社会生产技术条件水平较低，未出现剩余情况，无贸易活动的产生；第二阶段技术水平有所提高，交通运输更加方便快捷，社会分工开始显现，手工业开始出现；第三阶段区域的经济由原来的手工业和畜牧业转向种植果蔬；第四阶段由于人口的不断增加和农业生产效益的降低，区域经济开始向以农业为基础的工业发展，出现食品加工、纺织等轻工业，随着工业化的不断深化则出现冶炼、化学工业等；第五阶段为区域发展的最后一个阶段，区域间交流逐渐增大，第三产业逐渐成熟，资本和人才的服务成为常态。

（2）区域发展的倒"U"型假说。区域经济发展不均衡一直是困扰国家经济发展的重要问题，因而不少学者对区域经济非均衡发展问题进行了研究，其中美国经济学家杰弗里·威廉逊（Jeffrey Williamson）对区域经济非均衡的研究最具有代表性。杰弗里·威廉逊早在 1965 年便对国家区域经济不均衡问题进行实证研究，研究对象为 24 个发展程度不同的国家的国民人均收入差异，当国家的收入差距与本国经济水平相联系时（按照国家的发展水平进行排列），出现倒"U"型。倒"U"型表明：较为贫穷的国家，收入差距会随经济水平的发展而不断扩大，当该国经济水平发展到一定的阶段时，随着经济水平的不断增加，国家的收入差距会逐渐降低。这一结论被许多学者认同，为发展中国家经济发展提供了一定的参考。

（3）增长极理论。受结构主义的影响，区域发展理论不断发展演化，其中增长极理论最具有代表性。增长极理论最初是由弗朗索瓦·佩鲁（Fransois Perroux）提出，认为经济增长并非全区域的整体增长，而是由区域内的一点率先增长，而后向外发散，影响整个区域经济的发展，但其研究内容主要为增长极的结构特点，不注重经济的空间特征，存在一定的缺陷。雅克·布德维尔（Jacques Boudeville）则克服了该缺点，其增长极理论应用到地理空间上去，认为增长极是一座城市或区域的经济引领点，具有扩张性的产业，进而会带动区域内其他产业的发展。赫希曼（Hirschman）进一步发展了增长极理论，分析了城市中心与周围地方的关系，认为城市中心对周边地区可以产生一定的影响，有利的影响成为涓滴效应，不利的影响则成为极化效应，政府则有义务均衡地区发展，纠正经济运行的失衡。

二、新经济地理学理论

克鲁格曼（Krugman）自 20 世纪 80 年代以来开始研究"新经济地理学"，认为当前经济学并未过多研究空间问题，起初是因为缺乏相应的分析工具，但由于规模经济等分析工具的产生和发展，将空间纳入经济分析领域成为可能。克鲁格曼在 1991 年提出的核心—边缘模型则成为新经济地理学的基础。

核心—边缘模型运用数理模型对经济系统进行分析，科学地展现了经济系统由最初的对称结构发展成"工业核心、农业边缘"的非对称结构的演化过程。该理论认为经济系统存在核心和边缘两个区域，核心区域掌握技术进步和创新，处于经济的领导地位，边缘区域则依赖于核心区域。核心区域则依靠自身的优势吸引边缘区域的资源，进行下一阶段的创新。但核心和边缘的这种关系会随着经济的增长而发生一定的变化，最终则会形成区域一体化的发展。

新经济地理学的核心思想是借助数学模型将空间问题抽象化，理论前提则是无任何的外生差异。新经济地理学认为市场的集聚效应依赖于地方市场的需求、产业关联引起的规模经济以及产业地方化三个方面，另外市场同样存在分散效应，这正是由市场中生产要素的不完全流动（土地、厂房等不可移动要素，市场和运输拥挤等负面影响）引起的。当市场的自由度较高时，此时市场的集聚效应大于分散效应，此时中心—外围结构是稳定的；反之，市场的集聚效应小于分散效应，此时的对称结构是稳定的。

三、空间计量经济学理论

随着数理经济学不断地占据研究领域的统治地位，研究区域经济的空间计量经济学快速发展，空间计量经济学是计量经济学空间化或地理统计学计量化的结果，它融合了地理统计学、计量经济学、空间经济学、计算机程序编程和计量软件开发等多个学科的最新发展成果。空间计量经济学的出现彻底改变了传统经济学忽视经济活动对地理区位或空间因素依赖的现状，并且弥补了传统计量经济学中观测个体互不相关的假设。空间计量经济学的快速发展不仅重塑了传统计量经济学的分析框架和基本思路，而且考虑了经济活动在地理区位上的空间依赖或空间溢出关系，推动了计量经济学的全新发展。

关于空间计量经济学的起源，现在仍有争论。安塞林（Anselin，2010）认为帕林克和克拉森（Paelinck & Klaassen，1979）出版的《空间计量经济学》（*Spatial Econometrics*）是第一本得到认可的有关空间计量经济学的综合性著作。同年，巴特尔斯和凯特拉珀（Bartels & Ketellapper，1979）的《空间数据的探索性分析》（*Exploratory and Explanatory Statistical Analysis of Spatial Data*）和贝内特（Bennett，1979）的《空间时间序列》（*Spatial Time Series*）等重要著作相继出版，因此，大部分学者认为1979年为空间计量经济学正式诞生的元年。

一般认为，传统计量经济模型的设定忽略了空间效应的两个重要来源：空间依赖性和空间异质性。空间依赖性主要指观测区域间的地理依赖性或空间相关性。克里夫和奥德（Cliff & Ord，1973）认为可以通过建立空间误差模型对误差项存在空间相关性的情况进行分析，而安塞林（1988）认为当被解释变量间存在空间相关或地理依赖性时，可以通过构建空间滞后模型进行分析。空间异质性指地理空间上的区域缺乏均质性，区域间经济活动等行为存在空间差异性。因此，空间效应的识别与检验成了空间计量模型回归分析的前提条件，克里夫和奥德（1972）率先提出用 Moran's I 统计量对空间效应进行识别和检验，安塞林（1996）、巴尔塔基等（2001）引入拉格朗日乘数检验统计方法进行检验。

在空间计量模型的估计方法中，奥德（1975）引入的极大似然法是现阶段的主流估计方法。此外，安塞林（1996）引入的工具变量法，赫普尔（Hepple，1979）、安塞林（1982）引入的贝叶斯方法，克雷吉安和普鲁查（Kelejian & Prucha，1998）引入的广义矩估计方法（Gaussian mixed model，GMM）也逐渐被应用到空间计量模型的估计方法中。

　　空间面板计量模型与传统面板计量模型相比，考虑了区域间的空间依赖性，即某区域的样本观测值与其他区域的观测值存在某种程度的相互联系。与传统面板数据结构不同，空间面板计量模型通常以横截面为单位，然后按照时间顺序对不同截面进行叠加排序。曼斯基（Manski，1993）指出一般空间计量模型应包括以下三种不同的交互效应：因变量间的内生交互效应、自变量间的外生交互效应和误差项之间的交互效应。曼斯基的一般空间计量模型形式如下：

$$Y = \alpha l_N + \rho WY + X\beta + WX\theta + u$$
$$u = \lambda Wu + \varepsilon \tag{2-1}$$

式中，Y 为被解释变量；WY 为内生交互效应；X 解释变量；WX 为其他观测单位与本观测单位解释变量之间的外生交互效应；Wu 则是不同观测单位误差项之间的交互效应；l_N 为 $N \times 1$ 阶单位列向量，与常数项 α 相对应；ρ 为空间自回归系数；λ 为空间自相关系数；β 和 θ 为 $K \times 1$ 阶待估参数向量；K 为解释变量个数；ε 为随机扰动项，服从随机正态分布。

　　通过对公式（2-1）中不同系数进行赋值，可以由曼斯基的一般空间计量模型演变出现三种基本的空间计量模型，即空间自回归模型（spatial auto-regressive model，SAR）、空间误差模型（spatial error model，SEM）和空间杜宾模型（spatial Durbin model，SDM）。

　　当 $\lambda = 0$ 且 $\theta = 0$ 时，即为空间自回归模型（SAR）的一般形式，SAR 模型只考虑了自变量之间的内生交互效应和空间自相关性，表达式如下：

$$Y = \rho WY + X\beta + \varepsilon, \qquad \varepsilon \sim (0, \sigma^2 I_N) \tag{2-2}$$

　　当 $\rho = 0$ 且 $\theta = 0$ 时，即为空间误差模型（SEM）的一般形式，SEM 模型在传统回归模型中加入了误差项的空间滞后项，表示一些被遗漏的或无法准确量化的与被解释变量相关的变量，考虑误差项之间的交互效应，表达式如下：

$$Y = X\beta + u$$
$$u = \lambda Wu + \varepsilon, \qquad \varepsilon \sim (0, \sigma^2 I_N) \tag{2-3}$$

当 $\lambda = 0$ 时，即为空间杜宾模型（SDM）的一般形式，SDM 模型同时考虑了解释变量之间的外生交互效应和被解释变量之间的内生交互效应，表达式如下：

$$Y = \rho WY + X\beta + WX\theta + \varepsilon, \qquad \varepsilon \sim (0, \sigma^2 I_N) \qquad (2-4)$$

除上述三种主要模型外，依据哈勒克·维加和埃尔霍斯特（Halleck Vega & Elhorst，2012）的研究成果，不同空间依赖性还可以由曼斯基的一般空间计量模型演变出各种模型，如图 2-1 所示。

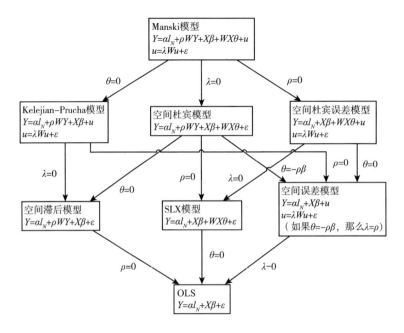

图 2-1　不同空间计量模型间相互转换关系示意图

此外，许多学者基于现实问题引入了特定情境下的空间计量模型。如基于多水平方法的混合线性模型，考虑不同国家制度差异对地区被解释变量的影响，在不同水平上的差异进行建模，埃尔霍斯特和泽尔斯特拉（Elhorst & Zeilstra，2007）、科拉多和芬格顿（Corrado & Fingleton，2012）等对此模型进行了研究。空间变系数回归模型中的地理加权回归（geographical weighted regression，GWR）由布伦多姆（Brundom，1996）等基于非参数建模思想提出，通过为数据集中的各变量构建独立方程，用于将各目标因素的带宽范围内的因素的因变量和自变量进行合并，解决解释变量对被解释变量在不同地区间的影响的差异性问题。赫普尔（1978）提出了空间动态面板模型，将 n 阶（$n \geq 1$）被解释变量的滞后量作为解释变量纳入模型中，考察除解释变量之外对被解释变量产生影响的因素。此外，很多学者如李坤明和陈建宝（2013）、唐礼智和刘玉（2018）、邱丽萍和叶阿忠（2019）等运用半参数空间计量模型对我国经济问题展开了研究。

综上可知，随着区域经济发展理论的不断进步和完善，相关理论研究的深度和广度都在不断拓展，我国幅员辽阔，各地区基础背景条件差别较大，教育支出与教育事业发展也存在较大差距，需要对区域教育均衡发展问题进行系统研究，相关区域发展理论可以为本书研究提供有效的理论支撑。

第四节 人力资本理论

人力资本理论起源于经济学研究，20 世纪 60 年代，美国经济学家舒尔茨和贝克尔创立了人力资本理论，开辟了关于人类生产能力的崭新思路。该理论认为物质资本指物质产品上的资本，包括厂房、机器、设备、原材料、土地、货币和其他有价证券等；人力资本则是体现在人身上的资本，即对生产者进行教育、职业培训等支出及其在接受教育时的机会成本等的总和，表现为蕴含于人身上的各种生产知识、劳动与管理技能以及健康素质的存量总和。地区和国家人力资本获得是通过各种教育投资不断积累的，相关理论为教育投资绩效的研究提供了理论基础。

一、舒尔茨的人力资本理论

舒尔茨（Schulz）从 20 世纪 50 年代开始人力资本理论的研究，并将研究推到了一个新的高峰。舒尔茨的人力资本理论可归纳为以下六点：一是人力资本存在于人的身上，表现为知识、技能、体力（健康状况）价值的总和。一个国家的人力资本可以通过劳动者的数量、质量以及劳动时间来度量。二是教育可以提高人的认知能力，从而提高劳动生产率。教育投资的最大特点是对人的劳动不是从量的层面去判断，而是从质的层面去衡量。三是教育投资是土地、人力、物力资本之外的另一个生产因素，单从自然资源、土地和资金等方面已不能解释生产力提高的全部原因，决定人类前途的并不是空间、土地、自然资源，而是人的能力。人力资本投资是经济增长的主要源泉，人力投资增长无疑明显地提高了投入经济奋飞过程中的工作质量，这些质量上的改进也已成为经济增长的一个重要源泉，有能力的人是现代经济丰裕的关键。四是人力资本是投资形成的，投资渠道有五种，包括营养及医疗保健费用、学校教育费用、在职人员培训费用、择业过程中所发生的人事成本和迁徙费用。五是在一定的条件下，教育投资可以转化为经济收入，人力资本投资是效益最佳的投资，人力投资的目的是获得收益，人力资本投资是回报率最高的投资。六是人力资本投资的消费部分的实质是耐用性，甚至比物质的耐用性消费品更加经久耐用。总之，舒尔茨的基本理论和观点是重视人力资本投资，认为教育投资是人力资本的重要源泉。舒尔茨对人力资本理论的贡献在于：他不仅第一次明确地阐述了人力资本投资理论，使其冲破重重歧视与阻挠成为经济学的一个新门类，而且进一步研究了人力资本形成的方式与途径，并对教育投资的收益率和教育对经济增长的贡献做了定量的研究。舒尔茨的观点影响深远，其人力资本理论与知识经济思想同出一源，对于深刻认识和理解已见端倪的知识经济颇有助益。

二、丹尼森的人力资本理论

丹尼森（Denison）在其 1962 年出版的《美国经济增长的因素和我们面临的选择》一书中利用柯布—道格拉斯生产函数来估计劳动和资本对国民产出的实物贡献，把该项剩余再次分解为其各种不同组成元素，即分解为劳动和资本的质量的改进、产业内资源转移、规模经济、知识应用上的时延等，得到了令人较为信服的"余数"变量解释。通过精细的分解计算，论证出 1929~1982 年的美国经济增长中，有 21.7% 的份额要单独归因于美国教育的发展。显然，丹尼森的结论是对舒尔茨的结论的修正。丹尼森对人力资本理论的重要贡献在于他对人力资本要素作用的计量分析。学术界普遍认为，丹尼森的计算方法要比舒尔茨的严密精确。尽管这种计算由于缺乏公认的经济增长理论的支持，受到不少批评，但是，自 20 世纪 60 年代起，丹尼森的方法得到了非常广泛的传播，他的支持者们把这种方法应用到世界各国，包括不同社会制度与不同发达程度的国家，都取得了成功。不少学者认为，从 60 年代开始的长达十余年的世界各国教育经费的激增现象，在相当程度上应当归功于丹尼森和他的一大批追随者的共同努力。

三、贝克尔的人力资本理论

贝克尔（Becker）被认为是现代经济领域中最有创见的学者之一，他于1964年出版的代表作《人力资本》被西方学术界视为"经济思想中人力资本投资革命"的起点。贝克尔突出了教育和培训对人力资本形成的重要作用，剖析了人力资本投资、收入与年龄之间的关系。贝克尔认为：所有用于增加人的资源并影响其未来货币收入和消费的投资均为人力资本投资，主要是教育支出、保健支出、国内劳动力流动的支出或用于移民入境的支出等；人力资本投资具有较长的时效性，因此投资时既要考虑短期收益，又要考虑长期收益：在职培训是人力资本投资的重要内容，收集信息、情报资料也是人力资本投资的内容，同样具有经济价值：假设父母对他们的孩子的数目和教育水平有偏好，教育水平则受父母花费在孩子身上的时间和其他资源的数量影响。贝克尔对人力资本理论的贡献在于：他注重微观分析，弥补了舒尔茨只重视教育对经济作用的宏观分析的缺陷，注意将人力资本投资理论与收入分配结合起来。其理论的不足之处表现在：他沿用舒尔茨的人力资本概念，缺乏对人力资本本质的分析，也缺乏对人力资本全面的研究等。

四、人力资本理论的发展

上述三种人力资本理论对于人才资源的开发有两方面的突出贡献：一是明确了人力资本投资是生产性投资，是回报率更高的投资。人力资本论者主张全资本概念，即资本除了包含物质资本外，还应包含人力资本。舒尔茨和贝克尔等对人力资本的投资收益率进行测算，结果表明，人力资本的投资收益率大大高于物质资本的投资收益率。二是人力资本投资是多方面的，根本目的是提高人力资本的质量和促进人力资本的合理流动，而教育是众多投资中的核心。尽管人力资本理论强调了对人的投资，但是并没有给予知识、思想、理念等因素足够的重视。而随着经济增长方式的转变，这些因素恰恰是更重要的，因此，人力资本理论的研究一直在不断被充实和提升。

20世纪80年代以后，以知识经济为背景的新经济增长理论在西方国家逐渐兴起。该理论基于人力资本与经济增长关系的运行机制、均衡条件等方面的理论和模型研究，提出了内生性经济增长理论，认为人力资本不仅能形成自身递增的收益率，还能使物质资本等其他投入要素形成递增的收益率，从而形成整个经济递增的收益率。该理论明确强调了具有特殊知识和专业的人力资本是经济增长的核心因素和发动机。这一时期的主要人物有罗默（Romer）、卢卡斯（Lucas）、斯宾斯（Spence）等，其中又以卢卡斯的人力资本理论为代表。新增长理论主要有两种范式：沿罗默的建模路线分析 R&D 和沿卢卡斯的建模路线引进人力资本要素。与 20 世纪 60 年代的舒尔茨采用新古典统计分析法不同，新增长理论采用数学方法，建立了以人力资本为核心的经济增长模型，克服了 60 年代人力资本理论的一些缺陷。将卢卡斯和罗默的模型推广到开放经济，可以得到内生技术进步增长理论的政策含义。一个国家要实现经济增长，关键是提高人力资本的存量，突破某个界限，走出人力资本存量低与经济增长循环慢的低水平陷阱。发展中国家可以通过扩大开放、推进贸易等措施提高本国人力资本，利用知识溢出效应在短时间内缩小与发达国家在知识积累上的差距。

第五节　本章小结

综上所述，与研究对象和主题相呼应，本书相关研究涉及教育经济理论、公共物品与公共财政理论、区域经济理论和人力资本理论。教育是人力资本的源泉，通过投资教育可以为社会与经济发展培养适用人才，新时代背景下，人才已经成为经济和社会发展的核心动力和主要推动力量，而教育，尤其是基础教育本身在很大程度上属于公共物品，需要公共财政兼顾效率与公平投资于教育事业的发展，此外由于我国幅员辽阔，地区间基础条件差异较大，人力资本的跨区域溢出和溢入无法避免，因此实施区域均衡协调发展也需要从教育投资上做文章，所以一方面上述理论是本书研究坚实的理论基础，可以为本书研究提供有效的理论支撑；另一方面本书相关研究也是对上述理论的实践、应用和进一步论证。

第三章 文献研究与综述

文献研究是学术问题研究的基础，本书主要研究目的就是：基于已有文献，在文献研究的基础上，从区域差异视角出发，围绕公共教育支出区域分布的不均衡、绩效测度与评价、绩效溢出，以及支出的合理规模和结构等问题进行系统研究。相关研究必须参考前人的研究结论、借鉴前人的研究思路和方法，在前人研究的基础上进行拓展和创新。根据本书研究主题，相关文献综述主要从公共教育支出区域的不均衡、绩效测评和绩效溢出、支出的合理规模和结构几个方面进行文献综述研究。

第一节 关于公共教育支出区域非均衡的文献综述

21 世纪以来，关于教育经费支出非均衡的研究逐渐增多，主要研究聚焦于教育均衡与非均衡发展的内涵、地区教育非均衡发展、各教育层次的非均衡、教育非均衡的测算等方面。

一、国内研究梳理

（一）关于教育非均衡内涵的研究

早期阶段，学者较多地对教育非均衡和教育均衡的内涵进行研究，即主要研究教育非均衡和均衡是什么的问题。余如进（2008）认为现在的教育均衡并不是指教育平均，不能限制教育资源高的地区而一味地支持教育资源匮乏的地区，不能单纯地搞平均主义，应当根据自身的条件和实际情况，实现自身的特色发展，而非"划一"的发展；靖东阁和谢德新（2014）则认为教育均衡发展应该同经济学中"投入—产出"的研究范式相同，即当今教育均衡发展并非只是简单的投入均衡，还应密切关注由教育支出带来的产出的均衡；欧志文（2012）认为教育均衡的发展正从外延式向内涵式发展过渡，即教育均衡发展的主推动力正由国家财政支持向学校内部潜力激发过渡，因为教育事业的资金来源于政府，但具体到每个学校，资金的使用还得依靠当地教育部门和学校的具体情况。

随着教育事业的不断推进，教育均衡发展理念深入人心，教育均衡内涵的研究也有了更新的进展，不同教育层次对教育均衡的要求不同。从义务教育层次来看：王建荣和夏志强（2010）认为我国义务教育事业的发展迎来了新时期，义务教育的发展更应注重均衡发展，义务教育均衡发展要求公民享受教育的权利和义务是均等的、享受公平教育的机会和教育成功的机会是均等的。随着研究的不断深入，义务教育均衡发展的研究内容有了新方向——民族地区教育均衡发展。我国疆域辽阔、民族众多，虽然"有学上"在民族地区已经初步达成，但其均衡发展也应格外关注，但民族地区的教育均衡发展同普通义务教育均衡发展的内涵不同。袁梅（2019）认为民族地区义务教育均衡应格外关注民族地区义务教育的独特性和差异性等方面，并非单纯的概念移用；王琴和马树超（2010）、程雪（2014）认为当前我国职业教育事业发展的非均衡体现在教育资源、发展和布局等方面，从已有的研究来看，教育事业的非均衡则主要体现在区域内和区域间，以目前中国职业教育事业的发展阶段来看，当前的非均衡主要为区域内的非均衡。

仅从均衡的字面意思来看，均衡是指事物的平衡发展，即事物的各个方面均达到一种平衡的状态，这种状态有可持续发展的态势，而大多文献认为的教育均衡是指教育事业的各个方面（如教育资源、享受教育的权利、教育成果公平等方面）的平衡发展，且每个地区的均衡发展须与自身实际相结合，并非单纯教育资源的平均。

（二）关于各教育层次非均衡发展的研究

不同教育层级的教育非均衡程度也不尽相同，我国学者对教育非均衡的研究主要覆盖学前教育、义务教育、高中教育、职业教育和高等教育等教育层次，研究的热点主要集中在义务教育和高等教育的非均衡发展。王彦峰（2015）认为学前教育是教育的起点，学前教育的公平与否事关儿童教育的起点公平，对今后儿童的学习有深远影响，地区间的师资力量悬殊和家庭经济差距是造成学前教育非均衡的主要原因，改善当前非均衡的态势需由单纯的"输血"转为"造血"。义务教育作为我国促进教育事业发展的重要举措，其开展关系每个家庭和每个学生，研究其非均衡性的学者众多，施威等（2017）从历史发展角度研究我国义务教育的非均衡问题，认为2005年之前的教育改革均延续了前期非均衡的教育制度，当今义务教育非均衡的发展只是我国义务教育发展的一个阶段。刘志辉（2018）、张辉荣等（2019）则从定性的角度分析我国省级义务教育的非均衡性，我国省级义务教育的均衡性不断提升，但不同层级教育均衡指标的发展不尽相同，另外张辉荣特别指出，义务教育均衡程度提高的同时，仍然存在教育经费不足、师资力量匮乏等问题，这些问题值得政府反思。

随着义务教育的普及，越来越多的人拥有了上学机会的同时，大部分人也获得了接受更高层级教育的机会，高中和大学的招生量逐年上升，高中及高等教育事业的发展也突飞猛进，但在取得较快发展的同时，也出现了非均衡发展的态势。庞祯敬和李慧（2014）认为自从高考扩招以后，高中本身的教育条件已经不能满足当前考生的需要，大量的社会资本也逐渐涌入高中教育，这也间接加剧了教育非均衡的程度，从地区差异角度来看，我国东部、中部、西部地区高中教育差距较大，且存在一定的极化效应，政府应着力提高中西部地区教育事业的发展水平。从高等教育的非均衡状态来看，邓志辉和杨卫军（2011）认为高等职业教育是与地区经济紧密关联的教育，高职教育的非均衡则体现在地理位置和专业结构与地区经济不吻合，无法培育相应的人才；宋争辉（2012）认为我国高等教育优质资源的差异经历了"东强西弱，呈阶梯状分布"至"东、西部强，中部弱"的演变过程；张长青和王佳（2010）运用主成分分析法对我国的高等教育发展情况进行了研究，认为当今我国高等教育事业发展存在东高西低、北高南低的状态。

（三）关于教育非均衡的测算的研究

从上述研究来看，我国各教育层次以及各地区均存在一定的教育非均衡发展问题，另有部分学者对教育非均衡的程度进行了测算。闫坤和刘新波（2010）运用泰尔指数对义务教育的非均衡性进行了测算，直观地表现了义务教育支出非均衡的现状及其发展趋势，并从农村教育经费收入的角度深度剖析了城乡义务教育的差距；何艳和刘娟娟（2014）同样运用泰尔指数对经济和教育的差距进行分析，认为当前我国经济差距要大于教育事业差距，主动缩小经济差距才能逐步弥补教育事业的差距；朱红琼等（2019）则运用教育标准差、变异系数等多重指标对贵州省各教育层次的非均衡性进行了分析，其研究结论同样揭示了城乡教育差距是当前教育非均衡差距的主要原因。此外，唐忠和崔国胜（2006）、武磊（2008）、任军（2015）等学者则将地区的生均经费、信息化水平、师生比、教师质量等方面做了对比测算，以此反映教育发展的地区非均衡性。

除运用客观的宏观数据测算我国教育事业的非均衡性，吴建梅和陈丰（2014）则运用问卷调查法，从家长满意度的角度出发，找出学生家长对学校不满意的地方，发现日照市教育在基础设施、软件和教师资源等方面存在差距，但家长对学校满意程度是不断上升的；李小球和李琼（2019）则运用基尼系数对义务教育的非均衡性进行测算，普通初中的教育基尼系数呈逐渐下降趋势，普通小学的教育基尼系数则呈先降后升的趋势，并运用教育经费的极差值，直观地说明了初中生生均教育经费的差距大于普通小学生的生均教育经费；徐倩等（2017）、刘华军等（2013）则运用基尼系数对地区教育的非均衡程度进行测算，通过教育基尼系数可以明确看出地区教育事业的差距；李恺和罗丹（2015）则从收敛速度的角度，分析义务教育非均衡向均衡发展的速度，认为义务教育欠发达地区的发展速度要高于义务教育发达地区，两者的差距虽存在，但也会逐渐趋于一致，人均 GDP 和师资力量等则是影响义务教育收敛性的重要因素。

（四）关于地区教育非均衡原因的分析

对于地区教育非均衡问题的探究主要围绕某一省份或地区教育的非均衡展开。刘宝生（2008）对辽宁省的义务教育进行了研究，认为地区经济发展水平的差异是当今教育非均衡发展产生的主要原因，政府对教育资源配置的低效率和教育经费投资体制的不合理是教育非均衡产生的重要原因；郭翠兰（2014）对河南省义务教育的非均衡问题进行探究，认为在义务教育发展水平方面，河南省各地区和地级市之间仍存在一定的差距，其主要原因在于有重效率轻公平的政策环境、功利主义和精英主义的教育思想，以及各地区本身的经济实力差距。

教育事业本身作为一项准公共物品，其供给数量的多少应与政府的行为息息相关，当政府注重教育事业的发展和教育本身的公平性时，地方教育事业的非均衡程度一般较低，因而大部分学者常常将探究我国教育非均衡发展的原因聚焦至政府的行为。郭矜（2016）认为财政分权是造成我国教育非均衡发展的主要原因，财政分权的程度同各层级教育的差距呈正相关，同我国各地区间的差距呈负相关；耿华萍和刘祖云（2016）认为造成如今义务教育非均衡的原因是多方面的，但义务教育供给制度缺陷是导致非均衡的主要原因：乡村自给模式下政府财力有限，教育支出不足，另外制度外供给（政府通过借款等方式筹集外部资金促进教育事业发展）的存在，使发达地区教育相对更发达，导致地区间的非均衡性更加明显。

具体至各教育层级本身，不同教育层级的非均衡发展原因也不尽相同。从义务教育来看，严秋菊（2010）认为义务教育非均衡与经济因素紧密相关，教育经费不足和区域经济差异是其主要原因，但经济因素并非引致教育非均衡的唯一因素，郝志文（2010）认为城乡义务教育差距产生的原因复杂多样，原因既包括历史因素也包括人为因素，农村地区环境艰苦引致教育人才流失是造成河北省城乡教育差距的原因之一。曾继耘等（2015）认为除地区经济差距和教育效率优先等因素外，城乡二元结构也是教育非均衡产生的重要原因，城乡二元结构的存在，使优质的教育人才向城市流动，但限于户籍影响，农村地区学生很难享受城市资源，教育非均衡问题由此产生。同义务教育不同，高等教育非均衡发展的原因有所不同，郑志来（2017）从供给侧改革视角对我国高等教育非均衡的原因进行了分析，认为目前我国高等教育参与者信息不对称、评价制度不完善及教师评价体系的错位（并非以培养人才的数量和质量为评价标准）是造成我国高等教育非均衡发展的主要原因。

通过对地区教育非均衡的有关研究文献梳理发现：地区经济差距是我国教育事业非均衡的主要原因；政府行为和相关教育政策是教育非均衡产生的重要原因；评价制度不完善和评价体系与教育目标的错位是导致教育非均衡产生的又一重要因素。

二、国外研究梳理

教育的非均衡发展是教育发展的规律之一，是客观存在的，世界上每个国家、地区都存在教育非均衡（李祖超，1998）。相比于国内教育非均衡发展的研究，国外学者较多地关注教育公平和教育差距，并进行了系统研究。

（一）关于教育非均衡发展成因的研究

从教育非均衡发展的成因来看，鲁杰罗（Ruggiero，2002）等从教育经费支出的公平性出发，认为教育经费支出的均衡同教育平等是等价的，而造成支出不同的原因不仅包括服务供给、资源价格，还包括外部成本环境和效率差异等。但教育事业的非均衡性发展并非仅与政府相关，其原因分布于教育事业的各个方面，就家庭收入水平方面来讲，古斯塔夫森（Gustafsson，2018）等对 50 个国家学生的科研能力和数学水平同学生家庭的社会经济地位进行回归分析，认为学生家庭的社会经济地位（家庭条件）是造成学校和教育系统之间教育差距的主要原因；埃尔萨多和吉格努（Ersado & Gignoux，2019）对埃及 25 ~ 29 岁的青年中获得教育和教育成果的水平和趋势进行研究表明：尽管基础教育已实现民主化，但在过去的 25 年中，仍存在一些普通中学和大学教育的不平等现象，超过四分之一的学习成果不平等是由学生无法控制的情况造成的，例如父母教育、社会经济背景和出生地，认为私人补习、进入职业学校和普通中学的家庭支出的不平等现象在很大程度上导致了学习成果的不平等。从交通因素方面来看，蒙罗亚（Monroya，2018）等对圣保罗大都市区交通和学校位置所引起的教育不平等进行了分析，根据青少年的空间分布、学校位置、公共交通设施等信息综合成单一的衡量标准——可达性指数，结果表明旨在增加公立学校教育集中度的政策，对可达性较低的学生产生较大的负面影响，认为在集中政策实施之前，应当考虑对教育不平等的影响。

学校教师作为直接与学生接触的群体，教师教学能力的差异也会引致教育的非均衡性。阿巴亚斯卡拉和阿鲁纳蒂拉克（Abayasekara & Arunatilake，2018）对斯里兰卡公共教育成绩较差问题进行了深入研究，借助学校普查数据和多层次建模技术，研究了学校水平资源和学生表现之间的关系，最终得出优秀的教师和学校领导是导致学生表现优劣和产生差距的重要原因；甘博亚和温特伯格（Gamboa & Waltenberg，2012）对六个拉丁美洲国家教育成果的机会均等进行评估，并与 2006 ~ 2009 年国际学生评估方案（PISA）中实现教育成果机会均等的规范性目标进行对比，发现拉丁美洲六国的受教育机会不平等的情况在加剧，其中巴西是样本中教育成果机会最不平等的国家。另外从影响因素来看，父母教育和学校类型被证明是机会不平等的重要根源。另有部分学者从学生本身情况的角度研究教育非均衡的状态，汉森与古斯塔夫索纳（Hansen & Gustafssona，2019）运用三级分层模型来分析瑞典较均衡性下降的原因，最终发现不同学校之间学生构成及其成绩的差距是当前瑞典教育公平性下降的主要原因。

（二）关于各群体教育非均衡的研究

教育非均衡不单单体现在内部的非均衡，在不同群体之间、教育层次之间以及区域之间均也存在非均衡现象。从不同群体的教育非均衡来看，泽霍里特（Zehorit，2019）认为教育公平意味着个人条件与其学术潜力和前景不存在相关关系，教育公平是社会凝聚力的基础，是社会稳定发展必不可少的一环，在其对以色列教育的研究中发现，少数民族和边缘性的学生不平等的程度更高；另外，随着国际交流的不断增加，跨国教育和移民普遍存在，这些群体教育非均衡的原因则更加复杂，芬斯拉斯（Finseraas，2019）则从劳动力市场地位、社会背景和价值取向的角度分析其与移民教育差距的关系，通过对欧洲社会调查数据的研究发现，移民偏好与教育差距相关性不强，失业率和工会实力则会影响移民的教育差距，差距的结构则会随市场的冲击而改变。海玛和沙维特（Haima & Shavit，2013）认为教育扩张加剧了高等教育机会的不平等，即特权阶层比下层阶层的儿女更能从教育扩张中获益，认为教育扩张并不一定能减少教育机会的不平等，而会加剧其发展。

（三）关于各教育层次非均衡的研究

从不同教育层级的教育非均衡来看，各教育层次有着各自的特征、发展趋势和成因：唐德尔和马丁内斯 – 莫拉（Donder & Martinez – Mora，2017）建立了一个政治经济学模型，能够从经验上观察大学规模与入学机会差距的关系，认为大学毕业生享受的技能溢价大，补习费用小，大学成本小对增大学校规模有积极影响，富裕的家庭会在补习上投资更多，因而学生父母收入的差距会加大学生入学机会的差距。埃斯皮内尔（Espinel，2019）等人认为当今教育是公民改善其福利和收入的一种手段，但如今学生接受教育的机会却不均等，通过对不同阶段的学生成绩研究发现哥伦比亚中学和大学教育机会非均衡的程度在增加，在较短时间完成本科学习的学生在一定程度上克服了部分教育机会不平等问题。

（四）关于各区域教育非均衡的研究

从不同地区的教育非均衡来看：国与国之间教育非均衡的发展趋势相似，多利乌斯（Dorius，2012）定性与定量相结合分析了国与国之间教育不平等的长期趋势，从历史上来看，在过去的一百多年，国家间的教育非均衡的趋势一直遵循相一致的发展趋势，这种趋势并非单调的上升和下降，而是处于波动中，但具体至各教育指标，如小学入学率等指标存在一定的差异性，国与国之间并非一致或趋势相同。从整个国家的教育非均衡来看，阿格拉瓦尔（Agrawal，2014）通过计算印度农村和城市部门的教育基尼系数，研究了20年的非均衡变化，虽然1993~2009年教育基尼系数一直处于下降中，但2009年的教育基尼系数仍超过50%，非均衡程度依然较高，并认为教育不平等是由部门内的不平等造成的。同一国家的不同地区间的教育差距仍然存在。瓜里尼（Guarini，2018）等对教育的地域和个人不平等进行了深入剖析，运用 Oaxaca – Blinder 方法分解测算了意大利中、北、南部之间的教育鸿沟，得出了教育库兹涅茨曲线，验证了库兹涅茨教育不平等与成就之间的倒"U"型假设关系，结果表明南部教育差距主要受公共教育支出的低效率影响，意大利南部的私人经济财富与教育具有较强关系，个人教育不平等与经济不平等存在正相关关系。

一国或地区的教育非均衡会影响社会其他经济方面的非均衡，从新古典经济理论来看，工人技能的不平等与收入不平等存在正相关，从社会学理论来看教育程度的不平等比技能不平等更为严重，契基（Checchi，2018）对教育成果非均衡和收入差距的关系进行了研究，从实证结论来看，教育均衡性的提高减少了成年后的收入差距。同样其他方面的非均衡也会影响教育的非均衡，克鲁格和路德维格（Krueger & Ludwig，2016）针对税收和教育政策进行了研究，认为累进税为特殊工资风险提供社会保险，但扭曲了家庭教育决策，高等教育补贴减轻了这些扭曲带来的影响，此外补贴高等教育可以增加大学学历工人的比例，从而降低大学工资的溢价，这具有重要的再分配效益，对促进社会公平有重要意义。

综上可知，从已有的国外研究来看，国外学者对教育非均衡的研究较多地集中在教育公平，除了区域间和各教育层次的非均衡外，还对不同人群的教育公平进行了研究，研究内容较为宽泛，丰富了教育均衡的内涵，为本章的研究提供了新的思路。但由于研究成果众多，不同地区学者对教育非均衡的认识不同，未达成统一的定论，所采取的研究方法也各有差别，造成教育非均衡的内涵和研究方法的混乱，可能会影响学者的后续研究。

三、文献研究述评

综合国内外的研究成果可以看出，学者们从城乡义务教育、高等教育等视角，运用定性分析、定量分析或定性和定量相结合的研究方法对教育均衡发展问题进行了研究。但大部分学者对于教育非均衡的研究只针对某一地区，而围绕全国范围的研究较少，另有学者对教育非均衡的研究仅做理论分析，未做实证研究，缺乏一定的可信度。对于教育资源的分析，只针对师生比、生均校舍面积、教育器械等，很少对公共教育支出进行研究，在公共教育支出方面的研究仍有不足。基于此，本书在公共教育经费支出现状部分，主要针对我国 31 省份（港澳台除外）的公共教育支出非均衡问题进行研究，在运用教育基尼系数和极化效应指数对非均衡的程度进行测算的基础上，运用面板数据模型对其影响因素进行实证分析，并提出针对性的建议，具有一定研究意义。

第二节　关于公共教育支出绩效的文献综述

公共教育支出的绩效主要体现在对经济发展和社会进步的贡献上，即教育投资带来经济绩效和社会绩效（Schultz，1960；Becker，1987）。因此，相关绩效测度与评价往往围绕经济绩效和社会绩效展开，由于教育主要是培养人的宏伟工程，而受教育程度与人的收入关系密切，因此教育对人力资本和收入的影响研究也比较充分，此外经济绩效又是重点中的重点，各国学者围绕教育支出对经济的贡献度进行了系统研究。

一、关于公共教育支出社会绩效的文献分析

社会绩效主要是指教育投入的公平性与社会满意度。英克尔斯（Inkeles，1985）认为教育的差异是影响国家、地区和个人之间差距的主要因素，为每个人提供基本的教育，让他们更好地融入知识社会中，对于促进社会公平较具意义；拉赫姆和史密斯（Lahm & Smith，1999）研究发现高等教育的公共财政资助政策，有利于帮助家庭经济困难的学生安心就学，社会绩效明显。从公平的角度来讲，教育发展水平的相对平衡性要求各地有大致相等的教育投资，而各地教育与社会经济发展水平的不协调导致了教育投资的不平衡（李祥云，2000；贾康，2002；杨凌，2007；王善迈等，2013；倪海，2014 等）。格鲁姆（Glomm，1992）指出当一个国家的平均人力资本水平较高时，公立学校促使人力资本积累效率更

高，并且使得收入不平等下降得更快，而私立学校反而会增大社会的不平等程度；哈努希克（Hanushek，2003）则发现当教育对生产产生正外部性时，增加公共教育投资兼具效率与公平的政策效果。苏（Su，2004）在发展中国家的教育研究中发现，教育资源向基础教育的转变可以促进经济发展并减少收入不平等。此外，社会绩效测度因其衡量指标的复杂性有一定的难度，但学术界一直对其进行探索性研究。例如，弗洛伦西亚（Florencia，1996）通过测算认为马拉维政府初等教育学费的减免和支出增加直接导致 20% 的最高收入群体所占用的公共教育资源下降了 7%，而 20% 的最低收入群体所占用的公共教育资源上升了 6%；其他学者（Bruce，1986；Levin，1989；Gilde，2007；杨锡春，2012；游恬，2015；文超等，2018；樊慧玲等，2019）分别从不同视角、不同层面探索了教育投资社会绩效的测算问题。

二、关于公共教育支出对居民收入的影响研究

国内外关于教育投资对居民收入的影响研究成果较为丰硕，研究表明，公共教育支出不仅有助于经济增长（Robert，1999；Blankenau et al.，2007；肖大勇，2018；张同功等，2020），也有助于提升居民收入（Glommand，1992；Viaeneand & Zilcha，2006；丁忠民，2017；周安华等，2018），在缩小收入差距上也发挥着重要作用（Knight & Sabot，1983；薛进军等，2011；李祥云等，2018），但可能存在一定前提条件，如教育扩展的结构与压缩效应大小（Knight，1983）、是否获得足够教育资源（Sylwester，2002）、政府治理水平（张小芳等，2020）等。从公共教育经费支出与收入水平间的作用机制来看，则是需通过提升人力资本水平（Pang et al.，2004；Afonso et al.，2005；方超等，2018；刘友金等，2018），进而促进居民收入增长，由此人力资本与居民收入的研究成为广受关注的热点问题。大部分研究认为，以教育为主的人力资本投资具有收入回报（Doran et al.，2013），且投资越多，回报率越高（Schultz，1960）。国内，周亚虹和宗庆庆（2013）认为城镇职工收入主要受到以受教育水平为代表的人力资本的影响；王胜华（2017）对公共投入、人力资本和居民收入间关系进行了系统研究，认为非经济性公共支出（教育、医疗）与人力资本的交互影响可促进居民收入增长；周安华等（2018）认为公共教育投入会通过人力资本对居民财产性收入产生作用。此外，王先柱（2012）、刘魏（2016）、王国洪（2018）等通过实证分析，

认为人力资本积累对我国农民居民收入有积极作用。

然而，教育对居民收入的影响在不同区域具有一定差异性，且随着经济发展水平的提升而增加（刘中文等，2010）。邢春冰等（2013）、王胜华（2017）等的研究表明，我国教育财政投入对居民收入的影响在各区域效果不同，在东部地区的促进作用更为显著，而在中西部地区可能存在负向的抑制作用（丁忠民和玉国华，2017）。相关研究认为是我国教育资源分配不均衡，使得公共教育财政政策并未充分发挥，从而导致区域居民收入存在差距（郭庆旺和贾俊雪，2009；张虎，2015）。同时，范剑勇（2006）、张文武（2011）、梁文泉和陆铭（2015）对人力资本的集聚效应进行研究，认为人力资本会在大城市（经济发达地区）聚集，从而提高收入水平。

此外，教育对居民收入的影响在不同阶段的教育支出上也具有一定的差异性。裴沙罗普洛斯（Psacharoopoulos，1994）、布兰肯诺（Blankenau，2005）、杜曼（Duman，2008）通过实证研究发现，中小学教育支出对收入的外部性更为显著，收益率更高，且在欠发达国家更明显（Su，2004）。其中，布兰肯诺（2005）认为当公共教育支出在达到一定水平后，在持续投入初等教育的基础上，增加高等教育比例。国内，部分学者对教育支出结构与居民收入的关系展开研究，但大多集中于其对收入分配的影响。徐丽等（2017）通过构建三期世代交叠模型发现，在政府教育投资不变的条件下，提高基础教育支出可减小居民收入差距；李昕和关会娟（2018）认为教育支出可缓解我国居民收入差距，且义务教育尤其是初中教育支出的效果更为明显；陈漫雪等（2015）研究表明，中学教育质量除能促进城镇居民收入增长外，也可一定程度地提高教育投入的回报率；蔡文伯和黄晋生（2019）认为增加高等教育的投入进一步扩大了收入差距，且在中等经济增速省区最为明显。与上述研究观点不同，陈晨（2018）通过测算不同教育阶段支出对区域间收入差距扩大的平均贡献率，发现高等教育对缩小地区收入差距的作用更明显。

三、关于公共教育支出经济绩效的文献分析

经济绩效主要体现在教育投入带来的人力资本增加和对经济增长的贡献。索洛（Solow，1957）通过建立教育投入与教育产出的生产方程，首次研究了教育对经济增长的影响。此后，国外众多学者（Gemmell，1976；Romer & Lucas，

1990；Rodr et al.，2010）从理论与实证的角度证明了教育投资对经济增长的重要作用；我国学者（范柏乃等，2005；于凌云，2008；刘晔，2009；陈红玲等，2013；才国伟等，2014；张琳，2015）也从不同视角，对不同区域教育投资的经济绩效进行了实证研究，肯定了教育投资的重要作用。对教育经济绩效的研究离不开对绩效的测度，舒尔茨（1960）认为美国教育投资的收益达到整个国民收入增长收益的三分之一，教育对国民收入余值增长的贡献率达到70%；其他学者（Ghion，1992；Afsar & Vance，2009；Fredriksen，2013）选择不同国家测度了教育投资的经济绩效；我国学者（赵树宽等，2011；刘新荣等，2013；卜振兴，2015；左勇华，2017）认为虽然教育投入对经济增长具有倒"U"型的影响，但我国处在促进经济增长的阶段。

在教育经费对地区经济增长所产生的影响方面，钟无涯（2014）进行教育投入与经济增长绩效长、短期关系的区域比较，发现北京教育投入对经济增长绩效统计不显著，上海、广东的教育投入与经济增长均存在双向格兰杰因果关系，而广东教育投入对经济增长具有持续显著的高正向激励；朱晓东等（2014）基于改进的CD生产函数模型研究发现，东部地区人力资本弹性较低，西部地区人力资本产出弹性较高，中部地区居中；孙玉环和季晓旭（2014）研究发现教育投入对不同发展水平、不同类型经济区域的影响作用不同，总体上GDP对教育投入富有弹性，尤其是对于经济基础好、居民文化素质较低的省份，GDP对教育投入的弹性通常较大；张琳和盛秀婷（2015）研究发现教育投入与经济增长并非简单线性关系，而是存在城镇化发展不同阶段的门槛效应，城镇化发展阶段不同，教育投入对经济增长的促进作用也不同；刘湖等（2019）研究发现政府和个人教育支出对经济增长的影响存在明显的区域和阶段差异；金钰莹和叶广宇（2019）研究发现我国东部、中部、西部教育公平与区域经济增长的耦合协调度有所上升，但西部地区的耦合协调水平易受外界经济条件影响；张鼎权（2019）基于数据包络模型实证分析了教育对我国经济增长贡献的地区差异性影响，并采用高效率的数据包络模型建立教育对经济增长贡献地区差异的指标体系，探讨了教育造成地区经济增长差异性的原因；孟望生和向君（2020）在新增长理论框架下进行研究，发现公共教育经费投入占GDP比例不足4%时会抑制地区经济增长。

在教育支出对区域经济协同发展的促进作用方面，王红（2016）研究发现尽管我国教育经费持续大幅增加，但是依然存在社会投入力度不足和"中部塌陷"现象等问题；陈纯槿和郅庭瑾（2017）、杨蓉和刘婷婷（2019）、余杰等

（2020）基于国际比较思路，认为尽管我国教育经费投入力度逐年增强，但在支出结构和层级分配方面与高教育水平国家相比还有较大差距；张绘（2017）认为尽管各地公共教育投入水平很高，但仍然面临着严峻的问题与挑战，未来还应该进一步完善教育经费转移支付制度并优化教育经费支出结构；叶杰和周佳民（2017）在深入分析小学、中学和高校生均教育经费支出区域差异时发现，高校生均占比及对生均总支出省际差异的贡献都较高，但有逐年下降的趋势；沈有禄（2019）从普通高中教育经费入手研究区域差异，发现我国普通高中生均教育指标呈现"中部塌陷"现象，京津沪远高于其他地区，且差距在增大；耿乐乐（2020）研究发现，1995～2016年，我国义务教育生均经费支出的区域差异程度总体上处于"相对合理"的区间，生均经费支出的公平程度总体上有所提高。

近年来，多因素的综合研究逐年增多，如公共教育支出、人力资本积累和经济增长两两结合，以及二者与其他要素关系模式与机制的研究较为常见。才国伟和刘剑雄（2014）认为政府公共教育投资能够促进人力资本水平的提高，这种促进作用在收入风险较大、融资约束较强的国家效果会更为突出，我国应进一步扩大公共教育投资，提升公共教育投资效率，以提高我国的人力资本水平；杜伟等（2014）认为东部地区的人力资本对经济增长既有直接作用，又有间接作用，但间接作用不是通过技术创新而是通过技术模仿起作用，中西部地区的人力资本对经济增长的直接作用效果不明显，人力资本是通过技术创新间接作用于经济增长的；郝硕博和倪霓（2014）研究了创新异质性、公共教育支出结构与经济增长三者之间的关系；张秀武和赵昕东（2018）认为教育人力资本的提高对经济增长有显著的；提升作用，健康人力资本的提高对经济增长有显著的抑制作用；商海岩和刘清源（2019）研究了教育支出、人力资本积累与区域科技创新问题，认为人力资本是教育支出与科技创新的中介变量，教育支出对科技创新有着显著的影响。

四、关于公共教育支出绩效测评的文献分析

目前，国内外学者主要运用数学模型法对公共教育支出的绩效进行测评，常见的为经济绩效的测评，如借助生产函数（Solow，1957；朱晓东等，2014；孟望生，2020）、多元回归模型（Blankenau，2005；Blankenau et al.，2006；张秀

武和赵昕东，2018）和模糊综合评价法（王凤飞，2022）、中介效应模型（杜伟等，2014）等方法。而在综合绩效评价方面，采用的方法大致为成本效益分析方法、综合评价方法和平衡积分卡法三种。成本效益分析方法是通过比较项目的总成本和效益来评估项目价值以获得最优投资计划的方法。但是，公共投资具有强大的外部、非竞争性、非排他性和其他公共产品特征，导致其难以准确计量公共投资的效益，难以精确判断受益群体的范围等，因此尽管成本效益分析法在以效率为价值导向的绩效评价中简便可行，但存在一定的局限性。综合评价方法是指使用多个指标，赋予它们不同的权重，评估多个参与单位，并获得综合评价值。它包括两类：客观加权评估方法和主观加权评估方法。前者主要包括：数据包络分析法（DEA 分析法）和主成成分分析法等；后者主要包括：层次分析法和模糊综合评价法。其中，DEA 分析法被广泛用于公共投资绩效评估，用于处理多指标输入和多指标输出的投资表现。使用传统的 DEA 法得出的结果无法排除所有环境因素等的影响，于是 DEA 三阶段法的原理、优点及应用方法由弗里德（Fried，2002）提出。阿夫基兰（Avkiran，2008）通过采用非径向的 SBM 模型进一步发展了这一方法。这一方法在分析商业银行效率方面应用较多，黄宪（2008）运用这一方法实证分析得出商业银行的效率能通过调整 X - 效率而得到更好的反映。纳库恩（Nakhun，2009）使用 DEA 三阶段法分析了东亚国家商业银行的效率也受到了环境因素的影响。张秋艳（2010）借助这一方法分析商业银行分支机构的 X - 效率并提出对策。邓波（2011）使用这一方法在区域生态效率研究方面也取得进展。在教育投资绩效的研究中，使用传统的 DEA 法同样无法排除环境因素对结果造成的扭曲；徐丽等（2017）通过构建三期世代交叠模型发现在政府教育投资不变的条件下，提高基础教育支出可减小居民收入差距。

在具体结论测算结果方面，舒尔茨（1990）的研究结果认为 1929 ~ 1957 年美国教育投资的贡献率为 33%；马玉友（2003）利用 1984 ~ 1998 年中国的数据进行研究后发现，公共教育投资的贡献率达到 23.7%。在研究经济增长教育投资弹性的研究中，王卫国和严敏（2009）估计教育投资增加 1，可带来当期的 GDP 约 0.1034 的增长，且这一数值受国内及国际环境的强烈影响。曹宁（2016）通过对公共教育支出和公共医疗支出各占 GDP 的比重及其变化率的研究发现，公共教育支出的变化率对人力资本产生了更为显著的影响，并具有滞后效应。林泉（2017）基于内生增长理论，也发现经济增长对公共教育投资有长期积极响应，公共教育投资的贡献率不断提高；欧文福等（2015）对西部 12 个省份的人力资本投资表现进行了评估，分析了其中一些省份人力资本投资的冗余情况。罗贵明（2017）研究发现财政分权、政府竞争对地方公共教育投资存在挤占效应，且存在空间溢出效应，并进行了测算；林迪珊（2016）基于60余个发展中国家数据分析得出公共教育投资在缓解贫困深度方面的效用不如削减贫困广度方面显著，且随经济的发展其对消除贫困的作用呈边际递减特征。

总体来看，虽然关于公共教育支出绩效测评的文献较多，并且采用了多种方法，但基本集中于教育支出对人力资本和经济增长的贡献方面，即经济绩效方面，社会绩效测度和综合测评尚显不足。

第三节　关于公共教育支出绩效溢出效应的文献综述

长期以来，国内外学者对教育绩效溢出问题的关注有增无减，做出了大量研究。现有国内外相关文献主要从人力资本流动和知识溢出两个方面对教育绩效溢出效应进行了研究，也有部分文献针对教育绩效溢出效应所带来的负面问题进行研究。本节以教育绩效溢出效应为切入点，对教育绩效溢出与经济增长的相关研究进行评述。

一、直接从教育支出角度对溢出效应的研究

20世纪60年代，舒尔茨（1961）、贝克尔（1965）等通过对人力资本的研究，直接建立了教育与经济之间的联系，此后，众多学者针对此问题展开了大量研究。随着计量模型的发展和研究的不断深入，部分学者发现，教育投入不仅能够提升当地经济发展水平，还会对邻近地区经济活动产生影响。

麦克曼（Mcmahon，2006）以美国1960~2010年相关数据为样本进行研究，发现教育财政支出不仅能够直接影响经济增长，还可以通过提升人力资本水平间接促进社会繁荣；邓晓春（2009）研究发现我国教育事业中民办教育通过"补充效益"与"溢出效益"对经济发展和社会进步有突出贡献；顾佳峰（2012）研究发现我国公共教育资源在区域配置上有显著的空间相关性，且邻近区域的教育资源配置会产生交互影响作用，存在竞争效应；李晓欣（2014）、杜浩波（2018）基于空间计量模型研究，与传统计量回归模型相比较，发现教育投资不

仅会对本地区经济增长起到显著的推动作用，还存在显著的空间溢出效应，且相较于传统计量回归模型，空间计量模型更适合进行实证分析；汪辉平（2017）基于空间计量模型研究 287 个地级市，发现在一定的区域范围内，邻近地区公共教育支出对区域创新具有溢出效应，但超过特定范围后，这种影响便不再显著；沈立等（2019）采用空间杜宾模型等空间计量经济学方法，研究发现本地区科教支出不仅对本地经济增长具有促进作用，同时在不同时段表现出不同形式的空间溢出效应，且会随着时空距离的增大而缩减；赛奎拉和迪尼兹（Sequeira & Diniz，2020）认为高等教育能够通过提升人力资本和知识水平，在地理空间经济上体现出显著的溢出效应；努南（Noonan，2020）等认为高等教育创造的高人力资本和知识外溢现象，不仅体现在 STEM 活动（科学、技术、工程和数学相关学科）方面，在艺术领域和非 STEM 活动方面也有显著的溢出效应。

二、从人力资本流动角度对教育溢出效应的研究

部分学者认为区域间人力资本流动是引起教育绩效溢出的重要因素。教育投入可以通过提升人力资本水平来间接促进经济增长，所以人力资本在区域间的流动就会使本地教育投入影响其他地区的经济发展。

惠勒（Wheeler，2001）、格雷泽和马修（Glaeser & Matthew，2010）研究发现，由于人力资本受到空间异质性和经济发展水平等因素的影响，在地理空间上呈现出明显的集聚化发展态势；罗森塔尔和斯特兰奇（Rosenthal & Strange，2008）、费歇尔（Fischer，2009）的研究都证明了人力资本存在空间溢出效应，相邻区域间人力资本水平的提升有助于推动本地经济增长；高远东和陈迅（2010）借助扩展的空间 Benhabib – Spiegel 模型，以 77 个国家的数据为样本进行研究，验证了基于人力资本能够通过对技术知识的创新能力和吸收能力有效促进经济增长，且具有显著的空间相关性；高远东和花拥军（2012）在证实我国人力资本存在空间外溢性的基础上，还发现我国东部、中部、西部人力资本空间外溢效应对区域经济增长的贡献值存在差异，陈得文和苗建军（2012）、逯进和周惠民（2014）也得出了类似结论；塞纳和希贡（Sena & Higon，2014）在 1997～2002 年对年度商业调查中抽取的英国企业样本进行检验发现，工厂劳动力的行业教育程度的地区差异将影响其吸收研发溢出的能力，拥有更合格劳动力的地区会产生显著的溢出效应，比那些位于不合格劳动力地区的工厂更能从研发溢出中

获益；方超等（2016，2017，2018）借鉴并改进含人力资本的卢卡斯模型，研究发现人力资本收敛在地理空间上的聚集态势显著，但局部自相关性具有显著差异，教育人力资本收敛对相邻区域的空间辐射效应要高于静态收敛，省域研究生教育在地理空间上存在较强聚集态势，但局域分布差异较大，教育人力资本及溢出效应均能够对我国经济增长产生正向影响；梁军和赵青（2018）以中国2000~2015年的省际面板数据为样本进行研究，借助人力资本理论与人力资本溢出效应模型进行研究，发现教育人力资本及其溢出效应不仅作用于经济增长，还有助于我国科技创新水平的提高；蒋佳等（2019）在对全要素生产率进行研究时发现，硕士研究生、博士研究生和本专科教育的溢出效应存在不同的表现形式，分别为正向空间溢出效应、负向溢出效应和非显著性空间溢出效应；哈立德（Khalid，2020）认为经济困境和收入不平等是造成人力资本外流的首要原因。

三、从知识溢出角度对教育溢出效应的研究

还有部分学者认为知识溢出在教育溢出过程中也扮演着重要角色。例如，博塔兹和佩里（Bottazzi & Peri，2000）利用1977~1995年的专利和研发数据，对欧洲地区创新的"生产函数"进行了识别和估计，在修正内生性偏差后，发现知识溢出可能是邻近区域技术专业化程度相似导致的，并且技术空间也存在显著的溢出效应；凯西多和罗米恩（Kesidou & Romijn，2008）认为在经济发达地区，集聚企业之间的本地知识溢出是区域创新和社会发展的主要驱动力；施晓丽（2014）利用省域数据分析发现经济水平相似的地区之间存在积极的知识溢出效应；张勋和乔坤元（2016）认为目前我国区域间经济互动主要得益于知识溢出，且区域间人力资本流动与交流能够从宏观层面上对区域经济互动产生有利影响；索恩（Thorne，2016）等研究发现研究、教育和咨询服务的分布表现出与农业创新相似的空间集中性格局，为区域知识溢出的存在提供了支持。

珍妮·贝瑞尔（Jenny Berrill，2018）等在考察外商直接投资和教育对解释国家创业水平的作用时，发现企业活动之间产生积极和消极的溢出效应可能因劳动力的高教育水平而得到加强；张玉明（2008）、李晓飞（2018）基于空间计量模型进行研究，发现专利授权数和研发投入能够通过溢出效应推动邻近地区的经济增长，区域间知识溢出效应差距随着经济的发展呈现逐步减弱的态势。

四、教育溢出效应带来的其他影响及负面问题

除经济增长外，也有学者发现教育投入对减缓贫困也有显著影响。例如，邓宏亮等（2015）研究发现教育经费投入力度与贫困发生率均具有收敛性，空间依赖性与集聚特征明显，且空间溢出效应显著，但是教育财政支出对减缓贫困的作用还没能得到充分发挥；李盛基（2016）研究发现公共教育支出不仅具有较强的直接减贫效果，而且具有较强的空间溢出效应；蔡文伯和翟柳淅（2018）以新疆为例进行研究，发现邻近区域教育经费投入效率的提升会有利于本地区贫困发生率的减少，但敏感程度具有区域差异性。此外，顾佳峰（2011）、秦惠民和王名扬（2016）、邹璇和杨雪（2018）、宋亚峰等（2019）还分别从代际关系、家庭流动、年龄和教育结构、教育资源配置等方面对教育溢出效应进行了研究。

随着研究深入，教育溢出所带来的不利影响也引起了许多学者的重视。鲍莫尔（Baumol，1986）研究发现，人力资本流动会拉大落后地区与发达地区人力资本存量的差距，导致区域间人力资本差距增加；格鲁博（Grubel，1966）、斯塔克（Stark，1997）、拜内（Beine，2001）在研究对外开放经济中的人力资本的流动问题时，发现低收入国家的人才倾向于向高收入国家流动，这种人才流动效应有可能造成母国教育资源流失，导致教育资源分配不均；王子龙和谭清美（2004）、赵勇和白永秀（2009）探讨了知识溢出与集聚、创新和区域经济增长之间的关系，发现知识溢出能够造成区域产品雷同化，并加剧网络内部的企业竞争；杨凌（2007）、倪海等（2014）认为贫困地区的教育支出收益会向发达地区外溢，造成社会不公平；祝树金和虢娟（2008）认为教育溢出效应得到充分显现的必要条件，是存在足够充足的、与教育溢出具有相关互补性的要素；张锦华（2008）研究发现，教育溢出效应对弱势家庭和弱势地区教育投入产生抑制效果，弱势家庭与弱势地区的教育投入有陷入"低发展陷阱"的危险；董亚娟和孙敬水（2010）借助教育与生产率增长的内生模型和 Malmquist 生产率指数法进行研究，结果表明，教育能够显著促进技术效率和技术进步率的进步，但是各级教育支出中存在的资源配置不合理性，导致教育投入对技术效率具有负的溢出效应；谢童伟（2010）认为人力资本由中西部向东部流动的趋势，在增加人力资本区域差距的基础上，拉大了东部与中西部地区的经济差距；王爱民（2012）、谢童伟

等（2013）认为教育外溢会导致部分地区公共教育资源相对匮乏；易罗婕等（2014）研究发现，我国教育资源分配不均、内部体制不健全等原因导致我国教育投入的溢出效应没有得到充分发挥；孙阳春（2016）认为当区域间高等教育收益出现"单向溢出"，却没有得到相应补偿时，会引起地方保护主义出现，降低高等教育入学的"机会公平"；马塔克（Martak，2021）等以印度尼西亚各地区为样本进行研究，发现教育投资收益率的提高会降低周边地区的福利水平，因此需要制定与受教育后的利益平等和移民便利性相关性法规来克服各地区间的负向溢出效应。

五、研究述评

综上所述，通过对国内外现有关于教育绩效溢出效应的文献资料进行归纳整理发现，现有关于教育绩效溢出效应的研究已较为深入，大多从教育支出、人力资本流动和知识溢出三个方面进行讨论，且教育绩效溢出对于经济增长、社会发展和减缓贫困等都具有显著的影响效用。与此同时，教育绩效溢出效应也引起了许多负面问题，如增加区域间贫富差距，导致部分区域教育资源流失，致使区域间教育资源分配不均，引发社会不公平等。

在对相关文献进行梳理的过程中，发现已有研究尚存在以下不足：（1）大部分研究仅立足于宏观层面对教育绩效溢出效应进行分析，没有深入各区域进行研究分析，鉴于我国区域间经济发展和教育发展水平差距较大，因此深入区域内部探讨各区域之间的教育绩效溢出效应具有很重要的现实意义；（2）在实证研究中，多数文献以教育支出为主要分析因素，并没有定量分析影响教育支出经济绩效空间溢出效应的影响因素，在研究结论上还需进一步完善；（3）多数关于公共教育支出经济绩效的文献仅依据推动当地经济增长的直接效应或影响邻近地地经济增长的间接溢出效应单个方面来提出政策建议，鲜有综合直接和间接效应，并结合影响因素提出相应政策建议，因此所提政策建议缺乏全面性。鉴于此，本书在现有研究的基础上，深入探讨各省域单位教育支出对经济增长的空间溢出效应，同时从人力资本流动和知识溢出两个方面选取变量定量分析溢出效应的影响因素，在完善相关领域研究不足的同时，为推动区域间教育事业科学、协调、可持续的发展，建立更加有效的区域协调发展新机制助力。

第四节　关于公共教育支出合理规模与结构的文献综述

一、关于财政支出的最优规模研究

　　财政支出的最优规模一直是经济学界的研究热点。兰道（Landau，1983）、图洛克（Tullock，1987）、阿斯考尔（Aschauer，1989）等认为财政支出占 GDP 的比例与 GDP 自身总量之间存在着比较明显的负相关关系，能够促进经济社会发展的财政支出最优规模越小越好；巴罗（Barro，1990）、特诺维斯基（Turnovsky，2000）、范庆泉等（2015）等实证研究表明在高效率政府体制中公共财政支出水平和经济增长速度之间会呈现倒"U"型的关系，即政府公共支出存在最优规模，当政府公共支出达到最优规模时会对经济增长产生积极的影响，而当政府公共支出大于最优规模时可能会对经济增长产生消极的影响。金戈和史晋川（2010）认为我国政府劳务边际生产力显著大于 1，应进一步扩大政府支出规模，而杨友才和赖敏晖（2009）认为我国的政府财政支出规模在大多数时候是过分膨胀的，应该削减政府财政支出的规模，以促进经济的增长；李德刚（2017）认为综合财政支出实际最优规模围绕理论综合财政最优规模上下波动。

二、关于单项财政支出的合理规模研究

　　近年来，具体到某项财政支出最优规模的研究逐渐增多，首先是将政府总支出分为生产性支出和消费性支出，并研究了不同类型支出对经济的差异化影响，国外学者大多认为生产性支出能促进经济增长（Lucas，1990；Jones，1993），而国内诸多研究认为诸如行政管理（吕志华等，2012）、社会保障（郭杰，2004）、教育科研（王元春，2009；徐小鹰，2011）等非生产性支出与经济增长呈正相关关系；有些学者却得出了相反的结论。究其原因，是环境条件的差异，可见在不同的背景条件下，各项支出的经济增长效应是不一样的，因此，就有一个最优规模的问题。马拴友（2002）采用世代交叠模型并考虑税收的情况下，我国公共教育支出的最优规模是占 GDP 的 2.4%。王凤羽和冉陆荣（2019）基于内生经济增长模型构建公共教育支出最优规模模型，运用边际理论分析财政支出

与效用最大化，并以重庆市农村职业教育为例，进行最优规模理论分析与实证估计；张淑翠（2012）研究表明财政各项支出最优规模是与国家经济社会发展阶段相适应的，不存在唯一值，从不同角度考察政府的最优支出规模得出的结论将会不同，因此，要结合一国实际情况衡量合理的支出规模。王胜华（2018）研究表明由于我国区域背景不同，导致政府支出经济增长效应区域异质性明显，因此最优规模很难确定。

三、关于财政支出的合理规模的影响因素研究

具体到影响因素的研究，国外学者分别从地区收入水平（Degregorio，2002）、对教育的重视程度（Vance，2009）、人力资本情况（Thomas，2011）、教育管理与教育质量（Perkins，2016）等角度研究了教育投资的规模问题。其中最常见的是某国家或地区的单独研究（Afsar，2009；Badiani，2010；Musai，2013；Fredriksen，2013；Otieno，2016；Bokhari，2017）；郑磊（2008）基于中国省级面板数据，验证了财政分权、政府竞争对中国省级政府教育支出比重的影响。研究发现政府竞争和财政分权制度结合在一起，共同对地方政府的教育支出比重产生显著的负影响，而地方政府的财政自给度对教育支出比重具有正效应，经济发展水平、政府规模等则具有负效应；王振东和彭建强（2008）估算了我国地方公共教育投入合理规模，并认为经济发展水平、政府对教育的重视程度、社会文化传统、国家制度和政策等因素对公共教育投入合理规模有重要影响。

综上可知，国内外专家普遍认为财政支出存在一个合理的规模，规模过大或过小都会对经济增长产生负面影响，但是这个合理的规模受多种因素的影响，地方背景条件的差异将导致最优规模的不同。地方公共教育支出作为财政支出重要组成部分，其必然也存在一个合理规模，而这个所谓最优规模或者合理也会因区域环境条件的差异而差别较大，那么这个合理规模该如何测算？它又受到哪些因素的影响？具备什么样的变化趋势和动态，都是值得进一步研究和探讨的问题。

第五节　本章小结

综上所述，本章从公共教育支出区域的不均衡性、支出绩效测评和绩效溢

出，以及支出的合理规模和结构几个方面进行了文献分析，相关文献已经从多个方面对相关问题进行了系统研究，能够为本书核心问题的研究提供相应的文献和理论支撑。但从总体来看，相关研究并不能涵盖所有问题和研究方法，研究不足依然存在，所以本书后续章节将基于已有文献，力图从研究视角、研究方法和研究内容方面进行突破和创新。

第四章 我国公共教育支出区域
非均衡态势分析[*]

　　教育与人才培养是一个地区发展的基石，我国幅员辽阔，省域单位之间基础条件和背景差异较大，东部、中部、西部发展不均衡情况客观存在，由于地方经济实力、中央和地方政府重视程度的不同，公共教育支出的不均衡情况也比较普遍，以生均经费为例，从教育统计年鉴数据来看，广东、山东、河南、四川这类公共教育支出总量在全国排名靠前的地区，其生均教育投入量却常年落后于全国平均水平；而吉林、青海、天津、西藏等地，尽管教育投入总额不高，但是其生均教育水平却远超全国平均水平；总体来看，31 个省份中，只有北京、浙江、上海、江苏的教育投入总量和生均教育投入处于全国领先水平，区域差异还是比较明显的。另外，地方教育经费管理、投入结构等因素的差异，导致各地区教育经费使用效率也存在较大差异。

第一节 我国公共教育支出的现状分析

　　随着国民经济的快速发展，我国越来越重视教育工作，公共教育经费投入持续增加，主要表现为我国公共教育支出总量持续增加上，其中以地方财政支出为主，中央转移支付比重偏低，地区差异明显，但是在生均公共教育经费支出不断增长的同时，各地区生均公共教育经费支出的差距也在逐渐拉大，呈现出不均衡发展态势。

---

　　* 注：相关论文已经发表在北大核心期刊：《黑龙江高教研究》2020 年第 2 期。

一、我国公共教育经费支出总量持续增加

近年来，随着国家对教育事业的关注和支持，我国教育支出总量呈持续增长态势，且教育总支出占国内生产总值（GDP）比重也呈不断上升趋势。2005年，我国教育支出总量为3974.83亿元，经过十几年的发展，2018年，我国教育支出总量已达32169.47亿元，支出总量约为2005年的九倍，年均增长率高达18.1%，增长速度高于国内生产总值增速。2007年，我国教育支出总量增速最快为49.00%，相比于2006年，支出总量增长了近一倍，虽然近几年我国教育支出总量的增速有所放缓，但由于教育支出基数较大，教育支出总量的增长仍然较为可观，因此，从我国教育支出总量及其增速来看，我国对于公共教育事业的发展极为重视，具体增长情况如图4-1所示。

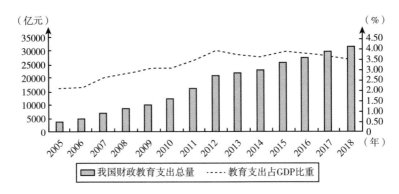

图4-1　2005~2018年我国公共教育经费支出及其占比图示

资料来源：整理自国家统计局网站。

我国公共教育支出总量占当年GDP的比重呈逐渐上升态势，但其占比仍未达到预期水平。由图4-1可以看出，2005年，我国公共教育支出总量约占当年GDP的2.12%，随着我国持续加大对教育事业的支出，2012年占比达到最高，约为3.94%，但由于2013年和2014年教育支出总量的增速较低（分别为3.60%和4.73%），2012年以来教育支出占GDP的比重呈下降趋势，但从整体发展态势来看，我国教育支出占GDP的比重仍呈上升趋势，截至2018年，我国公共教育支出总量同当年GDP的占比约为3.50%，相较于2005年，占比增幅约为1.38%。

《国务院办公厅关于进一步调整优化结构，提高教育经费使用效益的意见》

（以下简称《意见》）对我国教育事业的发展提出了新的要求，未来几年要不断优化财政支出结构，逐渐加大对我国教育事业的支出，要保证公共教育经费同GDP的比重不低于4%，以促进我国教育事业的发展。2020年，我国财政支出中教育经费支出高达36359.94亿元，占当年GDP的比重仅为3.18%，由此可见，虽然我国对教育事业的重视程度不断提升，教育支出总量持续提升，但占GDP的比重与4%的标准尚有差距，教育经费支出总量仍待进一步提升。2005～2018年的中央和地方公共教育经费支出如图4－2所示。

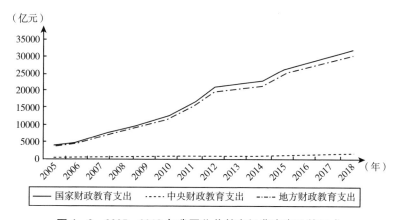

图4－2 2005～2018年我国公共教育经费支出及其组成

资料来源：整理自国家统计局网站。

我国公共教育支出由中央公共教育支出和地方公共教育支出组成，但地方公共教育支出占总支出的比重最高。中央公共教育支出的主体是中央财政，而地方公共教育支出为地方财政，两者的财政来源不同。根据图4－2可知，地方公共教育支出数量远高于中央公共教育支出，是我国教育事业收入的重要来源。2005年地方公共教育支出约占国家公共教育支出的93.84%，2013年占比达到最高，为94.97%，2018年占比虽有所下降，但占比水平仍高于2005年，为94.61%。因此，从教育事业经费的构成来看，地方公共教育支出处绝对地位，是教育事业财政支出的主体。

二、生均公共教育支出不断增长，但各省份差距明显

（一）生均公共教育支出不断增长

由于各省份的在校生人数和公共教育经费支出的规模不同，单纯对比公共教

育经费支出的规模而忽略在校生人数无法全面了解各地区教育经费的支出水平，因此生均教育经费支出更能反映各省份的实际经费支出情况。需要说明的是，本书在校生人数取各地的在校生为普通小学、初中、高中及中等职业院校、高等学校等学校当年的在校生之和。生均公共教育经费支出可以用来体现我国各省份对教育的重视程度。从全国范围内来看，随着教育资源的不断累积、人们生活水平的持续提高、人们生活观念的转变以及政府对教育事业的扶持，使得越来越多的人有机会进行学习。我国公共教育经费支出总量的增长速度较快，我国生均公共教育经费支出呈增长趋势，且有持续增长的态势，如图4-3所示。

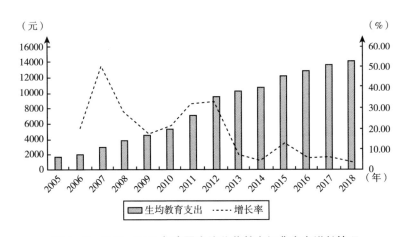

图4-3 2005~2018年我国生均公共教育经费支出增长情况

资料来源：笔者绘制。

从其增长速度来看，我国生均公共教育支出的年均增速为18.65%，高于年均的GDP增速，就2005~2018年增速的发展趋势来看，生均公共教育支出呈先快后慢的发展态势，2007年我国生均公共教育支出增速为50.51%，为2005~2018年增速最高年份，随即2008年增速下降至27.92%；2010~2012年虽有所上升，但2012年后再度回落；2013~2018年生均公共教育支出增速有小幅波动，2018年增速最低，仅为3.92%。

虽然我国生均公共教育支出的增速有所放缓，但其增长的幅度仍然较为可观。从图4-3可以明显看出我国生均公共教育支出不断增长，2005年我国生均公共教育支出为1664.39元，经过十几年的快速发展，截至2018年，我国生均公共教育支出增长至14171.52元，增幅达12507.17元，相比于2005年增长了约

7.5 倍。从每年的增长数量来看，2012 年的生均公共教育支出的增长数量最大，约为 2385.49 元，2006 年的生均公共教育支出的增长数量仅为 333.67 元，为历年最低。

总之，我国生均公共教育支出总体呈逐渐上升的趋势，虽近几年的增速有所放缓，但由于基数较大，生均公共教育支出增长数量仍较为可观。另外，我国国家公共教育支出经费来源于中央和地方财政，其中地方财政的支出占比最高，起主导作用。

（二）各省份生均教育经费支出差距明显，东部、西部、中部呈依次减弱态势

前述只针对我国教育经费的总体投入情况做了系统分析，不能体现我国公共教育支出的区域非均衡状态以及各省份间公共教育经费支出的差距。因此以下将根据 2005 年、2011 年和 2018 年生均教育经费支出的情况，对我国各省份生均教育支出的历史、现状及演变进行全面分析，以明晰当今我国各地区及教育事业投入的差距与非均衡情况，具体结果如表 4 - 1 所示。

表 4 - 1　　　　　　　　我国 31 个省份生均教育支出情况表　　　　　　　　单位：元

省份	2005 年	2011 年	2018 年
北京	7852.37	26769.61	50987.42
上海	9248.99	27511.52	45474.32
山东	1732.30	7327.51	13217.70
江苏	2148.01	10817.43	18180.66
浙江	3115.62	10075.22	20815.01
福建	1820.79	7257.46	14757.98
天津	4256.59	19806.35	25880.01
河北	1458.23	5916.28	10789.10
辽宁	2338.68	10084.33	13594.74
广东	1789.39	6714.08	15241.84
海南	1366.74	7790.77	14942.98
黑龙江	2014.13	7841.38	14607.56
吉林	1967.74	9126.24	16792.60
河南	965.60	4162.61	8385.53

续表

省份	2005 年	2011 年	2018 年
安徽	1004.53	5555.22	11526.58
江西	1111.63	5534.71	12072.89
湖北	1144.19	5390.52	13487.58
湖南	1235.04	5441.17	10966.42
山西	1482.22	6612.17	12886.13
内蒙古	2194.43	11535.67	18905.36
陕西	1315.74	8047.24	15106.09
甘肃	1246.69	5813.81	14808.45
宁夏	1615.80	7968.75	13930.70
青海	2271.69	13412.02	20123.31
四川	1034.50	5257.52	12177.54
重庆	1213.40	6698.19	14091.00
贵州	1211.04	4924.34	12764.26
广西	1270.71	5370.19	9737.88
云南	1659.14	6008.29	13762.92
西藏	4014.81	14722.80	39984.50
新疆	1821.80	10424.22	17878.85

资料来源:《中国统计年鉴 (2006)》《中国统计年鉴 (2012)》《中国统计年鉴 (2018)》。

从各省份的生均公共教育经费支出的大小来看，2018 年北京生均教育经费支出最高，达 50987.42 元，其中河南生均教育经费支出最少，约为 8385.53 元，由此可以看出地区间的生均教育经费支出的巨大差距。2018 年，我国生均教育经费支出前十名中，五省份属于东部地区，三省份属于西部地区，中部地区仅有两省，且排名靠后。

东部地区中生均公共教育经费支出最高的为北京和上海。例如，2005 年北京的生均公共教育经费支出为 7852.37 元，上海则为 9248.99 元，发展至 2011 年，北京的生均公共教育经费支出增长至 26769.61 元，上海则为 27511.52 元，两者的差距有所降低；截至 2018 年北京的生均公共教育经费支出超过上海，北京为 50987.42 元，上海则为 45474.32 元。东部地区中河北和山东的生均公共教育经费支出相对较少，河北和山东作为人口大省，人口基数较大，因此其在校生比其他省市更多，原则上所需公共教育经费支出的总量较高，2005 年河北生均公共教育经费支出为 1458.23 元，山东则为 1732.30 元；随着经济的快速发展，经济水平提高迅速，河北和山东的生均教育经费支出不断增加，2011 年两省支出分别为 5916.28 元和 7327.51 元，生均公共教育经费支出的差距不断增大；截至 2018 年，河北生均公共教育经费支出为 10789.10 元，是东部省份生均公共教育经费支出最少的省份，山东则为 13217.70 元。因此，东部地区内部生均教育经费支出就存在较大差距，其中生均公共教育支出最高的北京和上海的支出总量约为河北和山东等支出较少省份的 5 倍。

西部地区中，西藏和青海的生均公共教育经费支出最为突出。虽然西部地区经济实力相对较弱，但得益于我国教育政策的倾斜和规划，西部地区教育事业发展迅速，生均教育经费支出不断增高，其中西藏和青海最为显著，生均公共教育经费支出的数量接近北京和上海。2005 年西藏自治区的生均公共教育经费支出为 4014.81 元，虽然与北京、上海和天津等存在一定的差距，但西藏的生均公共教育经费支出仍高于东部地区的其他省份；青海的生均公共教育经费支出虽然在西部地区位列第二，为 2271.69 元，但与西藏仍存在较大的差距。2011 年，西部地区的生均公共教育经费支出有了较大的增长，西藏增长至 14722.80 元，青海则为 13412.02 元，两者的差距有所减少。发展至 2018 年，西藏的生均公共教育经费支出高达 39984.50 元，高于天津和浙江等地，青海则为 20123.31 元，两者之间的差距有所增加。西部地区中生均公共教育经费支出较少的省份为四川和贵州，2005 年四川生均公共教育经费支出为 1034.50 元，贵州则为 1211.04 元；到 2011 年，四川为 5257.52 元，贵州则为 4924.34 元；发展至 2018 年，四川和贵州的生均公共教育经费支出均有了较大的增长，分别为 12177.54 元和 12764.26 元，虽然较 2005 年增长了约 9 倍，但相比于中西部地区的其他省市仍存在较大差距。

中部地区虽然经济实力总体高于西部地区，但由于中部地区人口众多，其生均公共教育经费支出普遍低于东部和西部地区。中部地区的生均公共教育经费支出中排名较靠前的为内蒙古和吉林。2005 年，内蒙古的生均公共教育经费支出为 2194.43 元，吉林则为 1967.74 元，虽两者生均公共教育经费支出为中部地区前列，但仅为同时期北京和上海的四分之一；2011 年内蒙古的生均公共教育经费支出为 11535.67 元，吉林则为 9126.24 元，增长幅度较大；2018 年，内蒙古的生均公共教育经费支出为18905.36元,吉林则为16792.6元,虽然两者均位列中部地区前列,但仍与北京和上海存在较大差距。中部地区生均教育经费支出在落后地区存在较大浮动,起初2005年中部地区生均公共教育经费支出最低的省份为河南和安徽,分别为965.60元和1004.53元,仅为同时期内蒙古的一半;随着财政加大对教育事业的支持,2011年,中部地区生均公共教育支出最少的省份为河南和湖北,生均公共教育经费支出分别为4162.61元和5290.52元,安徽则发展较为迅速,其生均公共教育支出为5555.22元;发展至2018年,中部地区生均公共教育经费支出最少的省份为河南和湖南,分别为8385.53元和10966.42元。总体来看,中部地区生均公共教育支出的内部差距较小,河南的生均公共教育支出始终最小,有待进一步提高和发展。

从三个地区的生均公共教育经费支出增长速度来讲,生均公共教育经费支出越高的地区(即东部地区)增长速度越缓慢,生均公共教育经费支出越低的地区(如中部和西部地区)增长速度相对较快。但东部地区生均公共教育经费支出增长速度相对较低并不意味着其增长量较低,由于其基数较大,东部地区生均公共教育经费支出的增量依然可观。仅考虑东部地区,2005~2018年,我国东部地区生均公共教育经费支出年均增速为17.21%,海南增速为东部之最,年均增速为21.19%,增长速度最慢的为北京,年均增速为15.77%,尽管如此,两者的差距正逐渐拉大(北京增速低,但增幅高);仅考虑中部地区,2005~2018年,中部地区生均公共教育经费支出的年均增速为19.91%,其中增长速度最高的为湖北省,其增长速度大小为22.63%,高于增速最低的黑龙江省约4.98个百分点;仅考虑西部地区,2005~2018年,我国西部地区生均公共教育经费支出的年均增长速度约为20.46%,增长速度普遍高于东部和中部地区,其中增速最快的为四川,约为22.02%,增长速度最慢的则为17.62%,可见区域内的增速差距不大。因此,从各地区的生均公共教育经费支出的增长速度可以看出,我国西部地区教育事业的发展速度高于东部和中部地区,其与东部地区的差距正逐渐减小,而又逐渐超过中部地区省份,中部地区的教育事业发展则略显后劲不足,其中在增速最快的10个省份中,仅海南省为东部地区,其中6个省份为西部地区,中部地区仅占三席,且排名靠后。从全国范围来看,我国各省份间生均教育经费支出存在一定差距,地区间生均教育经费支出存在一定的非均衡。从2005年、2011年和2018年的经费变化情况,可以基本看出我国生均教育经费的空间演变态势。

2005 年我国生均教育经费支出空间分布显示，我国生均公共教育支出较高的省份多集中于东部地区和部分西部地区，总体来看，我国中部地区的生均教育支出普遍低于东部和西部地区，东部地区生均教育支出高于西部地区。东部地区生均教育支出较高的省份集中于北京、上海、天津、浙江和江苏等经济发达地区；中部地区的生均教育支出较高的省份主要是内蒙古、黑龙江和吉林等；西部地区生均教育支出较高省份集中在西藏和青海；可以看出，生均教育支出的高低与地区经济发展水平紧密相关。总体来看，我国生均教育支出呈东部地区强，中部和西部地区相对较弱的状态。

2011 年我国生均教育经费支出有了较大改善，特别是西部地区表现亮眼。不过，东部地区仍然处于优势地位，如北京、天津和上海等仍然处于领先地位；中部地区部分省份，如山西有了较大改进，但与同时期的内蒙古和吉林仍存在较大差距；西部地区进步最快，除新疆、西藏和青海发展迅速外，宁夏、陕西和重庆提升也较为明显，优势突出。不过，东部地区仍有一定优势，西部地区次之，中部地区的实力则最弱，表明我国公共教育支出仍然侧重于东部和西部地区，中部地区相对较弱，中部地区各省份间的差距也有所扩大，而东部和西部的地区差距有缩小趋势。

2018 年，我国生均教育经费支出有了较大改变，其中东部地区除北京和上海外，广东、福建和海南的生均教育经费支出增长明显；中部地区内蒙古发力较大，山西、湖北和江西生均公共教育经费支出有较大增长；西部地区省份普遍增长较快，除西藏和青海外，甘肃和陕西等西部省份的生均公共教育经费支出有较大程度的上升。此时，东部和西部地区强，中部地区弱的局面有所改善，中部地区增长较为明显，生均教育支出的非均衡性有所降低。

从以上分析中可以基本了解我国生均教育支出的演变态势，其中：2005 年我国教育经费支出较高的为东部地区和部分西部地区，区域差异较为明显，非均衡程度较高，空间分布上呈现东部、西部、中部依次递减的特征。随着国民经济水平的不断提高和政府更加重视教育事业的发展，2011 年我国西部地区的生均教育经费支出明显上升，与东部地区的差距也逐渐缩小，中部地区的生均教育经费支出依然低于东部和西部地区，除中部个别省份有所变化之外，基本态势并未改观，三地区之间仍有较大的差距，且呈东部和西部地区生均教育经费支出高，中部地区生均教育经费支出偏低的态势。但经过近几年的发展，政府和民众也越来越关注教育公平，2018 年我国生均教育经费支出的地区差异有所减小，生均教育经费支出稳步提高的同时，生均教育经费支出偏低的地区，尤其是支出偏低的地区增长速度较快，缩减了地区间的差异，但仍存在一定的非均衡状态。从发展趋势来看，2005～2018年我国教育发展倾向于西部地区，生均教育支出呈现东部和西部强，中部弱的趋势。

（三）地区生均教育支出增速逐渐放缓，东部、中部、西部增速依次递增

地区间生均教育支出仅能反映其演变过程及当今实际状况，并未体现其发展趋势和地区差距缩小的速度，因此为进一步知晓我国各地区生均教育支出的发展状况，将对2005～2018年地区生均教育支出及其增长率进行具体分析，具体结果如表4-2所示。

表4-2　　　　　　2005～2018年我国各地区生均教育经费支出增速情况

年份	占比（%）	生均教育支出					
		东部（元）	增长率（%）	中部（元）	增长率（%）	西部（元）	增长率（%）
2005	1.99	2295.67	—	1262.72	—	1336.07	—
2006	2.04	2699.36	17.58	1548.74	22.65	1642.71	22.95
2007	2.49	4041.49	49.72	2386.26	54.08	2437.78	48.40
2008	2.67	5004.24	23.82	3099.66	29.90	3282.78	34.66
2009	2.83	5818.33	16.27	3581.41	15.54	3970.71	20.96
2010	2.87	7057.13	21.29	4239.47	18.37	4856.74	22.31
2011	3.18	9110.46	29.10	5803.16	36.88	6399.52	31.77
2012	3.74	11477.80	25.98	8153.09	40.49	8787.26	37.31
2013	3.52	12450.56	8.48	8731.79	7.10	9292.35	5.75
2014	3.39	12921.87	3.79	9050.83	3.65	9864.42	6.16
2015	3.62	14609.51	13.06	10109.01	11.69	11466.60	16.24
2016	3.57	15398.62	5.40	10667.44	5.52	12142.73	5.90
2017	3.44	16131.01	4.76	11249.19	5.45	13034.87	7.35
2018	3.31	16762.66	3.92	11651.40	3.58	13570.63	4.11
年平均	3.05	—	17.17	—	19.61	—	20.30

注：占比为公共教育经费支出与GDP的比值。
资料来源：数据均来自中国国家统计局网站。

基于表 4 - 2 的数据，可以看出我国三地区生均教育支出的增速逐渐放缓，公共教育经费支出占国内生产总值的比重不断上升，教育事业获得更多的发展空间。从地区间生均教育经费支出的增速来看，2005~2018 年，我国公共教育支出所占 GDP 的比重从 1.99% 增加至 3.31%，且年均增速为 3.05%，呈现出不断上升的趋势，说明我国政府越来越重视教育事业的发展，国家对教育事业的公共支出不断增加。

从东部、中部和西部地区生均教育经费支出的增长速度来看，2005~2018 年，我国西部地区教育支出的年均增长速度为 20.30%，高于中部地区的 19.61% 和东部地区的 17.17%，表明我国的教育支出重心逐渐向中西部地区偏移，三地区之间的差距正在缩小。此外，虽然东部地区生均教育经费支出的增长速度正在下降，但由于其基数较大，其生均教育经费支出的增长幅度依然可观。从东、中、西部的差距来看，2005 年东部地区的生均教育经费支出为 2295.67 元，约为中部地区（1262.72 元）和西部地区（1336.07 元）生均教育经费支出的两倍。

总之，我国公共教育经费支出总量呈持续增长的态势，公共教育经费的来源则主要以地方财政为主。从各省份的具体情况来看，在我国生均公共教育经费支出不断增加的同时，各省份间差距也比较明显，东、西、中部呈依次减弱态势，其中 2011 年差距最为突出，近几年则有所放缓；另外，地区生均教育经费支出增速逐渐放缓，呈东、中、西部增速依次递增态势。

第二节　我国公共教育支出的非均衡状态分析

本章第一节对我国各省份及东、中、西部近些年来的公共教育经费支出和生均公共教育经费支出的状况进行了定性分析，阐明了我国东、中、西部地区教育投资的总量和增长速度等现状问题。单纯的数据分析无法充分认清其区域异质性及非均衡状态，需要采用技术模型对我国公共教育经费支出的非均衡程度及其极化效应进一步测算。

一、数据的选取与预处理

公共教育经费支出是教育投资的基础指标，是我国教育事业发展必不可少的资源，但公共教育经费支出为绝对性指标，不同体量经济体的区域直接对比绝对量不够科学客观，因此将各地区的生均公共教育经费支出作为衡量我国教育经费分布非均衡性的指标比较科学，其中生均公共教育经费支出为公共教育经费支出与同时期内在校生总人数之比。由于数据的可获得性，在校生为普通小学、初中、高中、中等职业院校、高等学校等学校当年的在校生；样本时间的跨度为2005~2018 年，涉及地区为我国 31 个省份（港澳台除外），根据各省份的地理位置以及发展水平，将我国 31 省份分为东部、中部、西部三个区域，其中：东部地区为北京、上海、山东、江苏、浙江、福建、天津、河北、辽宁、广东、海南；中部地区为黑龙江、吉林、河南、安徽、江西、湖北、湖南、山西、内蒙古；西部地区为陕西、甘肃、宁夏、青海、四川、重庆、贵州、广西、云南、西藏、新疆。

二、模型的构建

我国公共教育经费支出非均衡程度的测算涉及基尼系数模型和空间极化效应模型。教育经费基尼系数模型主要测评我国生均公共教育经费支出的非均衡程度，空间极化效应模型则是测算我国生均公共教育经费支出的极化效应，反映我国生均公共教育支出是否沿某一方向发展，在空间上是否有显著表现。

（一）教育经费分布非均衡的测算方法

基尼系数最早是由意大利经济学家基尼构建起来的，旨在测评国家收入分配差距程度的指标。从基尼系数指标的性质来看，基尼系数属于相对指标，相比于总量指标，相对指标更能反映经济事物本身的性质和表现，通过基尼系数的大小可以使"收入分配公平程度"的抽象化问题变得更加具体，因而基尼系数得到了普遍的应用。虽然基尼系数起初是用于测定收入分配的非均衡程度，但由于其本身的特殊性，被广大学者用于衡量收入差距和社会保障等领域的非均衡性，学者后续也对基尼系数进行了改造，使基尼系数本身具有更加丰富的内涵。基于已有研究成果，本书采用沃克吉和夏洛克斯（Wlookherjee & Shorrocks，1982）所提出的方法，对我国教育经费基尼系数进行测算和分解，具体模型如下：

$$G = \sum p_i^2 v_i G_i + \frac{1}{2} \sum_i \sum_j p_i p_j \left| v_i - v_j \right| + R \qquad (4-1)$$

式中，G 代表总体基尼系数，用于表明我国生均公共教育经费支出的总体非均衡程度；$\sum p_i^2 v_i G_i$ 代表组内非均衡的程度，如东部、中部和西部地区内部省份生均公共教育经费支出的非均衡程度，其大小记为 G_w；$\frac{1}{2} \sum_i \sum_j p_i p_j \left| v_i - v_j \right|$ 代表组间非均衡的程度，如东部地区生均公共教育经费支出同中部和西部地区间的非均衡程度，其大小记为 G_b；R 代表不同分组之间的交叉影响，记为剩余项；p_i、p_j 分别代表 i 组和 j 组所占总体样本的份额；v_i、v_j 分别代表 i 组和 j 组的生均公共教育支出与我国整体生均公共教育支出的比值；G_i 表示第 i 组的教育经费基尼系数，如东部地区组、中部地区组和西部地区组的教育经费基尼系数。

（二）空间极化效应测算模型

空间极化表明事物或时间沿某一方向发展，并在空间上有显著表现，也表现在发展要素在一定时期内存在空间上的聚集。通常来讲，某一地区经济事物在表现出非均衡的同时，也可能会表现出一定的极化效应。就我国生均公共教育经费而言，其极化效应并非单纯考虑部分个体围绕其均值而存在，而是着重考虑整个区域或部分省份的生均教育支出状况偏离我国均值的情况，反映了不同地区生均教育支出的对立和分裂程度，当地区之间的差距较小时，其内部个体之间差异程度越大，表明此时的极化程度越严重。当经济体出现极化效应时，经济体的经济发展效率就会产生一定的消极影响，阻碍地区经济的发展，导致地区之间的差距越来越大。因此，需将地区的极化程度控制在一定的合理范围内，才能最大限度地促进地区经济的发展。极化效应的测算需要通过极化效应模型测算，用于反映空间极化的模型主要有 W 型指数和 ER 指数，由于 W 型指数侧重于测评两地区的极化程度，而 ER 指数主要用于测评多极极化效应，因此选取 ER 指数模型作为测评我国东部、中部和西部地区生均公共教育经费支出的极化效应。ER 指数模型主要包括 ER 指数、EGR 指数、LU 指数。

（1）ER 指数。根据埃斯特班和雷（Esteban & Ray）所提出的方法，构造反映我国教育经费支出空间极化程度的 ER 指数，具体模型如下：

$$ER = K \sum_{i=1}^{n} \sum_{j=1}^{n} p_i^{1+\alpha} p_j \left| v_i - v_j \right| \qquad (4-2)$$

式中，n 为分组的个数；p_i、p_j 分别代表 i 和 j 组所占总体样本的份额；v_i、v_j 分

别代表 i 组和 j 组的人均教育经费支出与总体人均教育经费支出的比值；K 为用于标准化的系数，以保证 ER 指数介于 $0 \sim 1$ 之间，本章取 1；α 为 $0 \sim 1.6$ 之间的数，其值越大，ER 指数与基尼系数的差距就越大，为充分反应极化效应的程度，一般研究中取 $\alpha = 1.5$。ER 指数的大小反映极化程度的高低，与极化程度呈正相关，其值越大，表明极化程度越高；反之则越小。

（2）EGR 指数。埃斯特班等学者为克服 ER 指数模型假定组内成员具有完全一致认同感的局限性，对原有 ER 指数模型进行了修正，构建了 EGR 模型，具体模型如下：

$$EGR = K \sum_{i=1}^{n} \sum_{j=1}^{n} p_i^{1+\alpha} p_j \left| v_i - v_j \right| - \beta \left| G - G_x \right| \qquad (4-3)$$

式中，G 为基尼系数；G_x 为基尼系数分解中组间基尼系数；β 为用于标准化的系数，保证 EGR 指数的值介于 $0 \sim 1$ 之间，本章取 1；其余系数含义与 ER 指数模型中系数相同。EGR 指数越大，表明我国公共教育经费支出的极化程度越强；EGR 指数越小，表明我国公共教育经费支出的极化程度越弱。

（3）LU 指数。拉索和乌鲁提亚（Lasso & Urrutia，2006）提出了 LU 指数以克服 EGR 指数中第二项未能准确反映组内不平衡程度的缺点，具体模型如下：

$$LU = K \sum_{i=1}^{n} \sum_{j=1}^{n} p_i^{1+\alpha} p_j (1 - G_i) \beta \left| v_i - v_j \right| \qquad (4-4)$$

式中，G_i 表示第 i 组基尼系数；K、α、β 含义与 ER 指数和 EGR 指数中含义相同。LU 指数的结果越大，说明我国公共教育经费支出的极化程度越大；LU 指数的结果越小，则说明我国公共教育经费支出的极化程度越小。

三、非均衡与极化效应测算

（一）非均衡效应测算

为了对比我国东部、中部、西部三大区域之间公共教育经费支出的差距，根据公式（4-1），对我国生均公共教育经费支出的教育经费基尼系数进行测算，并计算出东部、中部和西部地区内部的教育基尼系数，以测算区域内各省份之间的差距，具体测算结果如表 4-3 所示。

表 4 - 3　　　　　　　　　　　我国教育支出基尼系数测算结果

年份	教育基尼系数			
	全国	东部	中部	西部
2005	0.341	0.371	0.169	0.216
2006	0.331	0.376	0.171	0.174
2007	0.316	0.356	0.177	0.185
2008	0.299	0.333	0.189	0.193
2009	0.293	0.315	0.186	0.208
2010	0.299	0.319	0.203	0.198
2011	0.284	0.305	0.169	0.212
2012	0.254	0.284	0.153	0.195
2013	0.248	0.281	0.141	0.172
2014	0.262	0.292	0.146	0.209
2015	0.254	0.288	0.155	0.200
2016	0.247	0.286	0.152	0.181
2017	0.248	0.287	0.140	0.207
2018	0.243	0.285	0.125	0.199
年平均	0.280	0.313	0.163	0.196

资料来源：依据 31 个省份 2005～2018 年生均公共教育经费支出测算。

从全国层面看，教育基尼系数虽有所波动，但整体呈下降趋势。其中，2005年我国总体生均教育经费支出的教育基尼系数为 0.341，教育非均衡程度较高，此时，我国内部各省份的公共教育经费支出的差距较大，公共教育经费支出区域不均衡现象严重；2005～2013 年，我国总体的教育经费基尼系数下降至 0.248，且下降过程较为平稳，并未出现较大波动；2014 年起，我国总体教育经费基尼系数有所升高，但上升幅度较小，2015 年则继续呈下降态势，截至 2018 年，我国总体的教育经费基尼系数为 0.243，相比于 2005 年全国基尼系数（0.341），下降了约 28.740%，这也表明最近十几年，尽管我国教育经费分布的总体非均衡程度有所波动，但从教育经费基尼系数的发展趋势来看，教育经费分布的区域非均衡程度是不断下降的。

东部地区教育经费基尼系数总体呈下降趋势，年均降幅约为 2.1%，但近几年的非均衡程度下降幅度有限。其中，2005 年东部地区的教育经费基尼系数为 0.371，比我国平均水平（0.341）高 9.68 个百分点，有着较高的非均衡性；

2005～2013 年，东部地区的教育经费基尼系数波动幅度较小，且基本呈下降态势，2013 年东部地区的教育经费基尼系数下降至 0.281，相比于 2005 年，2013 年，东部地区的教育经费基尼系数下降了约 24.26 个百分点，为 2005～2018 年的最低点；2014～2018 年，东部地区的教育经费基尼系数波动幅度虽然不大，但波动频率较高，没有明显的升降。总体来讲，东部地区公共教育支出的区域非均衡程度高于全国平均水平。

中部地区整体教育经费基尼系数较低，表明教育经费区域分布非均衡程度低，且总体呈先升后降的态势。其中，2005～2010 年，中部地区的教育经费基尼系数有所上升，从 2005 年的 0.169 增长至 2010 年的 0.203，增长幅度达20.12%，非均衡程度有所上升；2010～2013 年，中部地区教育经费基尼系数开始下降，由 2010 年的 0.203 下降至 2013 年的 0.141，下降幅度高达30.54%，此时生均教育经费支出的非均衡程度低于 2005 年；2014～2018 年，中部地区的教育经费基尼系数发展态势起初有所上升，2016 年起则有所下降。总体来看，中部地区教育非均衡程度较低，且仍有继续下降的趋势。

西部地区教育经费基尼系数波动较为频繁，无明显下降趋势，2005～2018 年，教育基尼系数年均降低约为 0.3%，减小的幅度较小。其中，2005 年西部地区的教育基尼系数为 0.216；2006 年则有所下降，教育基尼系数下降至 0.174，下降幅度为 19.44%。2007～2011 年教育基尼系数则呈缓慢上升趋势，由 2007年的 0.185 上涨至 2009 年的 0.208；2010 年有所下降，教育基尼系数下降至0.198，2011 年上涨至 0.212，但其大小仍低于 2005 年时西部地区的教育基尼系数（0.216）。2012～2018 年，西部地区教育基尼系数则呈反复波动趋势，并无明显下降趋势。总体来看，2005～2018 年，西部地区教育基尼系数起初呈缓慢下降趋势，但近几年波动较为频繁，无明显上升和下降趋势。

从地区间教育经费系数的大小来看，东部发达地区的教育基尼系数最高，年平均值为 0.313，西部地区次之，教育经费基尼系数年平均值为 0.196，中部地区教育经费基尼系数最低，年平均值为 0.163。东部地区的教育经费基尼系数始终高于全国平均水平，中部和西部地区的教育经费基尼系数则始终低于全国平均水平。由此可见，东部地区内部教育经费基尼系数过高是我国总体教育基尼系数过高的原因。结合生均教育经费支出的大小可以看出，就我国而言，生均教育经费支出高的地区，其区域非均衡程度也越高；反之，非均衡程度越低。因此，政府在积极弥补欠发达地区公共教育支出的同时，还应格外关注发达地区公共教育支出的区域非均衡性。

如表4-4所示,从东部、中部、西部地区教育经费基尼系数的演变趋势来看:东部地区教育经费基尼系数演变与全国平均水平较为类似,双方均呈现持续降低的趋势,且波动幅度较小;中部地区教育基尼系数呈先上升后降低的态势,但总体表现为非均衡程度的降低;西部地区波动幅度较大,没有固定的规律,虽近几年存在轻微上升趋势,但从年均值来看,教育经费基尼系数仍低于2005年水平。因此,无论是从全国平均水平,还是东、中、西部的内部教育经费基尼系数的发展来看,我国公共教育支出的非均衡程度正逐渐降低,侧面表现出政府对于教育事业公平发展的重视和支持,且取得了良好的效果。

表4-4 2005~2018年我国教育基尼系数分解及其贡献率

年份	教育基尼系数				贡献率		
	全国	G_w	G_h	R	G_w(%)	G_h(%)	R(%)
2005	0.341	0.097	0.141	0.104	28.367	41.247	30.386
2006	0.331	0.093	0.131	0.108	28.052	39.419	32.529
2007	0.316	0.091	0.126	0.100	28.742	39.663	31.595
2008	0.299	0.088	0.112	0.098	29.477	37.554	32.969
2009	0.293	0.087	0.112	0.094	29.652	38.131	32.218
2010	0.299	0.088	0.116	0.095	29.339	38.778	31.883
2011	0.284	0.084	0.103	0.096	29.578	36.447	33.975
2012	0.254	0.077	0.078	0.099	30.165	30.754	39.081
2013	0.248	0.072	0.081	0.094	29.193	32.790	38.017
2014	0.262	0.079	0.081	0.103	30.027	30.794	39.179
2015	0.254	0.078	0.082	0.095	30.598	32.162	37.240
2016	0.247	0.075	0.081	0.090	30.435	32.941	36.625
2017	0.248	0.077	0.079	0.092	31.215	31.851	36.934
2018	0.243	0.075	0.079	0.088	30.932	32.735	36.334
年平均	0.280	0.083	0.100	0.097	29.698	35.376	34.926

注:G_w为组内教育基尼系数,G_h为组间教育基尼系数,R则为教育基尼系数的剩余项。
资料来源:根据教育基尼系数计算而得。

从我国教育经费基尼系数的分解来看，在我国教育经费基尼系数不断下降的大环境下，东部、中部和西部的组内教育经费基尼系数也呈逐渐下降的趋势：2005~2018年，东部、中部、西部的组内（地区内部）教育经费基尼系数均值为0.083，组内教育基尼系数从2005年的0.097下降至2018年的0.075，下降了约22.68%；组内教育经费基尼系数的降低代表着东部、中部、西部地区内部的公共教育经费支出的差距正在缩小。同样，我国东部、中部、西部的组间教育经费基尼系数也呈下降趋势，2005~2018年三地区组间教育经费基尼系数的年均均值为0.100，由2005年的0.141下降至2018年的0.079，2012年达到最小值，其大小为0.078；通过对比组内和组间的教育经费基尼系数，可以看出三地区的组间教育经费基尼系数始终大于组内教育经费基尼系数，说明我国公共教育经费支出的地区间差距高于地区内差距。从我国教育经费基尼系数的剩余项来看，2005~2018年，我国教育经费基尼系数的剩余项大致呈先升后降的趋势，2005~2009年呈下降趋势，由最初的0.104下降至0.094；2009~2018年，交叉影响则处于波动中，无明显的上涨或下跌趋势。

从我国教育经费基尼系数贡献率角度来讲，组内基尼系数的贡献率呈上升趋势，从2005年的28.367%上升至2018年的30.932%，年均贡献率为29.698%，上升幅度较小，表明组内教育经费基尼系数对我国教育经费基尼系数的影响程度有所提高；2005~2018年，三地区组间教育经费系数的贡献率呈下降趋势，年均均值为35.376%，其大小由最初的41.247%下降至32.735%，下降幅度高达8.512%，贡献率降幅较大，说明东部、中部、西部间的公共教育经费支出的差距占我国总体教育经费基尼系数的份额正逐渐降低；考察期间，我国教育经费基尼系数剩余项的贡献率呈上升趋势，2010~2012年剩余项贡献率急剧上升，区域间省市教育经费支出水平因三大区域间的重叠产生了较高的交互影响，因而三大区域之间的非均衡性主要受教育基尼系数剩余项的影响。从分解教育经费基尼系数的贡献率关系来看，我国组内教育经费基尼系数的贡献率相对较为稳定，其大小在30%左右浮动，组间教育经费基尼系数的贡献率则呈下降趋势，说明地区间公共教育经费支出的差距对我国教育经费基尼系数的影响程度正在降低，教育经费基尼系数的剩余项的贡献率总体呈上升趋势，从2012年后其始终大于组间和组内教育系数的贡献率，已成为影响我国教育经费基尼系数高低的重要因素，具体贡献率情况如表4-4和图4-4所示。

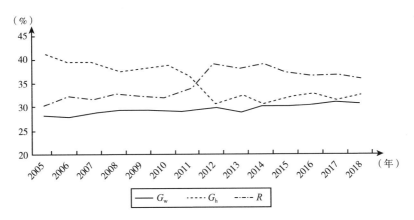

图 4 - 4 我国分解教育基尼系数贡献率演变态势

资料来源：笔者绘制。

（二）基尼系数的极化效应测算

在划分我国三大区域以及教育基尼系数测算完成的基础上，根据公式（4-2）、公式（4-3）、公式（4-4）分别测算我国教育经费支出的极化效应指数 ER、EGR、LU，用于表现我国公共教育经费支出的极化程度，测算结果如表 4-5 和图 4-5 所示。

表 4 - 5 　　　　　2005～2018 年我国教育经费支出极化效应指数

年份	全国基尼系数	ER	EGR	LU
2005	0.341	0.530	0.329	0.398
2006	0.331	0.491	0.291	0.374
2007	0.316	0.473	0.282	0.362
2008	0.299	0.422	0.235	0.327
2009	0.293	0.419	0.238	0.327
2010	0.299	0.435	0.252	0.337
2011	0.284	0.388	0.208	0.306
2012	0.254	0.293	0.117	0.236
2013	0.248	0.306	0.139	0.250
2014	0.262	0.302	0.121	0.242
2015	0.254	0.306	0.134	0.245

年份	全国基尼系数	ER	EGR	LU
2016	0.247	0.304	0.139	0.246
2017	0.248	0.295	0.126	0.237
2018	0.243	0.297	0.134	0.241
年平均	0.280	0.376	0.196	0.295

资料来源：据前文教育基尼系数和相应公式计算。

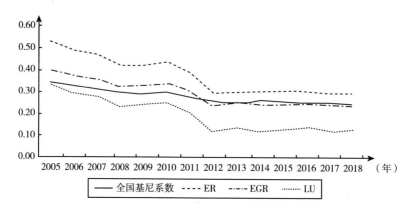

图4－5　2005～2018年我国公共教育支出极化指数演变态势

资料来源：笔者绘制。

从量化角度讲，根据表4－5和图4－5可知，全国教育经费基尼系数不断下降，年均下降率为2.517%。与此同时，公共教育经费支出的极化效应指数ER、EGR、LU均呈下降趋势，2005年我国公共教育经费支出的极化效应指数依次为0.530、0.329和0.398，此时可以看出我国公共教育经费支出存在较强的极化效应。但经过近几年的发展，以2005年为基期，截至2018年，ER指数、EGR指数和LU指数分别下降了约43.951%、59.404%和39.493%，下降幅度较大，说明我国公共教育经费支出的极化效应正在逐渐变小，区域分布的均衡性在不断增强。

从公共教育经费支出极化效应的发展趋势和发展阶段来看，极化效应指数的发展经历"缓慢下降—快速下降—缓慢下降"的发展历程，2005～2010年，极化效应指数呈缓慢下降趋势，ER指数、EGR指数和LU指数的年均下降速度分别为3.746%、4.871%和3.142%；2010～2012年，极化效应指数呈快速下降趋势，年均降速分别高达10.531%、18.443%和9.631%，在此阶段，我国教育经费区域分布极化效应快速下降，公共教育经费支出的均衡程度得到很大程度的改善；2012~2018 年，我国公共教育经费支出的 ER 指数、EGR 指数和 LU 指数下降速度较为缓慢，部分年份（如 2013 年）甚至有上升的趋势。但从考察期内整体来讲，其极化效应仍呈下降趋势，年均下降速度分别为 3.293%、3.841% 和 2.930%，降速低于 2005~2012 年考察期内的水平，我国此时的公共教育支出极化程度以较慢的速度进行缓解。

从教育经费支出极化指数的变化幅度来讲，ER 指数、EGR 指数和 LU 指数均处于不断波动中，总体呈下降的趋势：2005~2012 年波动较为剧烈，有较大的下降幅度，表明在此期间我国生均教育经费支出的极化程度也大幅下降；2012~2018 年，极化指数下降幅度较小，处于小幅波动中，极化效应趋于平稳。

综上所述，通过对我国公共教育经费支出的区域非均衡和极化效应的测算，我国东部地区的教育经费基尼系数高于西部地区，西部地区的教育经费基尼系数则高于中部地区，且我国教育经费基尼系数的整体水平正逐渐降低；从教育经费基尼系数的构成和贡献率来看，在样本考察期内，起初我国教育经费基尼系数的变化以组间教育经费基尼系数为主，从 2012 年开始，则以教育经费基尼系数的剩余项为主，因而近几年我国教育经费基尼系数的下降主要源于教育经费基尼系数剩余项的下降；从极化效应来看，我国公共教育经费支出的 ER 指数、EGR 指数和 LU 指数均呈下降趋势，但近几年降速有所放缓。

第三节 我国公共教育支出区域分布非均衡影响因素分析

教育是培养人的工作，现代社会以人为本，地区人力资本培养与提升是区域经济发展的重要基石，所以教育经费的区域配置是促进我国区域经济协调均衡发展的主要抓手，要想发挥教育投资在区域经济协调均衡发展中的重要作用，就必须对影响我国公共教育经费区域非均衡分布的影响因素进行系统研究。

一、主要影响因素分析

国内学者对于公共教育经费支出非均衡影响因素的研究以定性分析为主，实证分析的研究较少，本章通过对相关文献的梳理，发现影响教育经费支出区域非均衡的影响因素主要有人均 GDP、产业结构、信息化水平、城镇居民平均工资、教育经费支出占总财政支出的比重、教育从业人员平均工资等。

（1）人均 GDP。人均 GDP 是衡量地区经济发展水平以及人口富裕程度的重要指标，不同省份人均 GDP 的差别也反映了各地经济发展水平的差距。作为财政支出的一部分，公共教育经费支出与地区经济发展水平有较高的相关性，地区经济发展水平越高，地方政府的财政收入就越高，财政支出的数量也因此上升；当公共教育经费支出的比例不变时，公共教育经费支出的数量也会增加。因此选取人均 GDP 作为经济因素指标，以探究教育经费支出与经济因素的非均衡情况。

（2）产业结构。产业结构是指国民经济各产业部门的构成情况。产业结构的合理与否直接影响着国民经济的发展，合理的产业结构可以提高国民经济的运行效率，进而提高国民经济的整体效益。教育状况影响地区产业结构的演进和发展方向；反过来，产业结构变化也会影响公共教育经费支出的规模，因而从一定程度上影响我国教育经费基尼系数。本书按照三次产业划分法，将我国地区产业结构划分为第一产业、第二产业和第三产业，而衡量产业结构的指标，则采用第一产业和第二产业增加值占当年 GDP 的比重。

（3）信息化水平。现代社会，科技发展迅速，信息化进程也逐步加快，信息查阅、网络授课和购物等行为成为常态。与传统的授课不同，网络授课突破了时间和空间的限制，学生的时间安排也更加自主化。因此，经济水平的差距导致网络信息获取、网络技能差距的加大，因此，在获取教育资源方面，网络发达的地区与欠发达的地区存在一定的差距。其信息化水平则用各地区互联网宽带接入的数量进行衡量。

（4）城镇居民平均工资。居民平均工资是某一年该地区居民的年均工资水平，是家庭收入水平的重要体现，居民平均工资的高低，制约着家庭支出的上限和支出能力。从一定程度来讲，居民平均工资的高低直接制约着家庭在教育支出方面的上限，因此，家庭居民平均工资的高低代表着家庭子女获取教育资源的能力，从而影响着教育均衡。由于数据的可获得性，采用城镇居民平均工资代表地区居民平均工资。

（5）教育经费支出占总财政支出的比重。教育支出占总财政支出的比重，是当年公共教育经费支出与同年一般公共财政预算支出的比值，反映了地区政府对教育事业发展的关注程度。地区政府对教育事业重视度越高，则其对教育事业的财政支出就越高；反之，公共教育经费支出占比就越低。各地区对教育事业的关注程度不同，进而导致地区教育事业发展的速度和水平有所不同，各地区公共教育支出的差距就越大。

（6）教育从业人员平均工资。教育从业人员平均工资是地区教育事业所有从业人员的平均工资，从一定程度来讲，代表着地区教育事业对人才的吸引力。地区教育从业人员的平均工资越高，该地区对高级教师等人才的吸引力越大，教师资源也更加丰富，地区教育水平也更高，因此选用教育从业人员平均工资作为教育非均衡的影响因素。

二、影响因素实证分析

（一）数据的选取与预处理

考虑到数据的可获得性以及指标数据的丰富性，数据选取的时间跨度为2006～2018年，样本个体为我国31省份（不含港澳台等地区），被解释变量为各省份的生均教育经费支出，解释变量则为地区人均GDP、产业结构、信息化水平、城镇居民平均工资、教育支出占总财政支出的比重、教育从业人员平均工资等变量，且所有数据均由国家和地方统计局网站或根据国家和地方统计局数据计算而来。

（二）模型的构建

对人均GDP、第一产业产值比重、第二产业产值比重、互联网宽带接入数、居民平均工资、教育支出占财政支出比重及教育从业人员平均工资等指标按照东部、中部、西部三地区进行汇总，然后进行对数化处理，作为解释变量，以各地区的生均教育支出作为被解释变量。具体模型如下：

$$
\begin{aligned}
\ln AED_{it} = {} & c + \beta_1 \ln AGDP_{it} + \beta_2 \ln IT_{it} + \beta_3 \ln FW_{it} + \beta_4 \ln SW_{it} \\
& + \beta_5 \ln AS_{it} + \beta_6 \ln EW_{it} + \beta_7 \ln EAS_{it} + \varepsilon_{it}
\end{aligned} \quad (4-5)
$$

式中，AED_{it} 表示地区 i 在 t 年的生均教育支出；$AGDP$ 表示地区人均生产总值；IT 表示地区互联网宽带接入的数量；FW 表示地区第一产业增加值占当年地区生产总值的比例；SW 表示地区第二产业增加值占当年地区生产总值的比例；AS 表示城镇居民的平均工资；EW 表示教育支出比重；EAS 表示教育从业人员的平均工资；β_1、β_2、β_3、β_4、β_5、β_6 和 β_7 均为所对应解释变量的系数；c 表示截距。

（三）实证分析

面板数据不仅可以增加样本容量，而且能有效解决遗漏变量等问题，因此本章使用面板数据，采用普通最小二乘法、固定效应模型、随机效应模型对模型进行拟合，并进行豪斯曼（Hausman）检验，以确定最终使用模型，具体测算结果如表4-6所示。

表4-6　　　　　　　　　　面板数据效应模型测算结果

指标	OLS	FE	RE
ln$AGDP$	0.605 ***	0.883 ***	0.845 ***
标准差	0.0505	0.0788	0.0692
lnFW	0.064 ***	0.066	0.102 ***
标准差	0.019	0.045	0.033
lnSW	-0.099 *	-0.021	0.042
标准差	0.055	0.083	0.078
lnIT	-0.152 ***	0.084 ***	-0.112 ***
标准差	0.014	0.031	0.023
lnAS	1.213 ***	0.618 ***	1.041 ***
标准差	0.115	0.131	0.122
lnEW	0.004	0.806 ***	0.623 ***
标准差	0.074	0.064	0.067
lnEAS	-0.027	-0.174 **	-0.130
标准差	0.115	0.089	0.095
c	-8.918 ***	-3.875 ***	-7.420 ***
标准差	0.321	0.547	0.420
Hausman 检验	89.310 ***	—	—

注：*、**、*** 分别表示结果在10%、5%、1%的显著性水平下显著。Hausman检验的值为chi2值。
资料来源：笔者计算。

Hausman 检验中的 P 值为零，小于0.05，结果表明拒绝原假设，即认为固定效应模型优于随机效应模型，因此公共教育经费支出非均衡影响因素的分析需参照固定效应模型的结果。

人均 GDP 在1%的水平下显著，其显著性较强，其系数为正值，说明地区人均生产总值与其公共教育经费支出呈现正相关，人均生产总值的提高会适当增加政府对公共教育经费的支出。其系数大小表明，人均生产总值的对数每上升1%，公共教育支出将会增加0.883%。因此，现阶段人均生产总值的提高会加大政府对教育事业的支出，且效果显著。

地区的产业结构与我国公共教育支出不存在显著相关性。从第一产业和第二产业比重系数的显著性来看，两者均未达到在10%显著性水平下显著，因此，地区产业结构与我国公共教育支出之间关联性较小。

互联网宽带接入数（网络发展）对公共教育支出增加有一定的增强作用。互联网宽带接入数量在1%显著性水平下显著，且系数为正值，表明互联网宽带接入数量同公共教育支出量呈正相关，且效果显著，互联网宽带接入数量的增加会提高我国公共教育支出量；其系数大小表明，互联网宽带接入数量每增加1%，公共教育支出量则会增加0.084%。因此，地区互联网事业的发展会在一定程度辐射至教育事业，公共教育支出量会进一步增加。

城镇居民平均工资的提高会促进公共教育支出量的提升。城镇居民平均工资系数为正，表明城镇居民平均工资与公共教育支出量呈正相关，两者变动方向相同，其对数值的系数大小为0.618，表示城镇居民平均工资每增加1%，公共教育支出量则会增加0.618%。城镇居民平均工资的提高表示家庭收入水平上升，当家庭支出未饱和且家庭消费倾向不变的情况下，家庭收入的增加会鼓励家庭成员进行消费，未被消费的部分将会进行储蓄，促进经济增长，提高政府税收水平，因此城镇居民平均工资提高会增大公共教育支出的数量。

教育支出占财政总支出比重的增高会提高公共教育支出的数量。教育支出比重系数为正值，说明教育支出比重与公共教育支出呈正相关，两者变动方向相同，因此加大教育支出的比重会提高公共教育的投资量，从而促进我国生均公共教育支出的增长；系数大小表明教育支出比重每增加1%，公共教育支出则会增加0.806%。教育支出占财政总支出比重的增加代表当地政府更加重视教育事业的发展，公共教育事业则会获得更多的资源，因此教育投资的数量会进一步增加。

教育从业人员平均工资会减少公共教育支出的数量。教育从业人员平均工资系数为负值，且在1%显著水平下显著，表明教育从业人员平均工资同公共教育支出（生均教育支出）呈负相关，两者的变动方向相反，且在5%显著性水平下显著；其值为－0.174，表明教育从业人员平均工资每增加1%，教育基尼系数会降低0.174%。一般来讲，教育从业人员的平均工资与生均公共教育支出存在一定的竞争关系，即教育从业人员的平均工资会同生均公共教育支出抢占资金，但考虑到工资水平的激励效应，若以牺牲教育从业人员的工资水平来提高生均教育支出，则当教育从业人员的工资低于一定水平时，会造成教师等教育人才的流失，加大地区师资力量差距，因此，政府需把握教育从业人员平均工资水平的合理性。

（四）研究结论

综上所述，通过面板数据模型实证分析发现，人均GDP、互联网宽带接入数、居民平均工资、教育支出比重及教育从业人员平均工资等指标与生均教育支出有较强的相关性；人均GDP、互联网宽带接入数、城镇居民平均工资和教育支出比重的增加会提高公共教育支出的规模，教育从业人员工资水平的提高则会对公共教育支出产生一定的消极影响。因此，改善当今中国公共教育支出非均衡的现状需从提高人均生产总值和加大财政对教育事业支出的力度等方面入手。

第四节　促进我国教育事业区域均衡发展的对策建议

目前我国公共教育支出存在一定的非均衡性，区域差异呈东部和西部强，中部弱的态势，且有一定程度的极化效应。公共教育经费的非均衡分布将通过影响教育事业的发展而影响社会资源分配，社会福利水平不均进而影响社会公平，并导致区域社会和经济非均衡发展，需要根据现实情况提出切实可行的对策建议，以促进我国教育事业区域均衡协调发展。

一、中央和地方政府继续加大财政支持力度，做好教育经费统筹管理，以促进区域均衡发展

（一）中央政府财政支出应继续向中部、西部地区倾斜

中央财政应适当增加对中部、西部地区的财政支出，特别是河南和广西等生均教育支出较低的省份。由于一些地区的经济水平较差，财政收入也相对较低，

地方政府给予的财政支持相对较少，中央政府则可以调整财政支出的地区结构，支出比重多向河南和广西等生均经费较低的省份倾斜，以促进这些地区教育事业的快速发展，逐步改变公共教育经费支持的非均衡状态，进而促进教育公平和区域均衡发展。

首先，当中央政府制定各部门财政预算时，应根据各省份的具体条件，把握公共教育支出的重要程度，减少北京和上海等生均教育支出较高地区的教育财政支出，增加对河南、山西、广西、宁夏、贵州等地的教育财政支出，将财政支出拨付到最需要的省份；另外，中央政府应建立和完善教育帮扶机制，鼓励不同地区教育事业的交流合作，如推进一对一帮扶机制，依据地理位置和教育发展水平划分帮扶对象，如北京帮扶河北教育事业的发展，为河北教师进行免费的培训，提供一些优质的教学资源等；中央政府可以设立专项的教育资金，专门用于落后地区的教育事业发展，完善校园的基础设施，改善落后地区学校的住宿环境和学习环境；相对于地方财政支出，中央财政支出更多地体现在统筹，中央财政除增加贫困地区的支出外，更要统筹各省份的教育事业发展需求，合理安排对各省份的公共教育支出分配。

（二）地方政府应做到精准帮扶，切实提高贫困地区教师工资水平

相比于中央政府的全国统筹，地方政府应尽力做好域内公共教育经费统筹工作，地方政府相较于中央政府更加熟悉本地区内部的教育发展非均衡情况，应有针对性地利用财政手段开展工作。例如北京、上海、天津、浙江等教育事业发展较好的地区，应对公共教育支出"补短板"，即重点扶持本地区的贫困区域、农村地区、边疆地区等经济教育实力相对较薄弱的区域，对这些区域加大教育财政转移支付的力度。而对于山东、河北、河南、山西等人口较多且教育发展水平偏低的地区，地方政府应做好顶层设计和规划，协调城乡教育发展，优化资源配置，减少诸如"部分地区在校生充足，教育资源紧张；部分地区在校生较少，教育资源浪费"等问题的出现。

另外，地方政府还应切实提高贫困地区的教师工资水平，做好人才资源管理。现如今信息流通迅速、交通方便，人才流动的频率和人次也逐渐升高，中心城市对人才的吸引力远大于郊区和农村等贫困地区，人才逐渐向中心城市转移，因此，贫困地区人才外流越来越严重，教师队伍也不例外，贫困落后地区教育人才逐渐匮乏，师资力量欠缺。因此，西部和中部地区的地方政府应适当提高落后地区教师工资标准，提高教师的福利和生活水平，做到吸引人才的同时，守住人才，留下人才。

（三）政府应鼓励多元主体参与教育治理

政府应是我国教育事业的引导者，但不是教育服务的唯一提供者。政府要积极鼓励公益组织和基金等非政府机构加入支持教育事业的行列。在教育事业推进过程中，政府作为教育事业发展的主导者，应鼓励私人机构援助贫困地区教育事业的发展，加大对贫困家庭的帮扶力度；对于帮扶教育事业发展的企业，政府可以给予一定的税收优惠。另外，政府除为学生提供奖学金、助学金以及助学贷款外，应鼓励私人机构加入对学生学业的帮扶，成立私人奖学金等。此外，政府可以建立相应的爱心捐助平台，对于特别贫困的学生，政府可以借助贫困补助库，披露部分学生信息，寻求社会的一对一或多对一帮扶，引导如支付宝的蚂蚁庄园等爱心捐助平台支持贫困地区教育事业的发展。

二、加快教育信息化，倡导区域教育资源共享

信息化并非单纯的应用信息技术，而是将信息技术应用到各产业中。新时代背景下，信息技术已应用到生产和生活等各个行业中，教育事业的均衡发展同样离不开信息技术的支持。教育信息化则是指将信息技术应用到教育活动中，借助信息技术打破传统教育手段的局限，促进教育事业的快速发展。教育信息化能打破传统教育的时空壁垒，可以更快速方便地实现教育资源的共享，以节省人力和物力。通过网络授课和视频录制的方式，可以快速解决落后地区教育资源匮乏，尤其是教师资源的匮乏的问题。因此，各地区应发挥自身的优势，促进教育信息化发展，利用教育信息化弥补地区教育资源的不足，通过区域资源的共享，以推动教育事业的均衡发展。

（一）加大教育信息化的宣传力度，提高群众的接受度

政府应对教育信息化加强宣传和政策引导，在提高教育部门工作意识的同时，增大普通民众对教育信息化的认可度。考虑到民众的认知程度，普通民众对教育信息化的诸多内容并不十分了解，甚至有些抵触心理，越落后的地区越不容易接受新模式和新事物，教育信息化的推广存在一定的阻力，因此需要对教育信

息化进行宣传，以提高社会的接受度。只有让教育部门充分认识到教育信息化给教育事业带来的积极影响，才能使教育资源充分流向教育信息化的建设之中。另外，需加大对普通民众教育信息化的宣传，让民众体验教育信息化带来的便利，使民众更了解教育信息化的巨大效用和未来发展趋势，从根本上接受教育信息化。

（二）培养教育信息化人才，补齐人才短板

各地区应积极培养教育信息化建设人才，补齐人才短板。教育信息化的推进需要相应的人才支撑，教育信息化软硬件结合的同时，仍需要具备信息技术知识的教师去操作，因此，还应对学校的教师队伍进行信息技术培训，尤其是对中西部地区的教师队伍进行培训，使教师完全掌握信息软件的使用，提高其操作效率。信息技术的培训可以充分利用寒暑假时间，并针对培训内容进行相应考核，保证所有教师均能熟练操控信息化设备，以信息化缓解区域教育事业非均衡发展的态势。

（三）做好基础设施建设，倡导优质资源区域共享

重点推进中西部贫困地区，以及东部薄弱地区教育信息化的进程，加强信息化基础设施建设。教育信息化基础设施是教育信息化的基础，信息化工作的开展都以基础设施为起点，如软件和硬件基础；东部地区学校多媒体设备较为完善，但中部和西部等部分贫困地区仍缺少相应的多媒体设备等信息化基础设施，落后地区是推进教育信息化进程的重点区域；政府应集中资源逐步构建统一的远程教育平台，使不同地区不同学校的交流成为可能，以促进教育资源的互通共享。

利用教育信息化，倡导优质资源信息共享。高质量教育成果是教育信息化的最终目的，是教育信息化的出发点和落脚点，如优质网课、优质讲座等。东部地区名校众多，师资力量雄厚，可以利用东部地区教育资源丰富的优势，发挥东部地区的引领作用，承担优质资源产出责任，应鼓励东部地区各教育层次名校和名师录制特色课程，培育高质量教育成果，分享优质教案，使中部、西部地区的学生突破时空限制接受更加优质的教育资源，解决中部、西部地区自身教育教学资源匮乏的问题。

三、建立完善的区域教育均衡发展评估预警机制

公共教育支出均衡发展的状态决定该地区教育政策的倾斜方向和力度，政府部门应时刻明晰当地教育事业发展的非均衡状态，以保证政策的时效性和针对性。因此，政府应建立完善的教育均衡发展评估预警机制，实时监督该地区教育事业发展的非均衡程度，一旦发现地区非均衡程度偏高，便可以及时采取有针对性的措施。建立完善的教育均衡发展评估预警机制包括确定评估预警的原则、构建评估预警指标体系、构建奖惩和后续追踪机制等。

（一）确定评估预警的原则

评估预警机制的原则是建立区域教育均衡发展评估预警机制的基础。评估预警机制应以多元化为原则。教育事业的均衡发展应当追求以人为本、质量和公平并重的多元价值取向，办好人民满意的教育，这便要求构建教育均衡发展评估预警机制应以不同地区的实际情况为主，重点关注区域间教育非均衡程度、教育质量以及居民教育满意度等指标，而非指标体系和目标的一元性。

评估预警机制还应考虑现实和前瞻相结合的原则。机制构建不但要考虑本地区教育事业的非均衡状态，还应考虑同其他地区的差距及国家整体教育发展目标，做到近期目标和远期目标、局部目标和整体目标的统一。例如，东部地区教育非均衡程度较高，此时东部地区应以降低地区内部非均衡态势为目标，着力提高地区内部薄弱地区的教育实力；中西部地区教育事业发展程度低，与东部地区差距较大，此时中西部地区应将工作重心放在提升教育事业实力、弥补与东部地区差距等方面。

（二）构建评估预警指标体系

构建合理的评估预警指标体系。完善的教育均衡发展评估预警机制，需要有合理的指标体系，即教育均衡的评估和预警需要对相应指标的系统监测。通过跟踪指标数据的变化，判定公共教育支出的非均衡状态，一旦相应指标数据超过预警范围，则对当地政府进行预警工作，以助其及时改变有关政策的力度和方向。

评估预警的指标设置应全面且易于获得，覆盖地区教育的各方面。例如，财

政支出占 GDP 的比重、师生比、音体美器材、毕业率和就业率等常见指标；涉及学校的基础设施、教学资源、教学人才、物力财力等方面的指标，如学校图书馆人均藏书量、学生住宿的人均空间、特级教师占比等指标。

可以将地区预警等级分为三个层级，即一级、二级和三级，其紧急程度依次递减。指标的预警范围应根据本地区的实际状况制定不同的标准，切勿一刀切。例如，将教育经费基尼系数作为评估预警的指标，对东部地区而言，可以将 0 ~ 0.3 作为三级，0.3 ~ 0.6 作为二级，0.6 ~ 1.0 作为一级，一旦东部地区的教育经费基尼系数超过 0.3 时则进行预警；由于中西部地区教育事业的均衡性优于东部地区，中部和西部地区的标准可以根据自身情况进行修改，采用更严苛的标准。

（三）构建奖惩和后续追踪机制

教育事业均衡发展是一项长期且巨大的工程，跨越时期较长，因此应建立完善的政府奖惩和后续追踪机制，做到及时通报、数据透明、实现实时监督、及时调整措施。教育事业均衡发展的主要推动者是政府，由于政府机构的非竞争性，其效率需要注意，为进一步调动工作人员的积极性，明确工作人员的责任和义务，需要建立相应的问责机制。将本地区教育事业的均衡性纳入当地政府部门的考核内容，且与政府工作人员的政绩挂钩，对于不及时披露数据和披露作假数据的官员进行严肃处理，及时总结测评结果，通知不合格地区进行整改，并将问题落实到个人。

后续追踪机制的建立应在政府的主导下，引入社会监督，以保障各地区教育事业的均衡发展工作公开透明。另外应对教育事业发展非均衡严重和教育事业发展极度薄弱的地区进行后续追踪，实时披露整改的进度，并向社会公布整改流程和最终评估报告。

综上所述，本节根据影响因素研究的结论提出了促进区域教育事业均衡发展的对策建议：目前我国政府应进一步优化公共教育支出结构，继续加大财政对教育事业的支持力度，将财政支出转移至最需要的地方；积极做好教育信息化建设，以促进教育资源互通共享；建立完善的教育均衡发展评估预警机制，做到权责明确，提高相关政府机构的办事效率，逐步解决我国教育事业非均衡发展问题，以促进我国教育事业均衡协调发展。

第五节　本章小结

　　综上所述，本章作为现状研究部分，基于我国省域单位公共教育经费支出规模和生均教育经费指标，定性与定量相结合，对我国公共教育经费的区域非均衡和极化状态进行了测评，研究表明目前我国东部发达地区的教育经费基尼系数最高，西部地区次之，中部地区教育经费基尼系数最低，且三地区间的非均衡性也正逐渐降低，同时我国公共教育经费支出的极化效应也正在逐步减弱。而人均GDP、地区信息化程度、居民工资的平均水平和教育从业人员工资水平等因素都会影响到地区的教育非均衡发展情况，最后根据上述研究，提出了中央和地方政府统筹规划教育经费、做好地区倾斜扶持等对策建议，以供参考。

第五章 我国公共教育支出绩效测评体系构建与应用

新时代背景下，国家越来越重视财政资金支出的绩效管理，要求各级政府要坚持树立过紧日子的思想。强化财政资金统筹力度，优化支出结构，改变部分支出项目只增不减的固化格局，切实提高支出绩效。同时，教育是民生问题的重点，我国越来越重视教育事业的发展，公共教育支出占据了我国财政支出的五分之一左右，是财政支出的重要环节和内容，自然也是财政绩效管理的重要内容，因此，构建科学合理的公共教育支出绩效综合评价体系，实施公共教育支出全面绩效管理不仅符合时代要求，而且较具现实意义。基于此，本章根据新时代背景的要求，从公共教育支出的规模绩效、结构绩效和社会绩效出发，构建了基于"3S模式"的公共教育支出绩效综合评价体系，并对全国、山东省和青岛市的公共教育支出绩效问题进行了实证应用研究，在验证评价体系的同时，能够为我国公共教育支出绩效评价与管理提供理论支撑与现实指导。

第一节 公共教育支出绩效综合评价体系构建的思路

近些年来，公共教育支出绩效评价体系研究不断发展和进步，常见的研究主要是分析规模与结构的合理性、对经济的推动作用、社会满意度及社会贡献等，即教育投资的规模绩效、结构绩效、经济绩效和社会绩效四个方面。其中，经济绩效的提法较具争议，鉴于公共投资的公共属性，一般认为不应着重考虑其对经济的影响，应该把其纳入社会绩效进行考虑，因此本章也把经济绩效作为社会绩效的一部分进行分析研究。财政支出的性质也决定了公共教育支出绩效中的重点部分是社会绩效。基于此，本章公共教育支出绩效评价体系构建的基本思路就是在评价公共教育支出规模和结构合理性的基础上，采用生产函数等经济学研究方法，结合主观评价的问卷调查与访谈法，重点研究公共教育投资的社会绩效，然后把三大绩效结合起来进行综合评价，并与基于投入产出的 DEA 模型评价结果进行对比研究，以期得出更加客观的评价结论，具体构建思路如图 5 - 1 所示。

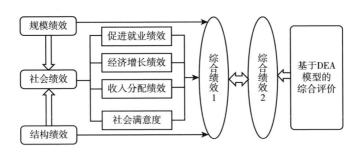

图 5 - 1　公共教育支出绩效综合评价体系构建思路

资料来源：笔者绘制。

从图 5 - 1 可以看出，本章所构建的评价体系，以规模绩效和结构绩效为基础，并基于公共投资的属性，重点评价了公共教育投资的社会绩效，然后进行综合评价，并与常见的基于 DEA 模型的评价方法相结合，多种评价方法的综合运用较具新意，而且能够保证评价结果的客观性。

第二节　公共教育支出绩效综合评价体系的构建

根据第一节的构建思路，本节主要从规模绩效、结构绩效和社会绩效三个方面进行分体系构建和综合评价，并用基于 DEA（数据包络）的投入产出结论进行验证。

一、规模绩效评价体系构建

公共教育支出的规模主要反映公共教育支出的总体水平，是衡量政府对教育的重视程度、投入程度、能否满足公众对教育需要的重要指标，公共教育支出的规模指标主要包括公共教育的支出总量、支出水平、增长速度等，具体指标如表 5 - 1 所示。

表 5 - 1   公共教育支出规模的指标体系

评价内容	评价指标
支出总量	公共教育支出总额（a）
支出水平	公共教育支出占 GDP 的比例（b）
	公共教育支出占财政支出的比例（c）
	人均公共教育支出额（公共教育支出总额/人口数量）（d）
	生均公共教育支出额（公共教育支出总额/学生数量）（e）
增长速度	公共教育支出同比上年增长率（f）
	公共教育支出的 GDP 弹性系数（g）
	公共教育支出的财政支出弹性系数（h）
	公共教育支出的财政收入弹性系数（i）

资料来源：笔者绘制。

　　以上是衡量公共教育支出规模常用的指标，具体使用时要根据评价的需要和数据的可得性综合考虑选择，一般重点选择支出水平与增长速度指标。一般公共教育支出水平的相对比率有一定的标准，目前世界各国通用的评价指标是公共教育支出占 GDP 的比率。这一标准的具体数据可以参照本国公共教育支出的历史数据确定，也可以参考世界其他国家的实践数据。

　　相对于以前对指标的简单对比处理与分析，本书希望在研究过程中能够对各项指标数据进行标准化无量纲处理。由于各地区基础条件差异很大，其中支出总量指标意义不大，而支出水平和增长速度指标较具意义，而且这些指标都是正向指标，可以通过与标准值的对比进行无量纲处理。本书暂定以我国各地区的最高值作为标准值，如果不存在标准值，建议采用极差的标准化，具体如下：

$$有标准值时的正向指标：X_1 = \frac{x_1}{X} \times 100 \qquad (5-1)$$

$$有标准值时的逆向指标：X_1 = \frac{X}{x_1} \times 100 \qquad (5-2)$$

式中，x_1 是某项指标的实际值；X 是该项指标的标准值或目标值；X_1 是 x_1 的标准值。例如，如果公共教育支出占 GDP 的比例标准值 $X = 5\%$，青岛市的实际值 $x_1 = 4\%$，则青岛市该指标的标准值就是 80。

$$无标准值时：X_1 = \frac{x_1 - x_{min}}{x_{max} - x_{min}} \times 100 \qquad (5-3)$$

式中，x_{min} 和 x_{max} 是同类地区该项指标的极大值和极小值，如选择 15 个副省级城市的指标数值进行标准处理，得出青岛市某项指标的标准值 X_1。

最后，对各项标准化后的指标根据其影响程度，通过德尔菲法由专家进行赋权，并加权平均得出某个地区公共教育投资的规模绩效指数。

二、结构绩效评价体系构建

公共教育支出结构绩效主要表现在层级结构和区域结构的合理性，层级结构的合理性主要考虑初等教育、中等教育和高等教育三个教育层级的支出比重，区域结构主要考虑同一地区的城乡差异和不同地区的支出差异，如我国 31 个省份公共教育支出水平的差异和不均衡和东部、中部、西部大区之间或区域内的分布不均衡等。综合考虑城乡和区域差异，设计评价公共教育支出结构绩效的具体指标如表 5-2 所示。

表 5-2 公共教育支出结构的指标体系

评价内容	评价指标
三级教育支出结构	各级公共教育支出分别占财政支出的增长率
	各级公共教育支出生均公用经费支出比例
	各级公共教育支出生均公用经费支出增长率
地区教育支出结构	农村中小学生均公用经费与普通中小学生均公用经费的比例
	农村中小学生均公用经费与普通中小学生均公用经费比例的增长率
	不同地区教育支出占公共教育支出的比重

资料来源：笔者绘制。

以上指标中正向指标，如农村中小学生均公用经费与普通中小学生均公用经费比例的增长率，完全可以按照规模绩效的标准化处理方法进行处理，而不同地区教育支出占公共教育支出的比重等结构指标，当样本数量较多时，如全国 31 个省份进行比较，可以采用基尼系数法进行均衡程度的衡量；如果样本数量很少，则可以采用极大和极小值之间的差距来确定是否均衡，然后可以对比标准结构情况确定结构绩效指数。

三、社会绩效评价体系构建

公共教育投资的社会绩效评价相对复杂，需要从促进就业与经济增长，缩小城乡差距（即收入分配）以及社会满意度多个维度进行评价。

（一）促进就业的绩效衡量

一般情况下，公共教育支出与就业率是一种正相关关系，因为教育投资的增加有助于提高受教育者的工作能力和技能水平，从而减少结构性失业，提高整体就业率。可以借鉴经典的奥肯定律模型，引入教育财政支出增长率（PEDR）作为解释变量，用 GDP 增长率（GDPR）和居民消费价格指数（CPI）三大指标来解释就业率（ER）。具体模型如下：

$$ER = C + \alpha PEDR + \beta GDPR + \gamma CPI + \varepsilon \qquad (5-4)$$

对上述模型进行回归分析与检验，可以求出有效的 C、α、β、γ、ε 值，其中 α 值代表公共教育投资对就业率的影响效应，可以定义为公共教育支出的就业绩效指数。

（二）促进经济增长的绩效衡量

教育投资具有较大的正外部性，公共教育支出的经济绩效已被多次证明，为了定量研究教育财政支出的经济绩效，本章借鉴经典的柯布—道格拉斯生产函数的处理方法，引入公共教育支出变量来检验公共教育支出对经济增长的贡献效率，具体模型如下：

$$\ln GDP = C + \alpha \ln K + \beta \ln ED + \gamma \ln L + \varepsilon \qquad (5-5)$$

式中，因变量 GDP 是地区生产总值；自变量 ED 是教育财政支出总额；K 是资本形成总额或者固定资产投资总额；L 是从业人员数量。通过回归分析与检验，对上述模型进行回归分析与检验，可以求出有效的 C、α、β、γ、ε 的值，其中 β 值代表公共教育投资对 GDP 的影响效应，可以定义为公共教育支出的经济绩效指数。

（三）收入分配的绩效衡量

公共教育支出的公共物品属性使得教育能够给予更多人公平学习的机会，能够帮助穷人通过接受教育摆脱贫困。公共教育支出影响着社会的收入与分配，加强教育投资管理，向教育薄弱与落后地区倾斜，对缩小城乡差距具有较强的影响。因此，教育的收入分配绩效可以通过定量分析公共教育支出对城乡人均收入比的影响，来衡量公共教育支出的收入分配绩效。构建模型如下：

$$UUR = C + \alpha GDP + \beta CPI + \gamma ED + \varepsilon \qquad (5-6)$$

式中，UUR 是城镇常住居民人均可支配收入和农村常住居民人均可支配收入的比值，以此代表城乡居民收入差距；作为被解释变量，GDP、CPI、ED 和前文相同，分别是地区生产总值、居民消费价格指数和公共教育支出。对上述模型进行回归分析与检验，可以求出有效的 C、α、β、γ、ε 的值，其中 γ 值就代表公共教育投资对收入分配的影响效应，可以定义为公共教育支出的收入分配绩效指数。

（四）社会满意度评价

新时代背景下，努力办好人民满意的教育依然是教育工作的核心，教育部部长数次表示：人民满意的教育既是我们奋斗的目标，也是我们前进的动力。只有办好人民满意的教育，才能为实现中华民族伟大复兴奠定坚实的人才基础、提供强有力的人才支撑。因此，社会满意度指标应该是公共教育投资社会绩效的核心指标之一。衡量社会满意度的方法主要是问卷调查和访谈，其中对广大群众的问卷调查统计分析是最重要的方法。根据调查的范围，通过问卷星等网络调查、实地发放问卷调查等手段获取第一手资料，然后对有效问卷进行统计处理，便可以得出社会满意度指标数值，某地区的社会满意度越高，说明该地区的公共教育支出越合理和成功。本章把社会满意度指标用 S 来表示。

以上 α、β、γ、S 四个指标都是正向指标，指标值越大，代表公共教育投资的就业绩效、经济绩效和收入分配绩效越好，且社会满意度越高。对上述四项指标进行标准化无量纲处理后，赋予不同权重 W，加权平均就可以求出社会绩效指数。

四、综合绩效评价体系构建

前文分别研究了测算和衡量公共教育支出规模绩效、结构绩效和社会绩效的方法，目前学术界的一般研究大多停留在这个层面，大部分只是做到指标分析，甚至标准化的无量纲处理都很少涉及，本书希望在对单项评价结果无量纲处理的基础上，以指数的形式来表述公共教育支出的规模绩效、结构绩效、社会绩效及综合绩效，以便于对地区或国家的公共教育支出绩效有更加直观的认识，也便于进行横向的比较研究。其中权重的设定主要依靠专家力量，可以采用层次分析法和熵权法得出，在不同的时段相关权重不同可能得出的结论就有所不同，这里也需要引起重视，此处权重暂由专家小组通过德尔菲法给出，具体综合评价体系如表 5 – 3 所示。

表 5 – 3　　　　　　　　公共教育支出绩效综合评价体系

综合绩效指数	分绩效指数		具体指标指数		备注
	分绩效指数	权重 W	指标标准值 I	权重 w	
GPI	规模绩效指数 SPI_1	$W_1 = 0.25$	比重类指数 I_1	$w_1 = 0.10$	权重值暂按重要性给出，可以根据专家意见相应调整
			增长率类指数 I_2	$w_2 = 0.10$	
			弹性系数指数 I_3	$w_3 = 0.05$	
	结构绩效指数 SPI_2	$W_2 = 0.25$	层级结构指数 I_4	$w_4 = 0.10$	
			区域结构指数 I_5	$w_5 = 0.10$	
			支出结构指数 I_6	$w_6 = 0.05$	
	社会绩效指数 SPI_3	$W_3 = 0.50$	就业绩效指数 I_7	$w_7 = 0.15$	
			经济绩效指数 I_8	$w_8 = 0.10$	
			分配绩效指数 I_9	$w_9 = 0.10$	
			满意度指数 I_{10}	$w_{10} = 0.15$	

资料来源：笔者绘制。

　　如表 5 – 3 所示，所构建的综合评价体系共分三个层次，第一层是指标层，需要根据指标原始数据计算指标，并进行标准化的无量纲处理；第二层是分绩效层，分别根据指标标准值加权平均求出公共教育支出规模绩效指数、结构绩效指数和社会绩效指数；第三层是综合绩效层，是根据三大绩效指数加权平均求出的综合绩效指数。由于规模绩效指数（scale performance index）、结构绩效指数（structural performance index）和社会绩效指数（social performance index）三大绩效指数的缩写都可以是 SPI，因此，我们把该综合评价体系命名为：基于"3S 模式"的综合评价体系。三种绩效相辅相成，相互影响和促进，其中社会绩效是重点，基本模式如图 5 – 2 所示。

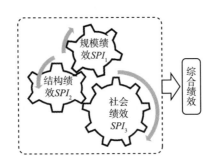

图 5 – 2 基于 "3S 模式" 的公共教育综合绩效评价体系

资料来源：笔者绘制。

五、评价体系的验证

基于投入产出的 DEA 模型评价法是常用于评价投资绩效的方法，一般设定公共教育支出和教师人数等指标为投入指标，设定在校学生人数、毕业生人数、升学率等指标为产出指标，如果需要做多阶段的 DEA 分析评价，还需要把 GDP、收入水平等设定为环境指标。通过基于 DEA 的模型评价，可以得出相应的效率指数，其中，评价结论中的综合效率指数可以设定为公共教育支出的综合效率指数。通过对比不同区域的基于 "3S 模式" 的综合效率指数和基于 DEA 模型的综合效率指数，可以验证基于 "3S 模式" 的综合效率指数客观性，也使得所构建的评价体系更加科学。

第三节 评价体系的应用

本书所构建的基于 "3S 模式" 的综合评价体系适用于任何地区和城市，比如可以用于某个城市纵向的绩效对比研究，也可以用于全国 31 个省份的公共教育支持绩效的横向比较和评价。限于篇幅和数据，本书仅选择青岛市、山东省和全国公共教育支出绩效进行综合评价，此外，由于前文已经对评价方法进行了详细的描述，该部分不再详细列明步骤，仅以给出结论为主，进行大致的实证应用研究。

一、规模绩效的比较分析

公共教育支出的规模绩效选择公共教育经费占地区财政支出的比重和占地区GDP的比重两个比重指标、公共教育支出增长率、公共教育支出、地区财政支出和GDP的弹性系数五大指标。具体指标与数据处理结果如表5-4所示。

表5-4　　　青岛市、山东省、全国公共教育支出规模的指标情况

指标	指标值			标准值	无量纲指标值			权重
	青岛市	山东省	全国		青岛市	山东省	全国	
公共教育支出占GDP的比例/%	2.30	2.60	3.70	5	46.00	52.00	74.00	0.20
公共教育支占财政支出的比例/%	18.10	20.61	15.00	25	72.40	82.44	60.00	0.20
生均公共教育支出额/万元	1.27	1.01①	0.98	1.50	84.67	67.33	65.33	0.20
公共教育支出同比上年增长率/%	12.50	7.66	7.32	10	100	76.60	73.20	0.20
公共教育支出的GDP弹性系数	1.55	1.07	0.89	1.20	100	89.17	74.17	0.10
公共教育支出的财政支出弹性系数	0.95	0.81	0.74	1.00	95.00	81.00	74.00	0.10

注：数据取2013~2017年平均数据，来源为2018年中国、山东省、青岛市的统计年鉴；权重和标准值由专家参考发达国家和地区情况给出，正项指标超过标准值，无量纲指标值为100。

资料来源：笔者计算。

按照前文设定的方法，最终可以求得青岛市、山东省和全国的规模绩效指数如表5-5所示。

表5-5　　　青岛市、山东省、全国公共教育支出规模绩效指数

区域范围	青岛市	山东省	全国（不包含港澳台地区）
规模绩效指数	80.11	72.69	69.32

资料来源：笔者计算。

可见，仅从规模绩效层面考虑，青岛市、山东省和全国相比，青岛市因绝对投入较高，其规模绩效高于山东省和全国，山东省作为发达省份，其规模绩效高于全国平均水平，符合规模方面的全国现实情况，和定性分析结果完全一致，评价结论客观有效。

① 枣庄市2017年数据不能获得，山东省采用4年平均，在校生包括学前教育、小学教育、初中教育、高中教育、高等教育在校人数。

二、结构绩效的比较分析

结构绩效主要体现在区域结构和层级结构方面的均衡性，所以该部分采用体现区域差异和层级差异的基尼系数进行结构绩效的衡量，主要用青岛市、山东省和全国不同区域和不同层级的生均费用来进行计算得出。具体公式如下：

$$G = 1 - \frac{1}{NZ_N}\left(2\sum_{i=1}^{N} Z_i - Z_N\right) \quad\quad (5-7)$$

式中，G 代表基尼系数；N 代表区域或层级个数；Z 代表生均教育经费。基尼系数是负向指标，一般基尼系数越小，说明教育经费支出越均衡，结构绩效越好。根据设定模型，可以求得青岛市、山东省和全国公共教育经费支出分区域和层级基尼系数，如表 5-6 所示。

表 5-6　　青岛市、山东省、全国公共教育经费支出分区域与层级差异（基尼系数）

区域范围	青岛市	山东省	全国（不包含港澳台地区）
区域基尼系数	0.101	0.217	0.244
层级基尼系数	0.2290	0.2187	0.2453

注：在校生包括学前教育、小学教育、初中教育、高中教育、高等教育在校人数。限于数据，区域基尼系数及层级基尼系数均为 2014~2016 年三年平均值。

资料来源：笔者计算。

按照专家意见，分别以 0.10 和 0.20 为区域基尼系数和层级基尼系数的标准值，考虑到层级差异有一定的区域特征和合理性，此处，区域结构绩效指数赋权较高，设定为 0.60，而相应的层级结构绩效指数赋权为 0.40，可以得出青岛市、山东省和全国的结构绩效指数，如表 5-7 所示。

表 5-7　　青岛市、山东省、全国公共教育支出结构绩效指数

区域范围	青岛市	山东省	全国（不包含港澳台地区）
区域结构绩效指数	99.01	46.08	40.98
层级结构绩效指数	87.34	91.45	81.53
结构绩效指数	94.34	64.23	57.20

资料来源：笔者计算。

可见，在公共教育支出区域结构方面，青岛市明显非常均衡，较为合理，而山东省和全国在教育经费支出方面区域差异较为明显，不均衡性较强；在教育层级结构方面差别并不大，从总体结构绩效方面来看，青岛市优于山东省，而山东省优于全国平均水平，同样与客观现实相符合。

三、社会绩效的比较分析

公共教育经费支出社会绩效的衡量，采用前文给出的 α、β、γ、S 四个指标进行综合分析，四个指标都是正向指标，指标值越大，代表公共教育投资的就业绩效、经济绩效和收入分配绩效越好，且社会满意度越高。当指标值超过标准值时，无量纲标准值记为 100，当该指标为负时，无量纲标准值记为 0，根据青岛市、山东省和全国 2000~2017 年的数据，采用前文设定模型，求出青岛市、山东省、全国公共教育支出社会绩效指标情况，如表 5-8 所示。

表 5-8　　　青岛市、山东省、全国公共教育支出社会绩效指标情况

指标	指标值			标准值	无量纲标准值			权重
	青岛市	山东省	全国		青岛市	山东省	全国	
就业绩效指数①	0.79 ***	0.85 ***	0.59 **	1.00	79	85	59	0.20
经济绩效指数②	0.30 ***	0.77 ***	0.33 ***	1.00	30	77	33	0.20
分配绩效指数③	0.0008 ***	-0.00012 **	-0.00002 ***	0.01	8.00	0	0	0.20
满意度指数④	72.52	80.46	85.00	100	73	80	75	0.40

注：资料来源于 2018 年中国、山东省、青岛市的统计年鉴。*** 、** 分别表示在 1%、5% 水平下显著。①对就业和公共教育支出进行一元回归求得的结果。②将 K 进行了一阶滞后结果比其他情况较显著，R^2 接近于 1，但山东省的劳动力和常数项并不显著。③此处为教育支出与 UUR 的回归，见公式（5-6）。④青岛市满意度指数来自青岛市教育科学"十三五"规划重大招标课题"青岛市公共教育经费支出绩效与评价研究"（QJK135A011）；山东省满意度指数来自山东省教育科学"十三五"规划重点课题"山东省教育经费投入绩效测算与评价研究"（ZZ2017007），均为问卷星调查问卷辅以访谈所得，满意度调查涵盖幼儿园、小学、初中和高中阶段，以及中考和高考升学率的满意度调查；全国满意度指标为设定估算值。

资料来源：笔者计算。

由表中数据可见，从不同层面来看，公共教育投资的就业绩效都比较明显，经济绩效也有所体现，但分配绩效并不显著；而从满意度调查情况来看，规模和结构绩效较好的青岛市对教育的满意度并不高，这主要是作为沿海发达城市，大部分家长都充分认识到了教育对孩子成长的重要性，较高的期望造成满意度不高，当然也和青岛市的中高考升学率不高、高考压力较大有一定关系，根据表 5-8 数据，可以求得青岛、山东、全国公共教育支出社会绩效指数，如表 5-9 所示。

表 5-9　　　　　青岛市、山东省、全国公共教育支出社会绩效指数

区域范围	青岛市	山东省	全国（不包含港澳台）
社会绩效指数	52.60	64.40	48.40

资料来源：笔者计算。

四、综合绩效的比较分析

综合表 5-5、表 5-7 和表 5-9 的规模绩效指数、结构绩效指数和社会绩效指数数据，采用德尔菲法给出权重，可以求得青岛市、山东省、全国的综合绩效指数，如表 5-10 所示。

表 5-10　　　　　公共教育支出绩效综合评价实证结论

指标	规模绩效指数	结构绩效指数	社会绩效指数	综合绩效指数
青岛市	80.11	94.34	52.60	69.91
山东省	72.69	64.23	64.40	66.43
全国	69.32	57.20	48.40	55.83
权重	0.25	0.25	0.50	1.00

资料来源：笔者计算。

由表中数据可知，根据所设定的评价体系，可以求得，青岛市公共教育支出的综合绩效高于山东省，而山东省公共教育支出的综合绩效高于全国，沿海发达城市和发达地区往往比较重视教育事业，在教育经费支出管理上水平相对较高，教育支出相对合理，因此绩效较好，比较符合实际。

五、综合评价体系的验证

如前文所述，由于本书所设计的综合评价模型相对复杂，权重设定有一定的主观性，为了验证研究结论的客观准确性，选择 DEA 模型进行验证分析。

（一）模型设定

DEA 是一种运用线性规划、评价决策单元效率的运筹学过程，通过构建一条不包含参数的生产前沿线，无效决策单元则在生产前沿线的内部，而有效决策单元在生产前沿线上。在 DEA 分析结果中，可能会出现多个决策单元有效，以至于同样有效的 DMU 无法进一步比较。安德森和彼得森（Andersen & Petersen, 1993）提出了对有效 DMU 进一步区分其有效程度的方法，即 "超效率" 模型（super efficiency model），有效 DMU 的超效率值通常大于 1，该值越大越有效。按照前文设定的方法，通过对多种 DEA 方法的比较研究，考虑模型的适用性和先进性，最终选择了超效率规模收益不变的产出导向模型，即 Super – CCR – O 模型进行验证。

1. 第一阶段：超效率 DEA 模型分析不同地区公共教育支出的初始效率

DEA 模型被广泛用于投资绩效问题的研究，本书采用超效率规模收益可变的投入导向模型，即 Super – BBC – I 模型作为分析模型。其中，λ 表示 DMU 的线性组合系数，模型的最优解为 θ^*，由此求得最优解为 λ^*、s^{*-}、s^{*+}、θ^*。

$$
\begin{cases}
\min\theta \\
\text{s. t.} \sum\limits_{\substack{j=1 \\ j\neq k}}^{n} \lambda_j x_{ij} + s^- = \theta x_{ik} \\
\sum\limits_{\substack{j=1 \\ j\neq k}}^{n} \lambda_j y_{ij} - s^+ = \theta y_{rk} \\
\sum\limits_{\substack{j=1 \\ j\neq k}}^{n} \lambda_j = 1 \\
\lambda \geq 0 \\
i = 1,2,\cdots,m; r = 1,2,\cdots,q; \\
j = 1,2,\cdots,n(j \neq k) \\
s^+ \geq 0, s^- \geq 0
\end{cases}
\tag{5-8}
$$

然而，第一阶段采用超效率 DEA 模型测算的公共教育支出效率并未考虑环境因素和随机误差的影响，使得到结果的可靠性受到影响。

费赖德（Fried, 2002）认为，决策单元的绩效除了受管理无效率影响之外，还包含了环境因素及统计噪声的影响，因此将这三种影响进行分离是获得更为可靠的结论所必需的。

2. 第二阶段：似 SFA 回归以剔除环境因素和统计噪声

在第二阶段需要关注松弛变量 $[x - \lambda X][x - \lambda X]$ 可以描述初始的低效率：环境因素、管理无效率和统计噪声。第二阶段的主要目标是将第一阶段的 $[x - \lambda X]$ 分解为上述三者，因此有必要借助 SFA 回归，在 SFA 回归中，第一阶段的松弛变量 $[x - \lambda X]$ 对环境变量和混合误差项进行回归。构造如下类似 SFA 回归函数：

$$S_{ni} = f(Z_i; \beta_n) + \nu_{ni} + \mu_{ni}; i = 1, 2, \cdots, I; n = 1, 2, \cdots, N \qquad (5-9)$$

式中，Z_i 是环境变量；β_n 是环境变量的系数；S_{ni} 是第 i 个决策单元，表示第 n 项投入的松弛值；$\nu_{ni} + \mu_{ni}$ 是混合误差项；ν_{ni} 是随机干扰；μ_{ni} 是管理无效率。$\nu \sim N(0, \sigma_\nu^2)$ 是随机误差项，表示随机干扰因素对投入松弛变量的影响；μ 是管理无效率，表示管理因素对投入松弛变量的影响，并假设其服从在零点截断的正态分布，即 $\mu \sim N^+(0, \sigma_\mu^2)$。

SFA 回归目的：去除导致效率出现偏差的因素中环境及随机因素的影响，即把全部的决策单元都调整到同一个外部环境中。调整公式如下：

$$X_{ni}^A = X_{ni} + [\max(f(Z_i; \hat{\beta}_n)) - f(Z_i; \hat{\beta}_n)] + [\max(\nu_{ni}) - \nu_{ni}]$$
$$i = 1, 2, \cdots, I; n = 1, 2, \cdots, N \qquad (5-10)$$

式中，X_{ni}^A 是调整后的投入；X_{ni} 是调整前的投入；$[\max(f(Z_i; \hat{\beta}_n)) - f(Z_i; \hat{\beta}_n)]$ 是对外部环境因素进行的调整；而 $[\max(\nu_{ni}) - \nu_{ni}]$ 是将所有决策单元置于相同水平下。

3. 第三阶段：调整投入产出后的超效率 DEA 模型分析

测算调整后的公共教育支出效率。此时，公共教育支出绩效已剔除环境因素和随机因素的影响，故测算的效率值相对真实准确。

由于决策单元面临不同的环境因素，仅用 DEA 法不能有效区分各地区公共教育支出效率的高低程度是自身原因还是受环境因素的影响。因此，本书采用三阶段法，综合考虑我国各省份公共教育投资的外部经营环境差异、随机误差对公共教育支出绩效的影响，第一阶段采用超效率 DEA 模型求出公共教育支出的投入产出的效率值，第二阶段进行 SFA 回归分析，剔除环境和随机因素的影响，第三阶段再次采用超效率 DEA 模型测算调整后的公共教育支出效率值，并对第一和第三阶段公共教育支出的效率值进行比较。

（二）模型的应用

在评价公共教育支出绩效的模型中，运用数据包络法时，本书选取了四项产出指标与三项投入指标；采用随机前沿分析法时，为了计算出更为精准的公共教育支出效率值，本章通过剔除选取的三项环境指标产生的影响，消除了环境因素所造成的偏差。

1. 产出指标确定

（1）学生人数（y_1）：普通小学、普通初中、中等职业学校、普通高中、普通高等学校的毕业生人数之和，该指标可以反映地区人力资源方面的教育投资产出。

（2）学校数（y_2）：一省份普通小学、普通初中、普通高中、普通高等学校的数量之和，该指标可以反映该地区教育发达程度。

（3）师生比（y_3）：一省份普通小学、普通初中、普通高中、普通高等学校师生比的平均值（教师人数 =1），该指标可以反映该地区人均师资配置情况。

（4）学历结构（y_4）：在国家统计局开展的人口抽样调查中，大专及以上人口数占 6 岁及 6 岁以上人口数的比例，该指标是反映该地区整体受教育水平的重要指标。

2. 投入指标确定

（1）人均教育经费支出（x_1）：一般公共预算教育经费除以该省市总人口所得，能够反映教育投资公共支出在各省份人口中平均分配情况的指标，体现了地区总体的财力投入水平。

（2）教职工数量（x_2）：普通小学、普通初中、中等职业学校、普通高中、普通高等学校的教职工人数之和，能够反映学校师资力量，体现了地区总体的人力投入水平。

（3）教育新增固定资产投资（x_3）：指教育单位每年新增的固定资产，是反映当年物力方面的教育投资的重要指标。

3. 环境指标的确定

在模型分析的第二阶段，本章采用 SFA 回归分析来探讨公共教育投资环境变量对投入差额的影响。环境因素需要满足能够影响公共教育支出效率但不能主观控制的因素，同时是非公共教育投资的投入产出变量。本书选取人均 GDP、居民消费占劳动者报酬比重和人口结构作为环境变量对投入差额的影响进行分析。

（1）人均 GDP：人均国内生产总值，是反映一个地区宏观经济运行的有效工具，可以衡量经济发展状况。

（2）居民消费占劳动者报酬比重：能够反映居民消费占支出的比例。该指标反映地区富裕程度。

（3）人口结构：城镇人口占年末常住人口的比例。2017 年为年度人口抽样调查推算数据，反映该省市的城乡结构，体现其现代化程度。

取得环境指标的原始数据后，需要进行标准化处理。本书对选取的环境指标做正向标准化处理。

数据方面，按照计算结构绩效时选择的时间段，选取 2014 ~ 2016 年全国、山东省和青岛市的投入和产出的平均数据输入模型，得出相应的数据，如表 5 – 11 所示。

表 5 – 11　　　　青岛市、山东省、全国公共教育支出综合绩效指数

区域范围	青岛市	山东省	全国（不包含港澳台地区）
综合绩效指数	1.3112	0.8263	0.7254

资料来源：笔者计算。

由表 5 – 11 相关数据可以看出，青岛市的公共教育支出综合绩效指数较高，超过 1，DEA 有效，处于技术前沿面，即公共教育支出绩效较高；而山东省和全国平均公共教育支出综合绩效指数都小于 1，表明公共教育支出绩效有待提高。总体结论是青岛市公共教育支出绩效高于山东省，而山东省高于全国，这和基于"3S 模式"的综合绩效评价结论一致，验证了所构建的基于"3S 模式"的公共教育支出绩效评价体系的合理性与科学性。

综上所述，本部分采用所设定的评价方法，对全国、山东省和青岛市的公共教育投资绩效进行了综合评价与验证，应用和检验了所构建的评价体系。需要说明的是，限于数据来源等因素，可能效率的绝对值不够准确，但基本可以确定效率的相对大小，模型完全可以用于全国 31 个省份的横向比较，或者某个区域与先进地区的比较研究。此外，基于"3S 模式"的综合评价体系分别对规模绩效、结构绩效和社会绩效进行了评价，层层递进，也有利于不同地区对其公共教育支出分绩效的评价和认识，进而采用针对性的措施，这是区别于基于 DEA 模式等评价方法的优越之处。

第四节 体系评价与使用建议

一、评价体系的优缺点

该评价体系的优点非常明显。首先是综合性强且全面。从规模绩效、结构绩效和社会绩效三个维度出发综合评价公共教育支出的绩效，涵盖了公共教育支出绩效的方方面面。其次是灵活性较强。该体系的灵活性体现在两个方面：一是指标的选择比较灵活，体系中更多的是思路的体现，而在实证应用中完全可以根据地区特点和数据的可获性等因素选择指标；二是该体系不仅可以用于测评某地区的综合绩效，也可以用于测度某地区的分绩效，即规模绩效、结构绩效和社会绩效，甚至就某一指标进行深入分析，如就公共教育支出对经济的影响进行区域差异比较研究。最后是适用性较强，由于该体系的灵活性，也就决定其适用性比较强，一般国家和地区都可以套用该体系进行综合绩效评价，尤其适用于纵横向的绩效比较研究。

该评价体系的局限性主要在于评价过程比较复杂，而且需要大量数据的支撑。评价过程首先要对指标进行分析和标准化处理，其次要对指标进行赋权，并计算分绩效指数；最后要计算综合绩效指数。在评价过程对数据的处理技术要求较高，涉及很多计量模型，如生产函数的多元回归模型和基于投入产出的 DEA 模型，在实证过程中还出现了很多次结果不理想和不显著问题，就需要改良模型不断尝试，所以评价过程要求较高且比较复杂。而且几乎任何一个指标都需要大量数据的支撑，如促进就业绩效指数就需要 20 年的失业率、GDP 增长率、公共教育投资增长率等的数据，而一个满意度指标就需要处理大量的问卷，对数据资料的要求非常高，也只有这样，才能保证评价结果的客观性。

二、创新之处

（一）突出社会绩效，回归财政本源

近些年，我国政府越来越重视民生问题，公共财政支出必须重点支持涉及民生

的公共物品建设与公共服务提供，公共教育支出重点在于为全社会提供有效的教育服务，办好人民满意的教育，因此在规模绩效、结构绩效和社会绩效三大绩效中，社会绩效是重点，规模适中、结构合理也是为了能够合理使用公共教育资金，为取得较好的社会绩效服务，因此该评价体系不仅重点评价社会绩效的系数和指数，而且在评价体系中加大了社会绩效的比重，以突出社会绩效，回归财政本源。

（二）主客观相结合，综合评价比较全面

目前，关于公共教育支出绩效的研究深度不够，之前很多研究大多是停留在指标分析和简单的模型处理，或者是针对高等教育投资的绩效评价，而该体系专注于公共教育支出的综合全面评价，客观性体现在大量的数据和模型支撑方面，主观性体现在满意度指标和专家赋权方面，主客观分析评价相结合，定性与定量相互印证，较之已有评价的深度和综合性有一定的提升。

（三）标准化处理颇具新意

目前，在教育支出绩效评价方面，已有文献中对指标进行标准化处理的较少，一般就是对指标的绝对值进行分析研究，而标准化处理有利于进行纵横向的客观对比研究，具有一定的新意。不过标准化处理对标准值的选择要求较高，抑或需要大量数据的支撑和处理，这是使用时需要重点注意的，也增加了应用的难度。

（四）验证与比较保证了评价结果的客观性

目前，对教育投资绩效的研究常用方法主要有两种：一是指标体系分析法，二是投入产出法，该评价体系主要是基于指标体系进行的综合评价，为了保证评价结果的客观性，把综合评价结果和基于投入产出分析的评价结果进行对比研究，如本章的实证部分主要对青岛市、山东省和全国的公共教育绩效进行了综合评价，两种方法的评价结果基本一致，从而验证了评价体系的科学性和评价结论的客观性。

第五节　本章小结

综上所述，本章基于我国优先发展教育事业和加强财政支出绩效管理的现实

背景，在前人研究的基础上，从规模绩效、结构绩效和社会绩效三个维度出发，构建了基于"3S模式"的公共教育支出综合评价体系，并在大量数据和计量模型的支撑下以青岛市、山东省和全国（不包含港澳台）为例进行了模型应用与验证，实证结果表明，该评价体系能够客观评价公共教育支出的规模绩效、结构绩效、社会绩效和综合绩效，具有一定的先进性与普适性，在具有一定理论意义的同时，实证结论能够为各地区公共教育支出管理与决策提供有效的支撑和参考，同样较具现实意义。

第二篇
实 证 篇

第六章　我国公共教育支出经济绩效区域差异研究

教育在国民经济发展中具有基础性、先导性和全局性的地位，然而教育的重要性不仅局限于加强经济建设，在提升人民收入水平、减少贫富差距、促进就业等方面都扮演着重要角色。随着我国"人口红利"逐渐消失，怎样把"人口红利"转变为"人才红利"成为关键所在，而教育便成为促进我国未来经济发展的强力助推器。党的十九大报告明确指出，建设教育强国是中华民族伟大复兴的基础工程，必须把教育事业放在优先位置，加快教育现代化，办好人民满意的教育①。此外，近五年政府工作报告也多次强调有关教育的一系列问题和发展意见，如此高频，体现出国家对教育事业的高度重视。党的十九大报告还明确指出，我国社会主要矛盾已经转化为人民日益增长的美好生活需要和不平衡不充分的发展之间的矛盾，而区域发展的不平衡是其中非常重要的一个方面②，教育投资在促进区域均衡发展、解决社会主要矛盾方面将发挥重要作用。因此，新时代背景下，需要进一步认识区域教育投资及其对经济增长贡献程度的差异，并采取相应措施，以为促进我国教育公平、解决社会主要矛盾助力。

第一节　我国各地区公共教育投入现状分析

21世纪以来，我国的公共教育经费投入逐年大幅增加。从2000年到2018年，

---

①② https：//www. gov. cn/zhuanti/2017 – 10/27/content_5234876. htm.

公共教育投入从 2562.61 亿元增加到 36491.69 亿元①，增长了近 14 倍，年均增长率为 16.91%，且公共教育经费占 GDP 比重已连续 7 年超过 4%，可见我国对教育事业愈加重视。但是，由于我国国土面积辽阔，各地区经济基础、文化底蕴和地理环境存在显著差异，导致区域经济发展不均衡，各地区公共教育经费投入也有较大差异，其对经济增长的推动作用也会因基础条件的不同而有较大差异。

一、我国公共教育投入区域差异性分析

为对我国各地区公共教育经费投入现状进行全面分析，本章借鉴丛树海（2007）的评价方法，从各地区教育投入的绝对规模和相对规模两个方面入手。其中，绝对规模选取的代表性指标为各地区公共教育经费的投入总量和生均教育经费（以下分别简称为"教育投入"和"生均教育投入"），相对规模选取的代表性指标为各地区公共教育经费占当地 GDP 以及财政总支出的比重（以下分别简称为"教育投入占 GDP 比重"和"教育投入占财政支出比重"）。首先，借助锡尔系数对主要年份各地区上述指标进行测算，从总体层面了解我国各地区上述指标的差异情况，相应计算公式如下：

$$I_t = \frac{\sum_{i=1}^{n} \ln(\bar{X}_t / X_{ti})}{n} \quad\quad (6-1)$$

式中，$\bar{X}_t$ 为 t 时期各地区相应指标均值；X_{ti} 为 t 时期 i 地区相应指标数值；n 取值 31，代表我国 31 个省域单位；锡尔系数 I_t 取值范围为 [0，1]，数值越大表明相应指标各区域间差异越大，反之则越小。计算结果如表 6-1 所示。

表 6-1　　　　　　　　2000～2018 年主要年份各指标锡尔系数

年份	公共教育经费支出	生均公共教育经费支出	公共教育经费支出占 GDP 比重	公共教育经费支出占财政支出比重
2000	0.247	—	0.059	0.013
2005	0.221	0.222	0.083	0.009

① 资料来源：历年全国教育经费执行情况公告。

年份	公共教育 经费支出	生均公共教育 经费支出	公共教育经费支出 占 GDP 比重	公共教育经费支出 占财政支出比重
2010	0.177	0.138	0.092	0.012
2015	0.166	0.108	0.101	0.010
2016	0.177	0.103	0.088	0.013
2017	0.179	0.106	0.096	0.010
2018	0.185	0.107	0.091	0.011

资料来源：依据各地区历年统计年鉴以及教育经费统计年鉴数据计算所得，教育投入不包含中央转移支付部分，且已经以 2000 年为基期进行平减处理。

分析表 6-1 可以发现，四个代表性指标中教育投入占财政支出比重的区域差异性最小，说明各地区对于教育事业发展的重视程度相差不大。近年来，除广东、贵州、云南和甘肃的教育投入占财政支出比重较为稳定，重庆和西藏的教育投入占财政支出比重有逐年上升趋势外，其余各地区公共教育支出在财政总支出中所占比例均逐年下降，说明这些地区的财政资金对教育投入方面的倾斜逐年减小。

对于另一项反映相对规模的代表性指标，各地区教育投入占 GDP 比重的区域差异程度较大，主要原因在于各地区经济发展水平差异程度较大。我国政府在 1993 年制定的《中国教育改革与发展纲要》中提出，到 2000 年前，中国国家公共教育经费支出应该占 GDP 的 4%。这个目标直到 2012 年才实现，自 2012 年超过 4% 以来，到 2017 年六年间一直保持在 4% 水平以上。2000 年世界所有国家公共教育投入比例中位数已经达到 4.5%，而部分发达国家已经超过了 6%，甚至达到 7% 的水平，相比之下我国教育经费投入水平还较为落后。2017 年我国公共教育支出占 GDP 比例超过 7% 的地区有西藏、甘肃、青海、新疆、贵州和云南，全部为我国西部地区，相应比重分别为 18.00%、8.54%、8.12%、7.24%、7.23% 和 7.02%，这类地区教育投入占 GDP 比重较高与当地经济发展水平较低有关，并不能说明当地教育规模达到了相当发达的水平；而 2017 年我国教育投入占 GDP 比重较低的地区有福建、山东、天津和江苏，均为我国东部地区，相应比重分别为 2.83%、2.73%、2.67% 和 2.44%，距离 3.81% 的全国平均水平（由于书中所用数据为当地公共教育经费，如果加上中央转移支付部分，则已经超过了4%）还有一定的差距①。

四个代表性指标中差异最大的两个为教育投入和生均教育投入，其中生均教育投入的区域差异程度一直处于下降趋势，教育支出的区域差异程度在2015年以前逐年下降，但近年来又有反弹趋势，需引起重视。由于各地区公共教育经费主要来源于当地财政支出，而财政支出与经济发展水平有着很高的正相关性，所以公共教育经费投入较高的地区均为东部经济发达地区。2017年教育投入最高的三个地区为广东、江苏和山东，分别为1960.19亿元、1425.81亿元和1347.76亿元，这三个地区教育投入总和占到全国总数的22.08%，而教育投入最低的三个地区西藏、青海和宁夏的投入总和仅占全国总量的2.06%，其中广东省教育投入更是宁夏的14倍，区域差异十分明显。

单从投入总量讨论教育投入规模区域差异并不全面，生均教育投入指标应更具代表性。教育投入总量排名靠前的广东、山东、河南和四川等地，生均教育投入量却常年低于全国平均水平。另外，河北、江西和广西的生均教育投入水平与教育总投入相比也有较大差距。而吉林、青海、天津、西藏等地，尽管教育投入总额不高，但是生均教育水平却远超全国平均水平。总体来看，全国只有北京、浙江、上海和江苏的教育投入总量和生均教育投入均处于全国领先水平。从生均经费情况来看，区域差异十分明显。

二、我国公共教育投入空间分布情况分析

鉴于各地区教育投入总量与地区生产总值的空间分布情况大致相同，且各地区教育投入占财政支出比重差异不大。所以，在分析教育相关指标空间分布情况时，主要讨论各地区生均教育经费和教育经费占GDP比重的相关情况。本章基于泰尔指数来分析相关指标与基准指标空间分布的差异程度。泰尔指数计算公式如下：

$$TI_t = \sum_{i=1}^{n} \frac{X_{ti}}{X_t} \ln \frac{X_{ti}/X_t}{P_{ti}/P_t} \qquad (6-2)$$

---

① 资料来源：笔者及团队在研究过程中，依据官方公布的教育经费使用和投入情况，建立了区域教育经费数据库，全书基于该数据库，进行了各项分析。余下同。

式中，X_{ti} 表示 t 时期 i 地区相应指标数值；X_t 表示 t 时期所有地区相应指标总和；n 取值 31，代表我国 31 个省域单位；P_{ti} 与 P_t 分别表示 t 时期基准指标 i 地区数值和所有地区数值总和。此处选取各地区年末人口总数与 GDP 数值分别作为基准指标进行分析，计算结果如表 6 - 2 所示。

表 6 - 2　　　　　　　　2000～2018 年主要年份各指标泰尔指数

年份	基于人口分布		基于 GDP 分布	
	生均公共 教育经费	公共教育经费 占 GDP 比重	生均公共 教育经费	公共教育经费 占 GDP 比重
2000	—	0.722	—	0.592
2005	0.625	0.904	0.855	0.706
2010	0.557	0.887	0.657	0.679
2015	0.588	0.891	0.640	0.715
2016	0.554	0.831	0.608	0.654
2017	0.591	0.880	0.633	0.698
2018	0.585	0.853	0.631	0.683

资料来源：依据各地区历年统计年鉴以及教育经费统计年鉴数据计算所得，教育投入不包含中央转移支付部分，且已经以 2000 年为基期进行平减处理。

从表 6 - 2 可以看出，各地区生均教育经费和教育经费占 GDP 比重的空间分布状况与各地区人口和 GDP 分布状况均有较大差别。就生均教育经费这一指标来看，其相对于各地区人口和 GDP 分布的差异逐年减缓，但依然较为明显。结合 2005 年与 2017 年我国各省份生均教育投入水平可以看出，2005～2018 年，甘肃、重庆、湖北、内蒙古、陕西、黑龙江和吉林的生均教育经费较其他地区有显著提升，但新疆、海南、福建和山东的生均教育经费有一定程度下降。就教育经费占 GDP 比重来看，其相对于我国各地区人口和 GDP 分布的差异有逐年增加的趋势，且差距十分明显。2005～2018 年，各地区教育经费占 GDP 比重超过 4% 的地区由 6 个增加到 15 个，超过 3% 不高于 4% 的地区由 4 个增加到 12 个，总体上升趋势十分明显，但区域差异性也随之升高。

综合两项指标来看，相较于东部地区，中部和西部地区经济发展水平较为落后，人口密度较低，使得中、西部地区这两项指标的数值总体上高于东部地区，且近年来中、西部地区教育投入增长率也高于东部地区，说明公共教育投入有均衡发展趋势，但区域差异还十分明显。不过需要对其中个别地区加以重视，如东北地区的黑龙江、吉林、辽宁三省，无论教育投入量还是增长率都处于劣势地位，有与其他地区拉大差距的趋势。另外像广东、山东、河南等地，尽管教育总投入高，但生均教育投入量却偏低，说明这些地区在教育经费使用、分配等政策方面还需作进一步改进。

第二节　我国公共教育投入对经济增长贡献的实证分析

一、模型的构建以及结果分析

仅分析各省域单位教育投入规模现状无法明确教育投入对经济增长的贡献程度。鉴于此，基于 2000～2017 年 31 个省域单位教育投入和经济产出相关数据，构建面板计量模型，定量分析教育投入对经济增长的贡献程度，模型见公式（6-3）。

$$\ln gdp_{it} = \alpha_i + \beta_1 \ln edu_{it} + \beta_2 \ln k_{it} + \beta_3 \ln fdi_{it} + \beta_4 \ln city_{it} + \beta_5 \ln labor_{it}$$
$$+ \beta_6 labcost_{it} + \beta_7 gover_{it} + \beta_8 society_{it} + \beta_9 eduyear_{it} + \varepsilon_{it} \quad (6-3)$$

式中，α_i 为常数项；ε_{it} 为随机扰动项；被解释变量为各省域单位地区生产总值的对数值（$\ln gdp$），用以衡量各地区的经济发展水平；核心解释变量为各省域单位公共教育经费的对数值（$\ln edu$），为更好地分析区域差异，去掉教育经费中倾向于高等教育的中央拨付部分，只保留地区投入部分。

同时为保证计量结果的可靠性，加入以下控制变量：（1）资本投入。资本投入对地区经济增长有着直接推动作用，本章选取全社会固定资产投资（k）和外商直接投资（fdi）来衡量各地区资本投入水平。（2）城市化进程（$city$）。较高的城市化水平可以为地区经济发展提供良好的基础设施和技术支持，也有助于人力资本的形成，本章选取各地区城镇人口占总人口比重来衡量各地区城市化进程。（3）劳动力。劳动力的水平高低和数量多寡直接决定地区的经济发展水平，同时为了控制各地区因人口因素导致的经济总量水平差异，特引入劳动力人数（$labor$）和劳动力成本（$labcost$）两个变量，其中劳动力人数为各地区 15～64 岁人口数，劳动力成本用相对工资率代表，为人均工资与劳动生产率的比值。（4）教育相关指标。由于各地区教育经费主要来源于政府投入和社会投入（含个人投入部分，下同）两部分，且教育投入可间接通过提升人力资本水平来促进经济增长，因此引入政府投入力度（gover）、社会投入力度（society）和劳动力人均受教育年限（eduyear）三个变量来分析其各自在教育投入对经济增长贡献中的影响。其中，政府投入力度为地区公共教育经费占教育总经费的比重，社会投入力度为教育经费中事业收入、捐赠收入和民办学校中举办者投入之和占教育总经费的比重，劳动力人均受教育年限按就业人数中各学历水平人数所占百分比对就业人员的受教育年限进行加权平均处理后所得。同时为了减少由于部分指标差异性较大所带来的异方差问题，对全社会固定资产投资、外商直接投资和劳动力人数这三个控制变量取对数。数据来源于历年《中国统计年鉴》（部分数据引自各省份统计年鉴）、《教育经费统计年鉴》和《中国人口和就业统计年鉴》，以2000年为基准进行平减处理。

将上述数据代入公式（6-3）中，运用 Stata14.0 计量软件进行面板回归分析。在进行了 F 检验和 Hausman 检验之后，考虑到各地区教育水平的差异及其随时间所产生的变化，采用个体固定效应对上述模型进行面板回归分析，具体结果如表6-3所示。

表6-3　　　　　　　　　　　　面板模型回归结果

变量	基准回归	引入政府投入力度	引入社会投入力度	引入劳动力人均受教育年限	全变量回归
lnedu	0.380 *** (0.020)	0.396 *** (0.023)	0.397 *** (0.023)	0.378 *** (0.022)	0.394 *** (0.025)
lnk	0.191 *** (0.016)	0.187 *** (0.016)	0.188 *** (0.016)	0.191 *** (0.016)	0.189 *** (0.016)
fdi	0.052 *** (0.010)	0.049 *** (0.010)	0.049 *** (0.010)	0.052 *** (0.010)	0.049 *** (0.010)
city	0.756 *** (0.136)	0.770 *** (0.137)	0.768 *** (0.136)	0.751 *** (0.139)	0.759 *** (0.139)
labcost	-0.387 *** (0.027)	-0.382 *** (0.027)	-0.382 *** (0.027)	-0.386 *** (0.027)	-0.380 *** (0.028)
lnlabor	0.922 *** (0.052)	0.912 *** (0.052)	0.908 *** (0.052)	0.918 *** (0.056)	0.900 *** (0.057)
gover		-0.121 (0.083)			0.041 (0.265)

续表

变量	基准回归	引入政府投入力度	引入社会投入力度	引入劳动力人均受教育年限	全变量回归
society			0.151 (0.096)		0.199 (0.303)
eduyear				0.002 (0.009)	0.003 (0.009)
常数项	− 2.442 *** (0.385)	− 2.315 *** (0.394)	− 2.419 *** (0.384)	− 2.418 *** (0.402)	− 2.415 *** (0.464)
地区控制	是	是	是	是	是
年份控制	否	否	否	否	否
F 检验	23.422 ***	23.002 ***	23.063 ***	21.814 ***	21.811 ***
Hausman（chi2）	88.13 ***	87.79 ***	87.88 ***	85.08 ***	88.33 ***
R^2（within）	0.989	0.989	0.989	0.989	0.989

注：*** 表示相关回归结果在1%水平下显著。

资料来源：笔者计算。

分析表6－3发现，基准回归中教育投入、固定资产投资和外商直接投资的增加，劳动力人数的增长，劳动力成本的下降以及城市化水平的提升均会对经济增长产生显著的正向影响。其中核心解释变量（lnedu）的系数 β_1（以下称为"教育经济贡献度系数"）表示地区公共教育经费投入每增加1%，会促进地区生产总值增加0.38%，且促进作用十分显著。当分别引入变量政府投入力度和社会投入力度时，教育经济贡献度系数均有一定程度的上升，说明政府和社会方面对教育经费支持力度的提升均能提高教育投入对经济增长的贡献程度。但是当引入变量劳动力人均受教育年限时，教育经济贡献度系数轻微下降，表明其在教育投入对经济增长推动过程中有轻微的负向影响。

为了分析地区差异，以公式（6－3）为基础，按我国东部、中部、西部划分①分别进行个体固定效应面板回归分析，受篇幅所限，此处仅列出与核心解释变量相关的计算结果，如表6－4所示。

———————————

① 其中，东部地区为北京、天津、上海、广东、山东、江苏、浙江、福建、河北、辽宁和海南；中部地区为黑龙江、吉林、山西、内蒙古、河南、安徽、江西、湖北和湖南；西部地区为陕西、甘肃、青海、宁夏、四川、重庆、云南、广西、贵州、西藏和新疆。

表6-4   分东、中、西部面板回归结果

地区	回归类型	lnedu	gover	society	eduyear
东部	基准回归	0.524***			
	引入政府投入力度	0.656***	-0.887***		
	引入社会投入力度	0.651***		1.007***	
	引入劳动力人均受教育年限	0.432***			0.066***
	全变量回归	0.561***	-0.459	0.555	0.072***
中部	基准回归	0.440***			
	引入政府投入力度	0.624***	-0.869***		
	引入社会投入力度	0.636***		0.967***	
	引入劳动力人均受教育年限	0.408***			0.027
	全变量回归	0.598***	0.029	1.023	0.037**
西部	基准回归	0.344***			
	引入政府投入力度	0.358***	-0.1		
	引入社会投入力度	0.360***		0.151	
	引入劳动力人均受教育年限	0.362***			-0.033***
	全变量回归	0.371***	-0.004	0.08	-0.033***

注：**、***分别表示相关回归结果在5%和1%水平下显著。

从表6-4中可以看出，在基准回归中，东部地区教育经济贡献度系数最高，其次为中部和西部，这与郑丽琳（2006）、刘晔和黄承键（2009）的研究结果相似。当分别引入变量政府投入力度和社会投入力度时均会引起教育经济贡献度系数的提高，其中，中部地区的提升程度最为明显，其次是东部和西部。当引入变量劳动力人均受教育年限时，只有西部地区的教育经济贡献度系数有所上升，且上升幅度高于分别引入政府投入力度和社会投入力度时对教育经济贡献度系数的提升幅度。

值得注意的是，当引入变量政府投入力度时，东、中、西部的回归系数均为负值，而社会投入力度的回归系数均为正值，且回归系数均大于政府投入力度回归系数的绝对值，表明社会及个人方面对教育经费支持力度的提升可以对教育投入在经济增长的贡献程度中起到显著的推动作用，且这个推动作用明显高于政府支持力度。因此，提升社会及个人在教育经费投入过程中所占份额对于推动当地经济增长具有重要意义，也是下阶段各地区教育事业发展的重点议题。

另一个关注重点是，劳动力人均受教育年限对教育经济贡献度系数的影响。在东、中部地区，这种影响力为负向，尽管在西部地区这种影响力为正向，但变量本身的回归系数为负，主要原因在于西部地区高层次人才大量流入东部地区，存在严重的人才流失，从而降低了当地高学历人才对经济增长的贡献程度。这说明各地区劳动力较长的受教育年限对经济增长的推动作用较弱。尤其是东、中部地区，包括中央对公共教育经费的转移支付都倾向于高等教育，对职业教育的重视程度较低。而国内大部分高校的课程教育与社会实践脱节严重，造成了学生"高学历"并没有显著引起经济"高增长"现象，这需要在以后的相关教育工作安排中予以高度重视。

为了深入分析我国 31 个省域单位公共教育经费投入对经济增长贡献程度的差异，运用各省域单位 2000～2017 年时间序列数据进行回归分析，考虑到政府投入力度、社会投入力度和劳动力人均受教育年限这三个控制变量在引入模型时并不十分显著，此处只选用基准回归模型进行回归分析，所得结果如表 6 - 5 所示。

表 6 - 5 　　　　　　　　　　各省域单位教育经济贡献度系数

地区	系数	地区	系数
北京	0.501 ***	湖北	0.193
天津	0.323 ***	湖南	0.240 ***
河北	0.369 ***	广东	0.258
山西	0.552 ***	广西	0.077
内蒙古	0.413 ***	海南	0.308 **
辽宁	0.185	重庆	0.231 **
吉林	0.512 ***	四川	0.220 ***
黑龙江	0.187	贵州	0.560 ***
上海	0.270 **	云南	0.159 ***
江苏	0.400 ***	西藏	0.142 *
浙江	0.615 ***	陕西	0.138 *
安徽	0.253 ***	甘肃	0.312 ***
福建	0.508 ***	青海	0.338 ***
江西	0.184 ***	宁夏	0.535 ***
山东	0.317 **	新疆	0.305 **
河南	0.443 ***		

注：*、**、*** 分别表示相关回归结果在 10%、5% 和 1% 水平下显著。

资料来源：笔者计算。

从表 6 - 5 中数据可以看出，各省域单位公共教育经费对经济增长的贡献程度差异较大，且大部分地区的贡献程度在相应水平下显著。

二、格兰杰因果检验

教育投入与经济发展水平的相互影响并不一定仅限于当期，理论上，存在一定程度的滞后效应，即过去某时段的教育投入可能影响本期经济增长；反之，过去某时段的经济发展水平也可能影响本期公共教育经费投入力度。因此，借助格兰杰因果检验可以有效反映公共教育经费投入与经济发展水平之间时间滞后的因果关系。格兰杰因果检验一般模型形式如下：

$$y_t = C + \sum_{m=1}^{p} \alpha_m y_{t-m} + \sum_{m=1}^{p} \beta_m x_{t-m} + e_t \qquad (6-4)$$

式中，若 α_m 为零，则表示 t 期的变量 y 仅与 t 期之前的变量 x 之间存在因果关系。根据公式（6 - 4），可以用 y_t 表示 t 期的地区生产总值，用 x_{t-m} 表示 $t-m$ 期的公共教育资金投入量，构建相应的面板数据模型如下：

$$GDP_t = C + \sum_{m=1}^{p} \theta_m ED_{t-m} + e_t \qquad (6-5)$$

$$ED_t = C + \sum_{m=1}^{p} \delta_m GDP_{t-m} + e_t \qquad (6-6)$$

利用 EViews9 软件进行格兰杰检验，设定模型中的地区生产总值（GDP）与地区公共教育经费（ED）的影响是双向的，即在分析公共教育经费滞后变量对当期地区生产总值影响的同时，也分析地区生产总值滞后变量对当期公共教育经费的影响。

首先对 2000 ~ 2017 年 31 个省域单位地区生产总值与公共教育经费数据分别进行单位根检验，在 5% 显著水平下只有二阶差分是非平稳序列。因此，利用地区生产总值与公共教育经费的二阶差分数据进行 Kao 残差协整检验，所得 t 统计量为 - 1.3544，P 值为 0.0878，在 10% 显著水平下具有协整关系，因此可以对地区生产总值与公共教育经费的二阶差分数据进行格兰杰因果检验。取滞后阶数为 5，所得结果如表 6 - 6 所示。

表6-6   格兰杰因果检验

原假设	样本数量	F统计量	P值
ED 不是 GDP 的格兰杰原因	341	2.897	0.014
GDP 不是 ED 的格兰杰原因	—	18.057	8.00E-16

从表6-6中可以看出，在5%显著性水平下，拒绝两个原假设，说明地区生产总值与公共教育经费投入之间存在双向格兰杰原因，即地区生产总值与公共教育经费投入之间有相互影响作用，且这种相互影响作用存在时间滞后性。

第三节　我国公共教育投入对经济增长贡献的聚类分析

由于各地区公共教育经费投入现状及其对经济增长的贡献程度差别较大，通过聚类分析可以使得各地区更有针对性地认识自身教育投入对经济增长的贡献问题。因此，使用SPSS19软件对上述31个省域单位的教育经济贡献度系数进行 K 均值聚类分析，取 K 值为3，结果如表6-7所示。

表6-7   聚类结果

案例号	地区	聚类	距离	案例号	地区	聚类	距离
1	北京	1	0.027	17	湖北	3	0.015
2	天津	2	0.001	18	湖南	3	0.062
3	河北	2	0.047	19	广东	2	0.064
4	山西	1	0.024	20	广西	3	0.100
5	内蒙古	2	0.091	21	海南	2	0.014
6	辽宁	3	0.007	22	重庆	3	0.053
7	吉林	1	0.017	23	四川	3	0.042
8	黑龙江	3	0.009	24	贵州	1	0.032
9	上海	2	0.052	25	云南	3	0.019
10	江苏	2	0.077	26	西藏	3	0.036
11	浙江	1	0.087	27	陕西	3	0.040
12	安徽	2	0.069	28	甘肃	2	0.010
13	福建	1	0.020	29	青海	2	0.016
14	江西	3	0.006	30	宁夏	1	0.007
15	山东	2	0.005	31	新疆	2	0.017
16	河南	1	0.086				

资料来源：依据表6-5各省域单位教育经济贡献度系数聚类所得。

根据聚类结果，将我国31个省域单位分为三类，结果如表6-8所示。

表6-8　　　　　　　　我国各地区教育经济绩效指数聚类结果

类别	地区
第一类	北京、山西、吉林、浙江、福建、河南、贵州、宁夏
第二类	天津、河北、内蒙古、上海、江苏、安徽、山东、广东、海南、甘肃、青海、新疆
第三类	辽宁、黑龙江、江西、湖北、湖南、广西、重庆、四川、云南、西藏、陕西

资料来源：笔者整理。

由表6-8可知，利用K均值聚类分析法，根据各省域单位教育经济绩效指数的高低，将这31个地区分为三个大类。结合前文规模分析中的数据可知，在公共教育经费投入对经济增长贡献程度较高的第一类地区中，大部分为东、中部地区，北京和浙江的教育投入以及生均教育投入均处于全国领先水平，且浙江的公共教育经费投入占当地财政支出的比例也远高于全国平均水平，其高额的教育投入很好地推动了当地经济的发展。第一类中的山西、吉林、福建、河南、贵州和宁夏的教育投入水平或生均教育投入水平虽然相对较低，但是其教育投入对经济增长的推动作用非常明显，说明当地教育资金使用效率很高，较少存在教育资金浪费情况。

在公共教育经费投入对经济增长贡献程度居中的第二类地区中，只有江苏的教育总投入、生均教育投入以及教育支出占财政支出的比例处于较高水平，但是其教育投入对当地经济增长的推动程度与第一类地区中的北京和浙江相比还有很大差距，表明江苏地区的教育资金使用效率较低；第二类中的天津、内蒙古、上海、海南、甘肃、青海和新疆的教育总投入偏低，另外虽然河北、安徽、山东和广东地区的教育投入总量高于全国平均水平，但是其生均教育投入量却与全国平均水平有很大差距。

在公共教育经费投入对经济增长贡献程度较低的第三类地区中，除辽宁外均为中、西部地区，辽宁、黑龙江、重庆和西藏的生均教育投入处于全国领先水平，但是辽宁、黑龙江、江西、广西、重庆、西藏和陕西的教育投入总量不足；第三类中的四川、湖南、湖北以及云南教育投入总量较高，但是由于学生数量较多，其生均教育水平长时间落后于全国平均水平，使得当地生均教育资源相对不足。

第四节　对策建议

一、针对第一类公共教育经费投入对经济增长贡献程度较高的地区

此类地区中，北京和浙江的公共教育总投入和生均教育投入常年处于领先水平，且当地经济发展水平较高，可以考虑开展教育创新试点，大力发展网络教育，以拓宽教育覆盖面，并进一步加强教育东西协作计划，以便于我国其他教育水平落后的地区便捷地享受优质教育资源。另外，北京与浙江教育支出中高等教育的比重较高，且当地高等教育水平较高，且高等教育与经济发展有一种相互促进和制约的关系，可以打造高水平实训基地，推动校企深度合作，并为其他高等教育水平较低地区的人才提供学习机会，带动其他地区经济水平提升。针对第一类中山西、吉林、福建、河南、贵州和宁夏教育投入或生均教育投入较低的地区，因当地教育投入显著地促进了经济发展，说明当地教育结构较为合理，教育资金使用效率较高，且教育支出推动当地经济水平发展效果显著。未来应该继续加大财政支出对教育投入的支持力度，提升教育投入量，进一步加大教育投入对当地经济的推动作用，使当地教育投入与经济增长形成良性的互动循环机制。

二、针对第二类公共教育经费投入对经济增长贡献程度居中的地区

此类地区中江苏和上海的公共教育投入情况与第一类中的北京和浙江相似，但是其教育经济贡献度系数与北京和浙江相比有一定差距，这两个地区在以后的教育发展过程中应该学习和借鉴北京与浙江的教育管理经验，并相应地调整优化教育支出结构，进一步完善教育经费投入机制，以提高其教育资金使用效率。河北、安徽、山东、广东、甘肃和新疆的生均教育水平较低，说明当地教育投入力度不足，且教育管理效率不高，未来在继续加大教育投入力度的同时，还应优化教育管理制度，提高教育体系效率。另外，针对第二类中天津、内蒙古、海南、青海、甘肃和新疆这类教育投入规模常年低于全国平均水平的地区，当地政府应该在财政资金使用方面更多地倾向于教育事业，增强教育对当地经济的推动作用。像新疆、青海、内蒙古和甘肃这类少数民族人口聚集且经济基础较差的地

区，当地教育投入应重点关注初、中等以及职业教育的发展，加强教育基础设施的建设，精准定位区域发展需求。

三、针对第三类公共教育经费投入对经济增长贡献程度较低的地区

这类地区公共教育经费投入对当地经济增长的推动作用较弱，在未来经济发展过程中应予以重点关注。其中，湖北、湖南、四川和云南的教育总投入较高，但生均教育投入较低，且两者水平之间差距很大，并且这些地区的教育总投入占各自地区生产总值的比例也偏低，像这类地区应该加大教育投入力度，并建立有效的教育经费投入绩效评价体系，加强监督和管理，发现当地教育资金在使用方面的优势和不足，及时发现问题，进而减少教育资金使用不当等问题所带来的损失。同时还可以利用网络传媒等手段降低教育单位成本，科学配置教育资源，减少因当地学生数量庞大导致的生均教育资源不足等问题。此外，湖北、湖南和四川的经济基础较好，高等教育投入比例较高，可以考虑加强专业学位硕士研究生的培养，针对当地企业需求培养专业型人才，以加强高等教育资金使用效率。而针对第三类中的辽宁、黑龙江、江西、广西、重庆、西藏和陕西这类教育投入或教育支出占财政支出比例较低的地区，重点应该放在拓展教育资金筹集渠道上，这些地区除辽宁、黑龙江和重庆外经济发展水平较低，当地落后的经济发展水平在一定程度上制约了公共教育资金的投入力度，当地政府应该发展多个渠道筹集教育资金，通过企业和社会的力量优化教育支出结构，减少政府财政压力，激活民间教育投资市场，从而促进社会教育体制创新，弥补政府公共教育资金的不足。同时中央政府应该加大对这类地区的教育资金支持力度，平衡各地区之间的教育水平差距。此外，当地政府在公共教育资金的使用方面应该积极培养与当地优势产业相关的人才，以推动当地特色经济的发展，巩固当地优势产业的地位，通过当地优势产业的发展推动其经济水平的提高。当然，落后地区必须积极学习先进地区的经验，进而提升公共教育经费投入对经济增长的推动程度。

第五节　本章小结

综上所述，随着我国教育水平不断发展，投入总量不断提升，自 2012 年以

来我国教育财政正式进入"后4%"时代，但在教育投入总量和投入结构方面与世界发达国家相比仍有一定差距。通过对我国2000~2017年31个省域单位公共教育经费投入对经济增长的贡献程度进行实证研究，发现我国各地区公共教育经费投入对经济增长均有显著的推动作用，且教育经费投入与当地经济增长之间还存在时滞性的相互影响作用。但是，教育经费投入在不同地区对经济增长的贡献程度有较大差别。例如，北京、浙江等地经济基础较好，从而能够给本地教育更多的支持，良好的教育条件同时也促进了当地人才水平的提升，进而促进了当地经济的发展。但是其中也有辽宁等部分地区教育资金使用效率较低，从而降低了教育对经济增长的贡献程度。而教育水平相对落后的地区，在一定程度上阻碍了当地经济的发展，这也反过来限制了这些地区教育发展水平，但其中部分地区公共教育支出对经济增长起到了良好的推动作用，说明这些地区的教育资源配置结构较为合理，可以为其他教育经费投入对经济增长贡献较低的地区提供学习经验。在教育水平相对落后的地区，初、中等教育对当地经济增长的促进作用要优于高等教育，为了促进经济共同繁荣，中央相关政策的制定也应该向教育水平相对落后地区的初、中等教育倾斜，而不应只关注高等教育的发展。因此新时代背景下，各地区应该根据自己的现有问题，因地制宜地制定相应政策，以提高各地公共教育经费投入对经济发展的正向影响，进而促进我国教育与经济的均衡发展，促进经济共同繁荣。

第七章 公共教育支出、人力资本积累与经济增长

党的十九大报告明确指出，中国特色社会主义进入新时代，我国社会主要矛盾已经转化为人民日益增长的美好生活需要和不平衡不充分的发展之间的矛盾[①]。其中区域发展的不平衡和中西部地区发展的不充分问题是非常重要的一个方面，所以实施区域协调发展战略同样是党的十九大报告的一个重要议题。此外，教育与人才培养是一个地区发展的基石，实施区域协调发展战略，缩小我国东中西部经济发展的不均衡需要教育投资和人力资本的支持，而各地区只有重视教育事业，才能促进人力资本的有效积累，进而推动经济发展。基于此，本章从区域差异的视角出发，研究公共教育支出、人力资本积累与经济增长的区域异质性问题，以为我国区域协调和均衡发展提供相应的理论支撑与现实指导，较具意义。

第一节 理论与现状分析

一、公共教育支出、人力资本积累与区域经济增长的关系机制

公共教育支出、人力资本积累与区域经济增长是一个区域经济和社会发展三个最核心的要素，而且三者之间存在的较强的互动影响机制，公共教育经费作为一种投入，最直接的产出便是人力资本，即公共教育经费通过投入教育系统，培养出各级各类人才，形成经济发展所需的人力资本积累，而人力资本参与到科

[①] https：//www. gov. cn/zhuanti/2017－10/27/content_5234876. htm.

学研究与经济建设中，通过技术创新、技术模仿等手段直接或间接作用于经济增长，经济学理论早已验证，人力资本是经济增长的重要投入要素。同时，区域经济增长与发展将使得地方政府财政收入不断提升，政府将更加重视教育与科技事业，公共教育支出与人力资本培育投入规模将随着区域经济增长不断增加，进而培养出更多优质适用的人才，提升区域人力资本水平，再进一步促进经济增长。再者，人力资本积累的提升也将促进教育事业的发展，三者是一种互动影响的关系模式，具体如图7-1所示。

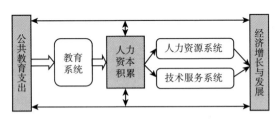

图7-1　公共教育支出、人力资本积累与区域经济增长关系模式图

资料来源：笔者绘制。

三者之间的良性循环需要好的行政管理机制和模式，更需要建立良好的教育服务、人力资源服务、技术服务市场和系统，所以地方政府要根据自身背景条件合理做好教育经费管理、人才管理、技术市场与平台建设等方面的管理工作，使域内三者进入良性循环态势。通过识别与比较我国各省域单位之间的差异，发现各地区存在的相关问题，才能更好地学习先进地区的经验，做好相应的管理工作，以促进域内公共教育支出、人力资本积累与区域经济增长的良性循环。

二、公共教育支出、人力资本、区域经济增长的现状

（一）我国省域单位公共教育支出现状

公共教育支出水平的高低往往与一个地区的社会经济发展程度有着密不可分的关系，从各地区历年教育支出总量来看，广东、山东、江苏、北京等经济发达地区的公共教育支出总量远高于全国平均水平，且公共教育支出最高的广东近几年的教育投入量是最低的宁夏的14倍左右。教育投入总量常年排在前

三位的地区是广东、江苏和山东，这三个地区 2017 年的公共教育支出占到了当年全国公共教育支出总数的 21.39%；而排名最低的三个地区为西藏、青海和宁夏，且这三个地区 2017 年的公共教育支出仅占当年全国公共教育支出总数的 1.99%。由此可见，我国不同地区的教育资源分配存在很大的差距，不均衡现象比较明显，而且这种不均衡状态是动态变化的，从 2000~2017 年各地区公共教育支出的增长率来看，我国各省域单位大多处在平稳增长的阶段，但不同地区不同年份的教育支出增长率有较大的差距，2017 年公共教育支出增长幅度最高的三个地区是西藏、广东以及河南，其增长率分别为 26.95%、13.93% 和 11.17%，增长幅度最低的三个地区为黑龙江、吉林和内蒙古，其增长率分别为 1.38%、0.42% 和 -0.21%，可见我国各地区的教育投入力度的增长幅度也有很大的差异。总体来看，东部地区投入基数大，增长率并不处于领先地位，而西藏等西部地区基数小，但增长率较高，说明公共教育支出有公平化的均衡发展趋势。

由于各省域单位学生数量和教育机构等基本条件差别较大，仅从公共教育支出总量方面无法客观判断区域差异，生均教育经费的差异往往更能体现区域之间教育投入水平的差异。从教育统计年鉴数据来看，广东、山东、河南、四川这类公共教育支出总量在全国排名靠前的地区，其生均教育投入量却常年低于全国平均水平；而吉林、青海、天津、西藏等地，尽管教育投入总额不高，但是其生均教育水平却远超全国平均水平；总体来看，全国只有北京、浙江、上海、江苏地区的教育投入总量和生均教育投入处于全国领先水平。从生均经费情况来看，区域差异还是比较明显的。从表 7-1 中可以看出，2005 年我国教育支出侧重于东部地区、部分西部地区和中部地区，区域差异较为明显，非均衡程度较高，空间分布上呈现东、西、中依次递减的特征。经过多年的发展，2018 年我国西部地区的生均教育支出明显上升，与东部地区的差距也逐渐缩小，中部地区的生均教育支出依然少于东部和西部地区，除中部个别省份有所变化之外，基本态势并未改观，三个地区之间仍有较大的差距。从发展趋势来看，2005~2018 年我国教育发展倾向于西部地区，生均教育支出呈现东西强、中部弱的趋势。可见我国公共教育经费支出区域非均衡性十分明显，必然造成区域人力资本积累与经济增长的差异。

表7-1   我国各地区生均教育经费支出增速情况

年份	占比（％）	生均教育支出					
		东部（元）	增长率（％）	中部（元）	增长率（％）	西部（元）	增长率（％）
2005	1.99	2295.67	—	1262.72	—	1336.07	—
2006	2.04	2699.36	17.58	1548.74	22.65	1642.71	22.95
2007	2.49	4041.49	49.72	2386.26	54.08	2437.78	48.40
2008	2.67	5004.24	23.82	3099.66	29.90	3282.78	34.66
2009	2.83	5818.33	16.27	3581.41	15.54	3970.71	20.96
2010	2.87	7057.13	21.29	4239.47	18.37	4856.74	22.31
2011	3.18	9110.46	29.10	5803.16	36.88	6399.52	31.77
2012	3.74	11477.80	25.98	8153.09	40.49	8787.26	37.31
2013	3.52	12450.56	8.48	8731.79	7.10	9292.35	5.75
2014	3.39	12921.87	3.79	9050.83	3.65	9864.42	6.16
2015	3.62	14609.51	13.06	10109.01	11.69	11466.60	16.24
2016	3.57	15398.62	5.40	10667.44	5.52	12142.73	5.90
2017	3.44	16131.01	4.76	11249.19	5.45	13034.87	7.35
2018	3.31	16762.66	3.92	11651.40	3.58	13570.63	4.11
年平均	3.05	—	17.17	—	19.61	—	20.30

注：占比为公共教育经费支出与 GDP 的比值，数据均来自中国国家统计局网站。

（二）我国省域单位人力资本积累现状

知识经济时代，人力资本在经济发展中的作用越发重要，几乎成为决定经济增长的主导要素。地区人力资本质量与存量的差异是造成地区经济增长和收入水平差距的主要原因。一个地区的人力资本状况往往有两个决定因素：一是地区教育事业发展状况，该指标从人力资本形成方面反映地区人力资本水平；二是地区人力资本存量，该因素从人力资本积累方面反映地区人力资本水平。劳动力人口平均受教育年限往往是衡量一个地区人力资本存量的重要指标，而中国人力资本与劳动经济研究中心发布的《中国人力资本报告》直接给出了各地区人力资本存量的数据，数据显示：我国人力资本存量存在严重的区域非均衡现象，基本态势是东高西低，2005 年人力资本存量较高的地区主要是长三角、珠三角和北京，而 2017 年整个东南沿海地区人力资本存量普遍较高，逐步往中部蔓延，但东高西低的基本态势并没有改变。对比公共教育支出东西部高，中部低的态势，可见我国各省域单位人均人力资本存量与公共教育支出的非均衡存在一定差异，这主要是由公共教育支出的产出绩效和人力资本流动造成的。

（三）我国省域单位经济增长与发展现状

我国幅员辽阔，31 个省域单位经济发展的不均衡问题比较突出。区域发展不均衡的原因是多方面的，公共教育支出和人力资本积累的不均衡自然是比较重要的影响因素，但更多的是我国改革开放政策和地理位置差异造成的。从 20 世纪的西部大开发到目前的区域协调发展战略，我国政府一直致力于解决区域经济发展的不均衡问题。要想更好地解决该问题，必须更加客观地认识我国区域经济发展不均衡的现状，以便有针对性地采取相应的策略。从我国 2005 年与 2018 年人均 GDP 分布情况来看：2005～2018 年，我国省域单位经济发展均衡程度有较大提升，中部的湖北和陕西地区，西部的重庆、四川和青海地区人均 GDP 都有较大的提升，对促进我国省域单位均衡发展有较大贡献，但是中部地区的河北、河南、山西、安徽、江西等广大地区的经济发展并不理想。此外，需要说明的是，我国内蒙古和新疆地区由于人口数量较少，人均 GDP 一直也处于高位，但是整体经济发展水平也并不乐观。因此，我国东中西部经济发展的不均衡问题依然十分突出，需要依据现状进一步加快区域均衡发展战略的实施步伐。而且在大力扶持西部发展的同时，不能忽略中部地区经济发展面临的诸多问题。

综上可知，本节分别从公共教育经费支出、人力资本积累和经济增长的角度，静态和动态相结合，分析了我国省域单位的区域非均衡情况，可以看出三者非均衡发展的特点是不同的，由于公共教育经费的可控性较强，对西部的倾斜比较明显，出现了东西部生均经费较高，而中部偏低的情况，而人力资本的东、中、西阶梯分布状况比较明显，人力资本明显集中于东南沿海地区，这个和经济发展的基本态势一致。从生均公共教育经费对西部的倾斜就可以看出，我国政府一直力图通过改变西部的教育状况来解决经济发展落后的问题，但是西部的人力资本状况并无大的改观，教育支出的空间外溢效应比较明显，经济发展较好的地区自然会集聚较多的人才，形成较高的人力资本积累，中、西部地区在提升教育的同时，如何留住人才是需要着重考虑的问题。通过构建计量模型，定量分析各省域单位教育支出、人力资本积累和经济增长问题，能够让我们更加清晰地看到其中的差异与问题，以便于采取更加有效的手段和可行的措施去解决区域非均衡发展问题。

第二节　指标选取与模型构建

国家或地区经济增长的原因是多元且复杂的,且研究成果众多,但大部分学者认为教育事业的发展是推动国家经济快速发展的命脉,对经济增长有着重要影响。现如今,中国经济已经实现奇迹增长,国内生产总值已居世界第二,但国内各省域经济发展水平呈东、中、西依次降低的态势,地区间经济仍存在较大差距。因此,构建相关模型,通过探究教育支出、人力资本积累和经济之间的关系,能够更加明晰区域间经济增长差异的原因,以便采取切实有效的措施,促进区域间均衡发展。

一、指标选取与数据来源

根据研究需要,本章选取人均 GDP、国家生均公共教育支出以及人均人力资本三大指标,并通过比较指标和三者逻辑关系的区域异质性进行统计计量分析。

国家生均公共教育支出（AEE,以下简称"生均教育支出"）:国家公共教育支出包括地方财政支出和中央转移支付,是地方教育事业发展的基础。采用生均教育支出作为反映公共教育支出大小的指标。数据来源为历年《中国统计年鉴》和《教育统计年鉴》（部分数据）,时间跨度为 2005~2017 年,且以 1985 年为基期做平减处理。

人均人力资本（AHC）。人力资本同物质资本相同,以增值和收益为投资的关注点,但相比于物质资本,人力资本有更大的增长空间更能反映地区经济增长的潜力,是个体所具有经济价值的知识、技能和体力（健康状况）等因素之和。由于各地区经济体量不同,直接对比人力资本大小,不能客观分析问题,因此采用人均人力资本作为反映地区人力资本积累的指标。数据来源于《中国人力资本指数报告（2019）》中的实际人均人力资本,时间跨度为 2005~2017 年,且以 1985 年为基期做平减处理。

人均 GDP（AGDP）。GDP 是衡量地区经济状况的重要指标,但由于 GDP 是绝对指标,只反映总体经济实力的高低,无法体现个人或家庭福利状况,因此采用人均 GDP（相对指标）作为反映经济增长的指标。数据来源于各省份历年统计年鉴，时间跨度为 2005～2017 年，且以 1985 年为基期做平减处理。

二、模型构建

（一）面板数据模型构建

本书引入面板数据模型对公共教育支出、人力资本积累以及经济增长进行定量分析，以反映三者之间的关系。另外，为充分反映地区间差异，需对比不同地区公共教育支出、人力资本积累以及经济增长的关系，按照经济发展水平及地理位置，将我国 31 个省份（港澳台除外）分为东、中、西三地区。其中，东部地区为北京、上海、山东、江苏、浙江、福建、天津、河北、辽宁、广东、海南 11 个地区；中部地区为黑龙江、吉林、河南、安徽、江西、湖北、湖南、山西、内蒙古 9 个地区；西部地区为陕西、甘肃、宁夏、青海、四川、重庆、贵州、广西、云南、西藏、新疆 11 个地区。

面板数据不仅可以增加样本容量，而且能有效解决遗漏变量等问题。因此采用面板数据模型，采用普通最小二乘法、固定效应模型、随机效应模型对模型进行拟合，并进行 F 检验、LM 检验以及 Hausman 检验，以确定最终使用模型，具体模型如下：

$$AGDP_{it} = c + \beta_1 AHC_{it} + \beta_2 AEE_{it} + \varepsilon_{it} \qquad (7-1)$$

式中，$AGDP$ 表示人均生产总值；c 表示截距；AHC 表示人均资本存量；AEE 表示地区公共教育经费生均支出；β_1 表示 AHC 的系数；β_2 表示 AEE 的系数；ε 表示误差项；i 表示省份；t 表示时间。

（二）中介效应模型构建

人力资本存量的高低与个人的知识水平紧密相关，如前文理论部分的分析，人力资本对经济增长的部分推动作用是借助教育事业的发展，即教育事业发展可以促进人力资本存量积累，进而促进经济增长，人力资本是公共教育事业促进经济增长的中介变量。因此，探究经济增长同人力资本和公共教育事业的关系，除分析人力资本和公共教育事业的直接效用外，还应考虑中介效应的存在，具体模型如下：

$$AGDP_{it} = c_1 + d_1 AEE_{it} + \varepsilon_1 \qquad (7-2)$$

$$AHC_{it} = c_2 + aAEE_{it} + \varepsilon_2 \qquad (7-3)$$

$$AGDP_{it} = c_3 + d_2AEE_{it} + bAHC_{it} + \varepsilon_1 \qquad (7-4)$$

式中，$AGDP$、AHC、AEE、c、ε 等含义同公式（7-1）；d_1 为 AEE 对 $AGDP$ 的总效应；a 为 AEE 对 AHC 的中介效应；b 为考虑 AEE 对 $AGDP$ 的影响后 AHC 对 $AGDP$ 的效应；d_2 为考虑到 AHC 对 $AGDP$ 的影响后 AEE 对 $AGDP$ 的效应。

中介效应测算的步骤如下：检验公式（7-2）中系数 d_1 是否显著；若结果显著，则中介效应假设成立；若不显著，则按遮掩效应立论。检验公式（7-3）和公式（7-4）中参数 a 和 b 是否显著，两者都成立则间接效应显著，若两者至少有一个不显著，则进行 Bootstrap 检验。最后检验 d_2 与 ab 是否同号，同号则视为存在部分中介效应，异号则视为存在遮掩效应。

第三节　实证分析

一、面板模型估计

将东、中、西地区的数据进行预处理后，运用 Stata15.0 软件进行分析：以公式（7-1）为基础，分别采用混合回归（OLS）、固定效应、随机效应等模型拟合，得出全国、东部、中部以及西部地区的回归系数，具体结果如表 7-2 所示。

表 7-2　　　　　　　　　　面板模型回归结果汇总表

地区	系数	混合回归	固定效应	随机效应	检验结果	
全国	c	6.254	1.019	1.472	F 检验	56.43 ***
	β_1	0.311 ***	0.309 ***	0.307 ***	LM 检验	1477.3 ***
	β_2	0.695 **	0.938 ***	0.933 ***	Hausman	3.33
东部	c	29.149	8.125	10.915	F 检验	41.83 ***
	β_1	0.248 **	0.286 ***	0.277 ***	LM 检验	358.68 ***
	β_2	0.758 **	1.074 ***	1.067 ***	Hausman	6.19
中部	c	17.768 ***	12.635 ***	14.923 ***	F 检验	21.9 ***
	β_1	0.088 *	0.191 ***	0.160 ***	LM 检验	193.9 ***
	β_2	2.244 ***	1.530 ***	1.703 ***	Hausman	5.21

续表

地区	系数	混合回归	固定效应	随机效应	检验结果	
西部	c	−7.317	−14.128***	−13.906***	F 检验	72.01***
	β_1	0.372***	0.431***	0.429***	LM 检验	569.01***
	β_2	0.613	0.5382***	0.544***	Hausman	1.2

注：*、**、*** 分别表示相关回归结果在 10%、5%、1% 水平下显著。Hausman 检验的值为 chi2 值。

资料来源：笔者计算。

以全国为例，从检验结果来看：F 检验结果为 41.83，在 1% 显著性水平下显著，说明固定效应模型比混合回归更加适合分析经济增长、公共教育支出以及人力资本积累的关系；LM 检验结果显著，表明随机效应比混合回归模型更加适用；Hausman 检验结果不显著，表明随机效应比固定效应模型更加适用。因此，最终接受选择随机效应模型的估计。此外，东部、中部以及西部地区检验结果同全国相同，因此，三个地区均接受随机效应模型的估计，具体分析如下。

从全国来看，人均人力资本的系数为 0.307，生均公共教育支出的系数为 0.933，且均在 1% 显著性水平下显著，表明人均人力资本和生均公共教育支出均与经济增长有显著关系；人均人力资本与生均公共教育支出系数为正，表明两者与经济增长呈正相关，其系数大小表明人均人力资本和生均公共教育支出每变动 1% 时，经济增长同向变动的幅度。

从人力资本贡献的地区差别来看，东部地区人均人力资源对地区经济增长的贡献为 0.277，高于中部地区的 0.16，低于西部地区的 0.429。从侧面可以看出经济发达的东部地区及政策扶持的西部地区对人才的集聚效应高于中部地区，结合定性分析，中部地区部分人力资本向东地区迁移，并为地区经济增长增加一定动力，而支援西部建设和区域偏远等原因，造成西部地区有一定的人力资本集聚现象，经济增长贡献度较高。

从公共教育支出贡献的地区差别来看，东部地区生均公共教育支出对地区经济增长的贡献为 1.067，高于全国和西部地区，但低于中部地区的 1.703。从侧面表明，中部地区教育支出成效明显；虽东部地区教育事业较为发达、教育支出较高，但教育支出存在一定的投入冗余，对经济增长的推动作用反而低于中部地区；西部地区教育事业发展相对落后，教育支出贡献同东部和中部地区相差较大，是西部地区经济增长相对落后的主要原因。

二、中介效应分析

为进一步厘定公共教育支出、人均人力资本积累与经济增长的关系，分析人均人力资本积累的根源，在采用面板数据模型进行初步分析后，再对三者进行中介效应分析。由于公式（7-1）对东、中、西以及全国数据的拟合均采用了随机效应模型，中介效应中各公式的拟合仍采用随机效应模型分析，拟合结果详见表7-3。

表7-3 中介效应回归结果汇总表

系数	全国	东部	中部	西部
d_1	1.925 ***	1.962 ***	2.468 ***	1.541 ***
a	3.228 ***	3.453 ***	4.849 ***	2.324 ***
b	0.307 ***	0.277 ***	0.160 ***	0.429 ***
d_2	0.933 ***	1.067 ***	1.703 ***	0.544 ***
中介效应（ab）	0.992	0.958	0.775	0.997
ab/d_1	51.5%	48.8%	31.4%	64.7%

注：*** 表示相关回归结果在1%水平下显著。由于系数 a 和 b 均显著，因此不需要进行 Bootstrap 检验。

资料来源：笔者计算。

从全国人均人力资本的中介效应来看，生均公共教育支出对经济增长的总效应为1.925，且在1%显著性水平下显著，因此中介效应假设成立。公式（7-3）回归结果中，a 值为3.228，在1%显著水平下显著，表明生均公共教育支出对人均人力资本积累有显著的促进作用，中介效应为0.992，直接效应为0.933，中介效应占总效应的51.5%，即生均公共教育支出对经济增长51.5%的效果是通过人均人力资本来实现的。

从东、中、西地区的中介效应来看，公式（7-2）、公式（7-3）以及公式（7-4）中各回归系数均在1%显著水平下显著，表明东、中、西地区存在中介效应。东部地区的中介效应为0.958，高于中部地区的0.775，但低于西部地区的0.997，表明东部地区人均人力资本对经济增长的促进效果受生均公共教育支出的影响高于中部地区，低于西部地区。从中介效应占总效应的比重来看，西部地区比重为64.7%，高于东部和中部地区比重，表明西部教育事业较东部和中部更依赖人力资本促进经济增长。

综上所述，从东、中、西地区公共教育支出及人力资本积累对经济增长的促进效果来看，中部地区教育支出的促进作用最大，西部地区的作用最低，东部则介于两者之间；西部地区人力资本积累对经济的促进作用最高，东部地区次之，中部地区则最低，侧面反映出，在政策引领和经济吸引下，中部地区人力资本存在外流情况，主要流向东部地区；我国公共教育支出对经济的促进作用高于人均人力资本。从中介效应结果来看：人力资本积累是公共教育支出促进经济增长的中介变量，且各地区的中介效应大小不一，中介效应占总效应的比重最高的为西部地区，其次为东部地区，中部地区中介效应最低；中介效应的存在从侧面证明了东、中、西部地区存在公共教育支出—人力资本积累—经济增长的传导机制，机制传导的效率存在西、东、中依次减弱的态势。

第四节　对策建议

一、宏观层面普遍适用的对策建议

（一）中央层面应客观认识区域差异，合理分配公共教育经费

我国幅员辽阔，31 个省域单位公共教育支出、人力资本积累和经济增长异质性明显，不仅仅体现在东中西部的差异，即使在同一个区域，三者差异也十分明显，以东部地区为例，北京的人均公共教育支出和人力资本集聚水平远高于辽宁、山东、福建等省；而经济结构优化与发展方面，珠三角和长三角地区的优势十分明显。因此，我国在进行中央教育经费转移支付分配时，必须认识到中部地区严重的人才外流和东部地区域内差异，不能一味地基于思维惯性倾斜西部地区，应该基于各省域单位的现实背景，在充分调研的基础上，做到客观、合理、公平地分配公共教育经费。

（二）各地区应进一步加强教育投入管理和监督，提升公共教育经费绩效

由于地方教育结构、经济发达程度、从业人员素质等原因，我国各省域单位公共教育支出绩效差别较大，如西部地区教育经费投入较高，但对经济增长与发展的贡献度较低，更应该加强教育经费的投入管理。基础背景的差异造成各地区公共教

育经费使用方面的问题不同，如东部地区的北京和上海可能由于规模较大存在教育经费投入冗余问题，而山东和河南地区生均经费偏低，可能存在投入结构不合理问题。因此，各省域单位都应该根据自身情况，由地方教育科学研究院牵头，通过成立专家队伍和课题立项等方式，加强地方教育经费使用调查和研究，同时加强经费使用的引导和监督，多措并举，根据地方实际问题采取措施，确保公共教育经费高效使用，进而为地方人力资本积累和经济发展做出应有的贡献。

（三）各地区应进一步重视人力资本管理工作，服务地方经济发展

近些年，我国各省份都认识到人力资本的重要作用，纷纷出台各种人才政策，加入"抢人大战"，如天津的"海河英才计划"、陕西的"千人计划"、"高层次人才特殊支持计划"等都颇具特色，使得最近几年人力资本流动发生了新的变化，如东部的北京、上海和山东成了人力资本外流大户，而西部的重庆、陕西等却出现了人力资本的涌入，因此，我国各省域单位必须基于自身现实问题，进一步重视人力资本管理工作，通过重视教育培养人才，同时积极根据经济发展需要留住和引进适用人才，只有做好人力资本管理工作，为地方经济发展做好人力资本积累与储备，才能真正做到公共教育支出、人力资本积累和经济增长的协调发展。这一点，西部的重庆、长三角的江苏和浙江为各地区做了表率。

二、分地区的对策建议

（一）东部地区

东部地区是改革开放以来，我国优先发展起来的区域，地方经济实力雄厚，公共教育投入相对充分，人力资本集聚效应明显，在区域竞争中具有得天独厚的优势。但是从定量分析结果来看，教育投资和人力资本积累对经济的贡献度并没有绝对领先于中、西部地区。因此，东部发达地区同样应该根据自身需要采取相应的措施。

首先，应发挥自身经济基础雄厚的优势，以经济发展带动人才和教育，促进教育、人力资本和经济增长的协调发展。东部地区经济基础良好，应该进一步发挥自身优势，优化和调整产业结构，大力促进新旧动能转换，对传统产业进行升级改造的同时，积极培育战略性新兴产业，如东部地区经济发展面临较大困境的

山东，2018 年获批首个国家级新旧动能转换综合试验区，目前一方面在大力实施新旧动能转换，另一方面却面临着严重的人力资本外流问题，归根结底就是经济和产业发展无法为人才提供相应的舞台和待遇。因此，广大东部地区应积极学习长三角和珠三角地区经济和产业发展的先进经验，以经济发展带动人才和教育，促进教育、人力资本和经济增长的协调发展。

其次，应进一步重视高等教育，根据产业发展需要引进适用人才，以满足地区经济发展需要。高等教育是培养专业人才的摇篮，东部地区基础教育相对扎实，教育工作的重点应是重视基础教育的同时，更加重视高等教育，为经济发展培养适用的人才。北京、上海、江苏等地高水平高校云集，高等教育十分发达，能够保证自身经济发展所需要的高层次人才，其工作重点应该是如何留住人才的问题，而辽宁、河北、山东、福建等地高等教育发展相对滞后，211 高校和 985 高校较少，经济发展所需要高层次人才和科研基础薄弱，辽宁的经济下滑和山东的经济危局都对此有所体现。因此东部地区必须根据自身需要，进一步重视高等教育，根据产业发展需要引进适用人才，以满足地区经济发展需要。

（二）中部地区

我国中部地区地域辽阔，经济基础一般，靠近东部发达地区，人才外流现象严重，导致了中部崛起的人力资本障碍。根据定量分析可以发现，其公共教育支出对经济增长的贡献度较高，但人力资本的经济增长贡献度偏低，表明中部地区虽然有不错的教育投资绩效，但由于人力资本外流严重，很难给经济发展形成有效支撑。因此，中部地区同样应该根据自身需要采取相应的措施。

首先，应更加重视教育工作，加大教育支出力度，发挥教育对地区经济的重要支撑作用。定量分析结果表明，我国中部地区教育支出对经济的促进作用大于东部和西部，而在生均教育经费方面，中部地区的投入又明显低于东部和西部，因此，中部地区必须进一步重视教育工作，加大教育投入力度，并合理使用教育经费，提升公共教育支出的绩效，为地方人力资本积累和经济发展夯实基础。

其次，应做好筑巢引凤、留住人才、招贤纳士的工作。从东部、中部、西部三个区域来看，中部地区是人才流失最严重的地区，尤其是河南、安徽、黑龙江和吉林等地，人才外流现象特别严重，导致地方经济发展缺乏人力资本的支撑，无法形成教育支出、人力资本积累和经济发展的良性循环。因此，中部地区必须认清现实，学习浙江、天津、陕西等地的先进经验，实时响应的人才计划和战略，筑巢引凤，在留住人才的同时，做好招才引智工作，在人才抢夺战中，不再一味地被动挨打。

（三）西部地区

我国广大西部地区经济相对较落后，地广人稀，国家政策一直有所倾斜，生均教育经费较高，为地方教育事业发展奠定了良好的基础，由于地理位置等原因，人力资本外流也不像中部地区那么严重，像重庆、陕西和新疆等地甚至是人力资本净流入地区。目前，该区域面临的问题主要就是经济发展相对较落后问题。因此，西部地区同样应该根据自身需要采取相应措施。

首先，应更加重视基础教育，夯实人力资本基础。基础教育是基础中的基础，西部地区基础教育比较薄弱，而目前经济发展对劳动力的需要偏重基础人才，因此，西部地区应在教育投入上有所倾斜，做好小学、初中和高中、职业教育等工作，为地方经济发展打好人力资本的基础。当然，同时不能忽略高等教育和高精尖人才的培养工作，争取发挥政策优势，逐步缩小和东中部的差距。

其次，应利用好区域帮扶政策，发挥区域优势，缩小区域经济发展差距。从国家西部大开发开始，我国就开始对西部地区实施了诸多政策倾斜，除了资金方面的倾斜之外，还实行了与东部地区结对子帮扶、干部和人才援助等诸多计划。西部地区应该利用好国家和发达地区的帮扶政策，积极转变观念，学习东部地区发展的先进经验，利用区域优势，发展优势产业，如边境地区，积极响应国家"一带一路"倡议号召，学习东部地区对外经贸产业发展经验，发展边境贸易等。抓住机遇，逐步缩小与东中部经济发展的差距。

第五节　本章小结

综上所述，我国东部、中部、西部基础条件差别较大，在公共教育支出、人力资本积累和经济增长三个方面特点各异，如何根据自身特点，做好教育事业、人力资本管理和经济增长的协调发展是地区发展的重要课题。而实施区域协调发展战略，促进东中西部经济均衡发展需要我国中央和地方基于现实基础的共同努力。本章从区域差异的视角出发，定性与定量相结合，研究了公共教育支出、人力资本积累与经济增长的协调发展问题，对我国中央和地方实施相关决策具有一定的参考价值。

第八章　公共教育支出、人力资本积累与居民收入

第一节　问题的提出

改革开放以来，我国经济社会成果显著，经济总量不断扩大，居民收入也与之"同步"增长。据统计，1970~2019年，全国居民人均可支配收入由171元增长到30733元，但居民收入区域不均衡、分配差距扩大等问题也日益凸显。党的十九大报告指出，我国社会主要矛盾已经转化为人民日益增长的美好生活需要和不平衡不充分的发展之间的矛盾，当前居民收入"不平衡、不协调、不可持续"问题不仅制约我国经济的高质量发展，也可能导致矛盾激化，演化为社会性问题①。

居民收入增长的影响因素较多，在我国经济转型关键期，人力资本不仅影响了经济发展，通过提高个人的劳动生产率，也成为影响居民收入水平的关键因素。教育作为人力资本理论的内核，随着我国公共教育支出规模的扩大，其通过人力资本积累对居民收入的积极影响也不断上升。然而，随着中国教育改革不断深入，核心问题也由"促进增长"转变为"稳定增长、优化结构"，但仍然存在教育经费支出机制不完善、区域差异化发展、结构配置不合理等问题，最终阻碍了人力资本积累均衡发展，在一定程度上加剧了区域收入差距。那么，我国区域公共教育支出规模与结构、人力资本、居民收入在考察期内发展趋势如何？居民收入受何因素影响？公共教育支出又是如何通过人力资本积累影响居民收入？从规模与结构上看，作用效果如何？本章将对上述问题进行分析研究，以期为政府

---

① https：//www.gov.cn/zhuanti/2017 – 10/27/content_5234876.htm.

调整各区域公共教育支出规模、优化经费支出结构及实现区域居民收入均衡发展提供建议。

第二节　机制与现状分析

一、机制分析

教育是人力资本增长的重要因素，公共教育支出作为非经济性公共投入，通过各级教育系统进行人才培养，形成人力资本。卢卡斯基于微观视角分析，初等教育通过提升听、说、读的基本能力为人力资本积累做准备，中等、高等教育通过提升知识、技能，促进人力资本积累，进而促进居民收入增长。从居民收入增长的传导机制来看，目前，在农村部门拥有较多剩余的低技能劳动力，而城镇部门缺乏高技能、高知识水平劳动力，一方面，根据"经济人假设"，当劳动者通过教育学习高水平技术后，为追求利益最大化，其会转移到收入较高的现代产业城镇部门，以提高收入。另一方面，当农村部门劳动者的知识水平提高，一是其会主动地应用专业技术，提高生产效率；二是经过转移后，农村部门紧张的人地比例得以缓解，提升农业边际生产力，以此提高收入水平。

本章参考李昕和关会娟（2018）的做法，构建了一个包含城镇和农村两部门的一般均衡模型，以考察公共教育支出通过增加城镇、农村两部门的人力资本积累，进而促进收入增长的具体机制。假设劳动和土地资本密集型的农业部门生产要素中仅为劳动力和土地，城市部门生产则需投入劳动力、物质资本以及技术进步（A）等要素，而教育、医疗、迁移作为人力资本投资可提高社会技术进步，且收益率高于其他形式的资本投资，因此，本章在此将人力资本作为技术进步的主要代表形式，即 $A(E)$。此外，教育作为人力资本增长的重要因素，可认为人力资本积累为公共教育支出（E）的增函数，即 $A'(E) > 0$。两部门宏观生产函数如下所示：

$$城镇部门：Y_c = A(E)L_c^\beta K^{1-\beta} \tag{8-1}$$

$$农村部门：Y_v = L_v^\alpha T^{1-\alpha} \tag{8-2}$$

式中，Y_c 代表城镇部门总产出；Y_v 代表农村部门总产出；$A(E)$ 代表包含人力资本（教育支出）的技术进步水平；K 代表城镇部门的物资资本；T 代表农村部门的土地资本；L 代表劳动力数量，L_c 代表城镇劳动力数量，L_v 代表农村劳动力数量；假设规模报酬不变，α、β 分别表示农村劳动力产出弹性系数、城镇劳动力产出弹性系数，$1-\alpha$、$1-\beta$ 则分别表示农村土地资本产出弹性系数、城镇物质资本产出弹性系数，且 $0<\alpha<1$、$0<\beta<1$。

假设城镇、农村部门劳动力市场处于完全竞争状态，则两部门劳动力价格（即工资水平）等于其边际产出，具体如下：

$$W_c = \frac{\partial Y_c}{\partial L_c} = \beta A(E) L_c^{\beta-1} K^{1-\beta} \qquad (8-3)$$

$$W_v = \frac{\partial Y_v}{\partial L_v} = \alpha L_v^{\alpha-1} T^{1-\alpha} = \alpha (L-L_c)^{\alpha-1} T^{1-\alpha} \qquad (8-4)$$

式中，W_c 代表城镇部门的劳动力价格（工资水平）；W_v 代表农村部门。

本章将城乡收入差距 $\tau(E)$ 定义为城镇部门与农村部门劳动力价格之比。同时，大量研究表明，公共教育支出规模的增加（E）（李昕等，2018；许雯雯，2018）可有效缩小城乡居民收入差距（τ），即 $\tau'(E)<0$。将两部门劳动力价格代入，具体如下：

$$\tau(E) = \frac{W_c}{W_v} = \frac{\beta A(E) L_c^{\beta-1} K^{1-\beta}}{\alpha (L-L_c)^{\alpha-1} T^{1-\alpha}} \qquad (8-5)$$

取其两边对数，得：

$$\ln\tau(E) = \ln A(E) + (\beta-1)\ln L_c - (\alpha-1)\ln(L-L_c) + \ln\beta + (1-\beta)\ln K$$
$$- \ln\alpha - (1-\alpha)\ln T \qquad (8-6)$$

两边对公共教育支出（E）进行求导，得：

$$\frac{\tau'(E)}{\tau(E)} = \frac{A'(E)}{A(E)} + \frac{\beta-1}{L_c}\frac{\partial L_c}{\partial E} + \frac{\alpha-1}{L-L_c}\frac{\partial L_c}{\partial E} \qquad (8-7)$$

取其两边对数，得：

$$\frac{\partial L_c}{\partial E} = \frac{\dfrac{\tau'(E)}{\tau(E)} - \dfrac{A'(E)}{A(E)}}{\dfrac{\beta-1}{L_c} + \dfrac{\alpha-1}{L-L_c}} \qquad (8-8)$$

由于前文假设，$\tau'(E)<0, A'(E)>0$，以及 $0<\alpha<1$、$0<\beta<1$，可推导出 $\dfrac{\partial L_c}{\partial E}>0$，即公共教育支出可促进劳动力从农村部门转移至城镇部门。

本章进一步采用城镇、农村部门劳动力价格（工资水平）对公共教育支出（E）进行求导，以探究公共教育支出通过人力资本积累对居民收入增长的影响，具体如下：

$$\frac{\partial W_c}{\partial E} = \beta A'(E) L_c^{\beta-1} K^{1-\beta} > 0 \qquad (8-9)$$

即公共教育支出通过人力资本积累，可促进城镇居民收入增长。

$$\frac{\partial W_v}{\partial E} = \frac{\partial W_v}{\partial L_c}\frac{\partial L_c}{\partial E} = \alpha(1-\alpha)(L-L_c)^{\alpha-2} \frac{\frac{\tau'(E)}{\tau(E)} - \frac{A'(E)}{A(E)}}{\frac{\beta-1}{L_c} + \frac{\alpha-1}{L-L_c}} > 0 \qquad (8-10)$$

即公共教育支出通过人力资本积累，可促进农村居民收入增长。

由此可见，公共教育支出可通过增加两部门人力资本积累来提高劳动生产率，进而带动居民收入（城镇、农村）的增长。接下来，本章将进一步分析我国及各区域公共教育支出规模与结构、人力资本、居民收入的现状，以深入剖析三者间相互联系，为实证检验提供理论基础与数据支撑。

二、我国公共教育支出、人力资本与居民收入现状

（一）我国公共教育支出规模与结构现状

公共教育支出占 GDP 比重是衡量国家对教育投入的重要指标。2012 年，国家公共教育经费支出 2.2 万亿元，占 GDP 比重达 4.28%，实现了《国家中长期教育改革和发展规划纲要》中 4% 的目标；2018 年，国家公共教育经费支出达 3.69 万亿元，占 GDP 比例为 4.11%；2012～2018 年连续七年保持在 4% 以上，成果进一步巩固。然而，我国区域公共教育支出发展不均衡、结构不合理等问题却日益凸显，需进一步客观分析我国公共教育支出结构的区域异质性。历年我国及东部、中部、西部①公共教育经费支出规模与结构情况如表 8 - 1、表 8 - 2 所示。

---

① 本章区域按东部、中部、西部进行划分。其中，东部地区包括北京、天津、河北、辽宁、上海、江苏、浙江、福建、山东、广东、海南；中部地区包括山西、内蒙古、吉林、黑龙江、安徽、江西、河南、湖北、湖南；西部地区包括广西、重庆、四川、贵州、云南、西藏、陕西、甘肃、青海、宁夏、新疆。

参数		1998 年	2003 年	2008 年	2013 年	2014 年	2015 年	2016 年	2017 年
全国	生均教育支出（元）	939	1635	3397	7108	7678	8392	8785	9064
	支出规模（亿元）	2032	3850	10449	24488	26420	29221	31396	34207
	占 GDP 比重（%）	2.39	2.80	3.27	4.13	4.11	4.24	4.21	4.11
东部	生均教育支出（元）	1933	3737	5778	11290	11995	12350	12907	13304
	支出规模（亿元）	95	186	415	966	1028	1110	1196	1311
	占 GDP 比重（%）	2.44	2.67	2.66	3.39	3.35	3.40	3.40	3.40
中部	生均教育支出（元）	801	1362	2829	6350	6674	7522	7874	7995
	支出规模（亿元）	61	109	290	714	743	829	893	965
	占 GDP 比重（%）	2.64	2.86	3.06	3.80	3.68	4.01	3.98	4.01
西部	生均教育支出（元）	916	1591	3174	7098	8006	9161	9414	10034
	支出规模（亿元）	38	74	207	525	562	641	696	761
	占 GDP 比重（%）	3.63	4.50	5.40	6.49	6.65	7.22	6.99	7.21

表 8 - 1　　　　　历年我国区域公共教育支出规模情况

注：因将数据都放上太密集，故表中仅列出了部分数据。余下同。
资料来源：根据历年《中国统计年鉴》数据整理。表 8 - 4 同。

我国公共教育支出总规模由 1998 年的 2032 亿元，增长到 2017 年的 34207 亿元，年均增长率达 16.02%；生均教育支出由 939 元增长到 9064 元，年均增长率达 12.67%；教育支出占 GDP 比重在 2012 年超过 4% 后，也保持稳定态势，表明国家逐步加大教育事业支出，重视教育发展。对比各区域来看，1998～2017 年，我国各地区教育支出也均呈现大幅上升，但地区差异明显。从生均教育支出来看，东部地区依次大于西部、中部地区，呈东、西强，中间弱的态势，与张同功和赵得志（2020）研究结果一致。在一定程度上说明公共教育支出既与所在地区经济发展水平有关，也受国家扶持政策扶持影响。随着西部大开发、对口支援的实施，为西部教育发展提供保障，而中部地区作为传统工业区，位于政策边缘，导致教育投入较低。从支出规模总额来看，从东至西依次递减，占 GDP 比重则呈反向递减，原因为东部地区 GDP 基数较大，但教育投入较大的基本态势并未改变。

表 8 – 2　　　　　　　　历年我国区域公共教育支出结构　　　　　　　单位：%

参数		1998 年	2003 年	2008 年	2013 年	2014 年	2015 年	2016 年	2017 年
全国	高等教育比重	20.89	31.44	30.31	26.31	25.88	25.63	25.10	25.39
	中等教育比重	21.05	19.49	18.42	17.10	16.25	16.22	16.10	15.92
	义务教育比重	51.83	43.49	43.40	44.08	45.18	45.71	46.49	46.45
东部	高等教育比重	23.79	33.00	32.96	29.17	28.69	29.05	28.72	29.11
	中等教育比重	22.14	20.55	19.12	16.79	16.02	16.50	15.75	15.54
	义务教育比重	47.88	40.66	39.35	39.64	40.82	41.17	42.26	42.37
中部	高等教育比重	17.93	30.49	28.00	25.67	25.23	25.12	24.24	24.39
	中等教育比重	19.93	18.61	18.50	17.22	16.51	16.02	16.32	16.21
	义务教育比重	55.85	45.57	46.52	46.28	47.46	47.91	48.71	48.88
西部	高等教育比重	16.08	23.29	21.12	19.02	18.50	18.92	18.66	19.23
	中等教育比重	18.91	17.41	16.91	17.11	16.39	16.02	16.15	16.31
	义务教育比重	57.99	51.84	53.05	52.27	53.14	52.82	52.77	51.79

注：公共教育支出包括义务教育、中等教育和高等教育，其中义务教育包括小学教育、初中教育，中等教育为中等职业教育、高中教育，高等教育为普通高等教育和成人高等教育。鉴于其他教育支出比例过低，本章将其纳入其他项，不作为分析重点。

2007 年政府收支分类改革，统计口径发生改变，由中等专业学校（中等技术学校、中等师范学校、成人中专学校）、职业中学和技工学校改为中等职业学校（中等专业学校、职业高中、技工学校、成人中专学校）。

资料来源：根据历年《中国教育经费统计年鉴》数据整理。

我国义务教育支出占比一直处于最高位，表现为先下降后平稳上升的趋势，1998～2008 年，占比由 51.83% 降低到 43.40%，随后又缓慢上升，在现阶段保持平稳。中等教育支出占比一直处于最低位，并持续降低，占比由 21.05% 下降到 15.92%。高等教育支出占比呈现出先上升后下降的趋势，占比由 1998 年的 20.89% 开始逐步上升，在 2008 年达到峰值拐点后，缓慢下降，到 2017 年下降到 25.39%，与 2008 年相比下降 4.92%。总体看来，我国公共教育支出虽然在 1998～2017 年呈大幅增长，但在我国高技能劳动力供需矛盾依然显著的现阶段，仍存在规模总量增长下的结构性矛盾，义务教育、中等教育与高等教育呈偏"U"型结构，在各教育层级中分配不合理。对比各区域发现，各地区支出结构不相一致，依据地区发展水平与国家发展战略，对不同教育层级偏重不同。东部地区重视高等教育发展，考察期内其占比均高于全国，而义务教育支出占比虽也处于最高位，但低于全国水平。中西部地区教育支出结构变化趋势与全国整体情况基本相似，考察期间义务教育支出占比均高于全国水平，高等教育支出占比均高于全国水平，且中等教育略高于全国水平，总体看来，各地区存在较大的差异性。

（二）我国人力资本积累现状

以教育为代表的人力资本有助于居民收入增长，人力资本积累的区域异质性成为地区间居民收入及经济发展水平不同的重要原因，本章选取 6 岁及以上人口的平均受教育年限代表人力资本，历年我国及东、中、西部地区人力资本积累情况如表 8 - 3 所示。

表 8 - 3　　　　　　　　我国区域人力资本情况　　　　　　　单位：年

年份	全国	东部	中部	西部
1998	7.16	7.69	7.41	6.28
2003	7.80	8.38	8.02	6.92
2008	8.21	8.81	8.35	7.43
2013	8.87	9.42	8.96	8.02
2014	8.88	9.39	8.91	8.03
2015	8.91	9.45	9.00	8.12
2016	8.92	9.50	9.02	8.14
2017	9.04	9.66	9.08	8.32

资料来源：根据历年《中国统计年鉴》《中国教育统计年鉴》数据整理。

我国总体人力资本水平持续、稳定提高，由 1998 年的 7.16 年，增长到 2017 年的 9.04 年，但因为我国人口基数庞大，总体增速较慢，年均增长率仅为 1.23%。对比各区域来看，由东至西呈逐级递减的发展格局，且西部地区始终低于全国平均水平，在 9 年以下，低于九年义务教育年限，人力资本水平较低。可见，我国人力资本存在严重的区域发展差异性问题，呈非均衡现象，东部发达地区的平均受教育年限明显高于中、西部不发达地区，且差距改善不明显。深入来看，此差距主要是由公共教育支出的产出绩效与人口流动造成的，并可能会随着区域发展不平衡而造成差距的进一步扩大。

（三）我国居民收入现状

中国地域辽阔，受国家政策、政府财政支出倾斜、自然地理位置等多方面影响，各地区经济发展程度差异性较大，由此导致不同地区间居民收入水平存在差距。历年我国及东部、中部、西部地区居民收入与经济水平情况如表8－4所示。

表8－4　　　　　　　　　我国区域居民收入与经济水平情况　　　　　　　单位：元

参数		1998年	2003年	2008年	2013年	2014年	2015年	2016年	2017年
全国	城镇居民人均可支配收入	5425	8472	15780	26467	28843	31194	33616	36396
	农村居民人均可支配收入	2162	2622	4760	9429	10488	11421	12363	13432
	人均可支配收入	3250	4993	9938	18310	20167	21966	23821	25973
	人均GDP	6860	10666	24100	43684	47173	50237	54139	60014
东部	城镇居民人均可支配收入	6679	9355	18788	31183	33947	36729	39705	43026
	农村居民人均可支配收入	3261	4160	7238	13089	14497	15789	17135	18608
	人均可支配收入	4612	7151	14541	25620	28092	30547	33234	36194
	人均GDP	11839	19577	40385	67303	71763	75450	80661	87049
中部	城镇居民人均可支配收入	4492	6334	13113	22678	24720	26714	28702	30977
	农村居民人均可支配收入	2054	2391	4562	9079	10103	10922	11761	12717
	人均可支配收入	2790	3917	8372	16125	17836	19463	21133	23035
	人均GDP	5202	8390	21018	40650	43232	44646	47386	49537
西部	城镇居民人均可支配收入	4819	6731	12588	21503	23444	25678	27812	30196
	农村居民人均可支配收入	1543	1889	3374	7129	7966	8744	9533	10439
	人均可支配收入	2339	3410	6815	13493	15055	16713	18403	20319
	人均GDP	4319	6792	16054	33007	35866	37620	40545	43923

注：2013年统计口径发生改变，从农村居民人均纯收入转变为农村居民人均可支配收入。

资料来源：根据历年《中国统计年鉴》《中国教育统计年鉴》数据整理。

我国1998～2017年人均GDP呈平稳上升态势，由1998年的6860元，增长到2017年的60014元，年均增长率达到12.09%；城镇、农村居民人均可支配收入分别由1998年的5425元、2162元，增长到2017年的36396元、13432元，居民人均可支配收入由3250元增长到25973元，年均增长率分别达到10.54%、10.09%和11.56%，表明我国经济发展与居民收入存在一定程度的"同步"状态，均呈现稳定的增长趋势。对比各区域来看，与教育支出、人力资本的非均衡现象基本一致，人均可支配收入、人均 GDP 均表现为由东向西递减的态势，呈现出不同的空间格局和区域异质性特征，东部地区历年经济、收入均高于全国水平，与之对比，中西部地区则低于此。然而，在考察期内，东中西部人均 GDP 的年均增长率依次为 11.07%、12.59%、12.98%，人均可支配收入年均增长率依次为 11.45%、11.75%、12.05%，均为由东向西递增的发展格局，西部地区成为增长速度最快的区域，表明西部大开发、中部崛起、东北振兴政策，推动区域协调发展战略取得了一定成效，呈现出积极的发展格局，但区域非均衡问题依然存在。

由此可见，本章通过分析 1998～2017 年我国公共教育支出规模与结构、人力资本积累与居民收入水平区域异质性，发现三者均存在一定程度的区域差异性问题，表现为东部强、中西弱的非均衡格局，发展态势基本一致，且不同地区间的公共教育支出结构存在较大的差异性。公共教育支出的空间外溢效应有利于形成较高的人力资本积累，进而带动地方经济发展与居民收入，同时发达地区会集聚更多人才，形成循环互动。因此，在"后4%"时代，需进一步在公共教育支出及其与人力资本积累、居民收入的关系上进行深入探讨。

同时，基于上述机制与现状讨论，本章做如下假设：

假设 1：人力资本积累能够促进居民收入增长，且存在区域异质性；

假设 2：公共教育支出规模的增加会通过人力资本积累对居民收入产生影响，且存在区域异质性；

假设 3：从公共教育支出结构来看，不同层级的公共教育支出通过人力资本积累对居民收入的作用存在异质性影响。

第三节　模型与数据

一、模型构建

根据前文假设，公共教育支出通过人力资本积累而影响居民收入，据此本章实证思路为：（1）构建人力资本与居民收入的模型Ⅰ，以检验人力资本积累对居民收入的影响；（2）将公共教育支出及其与人力资本交互项引入，构建模型Ⅱ，以检验公共教育支出在人力资本积累对居民收入影响中的规模效应；（3）将教育结构划分为义务教育、中等教育与高等教育，构建模型Ⅲ，以检验不同层次公共教育支出在人力资本积累对居民收入影响中的结构效应。

模型Ⅰ：

$$\ln income_{it} = \alpha_0 + \alpha_1 \ln hum_{it} + \gamma X + u_i + \varepsilon_{it} \qquad (8-11)$$

式中，下标 i 代表省份；t 代表年份；$income$ 代表居民收入；hum 代表人力资本积累；X 代表相关控制变量；α_0 代表截距项；α、γ 分别代表各解释变量系数；u_i 代表个体异质性的截距项；ε_{it} 代表随机扰动项。

模型Ⅱ：

$$\ln income_{it} = \alpha_0 + \alpha_1 \ln hum_{it} + \alpha_2 \ln edu_{it} + \alpha_3 \ln hum_{it} \times \ln edu_{it} + \gamma X + u_i + \varepsilon_{it}$$
$$(8-12)$$

式中，edu 代表公共教育支出，其他变量同模型Ⅰ。

模型Ⅲ：

$$\ln income_{it} = \alpha_0 + \alpha_1 \ln hum_{it} + \alpha_2 \ln com_{it} + \alpha_3 \ln sec_{it} + \alpha_4 \ln high_{it}$$
$$+ \alpha_5 \ln hum_{it} \times \ln com_{it} + \alpha_6 \ln hum_{it} \times \ln sec_{it}$$
$$+ \alpha_7 \ln hum_{it} \times \ln high_{it} + \gamma X + u_i + \varepsilon_{it} \qquad (8-13)$$

式中，com 代表义务教育；sec 代表中等教育；$high$ 代表高等教育；其他变量同模型Ⅰ。

二、变量选取与数据来源

（一）变量选取

1. 被解释变量

人均居民收入（$income$）。本章参考王胜华（2017）的做法，由城镇、农村居民人均可支配收入按城乡人口比进行加权计算获得。

2. 核心解释变量

人力资本（hum）。人力资本积累的度量方式较多，鉴于数据可得性，本章参考陆铭（2005）的做法，以6岁以上人口的平均受教育年限来表示人力资本积累，具体测算为（小学×6＋初中×9＋中职、高中×12＋大专及以上×16)/6岁及以上人口数。

公共教育支出（*edu*）。国家公共教育支出包括地方财政支出和中央转移支付，是地方教育事业发展的基础，本章参考郭庆旺和贾俊雪（2009）的做法，采用公共教育支出占地区生产总值比重来表示。关于公共教育支出结构，则分别以义务教育支出（*com*）比重、中等教育支出（*sec*）比重和高等教育支出（*high*）比重来表示。

3. 控制变量

本章综合居民收入的影响因素，引入以下控制变量：对外开放程度（*open*），以各省份进出口总额与地区生产总值之比表示；城市化率（*urban*），以各省份城镇人口占总人口比重表示；有效税率（*tax*），采用税收收入总额占地区生产总值比重表示；经济发展水平（*pgdp*），采用人均 GDP 表示，以反映经济增长可能导致的趋同效应。本章为避免多重共线性的影响，未选取较多的控制变量，可将未考虑到的相关控制变量纳入随机扰动项。

（二）数据来源与说明

本章选取中国 1999～2018 年 31 个省份的相关数据。其中，公共教育支出来自 1999～2018 年《中国统计年鉴》与《中国教育经费统计年鉴》中分地区各级教育机构经费支出数据，各省份城镇居民人均可支配收入、农村居民人均可支配收入、各级教育在校生数、地区生产总值、人均地区生产总值、6 岁以上各类受教育程度人口数、进出口总额、城乡人口数、税收收入总额等数据均来自 1999～2018 年《中国统计年鉴》和《中国教育统计年鉴》，并整理计算得到。同时，交互项的引入会产生较强的多重共线性，本章对相关数据做中心化处理。涉及数据均以 1998 年为基期，按相关价格指数予以处理。经处理后，变量的描述性统计如表 8－5 所示。

表 8－5　　　　　　　　　　变量的描述性统计

变量	说明	样本数（个）	均值	标准差	最小值	最大值
income	居民人均收入	620	11542.51	9280.772	1788.06	58318.91
hum	人力资本积累	620	8.241	1.117	3.480	11.565
edu	公共教育支出	620	0.038	0.020	0.015	0.184
com	义务教育支出比重	620	0.024	0.013	0.009	0.114

续表

变量	说明	样本数（个）	均值	标准差	最小值	最大值
sec	中等教育支出比重	620	0.008	0.002	0.003	0.031
high	高等教育支出比重	620	0.012	0.006	0.003	0.047
open	对外开放程度	620	0.292	0.367	0.016	1.680
urban	城市化水平	620	0.471	0.163	0.140	0.896
tax	有效税率	620	0.004	0.003	0.001	0.033
pgdp	经济发展水平	620	10142.85	5974.50	2364	28991.37

资料来源：笔者计算。

第四节　实证结果与分析

一、基于中国公共教育支出、人力资本积累与居民收入增长的规模效应分析

本章基于模型 I、模型 II，进行公共教育支出通过人力资本积累对居民收入的规模效应检验。各变量均通过 5% 显著性水平的单位根检验。模型 I、模型 II 均通过 Hausman 检验，采用固定效应。同时，本章通过控制是否引入控制变量进行对比，人力资本积累及其与公共教育支出交互项的正向作用与显著性均保持一致，结果具有稳健性，具体如表 8 - 6 所示。

表 8 - 6　　基于中国公共教育支出、人力资本积累与居民收入增长的规模效应结果

被解释变量	模型 I		模型 II	
	含控制变量	不含控制变量	含控制变量	不含控制变量
hum	0.835 *** (26.05)	1.286 *** (114.83)	0.737 *** (17.54)	1.125 *** (33.50)
edu			- 9.184 * (- 1.83)	- 15.248 *** (- 2.66)
hun × edu			2.271 ** (2.39)	3.614 *** (3.35)

续表

被解释变量	模型 I		模型 II	
	含控制变量	不含控制变量	含控制变量	不含控制变量
open	−0.172 *** (−4.59)		−0.163 *** (−4.48)	
urban	0.929 *** (7.39)		1.014 *** (8.23)	
tax	11.574 *** (5.35)		6.069 *** (2.64)	
pgdp	0.448 *** (13.43)		0.404 *** (12.13)	
常数项	0.3338 (1.51)	2.612 *** (47.12)	1.119 *** (3.82)	3.307 *** (18.70)
时间效应	控制	控制	控制	控制
个体效应	控制	控制	控制	控制
Hausman 检验	160.47 ***	37.62 ***	172.56 ***	40.86 ***
R^2	0.971	0.957	0.973	0.962
F 检验	3951.08 ***	13185.1 ***	2998.99 ***	4888.65 ***

注: *、**、*** 分别表示相关回归结果在10%、5%、1%水平下显著;FE 结果括号内为 t 值。表8-7~表8-9同。

资料来源:笔者计算。

通过表8-6可知,从模型 I 来看,人力资本积累通过1%显著性水平检验,为0.835,表明在一定条件下人力资本积累能促进居民收入增长(温治等,2018;刘际陆等,2018)。从模型 II 来看,公共教育支出与人力资本交互项通过5%显著性水平检验,为2.271,人力资本积累对居民收入的边际率为 $\partial income/\partial hum = 0.737 + 2.271edu$,随着公共教育支出规模的扩大,有效强化了人力资本积累的收入增长效应,表明我国不断重视教育事业,对教育的持续投入已有成效,人力资本质量显著提高。在新时期,加大公共教育投入规模,以此通过人力资本积累提高收入水平,已成为教育发展的必然趋势。

控制变量中,城市化水平(*urban*)通过1%的显著性水平检验,对居民收入具有显著的正向作用,随着人口从农村向城镇的迁移,城镇收入水平较高,且农村剩余劳动力的生产效率不断提升,进而促进了居民收入增长(冯伟和肖卫东,2013);有效税率(*tax*)通过1%的显著性水平检验,对居民收入具有显著的正向作用，且系数绝对值最大，随着我国政府转移支付不断提升，带动了转移性收入的增长；经济发展水平（*pgdp*）通过1%的显著性水平检验，对居民收入具有显著的正向作用，居民收入水平提高归根结底是我国经济发展的结果，二者存在同步增长；对外开放程度通过1%的显著性水平检验，对居民收入具有显著的负向作用，与预期不相一致，原因可能为不同类型经济样本存在异质性。

二、基于分地区公共教育支出、人力资本积累与居民收入增长的规模效应分析

本章为进一步探讨分地区公共教育支出通过人力资本积累对居民收入的规模效应，基于模型Ⅰ、模型Ⅱ，做如下实证检验。各变量均通过5%显著性水平的单位根检验。各地区模型均通过 Hausman 检验，采用固定效应，具体如表8-7所示。

表8-7　基于分地区公共教育支出、人力资本积累与居民收入增长的规模效应结果

被解释变量	东部		中部		西部	
	模型Ⅰ	模型Ⅱ	模型Ⅰ	模型Ⅱ	模型Ⅰ	模型Ⅱ
hum	0.964 *** (16.73)	0.665 *** (6.03)	0.915 *** (16.04)	0.8866 *** (10.03)	0.687 *** (12.18)	0.4460 *** (7.06)
edu		−48.194 *** (−2.96)		6.7377 (0.52)		−8.2502 * (−1.70)
hun × edu		9.806 *** (3.28)		−0.2097 (−0.08)		2.4219 ** (2.55)
open	−0.061 (−1.30)	−0.002 (−0.05)	0.623 *** (2.79)	0.5749 *** (2.64)	−0.762 *** (−5.76)	−0.3836 *** (−3.04)
urban	0.559 *** (3.15)	0.639 *** (3.47)	−0.086 (−0.28)	−0.4849 (−1.50)	1.876 *** (7.05)	2.4228 *** (9.91)
tax	24.957 *** (5.21)	22.754 *** (4.80)	−20.807 (−1.63)	−25.7267 ** (−2.06)	13.946 *** (5.73)	4.1322 (1.64)
pgdp	0.406 *** (4.86)	0.410 *** (5.05)	0.545 *** (10.41)	0.6159 *** (11.19)	0.431 *** (8.32)	0.3444 *** (7.33)
常数项	−0.135 (−0.22)	1.215 * (1.76)	−0.373 (−0.95)	−0.8575 (−1.48)	1.047 *** (3.01)	2.5514 *** (6.39)
时间效应	控制	控制	控制	控制	控制	控制

续表

被解释变量	东部		中部		西部	
	模型Ⅰ	模型Ⅱ	模型Ⅰ	模型Ⅱ	模型Ⅰ	模型Ⅱ
个体效应	控制	控制	控制	控制	控制	控制
Hausman 检验	38.48***	68.58***	82.38***	119.05***	38.58***	22.35***
R^2	0.964	0.9686	0.980	0.9820	0.979	0.9839
F 检验	1076.72***	859.96***	1679.51***	1274.96***	1902.01***	1766.50***

资料来源：笔者计算。

通过表 8-7 可知，基于模型Ⅰ，对比不同区域人力资本积累系数，东部（0.964）>中部（0.915）>西部地区（0.687），意味着人力资本积累对居民收入增长的促进作用存在区域异质性，假设 1 成立。具体来看，第一，我国区域经济发展水平长期存在较大差距，东部地区受益于地理区位优势、政策扶持，具备良好的人才培育条件，进一步吸引人才从西部迁移，人力资本积累更加丰富；第二，西部地区多以农业发展为主，生产方式相对简单，所需劳动力多为低级人力资本，由此导致不同人力资本积累水平对居民收入增长存在差异。

基于模型Ⅱ，东部、西部地区公共教育支出与人力资本积累交互项分别通过 1%、5% 显著性水平检验，为 9.806、2.421，人力资本积累对居民收入的边际率分别为 $\partial income/\partial hum = 0.6653 + 9.8063edu$、$\partial income/\partial hum = 0.446 + 2.421edu$，表明在东、西部地区，公共教育支出均有效强化了人力资本积累的收入增长效应，且东部地区远大于西部地区。反之，中部地区的交互项未通过显著性检验，说明此地区教育支出与人力资本积累间并未发挥良好的互动作用，与前文分析结果一致，原因为我国教育经费支出呈现东西强，中间弱的局面，中部地区教育支出规模不足，同时也存在经费结构不合理，使投入产出效率较低，具有一定结构效应。同时，与模型Ⅰ相比，在引入公共教育支出及其与人力资本积累交互项后，各控制变量系数基本保持一致，进一步检验了模型的稳健性，假设 2 成立。

三、公共教育支出、人力资本积累与居民收入增长的结构效应分析

通过研究发现，公共教育支出通过人力资本积累对居民收入的影响存在区域异质性，为进一步考察公共教育支出通过人力资本积累对居民收入增长的结构效应，基于模型Ⅲ，对我国整体及东、中、西部地区分别进行实证检验，各变量均

通过5%显著性水平的单位根检验。全国及各区域模型均通过 Hausman 检验，采用固定效应，具体如表8-8所示。

表8-8　　公共教育支出、人力资本积累与居民收入增长的结构效应结果

被解释变量	全国	东部	中部	西部
hum	0.633 *** (13.75)	0.678 *** (6.46)	1.068 *** (10.88)	0.412 *** (5.42)
com	8.823 (0.81)	-181.793 *** (-5.07)	163.505 *** (5.76)	10.787 (0.93)
sec	7.862 (0.20)	407.264 *** (4.07)	-241.678 *** (-3.43)	-97.006 * (-1.92)
high	-34.4250 ** (-5.13)	-33.304 *** (-2.69)	11.564 (0.62)	15.539 (1.09)
hun×com	-0.489 (-0.23)	35.026 *** (5.37)	-29.106 *** (-5.12)	-0.677 (-0.29)
hun×sec	-1.306 (-0.16)	-75.774 *** (-4.01)	45.943 *** (3.24)	19.890 * (1.91)
hun×high	8.173 *** (5.92)	8.010 *** (3.86)	-2.396 (-0.57)	-3.965 (-1.25)
open	-0.209 *** (-5.70)	-0.020 (-0.44)	0.587 *** (2.74)	-0.345 *** (-2.75)
urban	1.246 *** (10.08)	0.561 *** (2.97)	0.318 (0.96)	2.502 *** (9.81)
tax	4.400 * (1.89)	14.979 *** (3.24)	-25.431 ** (-2.24)	5.904 ** (2.37)
pgdp	0.459 *** (13.35)	0.642 *** (8.46)	0.526 *** (8.69)	0.347 *** (6.81)
常数项	0.873 *** (2.64)	-1.069 (-1.31)	-1.422 *** (-2.98)	2.627 *** (5.45)
时间效应	控制	控制	控制	控制
个体效应	控制	控制	控制	控制
Hausman 检验	89.05 ***	96.09 ***	122.70 ***	136.21 ***
R^2	0.976	0.976	0.986	0.985
F 检验	2117.09 ***	733.94 ***	1086.99 ***	1195.53 ***

资料来源：笔者计算。

通过表 8 - 8 可知，从全国整体来看，仅有高等教育支出与人力资本积累交互项通过 1% 的显著性水平检验，为 8.173，人力资本积累对居民收入的边际率为 $\partial income/\partial hum = 0.633 + 8.173 high$，随着高等教育支出的提升，有效强化了我国人力资本积累的收入增长效应。我国自 20 世纪 90 年代后期实施高校扩招以来，逐渐提升高等教育支出与教育质量，使之成为形成人力资本积累，进而带动居民收入增长的主动力。而中等教育、义务教育均未通过显著性检验，说明随着国民经济的发展，必须依靠高技能人才创新高附加技术的能力，现阶段仅依靠基础教育只能从事简单劳动，无法与人力资本积累产生良好互动，进而强化增长效应。

从区域层面来看，东部地区义务教育、中等教育、高等教育支出与人力资本积累交互项均通过 1% 的显著性水平检验，人力资本积累对居民收入的边际率为 $\partial income/\partial hum = 0.678 + 8.010 high + 35.026 com - 75.774 sec$，随着义务教育、高等教育支出的提升，有效强化了我国人力资本积累的收入增长效应，而中等教育会弱化此效果；中部地区义务教育、中等教育支出与人力资本积累交互项通过 1% 的显著性水平检验，人力资本积累对居民收入的边际率为 $\partial income/\partial hum = 1.068 + 45.943 sec - 29.106 com$，随着中等教育支出的提升，有效强化了我国人力资本积累的收入增长效应，而义务教育会弱化此效果；西部地区仅有中等教育支出与人力资本积累交互项通过 10% 的显著性水平检验，人力资本积累对居民收入的边际率为 $\partial income/\partial hum = 0.412 + 19.890 sec$，随着中等教育支出的提升，有效强化了我国人力资本积累的收入增长效应。由此，从公共教育支出结构角度，分析不同层级教育支出通过人力资本积累对收入的影响。一是高等教育发展不协调，高校优质资源集中在东部地区，其高校数量占全国的 43%，"双一流"比例为 63.5%，反之，中、西部地区高等教育支出支持下的人才转化能力有待进一步提升，因此高等教育支出仅在东部具有强化作用。二是中等教育由于紧贴传统工业生产，近年来国家基于中、西部经济现状，倾斜职业教育发展，以承载沿海地区制造业转移，因此中西部地区的中等教育支出具有强化作用。三是义务教育虽在东部地区占比相对较低，但支出规模总量较高，且中、西部地区存在师资力量、设施配置、经费供给不足等原因，导致东部地区教育质量远高于二者，在收入增长效应中存在差异性。由此可见，不同层级的公共教育支出通过人力资本积累对居民收入的作用存在异质性影响，假设 3 成立。

四、稳健性检验

各模型虽对居民收入增长的影响变量进行控制，但仍有忽略重要因素的可能性，导致影响回归结果。在此，本章选取 2000～2017 年子样本区间的相关数据进行重新估计，以作为稳健性检验。结果显示，各模型均通过 Hausman 检验，采用固定效应。通过对比表 8－9，人力资本积累及其与各级公共教育支出交互项的系数值和符号方向均未有较大变动，证明上述结论具有较强的稳健性。

表 8－9 稳健性检验结果

变量	模型 I	模型 II	模型 III
hum	0.405 *** (7.37)	0.294 *** (5.40)	0.166 ** (2.30)
hun × edu		4.654 *** (4.43)	
hun × com			－6.840 ** (2.13)
hun × sec			6.001 (0.58)
hun × high			9.38 *** (3.14)

资料来源：笔者计算。

第五节 结论与建议

本章构建了一个包含公共教育支出、人力资本和居民收入的研究框架，从支出规模与结构上分析公共教育支出通过人力资本积累促进居民收入增长的作用机制，研究发现：（1）人力资本积累对我国居民收入增长具有促进作用，且作用效果由东至西依次递减，具有区域异质性。（2）随着我国公共教育支出规模的扩大，有效强化了人力资本积累的居民收入增长效应，东、西部地区与全国整体情况一致，而中部地区随着公共教育支出规模扩大，未与人力资本发挥良好互动作用，无法通过人力资本积累对居民收入产生促进作用。（3）在结构效应方面，考察期内，高等教育支出强化了我国整体及东部地区人力资本积累的收入增长效应。中等教育强化了中西部地区人力资本积累的收入增长效应，而对东部地区存在负效应。义务教育强化了东部地区人力资本积累的收入增长效应，而对中部地区存在负效应。现有公共教育支出规模总量强化了人力资本积累的收入增长效应，但支出结构不合理问题，使其具有一定结构效应，削弱了我国人力资本积累对居民收入增长的积极作用。

基于研究结论，本章提出如下建议：

第一，提高公共教育支出规模，促进教育资源均衡发展。2012 年以来，我国公共教育支出占 GDP 持续保持在 "4%" 以上，但与发达国家地区的 5% ~9% 仍有一定差距，加之我国人口众多，伴有区域教育发展非均等化问题。一是继续坚持国家公共教育支出与地区生产总值、财政支出总额挂钩的政策，进一步加强制度保障，拓宽教育资金筹措渠道，以加大教育支出，获得教育促进人力资本积累和收入增长的 "乘数效应"；二是合理划分各级政府的支出责任，目前我国多数地区地方政府承担的支出负担较大，经济欠发达地区的地方政府缺乏财政支出的能力，导致地区间教育发展不平衡，应加大中央政府支出力度，并加强公共资金管理水平，以弥补地方支持不足的缺陷；三是在保证公共教育支出规模稳定增长的基础上，应依据地区经济发展阶段，合理分配区域间教育经费支出，深刻认识中、西部地区教育支出规模不足问题，加大教育支出力度，同时发挥东部地区辐射带动作用，促进教育均等化发展。

第二，优化公共教育支出结构，促进结构和地区之间的合理配置。一是通过增加中、西部地区义务教育支出比重，在东部发达地区适时将高中纳入义务教育阶段，间接提升支出占比，以提高三大区域劳动力的基础素质。在中国经济转型发展期，低素质劳动者已无法与市场劳动需求相适应，因此应从整体上提升劳动者的素质水平，有助于促进经济可持续发展及收入增长。二是逐步完善中西部地区中等职业教育，减少东部地区支出比重，提升中西部低技术工人的技能水平与知识储备，以此发挥中、西部工业基础及资源禀赋优势，接受国内外产业转移，促进经济转型发展，提升居民收入水平。三是保持东部地区高等教育支出比重，并依据与经济水平的适应性，适当提高中西部高等教育比重，关注重点学科的投入，以 "产、学、研" 协同，加速高知识、高技术的人才资本积累，促进区域间协调发展。

第三，加强教育支出与人力资本融合互动，促进居民收入增长。研究表明，在一定程度上，公共教育支出通过人力资本积累对居民收入增长具有显著正向作用，且存在区域差异性，各地区应根据自身优势进一步做好教育发展、人力资本培育和收入增长的协调发展。一是夯实义务教育制度，促进中高等教育连贯性，加强欠发达地区公共教育供给，改善教育质量的不平等，实现自我人才积累，提高劳动力生产水平，促进收入增长。二是实现区域间人力资本合理化配置。在增加人力资本投资和延长受教育年限的基础上，完善劳动力流通体制机制，实现劳动力在不同效率部门间的自由转移，提升全社会生产效率，进而促进收入增长，降低我国区域收入差距。三是加强人力资本培育管理工作，各地区基于自身特点，做好教育培养、人才引用及储备工作，完善人才转化机制，促进人力资本与地区产业结构的有效互动与适应性发展，从而带动地区内收入水平增长。

第九章　公共教育支出效率、人力资本积累与人口流动

党的十九大报告明确指出，中国特色社会主义进入新时代，我国社会主要矛盾已经转化为人民日益增长的美好生活需要和不平衡不充分的发展之间的矛盾①。其中区域发展的不平衡和中西部地区发展的不充分问题是非常重要的一个方面，所以实施区域协调发展战略同样是党的十九大报告的一个重要议题。此外，教育与人才培养是一个地区发展的基石，实施区域协调发展战略，缩小我国东中西部经济发展的不均衡需要做好公共教育支出和人才管理工作，但是由于现代社会人口流动频繁，各地区通过教育投资积累的人力资本存在流入和流出情况，即公共教育支出的效率存在溢入和溢出情况，单纯的静态评价明显存在不合理之处。基于此，本章从区域差异的视角出发，基于人力资本积累研究公共教育支出效率的区域异质性和溢出溢入问题，进一步客观评价各省域单位公共教育支出的人力资本效率，以为我国区域协调和均衡发展提供相应的理论支撑与现实指导。

第一节　我国各省份公共教育支出效率的静态分析

我国幅员辽阔，省域单位之间基础条件和背景差异较大，东部、中部、西部发展不均衡情况客观存在，由于地方经济实力、中央和地方政府重视程度的不同，公共教育支出的不均衡情况也比较普遍。以生均经费为例，从教育统计年鉴数据来看，广东、山东、河南、四川这类公共教育支出总量在全国排名靠前的地区，其生均教育投入量却常年低于全国平均水平；而吉林、青海、天津、西藏等

---

① https：//www.gov.cn/zhuanti/2017 – 10/27/content_5234876.htm.

地，尽管教育投入总额不高，但是其生均教育水平却远超全国平均水平；总体来看，全国只有北京、浙江、上海、江苏地区的教育投入总量和生均教育投入处于全国领先水平，区域差异还是比较明显的。另外，地方教育经费管理、投入结构等因素的差异，导致各地区教育经费使用效率也存在较大差异。人力资本积累是衡量一个地区教育产出最核心的指标，从而单位教育经费的人力资本积累可以直接作为公共教育支出的人力资本效率值。根据我国历年《中国统计年鉴》《教育统计年鉴》《中国人力资本报告指数报告》相关数据，可以静态计算我国 31 个省份历年的公共教育支出人力资本产出效率，如表 9 – 1 所示。

表 9 – 1　我国 31 个省份 2008～2017 年单位公共教育支出人力资本产出效率值　　单位：元

地区		2008 年	2009 年	2010 年	2011 年	2012 年	2013 年	2014 年	2015 年	2016 年	2017 年	地区均值	
												历年均值	历年均值的均值
东部	北京	568	587	498	446	437	438	444	461	465	474	482	618
	上海	989	1018	881	712	634	621	621	589	544	506	712	
	山东	974	964	821	661	586	600	623	612	614	624	708	
	江苏	777	771	662	578	531	547	568	558	568	559	612	
	浙江	889	861	748	707	671	661	656	637	637	609	707	
	福建	856	789	720	647	581	591	590	558	578	575	649	
	天津	824	801	674	518	466	462	464	567	651	635	606	
	河北	849	841	768	721	630	696	725	652	639	613	713	
	辽宁	532	524	482	411	353	393	456	474	481	493	460	
	广东	951	928	847	711	648	611	602	562	539	488	689	
	海南	708	584	488	448	391	405	420	383	387	379	459	
中部	黑龙江	588	603	564	457	349	401	393	359	352	365	443	569
	吉林	581	534	517	434	357	397	453	425	421	430	455	
	河南	915	865	801	669	566	593	620	642	635	606	691	
	安徽	953	919	792	630	570	597	654	645	658	648	707	
	江西	996	905	868	622	537	559	581	576	595	591	683	
	湖北	879	762	749	673	597	638	634	589	559	572	665	
	湖南	717	672	657	584	474	492	534	536	514	513	569	
	山西	600	566	521	466	419	434	471	407	480	481	484	
	内蒙古	584	528	437	393	368	370	390	377	388	410	425	

续表

地区		2008年	2009年	2010年	2011年	2012年	2013年	2014年	2015年	2016年	2017年	地区均值	
												历年均值	历年均值的均值
西部	陕西	526	466	455	374	318	350	382	369	385	400	402	386
	甘肃	393	356	343	320	273	283	283	258	249	256	301	
	宁夏	527	498	432	364	368	369	374	353	370	364	402	
	青海	333	278	222	169	146	201	173	179	192	189	208	
	四川	649	581	566	546	459	487	509	485	490	483	526	
	重庆	744	648	575	495	407	453	474	443	435	439	511	
	贵州	580	553	503	469	384	377	369	336	325	323	422	
	广西	815	770	627	586	514	537	529	477	485	483	582	
	云南	650	531	470	424	341	360	387	364	349	332	421	
	西藏	272	246	248	246	199	171	146	126	143	119	192	
	新疆	367	343	294	265	254	250	258	253	250	249	278	

资料来源：根据各类统计年鉴数据计算。

由表9-1中的数据可以看出，我国各省份单位公共教育经费的人力资本产出值差别较大，异质性明显。从省域单位来看，由于该效率受多种因素的影响，中西部地区也有些省份效率值较高，但总休来看，东部、中部、西客观差异明显，但中部地区和东部差异并不很大，而广大西部地区和中西部具有较大的差距；从十年均值来看，东部为618元，中部为569元，而西部地区仅为386元，西部地区较东部地区的效率值低了37.54%，较中部地区低了32.16%。那么，西部地区真正的效率值就和东、中部地区差这么多吗？为什么中部地区就和东部地区效率值差别不大呢？由于人口流动等因素的客观存在，公共教育支出绩效必然存在溢入和溢出问题，只有剔除溢出和溢入效应，才能更加客观地测算公共教育支出的人力资本效率值。

第二节　我国公共教育支出效率空间溢出路径及效应测算

一、溢出路径分析

一般而言，各地区公共教育经费投入地方教育系统，为地方培养出各级各类人才，人才是人力资本的载体，人才的流动与迁徙会带来或者带走人力资本，产生溢出和溢入效应。就公共教育支出效率空间溢出路径而言，主要就是人才流动、外出务工和高等教育人群毕业外流等，区域间人力资本流动具体如图9－1所示。

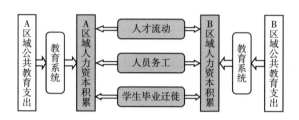

图9－1　区域人力资本溢入和溢出示意图

资料来源：笔者绘制。

从图9－1中可以看出，由于现代社会人才流动、外出务工、学生毕业异地就业本就是常态，区域之间随时面临着人力资本的溢入和溢出问题，溢出的主要路径是人才外流、人员外出务工和毕业生异地就业；反之，则为人力资本溢入路径。

二、溢出效应测算

人力资本的溢出和溢入效应核算需要根据路径进行具体分析，务工人员工作不稳定，流动性很强，具有短期效应，统计起来比较困难。考虑到数据基础，本书主要依据区域常住人口变化来大致估算溢出和溢入效应，具体公式如下：

$$L_{of} = (P_n - P_N - P_{n-1}) \times l_a \qquad (9-1)$$

式中，L_{of} 为人力资本溢出或溢入；P_n 为某区域第 N 年人口；P_N 为该区域第 n 年自然增长人口，由该区域第 n 年总人口乘以人口自然增长率计算所得；P_{n-1} 为该区域第 $n-1$ 年人口；l_a 为该区域第 n 年的人均人力资本，由于人力资本核算非常复杂，31个省份的人口流动质量无法精确计算，因此用平均值来替代，即该区域某年的人力资本溢出估算为人口流出或流入乘以当年的人均人力资本。基于该公式，我国31个省份2008～2017年人力资本溢出和溢入值估算值如表9－2所示。

表 9 - 2　　我国 31 个省份 2008 ~ 2017 年单位人力资本溢出估算值（名义值）　单位：亿元

地区		2008 年	2009 年	2010 年	2011 年	2012 年	2013 年	2014 年	2015 年	2016 年	2017 年	均值
东部	北京	20939	21384	25728	13572	11623	10948	8380	4001	- 2266	- 3405	11090
	上海	119078	121559	191172	92813	54959	68910	8606	- 43578	- 11907	- 21693	57992
	山东	154	- 18	5845	- 15	6	- 90	- 2102	14	- 1169	- 6821	- 420
	江苏	1850	2758	3867	1081	208	- 43	272	- 20	219	1708	1190
	浙江	3639	4760	18451	- 870	- 1723	- 680	- 3200	619	3937	6788	3172
	福建	321	366	413	404	201	330	472	446	445	434	383
	天津	7765	7350	10863	9162	10472	11784	9636	7248	3159	- 2527	7491
	河北	14	- 49	8179	- 5	- 14	- 25	- 35	- 34	- 34	51	805
	辽宁	723	1420	2291	741	670	109	- 15	- 799	- 385	- 908	385
	广东	14335	15685	23694	- 9	1804	- 1767	1973	7265	10083	10482	8354
	海南	87	161	- 211	11	194	22	24	22	- 227	120	20
中部	黑龙江	- 139	- 140	- 43	- 80	- 146	- 64	- 191	- 711	- 452	- 376	- 234
	吉林	- 372	- 776	- 796	- 518	- 669	- 719	- 830	- 646	- 569	- 1085	- 698
	河南	1270	683	- 8858	- 4914	- 2651	- 4332	- 3331	- 1091	- 813	- 3988	- 2803
	安徽	- 1435	- 3097	- 16522	- 2320	- 2039	94	1245	2323	1155	1207	- 1939
	江西	- 166	- 192	- 302	- 618	- 1546	- 1351	- 1327	- 963	- 1017	- 848	- 833
	湖北	- 215	- 748	- 1262	399	- 700	- 935	- 1414	974	462	- 2545	- 598
	湖南	- 475	- 722	7118	- 1122	- 45	662	122	41	- 612	- 517	445
	山西	- 6	- 42	7727	105	31	- 2	- 18	- 19	45	- 86	774
	内蒙古	279	290	349	107	- 98	- 38	- 204	- 3	72	- 58	70
西部	陕西	- 271	- 343	- 370	- 422	- 369	- 327	- 375	393	393	447	- 125
	甘肃	- 510	- 528	- 457	- 561	- 87	- 683	- 431	- 488	- 413	15	- 414
	宁夏	116	61	155	21	189	126	234	67	110	135	121
	青海	- 97	- 67	50	14	15	21	3	- 2	- 4	5	- 6
	四川	- 447	1476	- 10228	- 1381	166	608	696	3895	3384	608	- 122
	重庆	795	692	1428	2177	1409	1584	1252	1880	2404	2243	1586

续表

地区		2008 年	2009 年	2010 年	2011 年	2012 年	2013 年	2014 年	2015 年	2016 年	2017 年	均值
西部	贵州	−2659	−4182	−4530	−1987	−482	−202	−1206	138	186	−45	−1497
	广西	337	−86	−18483	−46	5	−37	−226	419	432	408	−1728
	云南	13	10	48	−24	−64	−65	−170	−192	−223	−271	−94
	西藏	0	52	54	−8	129	55	205	211	311	219	123
	新疆	606	281	168	41	−14	477	627	3190	1091	1955	842

资料来源：根据各类统计年鉴数据计算。

从表 9-2 中数据可以看出，东部的江苏、浙江和广东是主要的人力资本溢入地区，北京和上海由于生活成本等原因，有人口外流的趋势，山东由于经济下滑严重，工资水平偏低，人才流失十分严重，中部地区最近几年都处于人力资本溢出状态；而西部地区的重庆堪称明星地区，一直保持着较高的人力资本大额溢入，西藏和新疆地区由于政策优势，东部支援和本地生源大学生回归等原因，也呈现人力资本溢入状态，可见，人力资本的溢出和溢入并不像我们习惯性认为的西部和中部往东部溢出，东部地区也有不少地区存在人才流失溢出问题，区域异质性明显，尤其是最近几年随着西部大开发和中部崛起的成效，北京、上海、广州这些大城市的压力增大及中、西部人才政策的实施，人力资本的溢出和溢入呈现出一些新的特点。

第三节　我国各省份公共教育支出效率修正及聚类分析

一、我国各省份公共教育支出效率修正

人口流动必然造成人力资本的溢出和溢入，基于表 9-2 的数据可以对表 9-1 的数据进行处理，即用表 9-1 的数据加上人力资本溢出值（减去人力资本溢入值），才更接近该区域真实的公共教育支出人力资本效率值，具体修正公式如下：

$$L_{ir} = L_{in} - L_{of} \qquad (9-2)$$

式中，L_{ir} 为某地区公共教育支出人力资本效率修正值；L_{in} 为该地区公共教育支出

人力资本效率名义值；L_{of} 为该地区人力资本溢出或溢入值，其中溢入为正，溢出为负。

从修正后的地区均值来看，东部地区的 11 个省份的效率值略有降低，表明东部地区整体存在溢入效应；中部 9 个省份的效率值略有升高，表明中部地区整体存在溢出效应；西部 11 个省份的效率均值保持不变，表明西部地区人力资本外溢并不明显，这主要是重庆存在高溢入的带动、地理位置上比较遥远及国家支援西部和西部地区自身的人才优惠政策导致的，定量结论和定性分析基本一致。此外，由于公共教育支出人力资本效率受资金投入结构、地方教育政策、资金管理能力和人口流动等多种因素的影响，单纯的使用人口流动因素并不能完全修正地方公共教育支出的人力资本效率。由于发达程度和工作效率及使用的合理性，东部地区单位教育经费的人力资本效率年均值修正后为 562 亿元，高于中部地区的 529 亿元和西部地区的 356 亿元，但很明显东部地区和中部地区的均值差距不大，而西部地区差距比较明显，表明西部地区在教育经费的投入产出方面差距明显，需要从教育经费支出结构、管控、使用等多个方面着手，提升教育经费的使用效率。

二、我国各省份公共教育人力资本效率溢出效应聚类分析

传统上，我们习惯性把区域差异比较用东部、中部、西部进行聚类，但是从表 9 - 2 的分析结论可以看出，并不是所有的中、西部地区都人才外流，也不是所有的东部地区都充满吸引力，如西部地区有重庆这颗明星，陕西这几年也开始发力，积极招贤纳士；中部地区的安徽也是连续五年存在溢入效应，而东部地区的辽宁、河北和山东则存在明显的溢出效应，北京和上海最近两年也存在人才逃离问题，所以单纯地以地理位置聚类分析已经无法具体研究人力资本的溢出和溢入问题。因此，可以根据最近三年溢出和溢入的人力资本均值来进行聚类分析，分类标准与结果如表 9 - 3 和表 9 - 4 所示。

表 9 - 3　　　　　　　区域人力资本溢出和溢入分类标准表

溢出标准	基本均衡标准	溢入标准
年均人力资本流失≥100 亿元	-100 亿元 < 年均人力资本流入 < 100 亿元	年均人力资本流入≥100 亿元

资料来源：笔者绘制。

表 9 - 4　　　　　　　　我国 31 个省份人力资本溢出排名（实际值）　　　　单位：亿元

地区	三年均值排序	区域性质	地区	五年均值排序	区域性质	地区	十年均值排序	区域性质
上海	-21578		河南	-2134		河南	-2517	
山东	-2185		江西	-1078		安徽	-1957	
河南	-1625		吉林	-595		广西	-1699	
江西	-787		山东	-569		贵州	-1454	
吉林	-638		甘肃	-362	溢出地区	江西	-731	
辽宁	-581	溢出地区	湖北	-292		吉林	-627	
黑龙江	-430		贵州	-276		湖北	-537	溢出地区
北京	-427		黑龙江	-267		甘肃	-380	
湖南	-300		浙江	-220		山东	-262	
湖北	-291		云南	-122		四川	-230	
甘肃	-249		辽宁	-63		黑龙江	-204	
云南	-190		陕西	-56		陕西	-128	
海南	-24		内蒙古	-48		云南	-78	
山西	-16		河北	-24		青海	-7	基本均衡地区
河北	-5		青海	6	基本均衡地区	海南	20	
青海	0	基本均衡地区	山西	6		内蒙古	72	
内蒙古	3		海南	9		西藏	106	
贵州	78		湖南	34		宁夏	109	
宁夏	86		广西	99		福建	345	
西藏	206		江苏	110		辽宁	402	
陕西	343		宁夏	126		湖南	445	
广西	350		西藏	156		新疆	726	
福建	369		福建	326		山西	754	
江苏	522		安徽	451		河北	785	溢入地区
安徽	1309	溢入地区	新疆	913		江苏	1135	
新疆	1741		重庆	1468	溢入地区	重庆	1408	
重庆	1813		四川	1483		浙江	3008	
四川	2209		广东	3270		天津	6905	
天津	2240		北京	5766		广东	7817	
浙江	3124		天津	7378		北京	10616	
广东	7723		上海	14116		上海	56655	

注：数值均以 2008 年为基期进行过平减处理。

资料来源：根据各类统计年鉴数据计算。

　　根据表 9 - 4 中数据，可以从长期、中期、短期来看我国 31 个省域单位人力资本的溢出和溢入情况。

基于各省份十年均值长期来看，人力资本溢出的地区，除山东外，全部为中西部地区；而人力资本溢入的地区由北上广领衔，包括天津和重庆两个直辖市，以及江苏和浙江两个经济大省，这七大地区是主要的人力资本溢入地区；基本均衡的地区主要为地理位置偏远的云南、青海、内蒙古和海南。基本和传统预期一致。

基于各省份五年均值中期来看，人力资本溢出的地区由 12 个减为 10 个，除山东和浙江外，全部为中西部地区，其中浙江是由于 2014 年的极端值造成的，而人力资本溢入的地区由北京、上海、广州、天津领衔，四川、重庆和新疆也表现抢眼，这七大地区是主要的人力资本溢入地区，基本均衡的地区多达 9 个。

基于各省份三年均值短期来看，溢出地区依然以中西部地区为主，东部除山东外，上海和北京加入溢出行列，看来"逃离北上广"不仅仅是一句网络流行语，大城市的生存压力造成北京和上海一部分人力资本的外流，广东由于不同级别城市群的存在，反而是最大的溢入地区，天津"海河英才计划"成效初显，浙江得益于最近几年新经济的发展，逐渐成为溢入大户，四川、重庆、新疆和安徽 4 个中、西部省份短期依然表现抢眼。相对均衡的地区除青海、海南等偏远地区外，中部的山西、河北表现均衡。此外，西部的重庆和新疆短中长期来看，一直保持着人力资本溢入地位，中部的河南短中长期来看都是溢出大户，而东部的山东作为经济的发达地区，始终处于溢出地位。所以，31 个省域单位不能按照东、中、西的地理位置简单界定，短期来看，人力资本的溢出效应区域异质性十分明显，且与所处地理位置并无绝对关系。

第四节 问题与对策

一、教育投资绩效东高西低的基本态势没有改变，西部地区应积极提升公共教育支出绩效

从公共教育支出的人力资本效率来看，无论是修正前，还是修正后，西部地区与中东部都有较大的差距，相比于东西部单位公共教育支出 500 ~ 600 的人力资本效率值，西部地区平均只有 380 多，投入产出效率明显低于东中部。基于

此，建议我国广大西部地区，尤其是效率值不到 300 的西藏、新疆、青海和甘肃，积极学习东部地区的先进管理经验和模式，利用好国家相关政策，做好教育资金投入产出管理，尽可能提升教育资金的投入产出效率。例如，在投入结构方面，应因地制宜，做好区域结构、层级机构的分配，多倾斜落后地区和基础教育，同时在投入时间和过程中把控好时机，做好过程监督和管理，避免资金的闲置和浪费，进而提高资金使用效率；又如，加强培训，提高教育从业的待遇，积极提升教育工作者的责任心和积极性，让他们认识到教育和教育管理的重要性，在使用教育资金方面能够落到实处；等等。总之，西部地区公共教育支出绩效明显偏低，必须做好绩效管理和提升工作。

二、人口流动不是影响公共教育支出绩效的唯一因素，各地区避免人才外流的同时，必须做自身教育投资和人才管理工作

人口流动造成人力资本的空间溢出和溢入，但从我们对最近十年的公共教育支出的人力资本效率空间异质性研究来看，人口流动作为影响地区公共教育支出绩效的因素之一，并没有对地区公共教育支出绩效产生决定性的影响，人力资本从中西部往东部溢出的基本态势已经发生变化，各地区在避免人才外流的同时，做好自身教育投资绩效管理和人才引进工作。最近几年，天津市"海河英才计划"、西安力度空前的招贤纳士政策等在招才引智方面卓有成效。一些高素质人才在理性思考、权衡各种利弊之后，不乏"逃离北上广，投奔中、西部大城市"的选择，因此，人才抢夺战已经全面打响，即使基础设施良好、环境优美、充满机会和诱惑的广大沿海地区也不能掉以轻心，任何一个地区都必须在人才培养和引进，以及留住人才方面做好工作，才能为地方经济发展做好人力资本保障。

三、人力资本溢出和溢入基本态势已经发生根本变化，部分东部地区应着重考虑如何留住人才这一问题

从最近三年的人力资本空间流动情况来看，北京和上海作为我国最大的两个城市，曾因繁华和充满机会，成为人们追梦和筑梦的城市，吸引着全国各地的人才聚集和竞争，但是随着我国区域均衡发展和人们的理性回归，最近几年很多人选择了回到家乡的城市发展，北京和上海都产生了人力资本外溢的情况，人力资

本溢出和溢入基本态势已经发生根本变化，溢出大户前十名竟然全部是东、中部地区，而西部地区几乎全部跻身人力资本均衡和溢入行列。所以东部各省份必须着重考虑如何留住人才的问题，即便是北京和上海这类大城市也不能掉以轻心，必须发挥城市基础良好、知识资源丰富的优势，采用适当的人才战略，留住和吸引更多的高水平人才。

四、个别省市人力资本溢出特别严重，需要采取更加有效的措施做好人才管理工作

所谓个别省份，主要指的是东部的山东和中部的河南。山东和河南有一些共同点，都是人口大省，且优质高校比较少，所以基础教育投入较高，公共教育支出人力资本绩效值并不低，但在所做的人力资本溢出测算中，山东省是东部地区唯一一个人力资本溢出的省份，人力资本长期来看溢出排名第9，中期升至第4，短期升至第2，自身高等教育人才培养并不领先，却存在严重的人力资本外流，这无疑给山东省经济发展带来了严重的人才危机，这与山东落后的产能结构和自身区域发展不均衡严重相关，最近几年山东省政府意识到了该问题，在国家政策支持下，大力建设新旧动能转换综合试验区的同时，积极实施"双招双引"政策，招才引智，吸引和留住人才；河南省人力资本外溢更加严重，长期和中期溢出均排名第1，短期排名第3，人力资本外溢情况可以说在全国处于"龙头地位"，基于此，希望河南省政府能够组织专家队伍，学习重庆、陕西、天津等在人才管理方面积累了先进经验的省份，做好诊断和人才管理规划，在吸引人才困难的情况下，尽可能做好留住人才工作，避免与其他省份的差距越拉越大。

第五节　本章小结

综上所述，针对党的十九大报告重点提到的区域均衡发展和大力发展教育事业问题，本章从公共教育支出绩效及其空间溢出的异质性出发，对我国31个省份教育投资的人力资本效率和人口流动引致的人力资本溢出和溢入问题进行了系统分析。研究表明，我国广大西部地区的公共教育支出绩效明显低于东中部地区，但人力资本外溢情况并不严重，短期甚至出现溢入现象。此外，人口流动并

不能对地方教育支出绩效产生决定性的影响，且人力资本溢出和溢入基本态势已经发生根本变化，地区异质性明显，短期来看，北京、上海、山东和河南等中东部地区已经出现了严重的人力资本外溢问题。基于此，提出了西部地区的重点是提高公共教育支出的绩效，而广大中、东部地区更应该切实做好人才管理工作等对策建议，以供参考。

第十章　我国公共教育支出经济绩效的空间溢出效应*

　　新时代背景下，教育作为促进经济发展的重要引擎，对经济结构调整和区域经济协同发展具有广泛而深远的现实意义。现阶段我国社会主要矛盾已经转化为人民日益增长的美好生活需要和不平衡不充分的发展之间的矛盾，而区域发展的不平衡是其中非常重要的一个方面，公共教育支出在促进区域均衡发展、解决社会主要矛盾方面将发挥重要作用。尽管教育投入的增加促进了我国总体教育事业的发展，但各地区经济发展与教育水平存在明显的区域差异性。同时教育是具有明显外部性的准公共物品，人力资本流动和知识溢出决定了教育支出不仅会促进当地经济发展，还会对邻近地区的经济水平造成影响。伴随我国区域协调发展战略的推进，资本、信息、劳动力等要素流动加快，区域间教育事业发展的关联性和竞争性逐步加强。因此，做好教育溢出对各地区经济发展影响的研究，对于在新形势下促进我国区域协调发展，形成优势互补、高质量发展的区域经济布局具有重要意义。

第一节　我国公共教育支出区域差异与空间特征分析

一、我国公共教育支出区域差异性分析

（一）公共教育支出现状描述

　　21 世纪以来，受益于良好的宏观经济形势，我国的教育事业获得了突破性

---

* 注：相关论文已发表于 CSSCI 来源期刊：《教育与经济》2021 年第 3 期。

成就，公共教育支出逐年大幅增加。2000～2018年，我国公共教育支出从2562.61亿元增加到30438.24亿元，增长了近12倍，年均增长率高达14.74%，且公共教育支出占GDP的比重已连续7年超过4%，进入"后4%"时代，可见我国对教育事业愈加重视。然而，世界所有国家公共教育支出比例的中位数于2000年就已经达到了4.5%，部分发达国家已经超过6%，甚至达到7%的水平，相比之下我国公共教育支出水平还较低。同时，由于我国国土面积辽阔，各地区经济基础、文化底蕴和地理环境存在显著差异，导致区域经济发展不均衡，各地区公共教育支出现状也有较大差异，其对经济增长的推动作用也会因基础条件的不同而有较大差异。

由于公共教育支出主要来源于政府财政收入，所以经济基础较好的东部地区在公共教育支出总量方面相较于中、西部地区有显著优势。表10-1给出了2000～2018年我国东、中、西部公共教育支出相关数据，从中可以看出，东部地区公共教育支出明显高于中、西部地区，但是从2000年至今的年均增长率来看，中、西部地区略高于东部地区，区域间差异有进一步缩小的趋势。从各省域单位数据来看①，2018年教育投入最高的三个地区为广东、江苏和山东，分别为2126.45亿元、1503.04亿元和1446.80亿元，这三个地区教育投入总和占到全国总数的22.34%，而教育投入最低的三个地区西藏、青海和宁夏的投入总和仅占全国总量的2.04%，其中广东省教育投入更是宁夏的16倍，区域差异十分明显。

表10-1　　　　　　2000～2018年东、中、西部公共教育支出情况　　　　金额单位：亿元

地区	2000年	2005年	2010年	2015年	2016年	2017年	2018年	2000～2018年均增长率（%）
东部	1197.4	2351.3	5050.4	8620.3	9099.7	9818.2	10482.5	12.8
中部	604.9	1146.7	2908.9	5265.1	5560.5	5918.3	6201.8	13.8
西部	480.9	946.2	2709.0	4979.6	5301.0	5701.2	6037.4	15.1

注：数据来源于2001～2019年《中国教育经费统计年鉴》，且以2000年为基期进行平减处理。

考虑到区域间学生数量分布差异较大，因此采用生均教育支出进行分析比支出总量更具代表性。表10-2给出了我国东、中、西部生均教育支出的相关数

① 具体数据作者已留存，如有读者需要，请向作者索要，在此省略。

据。从表 10 - 2 中可以看出，2000 年东部地区生均教育支出相较于中、西部地区的比例与支出总量大致相同，但是到 2018 年，中、西部地区生均教育支出的增长比例明显高于支出总量的增长比例。从各省域单位数据来看，教育支出总量排名靠前的河北、安徽、山东、河南和四川等地，生均教育支出却常年低于全国平均水平。而吉林、青海、天津、西藏等地，尽管公共教育总支出不高，但是生均教育支出水平却明显优于全国平均水平。总体来看，全国只有北京、浙江和江苏地区的公共教育支出总量和生均教育支出均处于全国领先水平。从生均教育支出来看，各地区间差异也十分明显。

表 10 - 2　　　　　2000 ~ 2018 年东、中、西部生均公共教育支出情况　　金额单位：亿元

地区	2000 年	2005 年	2010 年	2015 年	2016 年	2017 年	2018 年	2000 ~ 2018 年均增长率（%）
东部	1446.6	2822.8	6356.9	10962.2	11401.0	12056.6	12521.8	12.7
中部	766.8	1453.8	3779.5	7681.2	8014.8	8396.5	8615.4	14.4
西部	828.6	1538.5	4445.7	8790.2	9287.5	9856.7	10217.9	15.0

注：数据来源于 2001 ~ 2019 年《中国教育经费统计年鉴》，且以 2000 年为基期进行平减处理。

（二）公共教育支出区域差异系数分析

为了分析公共教育支出的区域差异程度和变化趋势，此处借助区域差异系数进行定量分析。用于表示区域差异程度的指标通常有锡尔系数 I_t、变异系数 V_t 和泰尔指数 TI_t，数值越大表示测度指标区域差异程度越高，反之则越小。其中，泰尔指数还可以表示与基准指标相比的区域分布差异程度，三个指标的表达式如公式（10 - 1）、公式（10 - 2）和公式（10 - 3）所示。

$$I_t = \left[\sum_{i=1}^{m} (\log \overline{N}_t / N_{ti}) \right] \div m \qquad (10 - 1)$$

$$V_t = \sqrt{\sum_{i=1}^{m} (N_{ti} - \overline{N}_t)^2 \Big/ m} \div \overline{N}_t \qquad (10 - 2)$$

$$TI_t = \sum_{i=1}^{m} \frac{N_{ti}}{N_t} \ln \frac{N_{ti} / N_t}{P_{ti} / P_t} \qquad (10 - 3)$$

式中，$\overline{N}_t$ 为 t 时期各地区相应指标均值，N_{ti} 为 t 时期 i 地区相应指标数值，N_t 表

中国公共教育支出绩效及其区域异质性研究

示 t 时期所有地区相应指标总和，m 取值31，代表测度地区个数。公式（10 - 3）中 P_{it} 与 P_t 分别表示 t 时期基准指标 i 地区数值和所有地区数值总和。将我国31个省域单位的生均教育支出数据代入上述表达式中，并选取人口数量和地区生产总值作为泰尔指数 TI_t 的基准指标，运算结果如表10 - 3 和图10 - 1 所示。

表 10 - 3　　　　　　　　　生均教育支出差异系数运算结果

年份	锡尔系数	变异系数	泰尔指数	
			基于人口	基于 GDP
2000	0.190	0.834	0.900	0.579
2001	0.182	0.793	0.892	0.584
2002	0.183	0.792	0.899	0.592
2003	0.202	0.830	0.934	0.610
2004	0.212	0.865	0.953	0.632
2005	0.222	0.897	0.987	0.625
2006	0.207	0.877	0.947	0.579
2007	0.175	0.787	0.878	0.577
2008	0.152	0.718	0.818	0.554
2009	0.138	0.660	0.794	0.557
2010	0.138	0.644	0.794	0.556
2011	0.136	0.631	0.798	0.561
2012	0.116	0.577	0.739	0.532
2013	0.117	0.592	0.717	0.520
2014	0.123	0.606	0.761	0.569
2015	0.108	0.560	0.746	0.588
2016	0.103	0.557	0.723	0.555
2017	0.106	0.564	0.749	0.592
2018	0.107	0.568	0.749	0.585

注：数据来源于2001 ~2019 年《中国教育经费统计年鉴》和《中国统计年鉴》，并基于公式（10 - 1）、公式（10 - 2）和公式（10 - 3）运算所得。

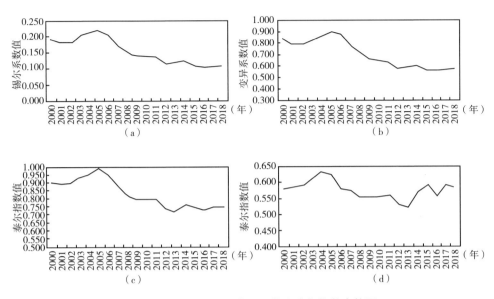

图 10 – 1　锡尔系数、变异系数和泰尔指数走势图

（a）锡尔系数；（b）变异系数；（c）基于学生数量分布的泰尔指数；（d）基于 GDP 分布的泰尔指数
　资料来源：笔者绘制。

　　从各区域差异系数走势可以看出，2005 年之前，区域间生均教育支出差异程度处于上升阶段，之后差异程度处于下降趋势，表明区域间教育水平有公平化发展的趋势。从基于学生数量分布的泰尔指数来看，2012～2018 年的差异程度变化不大，但基于 GDP 分布的泰尔指数有上升趋势。这说明尽管生均教育支出的区域差异程度有所减少，但是区域教育资源配置与学生数量和经济发展水平分布相比，仍存在很大差异，未来的重点应该放在优化教育资源配置上。

二、我国公共教育支出空间相关性分析

（一）ESDA 方法

　　"地理学第一定律"指出，任何事物之间都具有相互关联性，但距离较近事物的关联性强于较远事物。因此，在分析教育支出与经济增长之间的联系时，需要考虑不同地区之间的关联性。空间自相关分析既能揭示教育支出的时空变化特征，又是构建空间面板计量模型的必要条件。本章借助探索性空间数据分析

（exploratory spatial data analysis，ESDA）中的全域和局域空间相关性指数，检验我国各省域单位教育支出是否存在显著的空间依赖性，并借助时空跃迁（space-time transitions）测度法分析空间自相关类型的变化。在全域空间相关性检验方面，大多数学者通常采用澳大利亚统计学家帕特里克·莫兰（Patrick Moran，1950）提出的全域莫兰指数（Global Moran's I）进行测度。相应计算公式如下：

$$\text{Moran's I} = \frac{n \sum\limits_{i=1}^{n} \sum\limits_{j=1}^{n} w_{ij}(x_i - \bar{x})(x_j - \bar{x})}{\sum\limits_{i=1}^{n} \sum\limits_{j=1}^{n} w_{ij} \sum\limits_{i=1}^{n} (x_i - \bar{x})^2} \quad (10-4)$$

式中，n 为研究样本个数；x_i 为 i 地区的观测值；$\bar{x}$ 为所有地区的观测均值；w_{ij} 为 $N \times N$ 空间权重矩阵 $\boldsymbol{W}$ 的元素，表示 i 地区与 j 地区之间的邻近关系，此处采用 0－1 邻接。全域 Moran's I 指数取值介于 －1 和 1 之间（包含 －1 和 1），当指数大于 0 时，表示观测值存在空间正相关，当指数小于 0 时，表示观测值存在空间负相关，且指数绝对值越大，空间相关度越高，反之则越小。若只考虑整体空间集聚状况可能会忽略局部地区的非典型性特征，因此需借助美国经济学家吕克·安塞林（Luc Anselin，1995）提出局域莫兰指数，又称安塞林局部莫兰指数（Anselin Local Moran's I），对我国各省域单位生均教育支出进行局域空间相关性分析，以反映区域间的空间关联程度。相应计算公式如下：

$$I_i = \frac{(x_i - \bar{x}) \sum\limits_{j=1}^{n} w_{ij}(x_i - \bar{x})}{\sum\limits_{j=1, j \neq i}^{n} x_i / (n-1) - \bar{x}^2} \quad (10-5)$$

式中，相关变量解释与公式（10－4）相同，此处不再重复阐述。局域空间相关性通常借助 Moran's I 散点图来呈现，Moran's I 散点图分为 H－H（高值与高值）、L－H（低值与高值）、L－L（低值与低值）和 H－L（高值与低值）四个象限，分别对应四种不同类型的局域空间相关关系。第一象限（H－H）表示高值区域被高值区域包围；第二象限（L－H）表示低值区域被高值区域包围；第三象限（L－L）表示低值区域被低值区域包围；第四象限（H－L）表示高值区域被低值区域包围。

（二）空间权重矩阵设置

在进行 ESDA 分析之前，需要先定义空间权重矩阵。空间权重矩阵是构建空间计量模型的重要组成部分，本章基于多维距离视角，构造以下四类矩阵进行研究。

（1）0－1 邻接权重矩阵（W_1）。0－1 邻接矩阵只考虑地理邻接关系，若两地区相邻，则矩阵对应元素取值为 1，否则取值为 0。对于"相邻"的刻画规则，主要有线性相邻、车相邻、象相邻和后相邻等，本章选取后相邻规则刻画 0－1 邻接权重矩阵，即只要两个空间观测单位在地理范围上有一条共同边界或一个共同点，则视为空间相邻，矩阵元素如下：

$$w_{ij} = \begin{cases} 1, & i \neq j \text{ 且 } i \text{ 与 } j \text{ 相邻} \\ 0, & i = j \text{ 或 } i \text{ 与 } j \text{ 不相邻} \end{cases} \tag{10-6}$$

（2）地理距离权重矩阵（W_2）。空间观测单位并不一定处于相邻位置才会产生相互影响，且 0－1 邻接矩阵具有拓扑不变性，对拓扑转换不敏感，会忽略区域差异所带来的影响，因此引入地理距离矩阵来衡量观测单位间的空间相关性，相应形式如下：

$$w_{ij} = \begin{cases} 0, & i = j \\ \dfrac{1}{d_{ij}}, & i \neq j \end{cases} \tag{10-7}$$

矩阵元素为两地区之间距离 d_{ij} 的倒数，本章选取各省会城市之间最短公路里程数来表示各省域单位之间的地理距离。

（3）经济距离权重矩阵（W_3）。经济水平相近的空间单元之间也会产生交互影响，因此需要将经济因素纳入考虑范围。本章选取各省域单位人均 GDP 差额绝对值的倒数作为经济距离矩阵的元素，相应形式如下：

$$w_{ij} = \begin{cases} 0, & i = j \\ \dfrac{1}{\left| \bar{Y}_i - \bar{Y}_j \right|}, & i \neq j \end{cases} \tag{10-8}$$

式中，$\bar{Y}_i$ 和 $\bar{Y}_j$ 分别为区域 i 和区域 j 的人均 GDP 均值。

（4）地理经济距离嵌套权重矩阵（W_4）。为同时考虑地理和经济因素，将 W_2 矩阵和 W_3 矩阵作加权处理，用 $\varphi W_2 + (1-\varphi) W_3$ 的形式进行研究，本章借鉴邵帅等（2016）的设定方法，φ 取值为 0.5。

（三）全域空间相关性分析

用 Stata14.0 软件对 2000 ~ 2018 年我国各省域单位生均教育支出进行全域 Moran's I 指数测算，结果如表 10 - 4 和图 10 - 2 所示。四种空间权重矩阵的全域 Moran's I 指数在样本期内均为正值，除个别年份外均在相应水平上通过了显著性检验，说明研究期间内我国生均教育支出存在显著的空间集聚特征，即生均教育支出较高的地区和较低的地区均趋于相邻，在地理空间上呈现出"H - H"或"L - L"的集聚态势。2013 年之前，各省域单位生均教育支出的空间相关性逐步升高，之后呈现下降趋势，空间集聚性减弱。从不同空间权重矩阵来看，以经济距离权重矩阵为基础测算的全域 Moran's I 指数最高，说明区域间生均教育支出与经济发展水平的相关性高于空间地理位置的相关性。由于以地理距离权重矩阵为基础测算的全域 Moran's I 指数明显低于其余 3 个矩阵，所以下文以 W_1、W_3 和 W_4 为基础进行分析。

表 10 - 4   2000 ~ 2018 年我国生均教育经费全域 Moran's I 指数

年份	0 - 1 邻接权重矩阵 W_1	地理距离权重矩阵 W_2	经济距离权重矩阵 W_3	地理经济距离嵌套权重矩阵 W_4
2000	0.172 **	0.026 **	0.296 ***	0.161 ***
2001	0.196 **	0.037 **	0.311 ***	0.174 ***
2002	0.181 **	0.031 **	0.297 ***	0.164 ***
2003	0.190 **	0.037 **	0.301 ***	0.169 ***
2004	0.187 **	0.036 **	0.298 ***	0.167 ***
2005	0.185 **	0.034 **	0.292 ***	0.163 ***
2006	0.203 **	0.040 **	0.313 ***	0.177 ***
2007	0.187 **	0.035 **	0.296 ***	0.166 ***
2008	0.218 **	0.044 ***	0.305 ***	0.175 ***
2009	0.244 ***	0.051 ***	0.300 ***	0.176 ***
2010	0.273 ***	0.062 ***	0.304 ***	0.183 ***
2011	0.286 ***	0.069 ***	0.313 ***	0.191 ***
2012	0.275 ***	0.063 ***	0.302 ***	0.183 ***

续表

年份	0－1邻接权重 矩阵 W_1	地理距离权重 矩阵 W_2	经济距离权重 矩阵 W_3	地理经济距离嵌套 权重矩阵 W_4
2013	0.285***	0.076***	0.326***	0.201***
2014	0.273***	0.066***	0.297***	0.182***
2015	0.194**	0.036**	0.234***	0.135***
2016	0.161*	0.022*	0.243***	0.133***
2017	0.155*	0.018	0.224***	0.121***
2018	0.158*	0.017	0.229***	0.123***

注：*、**、***分别表示相关回归结果在10%、5%和1%水平下显著。
资料来源：笔者计算。

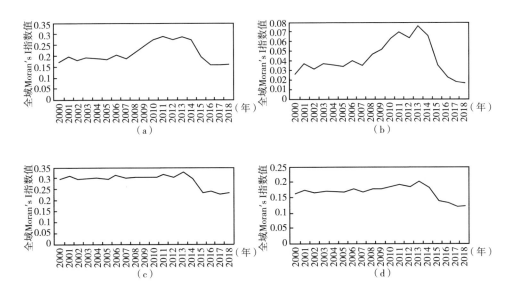

图10－2　2000～2018年我国生均教育支出全域Moran's I指数走势图

（a）0－1邻接权重矩阵；（b）地理距离权重矩阵；（c）经济距离权重矩阵；（d）地理经济距离嵌套权重矩阵
资料来源：笔者绘制。

（四）局域空间相关性分析

为进一步分析省域单位教育支出区域分布的非典型性特征，特截取2000年、2010年和2018年三个年份的生均教育支出进行局域相关性分析。结合这三个年份生均教育支出的Moran's I散点图和空间分布图可以看出，我国生均教育经费的局域空间集聚特征明显，大部分地区位于第三象限，即低值与低值集聚（L－L）区域。2010 年以来，部分中西部地区已经从 L－L 类型区域中迁出，但是部分东中部地区依然处在 L－L 类型区域中。像广东、山东和河南等东部地区，教育支出总量处于全国领先水平，但是生均教育支出相对落后，常年位于低值集聚区域。而像青海、西藏和新疆等西部地区，尽管教育总支出不高，但是生均教育水平相对较高，近年来逐渐迁出低值集聚区域，表明我国当前教育资源和学生资源分布不匹配，需进一步优化资源配置。

2000 年，生均教育支出属于 H－H 型和 L－L 型的地区数量分别为 5 个和 16 个，占全国总数的 68%，而 L－H 型和 H－L 型的地区仅占 32%，表明我国生均教育支出在地理空间分布上呈现出明显的二元结构。2010 年，H－H 型和 L－L 型地区分别增加了 4 个和 1 个，说明 2000～2010 年我国生均教育支出的空间集聚程度有所增强。与 2010 年相比，2018 年 H－H 型地区数量减少了 4 个，说明我国生均教育经费的空间差异程度有进一步缩小的趋势。

为从时间角度探讨生均教育支出的空间集聚特征，本章采用时空跃迁测度法，将我国 31 个省域单位划分为 4 种类型，分析不同时间段各类型区域数量的增减变动，来探寻我国生均教育支出的时空跃迁规律。Ⅰ型表示某地区的相对跃迁；Ⅱ型表示空间邻近地区的跃迁；Ⅲ型表示某地区与其邻近地区同时发生跃迁；Ⅳ型表示稳定状态，没有发生跃迁；具体时空跃迁矩阵如表 10－5 所示。由表 10－5 可以看出，时空跃迁矩阵中主对角线上的元素均为Ⅳ型地区，样本区间内三个时间段Ⅳ型地区占总地区数量比重分别为 71%、77% 和 71%，表明我国生均教育支出的分布有一定的空间锁定或路径依赖性；而各时间段跃迁至 L－L 型的地区比重分别均为 55%，跃迁至 H－H 型的地区比重分别为 29%、16% 和 16%，表明生均教育支出较低和较强地区的空间集聚程度有减弱趋势，生均教育支出区域分布有公平化趋势。

表 10－5   时空跃迁矩阵

年份	类型	H－H	L－H	L－L	H－L
2000～2010 年	H－H	Ⅳ（京津沪苏浙）	Ⅰ	Ⅲ	Ⅰ
	L－H	Ⅰ（新）	Ⅳ（冀吉黑）	Ⅱ（琼闽）	Ⅲ
	L－L	Ⅲ	Ⅱ（甘）	Ⅳ（晋皖赣鲁豫鄂湘桂渝黔川滇陕宁）	Ⅰ（蒙）
	H－L	Ⅱ（辽藏青）	Ⅲ	Ⅰ（粤）	Ⅳ

续表

年份	类型	H－H	L－H	L－L	H－L
2010～ 2018年	H－H	Ⅳ（京津沪浙青）	Ⅰ（苏新）	Ⅲ（辽）	Ⅰ（藏）
	L－H	Ⅰ	Ⅳ（冀吉黑）	Ⅱ（甘）	Ⅲ
	L－L	Ⅲ	Ⅱ（川滇）	Ⅳ（晋皖闽赣鲁豫鄂湘桂渝黔粤琼陕宁）	Ⅰ
	H－L	Ⅱ	Ⅲ	Ⅰ	Ⅳ（蒙）
2000～ 2018年	H－H	Ⅳ（京津沪浙）	Ⅰ（苏）	Ⅲ	Ⅰ
	L－H	Ⅰ	Ⅳ（冀吉黑新）	Ⅱ（琼闽）	Ⅲ
	L－L	Ⅲ	Ⅱ（川滇）	Ⅳ（晋皖赣鲁豫鄂湘桂渝黔陕甘宁）	Ⅰ（蒙）
	H－L	Ⅱ（青）	Ⅲ	Ⅰ（辽粤）	Ⅳ（藏）

资料来源：笔者绘制。

研究期间内，一直处于H－H型地区的有北京、天津、上海和浙江，均为东部地区。而2000～2010年，新疆、辽宁、西藏和青海跃迁至H－H型地区，但是截至2018年，除青海外都迁出了H－H型地区。2000～2018年，福建、广东、海南和辽宁跃迁入L－L型地区，均为东部地区，说明当地生均教育支出相对周围地区有所下降。而内蒙古、四川和云南均逐步迁出了L－L型地区，说明当地生均教育支出较之于周围地区有所提升。总体来看，生均教育支出较高的地区主要集中于东部地区，但也有部分地区的生均教育支出偏低。西部地区的生均教育支出水平提升最为明显，发展较快，说明国家近年来支援西部建设的政策取得了明显成效。值得重点关注的是中部地区，常年处于低值集聚区域，在教育水平上呈现出"中部塌陷"现象，生均教育支出过低，以后应该加大教育支出力度。

第二节　我国公共教育支出经济绩效空间溢出效应测评

一、变量选取与模型构建

（一）变量选取和数据说明

考虑到数据的可得性，本章选取我国31个省域单位作为研究单元，包括22个省、4个直辖市和5个自治区。研究所用数据均来源于2001～2019年《中国（及各省域）统计年鉴》、《中国教育经费统计年鉴》和《中国就业与人口统计年鉴》，且绝对量以2000年为基准进行平减处理。

被解释变量：经济发展水平（*pgdp*）。地区生产总值可以用来衡量某地区的经济发展水平，但是由于各地区人口差异较大，人均地区生产总值更能代表某地区的经济发展水平，用地区生产总值除以年末人口数表示。

核心解释变量：教育支出水平（*sedu*）。鉴于地区间教育水平发展有较大差异，各地区学生数量差别也较大，且教育经费主要针对学生群体投入，生均教育经费支出比教育经费总支出更能代表某地区教育支出水平。此处用地区公共教育经费除以当地学生数量表示，其中公共教育经费不包含中央转移支付部分。

为减少变量遗漏可能带来的内生性偏误，特添加以下控制变量：

（1）城市化水平（*city*）。城市化可以吸收农村剩余劳动力，改善地区产业结构，提高区域整体经济发展水平，也能够为教育事业发展提供基础保障，提升教育经济绩效，用非农人口占地区总人口比重来表示。

（2）贸易开放度（*trade*）。随着世界经济一体化程度加深，国际贸易对我国经济的影响力逐渐增强，且国际贸易对于高学历人才需求较大，因此需引入贸易开放度作为控制变量，用我国进出口总额占 GDP 比重来表示。

（3）物质资本水平（*k*）。物质资本为经济增长提供最基本的物质基础，用永续盘存法核算，相应公式为 $k_{it} = k_{it-1} \times (1-\delta) + I_{it} \div P_{it}$。其中，$I_{it}$ 为当年固定资产投入量；P_{it} 为相应价格指数；δ 为折旧率，本章借鉴张军等（2004）的研究方法，取 δ 值为 9.6%。

（4）人力资本水平（*h*）。人力资本作为推动经济增长的直接因素，其受教育水平的高低会影响对经济增长的推动作用。本章借鉴方超（2018）的研究方法，用劳动力平均受教育年限来表示人力资本水平，相应公式为：劳动力平均受教育年限＝［小学（文化程度人口）×6＋初中×9＋高中×12＋大学×16＋研究生×20］÷样本人口总数。

（5）交通便利程度（*traf*）。便利的交通基础设施能够更好地连接市场，降低运输成本，激发区域经济活力，用每万平方公里拥有的公路里程数来表示。

为缓解变量差距过大带来的异方差问题，对人均地区生产总值、生均教育经费、物质资本水平和交通便利程度取对数。

（二）空间权重矩阵的设置和模型构建

1. 空间权重矩阵设置

为了进一步分析区域间教育溢出效应，需要对空间权重矩阵 **W** 做进一步处理。本章借鉴何兴强和王利霞（2008）的处理方法，进行如下调整：如果两个观测单元同处某一区域，则相应矩阵元素值为 0；如果两个观测单元不处于同一区域，则相应矩阵元素值为两观测单元间地理或经济因素的函数。以东部地区和中部地区为例，在考虑东、中部之间的溢出效应时，假设区域 1、2 位于东部地区，区域 3、4 位于中部地区，则将东部地区之间和中部地区之间的元素值设定为 0，只保留东、中部地区之间的元素，相应空间权重矩阵形式如下：

$$\boldsymbol{W} = \begin{bmatrix} 0 & 0 & w_{1,3} & w_{1,4} \\ 0 & 0 & w_{2,3} & w_{2,4} \\ w_{3,1} & w_{3,2} & 0 & 0 \\ w_{4,1} & w_{4,2} & 0 & 0 \end{bmatrix} \tag{10-9}$$

以此为基础，在分析各省域单位教育溢出效应时，只考虑某地区与其余地区之间的空间联系，不考虑其余地区之间的空间关联性。以北京市为例，空间权重矩阵只保留北京市与其他地区的空间关联性，而其他地区间的元素均设置为 0。

2. 模型构建

为保证计算结果的准确性，根据理论部分的分析，分别构建空间自回归模型（SAR）、空间误差模型（SEM）和空间杜宾模型（SDM），并从中选择最优模型进行后续分析。将所选取变量代入式中，构建模型如下：

$$\begin{aligned} \ln pgdp_{i,t} = {} & C + p\boldsymbol{W}\ln pgdp_{i,t} + \beta_1 \ln sedu_{i,t} + \beta_2 city_{i,t} + \beta_3 trade_{i,t} \\ & + \beta_4 \ln k_{i,t} + B_5 h_{i,t} + \beta_6 \ln traf_{i,t} + \varepsilon_{i,t} \end{aligned} \tag{10-10}$$

$$\begin{aligned} \ln pgdp_{i,t} = {} & C + \beta_1 \ln sedu_{i,t} + \beta_2 city_{i,t} + \beta_3 trade_{i,t} + \beta_4 \ln k_{i,t} \\ & + \beta_5 h_{i,t} + \beta_6 \ln traf_{i,t} + u_{i,t} u_{i,t} \\ = {} & \lambda \boldsymbol{W} u_{i,t} + \varepsilon_{i,t} \end{aligned} \tag{10-11}$$

$$\begin{aligned} \ln pgdp_{i,t} = {} & C + \rho\boldsymbol{W}\ln pgdp_{i,t} + \beta_1 \ln sedu_{i,t} + \beta_2 city_{i,t} + \beta_3 trade_{i,t} \\ & + \beta_4 \ln k_{i,t} + \beta_5 h_{i,t} + \beta_6 \ln traf_{i,t} + \beta_7 \boldsymbol{W}\ln sedu_{i,t} \\ & + \beta_8 \boldsymbol{W}city_{i,t} + \beta_9 \boldsymbol{W}trade_{i,t} + \beta_{10} \boldsymbol{W}\ln k_{i,t} + \beta_{11} \boldsymbol{W}h_{i,t} \\ & + \beta_{12} \boldsymbol{W}\ln traf_{i,t} + \varepsilon_{i,t} \end{aligned} \tag{10-12}$$

仅构建静态空间面板计量模型可能存在由解释变量与扰动项存在相关关系而引起的内生性问题，因此，引入被解释变量的时间滞后项 Y_{t-1} 和时空滞后项

WY_{t-1}，构建动态空间面板计量模型，能够有效解决内生性问题，也更加符合实际，以 SDM 为例，相应表达式如下：

$$\ln pgdp_{i,t} = C + \rho \mathbf{W}\ln pgdp_{i,t} + \alpha \ln pgdp_{i,t-1} + \gamma \mathbf{W}\ln pgdp_{i,t-1} + \beta_1 \ln sedu_{i,t}$$
$$+ \beta_2 \ln city_{i,t} + \beta_3 trade_{i,t} + \beta_4 \ln k_{i,t} + \beta_4 \ln h_{i,t} + \beta_6 \ln traf_{i,t}$$
$$+ \beta_7 \mathbf{W}\ln sedu_{i,t} + \beta_8 \mathbf{W}\ln city_{i,t} + \beta_9 \mathbf{W}trade_{i,t} + \beta_{10}\mathbf{W}\ln k_{i,t}$$
$$+ \beta_{11}\mathbf{W}\ln h_{i,t} + \beta_{12}\mathbf{W}\ln traf_{i,t} + \varepsilon_{it} \qquad (10-13)$$

与普通面板回归不同，当空间面板计量模型中被解释变量的空间滞后项系数 ρ 显著不为零时，需要对解释变量的系数进行拆解，来分析解释变量对被解释变量的直接效应和间接效应，因此需要对空间计量模型表达式做相应变换，以 SDM 模型为例，将表达式中被解释变量空间滞后项移至等式左边后做如下变换：

$$Y = (I_N - \rho \mathbf{W})^{-1}(X\beta + \mathbf{W}X\theta) + (I_N - \rho \mathbf{W})^{-1}\varepsilon \qquad (10-14)$$

据此可以求出被解释变量 Y 对第 k 个解释变量 x_k 的 N 个空间单位（x_{ik}，$i = 1,\cdots,N$）的偏导数矩阵，即：

$$\left[\frac{\partial Y}{\partial x_{1k}}\cdots\frac{\partial Y}{\partial x_{Nk}}\right] = \begin{bmatrix} \dfrac{\partial y_1}{\partial x_{1k}} & \cdots & \dfrac{\partial y_1}{\partial x_{Nk}} \\ \vdots & \ddots & \vdots \\ \dfrac{\partial y_N}{\partial x_{1k}} & \cdots & \dfrac{\partial y_N}{\partial x_{Nk}} \end{bmatrix}$$

$$= (I_N - \rho \mathbf{W})^{-1}\begin{bmatrix} \beta_k & w_{12}\theta_k & \cdots & w_{1N}\theta_k \\ w_{21}\theta_k & \beta_k & \cdots & w_{2N}\theta_k \\ \vdots & \vdots & & \vdots \\ w_{N1}\theta_k & w_{N2}\theta_k & \cdots & \beta_k \end{bmatrix} \qquad (10-15)$$

勒萨吉和佩斯（Lesage & Pace，2009）指出，式（10-15）中右边矩阵对角线上元素的平均值为直接效应，表示本地特定解释变量对本地被解释变量的平均影响。而矩阵中非对角线元素所对应的行或列的均值为间接效应，行元素之和的均值表示除本地外其他所有地区特定解释变量变化对本地解释变量的平均影响，列元素之和的均值表示本地特定解释变量变化对其他所有地区解释变量的平均影响，通常这两种计算方法的结果是相同的。

二、我国公共教育支出经济绩效空间溢出效应的测算

(一) 全样本空间溢出效应分析

我国省域单位生均教育支出呈现出显著的空间相关性，表明省域间教育支出强度存在空间交互效应。因此，可以使用空间面板计量模型进行回归分析，以避免传统面板计量模型忽略空间交互效应可能带来的模型设定与计算结果偏误。本章结合 LM 检验、LR 检验和 Wald 检验，综合判断空间效用的作用机制，选取最优模型进行后续分析。LM 检验依据安塞林（2006）的方法，通过将横截面 n 维空间权重矩阵 $W_{n \times n}$ 转化为面板数据中获得 $nt \times nt$ 维的空间权重矩阵 $W_{nt \times nt}$ 来进行检验，结果如表 10－6 所示。

表 10－6　　　　　　　　　基于 OLS 模型的 LM 检验结果

空间权重矩阵	LM_error	RLM_error	LM_lag	RLM_lag
W_1	31. 400 ***	31. 468 ***	0. 006	0. 074
W_3	4. 118 **	3. 780 *	11. 286 ***	10. 949 ***
W_4	52. 665 ***	22. 799 ***	40. 173 ***	10. 307 ***

注：＊、＊＊、＊＊＊分别表示相关回归结果在10%、5%和1%水平下显著。
资料来源：笔者计算。

从表 10－6 的结果来看，除 W_1 矩阵的 LM_lag 值和 RLM_lag 值不显著外，其余 LM 检验结果均至少在 10% 水平下通过了显著性检验，表明拒绝不存在空间滞后因变量和不存在空间滞后误差项的原假设，即可以借助 SAR 模型和 SEM 模型进行回归分析。勒萨吉和佩斯（2009）指出若 SAR 模型和 SEM 模型同时通过 LM 检验，则应该优先选择 SDM 模型。鉴于此，本章基于 SDM 模型进行 LR 检验和 Wald 检验，以验证选择 SDM 模型的合理性，相关检验结果如表 10－7 所示。

表 10－7　　　　　　　基于 SDM 模型的 LR 检验和 Wald 检验结果

统计量	模型	W_1	W_3	W_4
LR	SAR	77. 13 ***	62. 99 ***	75. 35 ***
	SEM	27. 60 ***	76. 99 ***	61. 84 ***

续表

统计量	模型	W_1	W_3	W_4
Wald	SAR	87.34 ***	66.54 ***	80.87 ***
	SEM	26.52 ***	70.54 ***	46.87 ***

注：*、**、*** 分别表示相关回归结果在10%、5%和1%水平下显著。
资料来源：笔者计算。

根据表 10-7 中结果，SDM 模型在各空间权重矩阵下，针对 SAR 模型和 SEM 模型的 LR 检验和 Wald 检验结果均在 1% 水平下通过了显著性检验，表明 SDM 模型不能够退化为 SAR 模型和 SEM 模型，进一步验证了选择 SDM 模型的合理性，故本章应以 SDM 模型为主要模型进行后续分析。表 10-8 给出了基于 SDM 模型构建的空间静态和动态面板计量模型回归结果。

表 10-8　　　　　　　SDM 模型的估计与检验结果

变量	静态空间面板			动态空间面板		
	W_1	W_3	W_4	W_1	W_3	W_4
$W \times \ln pgdp$	0.451 *** (0.042)	0.125 *** (0.058)	0.307 *** (0.072)	0.487 *** (0.041)	0.408 *** (0.053)	0.586 *** (0.059)
$\ln pgdp_{-1}$				0.839 *** (0.021)	0.852 *** (0.022)	0.857 *** (0.021)
$W \times \ln pgdp_{-1}$				-0.350 *** (0.051)	-0.475 *** (0.067)	-0.590 *** (0.089)
$\ln sedu$	0.229 *** (0.031)	0.287 *** (0.034)	0.238 *** (0.035)	0.110 *** (0.025)	0.122 *** (0.027)	0.112 *** (0.027)
$city$	0.261 (0.161)	0.677 *** (0.167)	0.596 *** (0.168)	0.048 (0.092)	0.221 ** (0.091)	0.210 ** (0.091)
$trade$	-0.173 *** (0.030)	-0.181 *** (0.038)	-0.227 *** (0.035)	-0.044 *** (0.016)	-0.071 *** (0.019)	-0.078 *** (0.018)
$\ln k$	0.335 *** (0.024)	0.355 *** (0.027)	0.336 *** (0.026)	0.044 *** (0.015)	0.019 (0.016)	0.019 (0.015)
h	0.034 *** (0.01)	0.053 *** (0.011)	0.053 *** (0.011)	0.002 (0.005)	0.005 (0.005)	0.005 (0.005)
$\ln traf$	0.083 *** (0.021)	0.097 *** (0.020)	0.094 *** (0.020)	-0.001 (0.014)	0.007 (0.012)	0.009 (0.012)

变量	静态空间面板			动态空间面板		
	W_1	W_3	W_4	W_1	W_3	W_4
$W \times \ln sedu$	0.005 (0.040)	0.066 (0.052)	0.119 * (0.063)	−0.019 (0.037)	0.060 (0.044)	0.034 (0.052)
$W \times city$	0.525 ** (0.247)	−0.472 (0.292)	0.490 (0.392)	−0.055 (0.148)	−0.594 *** (0.183)	−0.183 (0.248)
$W \times trade$	0.188 *** (0.042)	0.333 *** (0.091)	0.592 *** (0.100)	0.049 ** (0.021)	0.142 *** (0.045)	0.192 *** (0.051)
$W \times \ln k$	−0.292 *** (0.027)	−0.224 *** (0.031)	−0.307 *** (0.032)	0.001 (0.019)	0.081 *** (0.022)	0.027 (0.025)
$W \times h$	−0.043 *** (0.015)	−0.029 (0.021)	−0.075 *** (0.024)	0.001 (0.007)	−0.016 (0.010)	−0.022 * (0.012)
$W \times \ln traf$	−0.006 (0.029)	0.018 (0.031)	−0.015 (0.034)	−0.006 (0.019)	−0.016 (0.018)	−0.014 (0.021)
直接效应	0.244 *** (0.031)	0.290 *** (0.035)	0.245 *** (0.035)	0.117 *** (0.026)	0.131 *** (0.027)	0.120 *** (0.027)
间接效应	0.181 *** (0.050)	0.112 ** (0.048)	0.269 *** (0.063)	0.067 (0.060)	0.180 *** (0.064)	0.244 ** (0.114)
总效应	0.425 *** (0.056)	0.403 *** (0.043)	0.514 *** (0.058)	0.184 *** (0.067)	0.312 *** (0.067)	0.364 *** (0.116)
R^2	0.982	0.982	0.983	0.992	0.990	0.996
Log − L	919.398	919.398	919.398	986.126	986.126	1060.830
AIC	−1373.851	−1301.210	−1343.481	−2079.108	−2053.496	−2123.431
BIC	−1312.553	−1245.912	−1282.183	−2001.269	−1975.658	−2036.944

注：*、**、*** 分别表示相关回归结果在10%、5%和1%水平下显著，括号内为标准误差值。其中，直接效应、间接效应和总效应为核心解释变量生均教育支出对数值的效用分解值。

资料来源：笔者计算。

从表10-8中 R^2 可以看出，模型的整体拟合优度较高，说明本章模型能够较好地反映我国区域经济增长的情况及其与各变量之间的关系。本章借鉴白俊红等（2017）的方法，通过比较基于不同空间权重矩阵所设立的模型来检验计量结果的稳健性。在不同空间权重矩阵下，绝大部分变量回归系数的符号和显著性均未发生变化，尤其是核心解释变量 lnsedu，且检验结果均表明动态空间面板模型为最优模型，说明模型回归结果具有较高的稳健性。为了选择更加适合的模型进行后续分析，本章综合 R^2、对数似然法（简称为"Log – L"）、赤池信息准则（AIC）和贝叶斯准则（BIC）来判断最优模型，其中 R^2 与 Log – L 遵循最大值原则，AIC 和 BIC 遵循最小值原则。从表 10 – 8 中看出，基于地理经济距离嵌套矩阵（W_4）构建的空间动态面板模型，R^2 与 Log – L 值分别为 0.996 和 1060.830，均高于其他模型的相应值，AIC 和 BIC 值分别为 – 2123.43 和 – 2036.94，均低于其他模型的相应值，故本章采用基于 W_4 矩阵构建的空间动态面板模型进行后续分析。

由表 10 – 8 基于 W_4 矩阵构建的动态空间面板 SDM 模型结果可知，被解释变量的时间滞后项 $\mathrm{ln}pgdp_{-1}$ 和空间滞后项 $W\mathrm{ln}pgdp$ 的回归系数分别为 0.857 和 0.586，均为正值，且均通过了 1% 水平下的显著性检验，表明我国经济发展存在显著的时间累积效应和空间溢出效应，即经济发展表现出时间连续和空间依赖特征，当期经济增长不仅受前期经济增长的影响，还收到邻近地区经济增长的影响。这主要是因为基础设施的进一步完善、科学技术发展加快以及区域间生产技术要素流动的加快，加强了区域间经济发展的联系。被解释变量的时空滞后项 $W\mathrm{ln}pgdp_{-1}$ 回归系数为 – 0.590，表明经济发展的时空交互影响呈现负向影响，且作用显著，因此各地区在制定经济发展政策规划时，不应仅考虑本地区的各种影响因素，还应结合经济发展水平的空间相关性考虑宏观经济形势。核心解释变量 $\mathrm{ln}sedu$ 的系数为 0.112，在 1% 水平下显著，但是其空间交互项 $W\mathrm{ln}sedu$ 的系数为 0.034，没有通过显著性检验，均表明公共教育支出对我国经济增长呈现正向影响作用。但这两个系数不能直接反映教育支出对经济增长的贡献程度，需要借助偏微分方法将其分解为直接效应和间接效应进行分析。表 10 – 8 中生均教育支出经济绩效的直接效应、间接效应和总效应的值分别为 0.120、0.244 和 0.364，且均在 5% 水平下显著，表明我国公共教育支出不仅对当地经济增长具有显著的推动作用，还存在显著的空间溢出效用，能对邻近地区经济发展水平的提高产生显著的正向推动作用。这主要是因为区域间各生产要素流动的加快，使得人力资本和知识技术的交互影响作用增强，从而使得教育支出存在显著的空间溢出效应，使本地区教育支出对邻近地区的经济发展也能产生显著影响。

（二）东、中、西部空间溢出效应分析

基于前文分析可知，我国教育支出存在显著的空间溢出效应，且东、中、西部空间集聚程度的差异化较为明显，因而有必要将 31 个省域单位划分为东、中、西三个

子样本[①]，分析其区域内和区域间的教育溢出效应，相关回归结果如表10 - 9所示。

表10 - 9　　　　　分样本东、中、西部动态空间计量模型估计与检验结果

变量	东部	中部	西部	东 - 中部	中 - 西部	东 - 西部
$W\ln pgdp$	- 0. 394 **	0. 378 ***	0. 544 ***	0. 466 ***	0. 560 ***	0. 472 ***
	(0. 169)	(0. 100)	(0. 068)	(0. 075)	(0. 064)	(0. 07)
直接效应	0. 132 **	0. 114 *	0. 090 **	0. 187 ***	0. 114 ***	0. 156 ***
	(0. 052)	(0. 060)	(0. 035)	(0. 037)	(0. 031)	(0. 029)
间接效应	0. 396 **	- 0. 043	0. 040	0. 072	0. 116	0. 217 **
	(0. 155)	(0. 121)	(0. 126)	(0. 097)	(0. 106)	(0. 090)
总效应	0. 527 ***	0. 071	0. 131	0. 259 **	0. 230 **	0. 373 ***
	(0. 165)	(0. 126)	(0. 14)	(0. 101)	(0. 109)	(0. 093)

注：* 、** 、*** 分别表示相关回归结果在10% 、5% 和1% 水平下显著，括号内为标准误差值，总效应为直接效应与间接效应之和。

资料来源：笔者计算。

从表10 - 9中数据看出，三大子样本区域内和区域间被解释变量空间滞后项$W\ln pgdp$ 的系数ρ 均在1% 水平下通过了显著性检验且不为零，因此可以对公共教育支出经济绩效进行分解。其中，东部区域内的ρ 值小于零，其余均大于零，这说明东部各地区经济发展的"竞争效应"要大于"协同效应"。从三大地区内部来看，东、中、西部生均教育支出促进当地经济增长的直接效应分别为0. 132、0. 114和0. 090，且均在10% 水平下通过了显著性检验，促进其他地区经济增长的间接效应分别为0. 396、- 0. 043 和0. 040，只有东部地区通过了显著性检验，中部地区的间接效应为负值，但并不显著，不论是直接效应还是间接效应，东部均优于中、西部。从三大地区之间的结果来看，东、中部之间，中、西部之间和东、西部之间生均教育支出的直接效应分别为0. 187、0. 114 和0. 156，均在1% 水平下显著，间接效应分别为0. 072、0. 116 和0. 217，只有东、西部之间的间接效应通过了显著性检验，且高于东、中部之间和中、西部之间，由此可以看出东部地区教育资源不仅在区域内的互动作用较强，对西部经济发展的拉动效应也十分显著。这主要因为东部交通条件、自然条件、经济基础等优于中、西部，劳动

---

① 其中，东部地区为北京、天津、上海、广东、山东、江苏、浙江、福建、河北、辽宁和海南；中部地区为黑龙江、吉林、山西、内蒙古、河南、安徽、江西、湖北和湖南；西部地区为陕西、甘肃、青海、宁夏、四川、重庆、云南、广西、贵州、西藏和新疆。

力集聚明显，东部各省域单位为争夺人才制定各项人才政策，加强东部区域内的竞争态势，且各企业为在激烈竞争中脱颖而出，加快了生产技术创新改造流程，从而间接促进了教育支出对经济增长的推动作用。近年来随着国家各项西部帮扶计划显现成效，西部地区经济与教育发展速度明显加快，尽管西部教育支出经济绩效直接效应低于中部，但总效应强于中部，且东、西部教育支出间接效应显著，表明东部对于西部教育支出经济绩效的拉动作用明显，但差距依然明显。

（三）各省域单位空间溢出效应分析

为深入分析各省域单位的教育溢出效应，将空间权重矩阵按前文所述分省域进行处理，回归测算后得到各省域单位生均教育支出的直接和间接效应，相关结果如表 10 – 10 所示。

表 10 – 10　　　　　　　　31 个省域单位生均教育支出直接与间接效应

溢出类型	地区	直接效应	排名	间接效应	排名	间接效应比重（％）	排名
正向溢出	北京	0.144 ***	13	0.048	15	25.00	15
	天津	0.130 ***	26	0.168 ***	8	56.38	8
	河北	0.161 *	2	0.098	13	37.84	13
	内蒙古	0.102 ***	31	0.137 **	10	57.32	6
	辽宁	0.119 ***	29	0.051	14	30.00	14
	江苏	0.150 ***	9	0.198 **	6	56.90	7
	浙江	0.153 ***	7	0.523 ***	1	77.37	1
	福建	0.135 ***	24	0.147 *	9	52.13	10
	江西	0.148 ***	10	0.169	7	53.31	9
	山东	0.145 ***	11	0.399	2	73.35	2
	河南	0.144 ***	14	0.260	5	64.36	4
	海南	0.136 ***	23	0.036	17	20.93	17
	四川	0.143 ***	15	0.016	18	10.06	18
	云南	0.142 ***	16	0.132	11	48.18	11
	西藏	0.142 ***	17	0.275	3	65.95	3
	甘肃	0.157 ***	3	0.045	16	22.28	16
	青海	0.126 ***	28	0.115 **	12	47.72	12
	新疆	0.152 ***	8	0.268 ***	4	63.81	5
负向溢出	山西	0.138 ***	21	– 0.137 ***	5	49.82	5
	吉林	0.141 ***	18	– 0.154 ***	3	52.20	3
	黑龙江	0.165 ***	1	– 0.166 ***	2	50.15	4
	上海	0.128 ***	27	– 0.141 ***	4	52.42	2

溢出类型	地区	直接效应	排名	间接效应	排名	间接效应比重（%）	排名
负向溢出	安徽	0.140***	19	-0.112*	8	44.44	8
	湖北	0.138***	22	-0.200***	1	59.17	1
	湖南	0.139***	20	-0.036	12	20.57	13
	广东	0.108***	30	-0.035	13	24.48	10
	广西	0.157***	4	-0.128**	7	44.91	7
	重庆	0.154***	6	-0.106**	9	40.77	9
	贵州	0.157***	5	-0.133*	6	45.86	6
	陕西	0.145***	12	-0.039	10	21.20	12
	宁夏	0.135***	25	-0.037	11	21.51	11

注：*、**、*** 分别表示相关回归结果在10%、5%和1%水平下显著，间接效应比重为间接效应与总效应的比值，其中负向溢出取绝对值计算，间接效应的比重和间接效应排名分正向与负向溢出，直接效应按总体进行排名。

资料来源：笔者计算。

为保证分析结果全面性，可以借助象限分析法，将各地区生均教育支出对经济增长影响的直接和间接效应比重结合起来进行分析。首先以直接效应为横坐标，间接效应比重为纵坐标，将对应数据绘制为散点图；其次分别对各地区的直接和间接效应比重进行 K - 均值聚类，K 取值为3；最后根据聚类结果，将散点图分为九个区间。并根据直接效应进行 K - 均值聚类分为 A、B、C 三个区间，其直接效应依次递增，根据间接效应比重进行 K - 均值聚类分为 D、E、F 三个区间，其间接效应比重依次递增，结果如图10 - 3 和表10 - 11 所示。

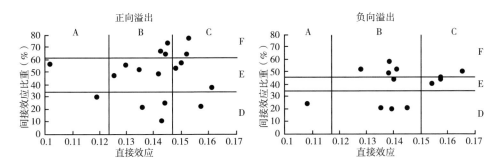

图10 - 3　教育支出经济绩效直接效应与间接效应比重象限分析图

资料来源：笔者绘制。

表 10 – 11   31 个省域单位象限分析区域类型分布

区域类型	正向溢出	负向溢出
AD	辽宁	广东
AE	内蒙古	—
AF	—	—
BD	海南、四川、北京	陕西、湖南、宁夏
BE	云南、福建、天津、青海	安徽
BF	山东、河南、西藏	吉林、山西、湖北、上海
CD	甘肃	—
CE	河北、江苏、江西	广西、贵州、重庆
CF	浙江、新疆	黑龙江

资料来源：根据表 10 – 10 和图 10 – 3 聚类结果整理。

CF 类区域表示直接效应较高且间接效应比重也较高的地区，像浙江和新疆，公共教育支出在对本地经济增长做出贡献的同时，还很好地带动了其他地区的经济发展。但是黑龙江公共教育支出对邻近地区的经济增长呈现负向影响明显，未来应通过教育政策改进加强教育支出经济绩效的正向溢出作用。AD 类区域表示直接效应较低且间接效应比重也较低的地区，这类地区应加强教育支出对经济增长的影响程度，进而带动周边地区的经济发展活力。AE 类、AF 类和 BF 类区域表示直接效应较低但间接效应比重较高的地区，这类地区公共教育支出经济绩效外溢效应较高，像正向溢出类地区主要是由于劳动力以及生源外流造成，而负向溢出类地区主要是由于劳动力流入或知识溢出效应较低。BD 类、CD 类和 CE 类区域表示直接效应较高但间接效应比重较低的地区，这类地区公共教育支出对当地经济增长的推动作用较大，但是空间溢出效应不高，主要原因有两点：一是缺乏区域间人力资本或科学技术交流；二是本地区吸引劳动力流入对知识溢出效应的抵减。

从表 10 – 10 中数据可以看出，各地区生均教育支出的直接效应除河北在 10% 水平下显著外，其余均在 1% 水平下通过了显著性检验，数值均大于零，由此可见各地区教育支出能够显著推动当地经济增长，且各地区存在差异性，但是差距不大。其中甘肃、广西、贵州等经济基础较弱、教育水平较低的地区，教育支出能够显著促进当地经济增长，这主要得益于当地教育政策对经济发展的针对性较强，教育资金使用效率高。相比之下，同样经济基础较弱的内蒙古、青海、宁夏等地区教育支出直接效应却偏低，主要因为当地教育资源匮乏，从而限制了教育支出对当地经济增长的推动作用，未来应该调整教育政策，从甘肃、广西、贵州等地区学习教育发展经验，以提高教育支出对当地经济增长的贡献程度。东部地区经济基础雄厚，教育资源充足，像河北、浙江、江苏等地教育支出能够很好地推动当地经济增长，相较之下辽宁、上海、广东等地教育投入高，直接效用却较弱，可能的原因在于当地教育资金使用效率不高，教育资源配置存在问题，呈现出边际递减的趋势，未来应该优化教育资源配置，具有针对性地使用教育资金，以提高教育支出对本地区经济增长的推动作用，减少教育资金浪费现象。

从间接效应来看，部分地区呈现出正向溢出效应，部分地区为负向溢出效应，且显著程度有较大差异。正向溢出方面，溢出效应较强（间接效应占总效应比重高）的地区有浙江、山东、西藏、河南、新疆等。山东、河南为生源大省，学生数量巨大，因为升学等原因造成教育资源外溢，而像西藏、新疆等地，劳动力倾向于流向东部发达地区，造成人力资本外溢，使得教育支出呈现明显的正向空间溢出现象。像浙江、北京、江苏等地，当地高校科研投入巨大，知识溢出显著，能够带动邻近地区生产技术的进步，从而表现出正向空间溢出效应。但是北京对于劳动力有很强的吸引力，对其他地区造成负向溢出，从而在一定程度上减少了正向溢出作用。造成教育支出负向溢出的主要原因是当地吸引外地劳动力流入，且本地知识溢出和人力资本交流所造成的正向溢出程度低于负向溢出。像上海、广东等对于劳动力有较强的吸引力的地区，正向溢出效应不足以抵消人力资本流入所造成的负向溢出效应，像吉林、黑龙江等地区，科研投入强度低于全国平均水平，知识溢出效应较弱，从而造成当地教育支出的负向空间溢出效应。

综上可知，我国公共教育支出具有显著的空间溢出效应，效应强弱在地理空间上大致呈现出东、西、中依次递减的态势，且中部地区与东、西部的区域间溢出效应也弱于东、西部之间。由此看来，我国公共教育支出溢出效应呈现出显著的区域差异性，区域战略需要进一步调整。

第三节　我国公共教育支出空间溢出效应影响因素分析

一、主要影响因素分析

通过分析国内外相关文献可以发现，影响教育溢出效应的主要因素分为人力资本流动和知识溢出两个方面。由于我国是人口大国，区域间发展水平差异较大，因此人口流动现象较为明显。从地理空间上看，我国人口流动呈现出"孔雀东南飞"的态势，这主要是因为东部地区良好的经济发展水平和生活条件，促使人口从中、西部地区迁入东部地区。这使得中、西部地区的教育支出间接为东部地区的经济发展做了贡献，形成空间溢出效应。此外，影响人力资本流动的因素还包括环境因素、政治因素、社会文化因素等。

知识溢出效应主要包括知识溢出和知识传播，均为知识扩散的一种方式，可以通过人才交流、研发合作、企业集聚等方式实现。地理集聚为知识溢出提供了良好的环境，而知识溢出又可以为集群创新提供根本动力。某地区高校科研创新和开发所获得的生产技术或教育资金管理模式等相关信息，很大一部分会外溢出去，成为整个区域群中的公共知识。而这种示范、模仿会导致区域间生产技术或教育资金管理模式等的雷同化，加剧区域间竞争。因此，通过模仿效应获得其他区域知识一方面提高了生产或教育管理效率，另一方面还要承受其所带来的竞争压力。

知识溢出意味着知识的共有性，如果大部分地区都通过"搭便车"行为仿效现有技术或管理模式，会使得整个教育或经济发展水平滞后。科学技术知识的创新和发展需要同时包含知识的累积性和多样性。因此，通过激励政策激活区域创新发展动力，让各地区根据自身情况探索研发特有生产技术和教育资金管理模式，同时加强区域间知识交流，可以推动所有整体区域的持续创新能力，使知识溢出的社会正效应最大化。

根据分析能够梳理出教育溢出效应影响经济增长的路径，相应机制流程如图 10 - 4 所示。教育支出空间溢出对经济增长的影响主要通过人力资本流动和知识溢出两个途径，又分为正向空间溢出效应和负向空间溢出效应。

教育支出经济绩效正向空间溢出效应主要通过人力资本流动和知识溢出实现，虽然两者各自有单独的溢出路径，但也存在部分重叠。教育支出可以通过提升劳动力生产水平和创造、改进生产技术来促进当地经济水平发展，相较于普通劳动力，受教育程度高的人力资本不仅自身拥有较高的生产力水平，还拥有较强的技术知识理解、应用和创新能力。因此，区域间人力资本的相互交流、学习可以间接促进科学技术的传播和扩散，对邻近地区的经济发展产生正向溢出效应。知识溢出通过区域间直接或间接的交流、互动方式来进行，主要通过示范、模仿、竞争和激励效应来实现。如果某地区教育模式经优化调整后发展良好，邻近

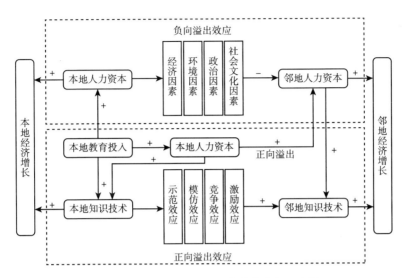

图 10 – 4 教育支出空间溢出效应流程示意图

资料来源：笔者绘制。

地区会汲取经验，模仿本地区教育发展模式，本地区的高教育发展水平也会激励相邻地区优化教育发展模式，刺激邻地教育水平发展。同时，地区间会通过相互竞争来吸引人才及资金流入，这种竞争会促进社会各方面的改进，改善教育资源使用效率，从而促进区域间经济共同发展。由于我国教育资源区域差异性较大，存在区域集聚性，这些教育资源集聚地区拥有大量高水平人才和高端产业研发基地，加速了生产技术的发展，也为知识传播创造了有利条件。

教育支出经济绩效负向空间溢出效应的主要路径为区域间人力资本的单向流动。劳动力会由于经济、环境、政治、社会文化等因素在区域间进行迁移，而经济发展水平高、基础设施完善、环境优美、相对工资率高的地区会吸引大量劳动力流入，同时高等教育也是影响人力资本流动的重要因素，这在地理空间上引起人力资本的集聚化发展。经济基础较差、社会发展滞后地区的劳动力倾向于迁移到经济发展良好的地区，使得本地区教育支出提升的人力资本存量，促进了其他地区的经济发展，造成负向空间溢出效应。

综上所述，本地区人力资本和技术知识不仅能影响当地经济发展水平，同时也能影响邻近地区的经济发展水平。因此，借助于人力资本流动和知识溢出效应，教育支出对经济增长存在空间溢出效应，而溢出方向则取决于正向空间溢出效应和负向空间溢出效应间的强弱对比。

二、主要影响因素实证分析

（一）变量选取

（1）被解释变量：教育支出经济绩效溢出系数（η）。借鉴曼斯基一般空间计量模型中对被解释变量交互效应所做的加权处理，本章选取使空间计量模型回归结果中拟合优度最高的空间权重矩阵对被解释变量进行加权处理，即$W\mathrm{ln}pgdp$，用以表示邻近地区与本地区的经济关联程度，并利用公式（10 - 16）进行横截面数据回归，得出各省域单位 2000～2018 年的教育支出经济绩效溢出系数 η，代表本地教育投入对其他地区经济增长的影响程度，用以衡量本地区公共教育支出经济绩效空间溢出效应。

$$W\mathrm{ln}pgdp = c + \eta \mathrm{ln}sedu + \varepsilon \qquad (10 - 16)$$

（2）解释变量：①经济增长速度（$gdpup$），用地区生产总值增长率来表示，各地区经济增长水平差异可以引起区域间人力资本流动，同时也会对本地区科技发展水平产生影响，增强教育溢出效应，经济增长速度越快，对教育溢出效应的提升作用应该越强，预期系数为正值；②科技发展水平（$tech$），用 R&D 经费投入占地区生产总值比重来表示，本地知识技术可以通过示范、模仿、竞争和激励效应等作用促进邻地知识技术水平的提升，进而促进邻地经济增长，科技发展水平越高，越能带动邻地经济增长，促进教育溢出效应，预期系数为正值；③劳动力成本（$labcost$），用相对工资率表示，相对工资率 = 人均工资/劳动生产率，劳动生产率为地区生产总值与从业人员数量的比值，人力资本倾向于流向相对工资较高的地区，某地区相对工资越高，越能吸引劳动力流入，引起教育溢入效应，预期系数为负值；④高等教育水平（$highsch$），用各地区高等教育机构数量表示，高等教育是引起区域间学生流动的主要因素，某地区高等教育水平越高，越能吸引高水平人力资本的聚集，引起教育溢入效应，预期系数为负值；⑤教育投入强度（edu），用公共教育经费占财政总支出的比重表示，教育投入强度可以衡量某地区对教育的重视程度，同时可以为教育溢出效应提供基础财政支持，教育投入强度越高，溢出效应应该越强，预期系数为正值。

为初步了解各解释变量的区域差异情况，此处借用公式（10 - 3）分别测算各解释变量基于我国人口和地区生产总值分布的泰尔指数（测算锡尔指数与变异系数所得结论与泰尔指数大致相同，限于篇幅，此处仅借助泰尔指数进行分析），以探究各影响因素的区域差异性，相关结果如表 10 - 12、表 10 - 13 和图 10 - 5 所示。

表 10 - 12　　　　　　　基于人口分布的泰尔指数

年份	经济增长速度	科技发展水平	劳动力成本	高等教育水平	教育投入强度
2000	0.316	0.833	0.485	0.108	0.229
2001	0.334	0.762	0.504	0.096	0.215
2002	0.320	0.774	0.444	0.088	0.204
2003	0.312	0.735	0.471	0.083	0.216
2004	0.265	0.762	0.491	0.072	0.240
2005	0.364	0.587	0.445	0.069	0.250
2006	0.287	0.556	0.452	0.065	0.250
2007	0.285	0.526	0.512	0.061	0.245
2008	0.290	0.471	0.486	0.056	0.223
2009	0.325	0.412	0.465	0.053	0.225
2010	0.290	0.412	0.453	0.047	0.223
2011	0.292	0.402	0.431	0.041	0.211
2012	0.298	0.386	0.408	0.040	0.192
2013	0.291	0.373	0.403	0.037	0.195
2014	0.290	0.361	0.393	0.036	0.206
2015	0.282	0.356	0.457	0.035	0.211
2016	0.308	0.336	0.446	0.034	0.189
2017	0.270	0.310	0.438	0.034	0.204
2018	0.276	0.330	0.431	0.032	0.204

资料来源：笔者计算。

表 10 - 13　　　　　　　基于 GDP 分布的泰尔指数

年份	经济增长速度	科技发展水平	劳动力成本	高等教育水平	教育投入强度
2000	0.382	0.659	0.719	0.093	0.304
2001	0.423	0.577	0.749	0.090	0.291
2002	0.411	0.590	0.691	0.081	0.286
2003	0.398	0.556	0.730	0.091	0.308
2004	0.375	0.574	0.759	0.084	0.340
2005	0.428	0.404	0.706	0.091	0.355
2006	0.406	0.380	0.720	0.091	0.360
2007	0.408	0.361	0.784	0.089	0.367

续表

年份	经济增长速度	科技发展水平	劳动力成本	高等教育水平	教育投入强度
2008	0.414	0.323	0.741	0.083	0.334
2009	0.419	0.285	0.713	0.079	0.331
2010	0.396	0.277	0.668	0.069	0.317
2011	0.398	0.259	0.623	0.063	0.285
2012	0.395	0.244	0.582	0.056	0.262
2013	0.379	0.234	0.566	0.055	0.257
2014	0.369	0.225	0.550	0.055	0.267
2015	0.356	0.222	0.631	0.058	0.302
2016	0.380	0.205	0.626	0.066	0.286
2017	0.361	0.194	0.620	0.068	0.302
2018	0.372	0.207	0.604	0.068	0.293

资料来源：笔者计算。

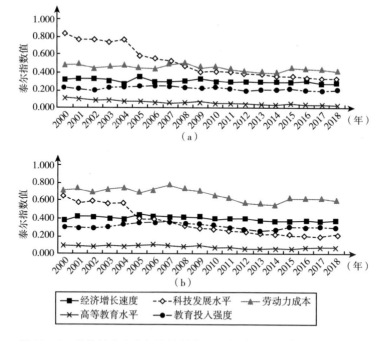

图 10－5　公共教育支出经济绩效空间溢出影响因素泰尔指数走势图

（a）基于人口分布的泰尔指数；（b）基于 GDP 分布的泰尔指数

资料来源：笔者绘制。

结合表 10 - 12、表 10 - 13 和图 10 - 8 可以看出，2000 ~ 2018 年五个解释变量中，区域间经济增长速度、劳动力成本、教育投入强度的差异程度变化平稳，有轻微程度的下降，其中劳动力成本基于地区生产总值分布的差异程度要大于基于人口分布的差异程度，表明区域劳动力成本与区域人口的匹配程度要高于其与区域生产总值的匹配程度。高等教育水平基于人口分布的差异下降程度明显高于其基于地区生产总值的差异程度，但是这种差异程度在五个解释变量中为最低，说明现阶段我国高等教育分布大致与人口和经济发展水平相同。变化最为明显的是科技发展水平，基于两种指标分布的泰尔指数均呈现出十分明显的下降态势，分别从 0.833、0.659 下降到 0.330、0.207，下降幅度分别为 60.38% 和 68.59%。这说明 21 世纪初我国科研经费投入强度相对于我国人口和经济水平分布存在较大差异，至 2018 年这种差异程度逐渐减弱，与我国人口和经济水平分布的匹配程度逐步提升。总体来看，各解释变量相对于我国人口和经济发展水平分布的差异程度虽有所不同，但在逐渐减小，且匹配相关性逐渐升高。

（二）模型构建

面板数据具有增加样本容量、减少遗漏变量等优势，因此本章采用面板数据模型，分别采用普通最小二乘、固定效应模型、随机效应模型进行拟合，并借助相关检验结果，确定最终使用模型。面板回归模型的主要估计方法有组内（within）估计法、一阶差分估计法、最小二乘虚拟变量（LSDV）法，本章采用 LSDV 法对模型进行估计。以教育溢出系数为因变量，所选代表性变量为自变量，构建面板数据模型如公式（10 - 17）所示。

$$\eta_{it} = c + \gamma_1 gdpup_{it} + \gamma_2 tech_{it} + \gamma_3 labcost_{it} + \gamma_4 highsch_{it} + \gamma_5 edu_{it} + \mu_i + \varepsilon_{it}$$

$$(10 - 17)$$

式中，i、t 分别为各省域单位和时间；c 为截距项；$\gamma_1 \sim \gamma_5$ 为各解释变量回归系数；ε_{it} 为随机扰动项；μ_i 为个体影响项，通过后续检验来确定是固定效应还是随机效应，或者不存在个体效应。常见的变截距模型效应检验方法有 F 检验（Chow 检验）、LR 检验和 Hausman 检验，其中 F 检验和 LR 检验的原假设 H_0 为混合模型，备择假设 H_1 为固定或随机效应模型，Hausman 检验的原假设 H_0 为随机效应模型，备择假设 H_1 为固定效应模型。

（三）回归结果分析

影响教育溢出效应的影响因素大体可以分为两类：人力资本流动和知识溢出。本章从经济增长速度、科技发展水平、劳动力成本、高等教育发展水平和教育投入力度五个方面对上述两大因素进行定量回归分析。借助 Stata14.0 软件，以公式（10 – 17）为基础，分别采用混合（POOL）回归、固定效应和随机效应进行拟合，得出相应结果如表 10 – 14 所示。

表 10 – 14　　　　　　　教育溢出效应影响因素估计与检验结果

变量	POOL 回归	固定效应	随机效应
$gdpup$	0.473 (0.333)	0.217 (0.132)	0.270 ** (0.135)
$tech$	40.411 *** (1.614)	12.869 *** (1.795)	15.419 *** (1.773)
$labcost$	− 0.706 *** (0.067)	− 0.064 (0.059)	− 0.113 * (0.059)
$highsch$	− 0.013 *** (0.001)	− 0.005 *** (0.001)	− 0.006 *** (0.001)
edu	− 2.689 (0.638)	0.632 * (0.376)	0.552 (0.381)
c	1.299 *** (0.165)	0.005 (0.116)	0.074 (0.143)
R^2	0.632	0.569	0.602
F 检验	140.092 ***		
Hausman 检验	30.700 ***		

注：*、**、*** 分别表示相关回归结果在10%、5%和1%水平下显著，括号内为标准误差值。
资料来源：笔者计算。

表10 – 14 给出了相应面板数据的 POOL 回归、固定效应和随机效应回归结果，从 R^2 来看，各模型的整体拟合优度较好，说明此模型能够很好地表示各变量与教育溢出效应之间的联系。F 检验和 Hausman 检验的相应数值分别为140.092 和30.700，且均在1%水平下通过了显著性检验，说明应选用固定效应模型对回归结果做进一步分析。

在固定效应模型中，各变量的系数符号均与预期相符。其中经济增长速度的系数为正，说明区域经济增长越快，越能促进区域间人力资本流动，同时能够加强教育资金投入力度，加速知识发展和传播速度，从而提高教育溢出效应、带动其他地区的经济发展；技术发展水平的系数显著为正，其显著性和回归系数均优于其他变量，说明本地科学技术水平的发展能够有效带动其他地区的科技水平，从而间接促进经济增长；劳动力成本和高等教育水平的回归系数均为负值，虽然劳动力成本对教育溢出效应的影响程度要高于高等教育水平，但是其显著性水平却较低，说明劳动力成本的提高和高等教育水平的发展均能吸引人力资本向本地区流动，形成教育溢入效应；教育投入强度的回归系数显著为正，说明教育投入力度越大，越能在促进教育事业发展的基础上提升教育溢出效应。

综上可知，首先，影响公共教育支出空间溢出效应的影响因素大致可以分为两个方面，即人力资本流动和知识溢出。其中对人力资本流动产生影响的因素有经济因素、环境因素、政治因素、社会文化因素等，对知识溢出产生影响的因素有示范效应、模仿效应、竞争效应、激励效应等。溢出路径主要分为正向溢出和负向溢出，其中正向溢出效应主要通过区域间人力资本交流和知识溢出实现，而负向溢出效应主要通过区域间人力资本的单向流动实现；其次，从人力资本流动和知识溢出两个方面选取代表型变量，借助泰尔系数和面板固定效应模型对我国公共教育支出空间溢出效应影响因素进行定量分析。研究发现，各变量区域分布与人口和经济发展水平分布的匹配程度逐渐升高，经济增长、科技发展水平和教育投入强度均会对教育溢出效应产生正向影响，而劳动力成本和高等教育发展水平会对教育溢出效应产生负向影响。

第四节　基于教育支出经济绩效空间溢出效应的政策建议

教育作为推动经济增长的强力引擎，对深化经济改革和协调区域经济发展具有深远影响。新时期下，实施教育强国战略，努力提升教育支出对经济增长的推动作用，并疏导教育溢出及效应的扩散机制，更有助于我国区域经济的协同发展。本章在对我国 31 个省域单位 2000～2018 年公共教育支出区域差异及空间集聚特征和空间溢出效应及影响因素进行研究后，发现我国区域间教育事业发展程度差异显著，区域间教育发展不均衡。因此，新时期下，我国应继续加快教育事业发展，着重协调区域教育均衡，以推动区域经济平稳、有序增长，实现共同富裕。

一、国家层面

（一）建立健全公共教育支出绩效评价与监管体系

由前文分析可知，像天津、广东等地，尽管生均教育支出较高，但是当地公共教育支出对经济增长的推动作用较低，且教育外溢效应较高；山东、河南、四川等地，虽然教育总支出排名靠前，但是生均教育水平较低，从而拉低了教育支出对经济增长的推动作用。这说明我国部分地区的教育资金使用效率低下，存在浪费和资金分配不合理等现象。

对于教育支出绩效不能仅反映经济绩效，还应当反映社会绩效。然而社会绩效属于隐性指标，比较难以测量，因此对于教育支出绩效的评价应该更加全面地考虑。对于能够获取直接数据的，可以直接用数据或者经过计量处理后的结果表示；若不能直接获取数据，可以通过问卷调查等形式间接获取数据进行量化处理。同时，也可以对多方面指标进行加权处理后进行比较分析，以综合反映教育支出绩效。要规范评级体系标准，防止各地区或各层级标准差异带来的横向比较无效等问题。

建立有效的教育支出监管体系，能够有效防止经费舞弊和滥用现象。为防止相关数据造假，应不定期进行数据核对，以确保数据的真实有效性。完善相关法律法规建设，为教育支出监管提供法律层面的保障。因此，在宏观层面上建立全面、有效、客观的教育经费投入绩效评价体系，加强监督和管理，能够明确教育资金在使用方面的优势和不足，及时发现问题，减少教育资金使用不当等问题所带来的损失。

（二）完善中央转移支付制度，强化区域教育政策协调

现阶段我国公共教育经费的中央转移支付制度主要倾向于高等教育，使得中央教育经费主要拨付于东部地区，进一步拉大了中、西部与东部之间的教育水平差距。就前文实证分析可知，中、西部地区教育投入对区域经济增长的直接推动作用和间接溢出效应都要弱于东部地区，且教育投入强度越高，越能提升教育投

入的空间溢出效应。所以，中央层面应该客观认识区域差异，教育经费配置倾向于教育发展相对落后的中、西部以及教育外溢现象比较严重的地区，缓解当地教育资金匮乏的问题，减少区域间教育水平差距，弥补溢出效应带来的损失。此外，不能简单地以东、中、西部差异大而化之，还要考虑东、中、西部的区域内差异，例如东部地区，浙江公共教育支出对经济增长的直接效应、间接效应和外溢程度均较高，溢出效应表现为正向溢出，而上海的直接效应较低，间接效应较高，外溢程度较高，溢出效应表现为负向溢出；西部地区中，新疆和贵州的直接效应、间接作用和外溢程度均较高，但是新疆为正向溢出，贵州为负向溢出。因此，中央层面在进行中央教育经费转移支付分配时，不能一味地倾向于中、西部地区和高等教育发达的地区，应充分考虑各省域单位实际情况，客观、公正、合理地分配公共教育经费。

（三）继续加大教育投入力度，优化教育资源配置

研究表明，公共教育支出能够显著促进本地和邻地经济增长，且教育投入力度越大，教育溢出效应越强。因此，进一步加大教育投入力度可以促进区域间经济协同发展。尽管现阶段东部地区教育经费投入明显高于中、西部地区，但是由于学生数量等原因，部分地区生均教育经费水平远低于教育总投入水平，从而在一定程度上限制了公共教育支出对经济增长的促进作用。因此，教育经费投入较高的地区应该在进一步加大教育投入力度的同时优化教育资源分配制度，提升教育资金使用效率。教育经费投入较低且财政资金来源不足的地区，应该考虑拓宽教育资金收入渠道，大力发展民办教育事业，鼓励个人和社会对教育资金的投入，在促进教育事业发展的同时缓解政府财政压力，以促进教育投入对区域经济协同发展的贡献程度。鉴于教育支出具有明显的外溢效应，各地区在制定相关教育政策时要兼顾其他地区教育政策，考虑宏观经济形势，建立有效的教育政策协调制度，统筹区域间教育支出政策，从而促进区域教育资源的合理配置，疏导教育资金溢出效应扩散机制，避免教育资金的浪费和负面影响，实现教育资金的经济社会效益最大化。

（四）加强区域间高新技术企业合作与人才交流

科学技术水平的发展能够显著提升教育溢出效应，且科学技术发展所带来的知识溢出为正向溢出，能够带动周边地区的经济增长。现阶段我国区域间科技水

平发展存在较大差距，加强区域间高新技术企业合作与人才交流不仅能够带动落后地区的科技发展水平、激发市场创新动力，还能够使科技水平发达地区发现自身缺陷，取长补短，进而充分发挥教育支出的空间外溢性，避免教育资金的重复无效投入。同时各地政府应支持、鼓励区域间人才交流，打破人力资本流动壁垒，通过溢出效应促进区域间人力资本的均衡发展。

二、地区层面

（一）对于教育支出经济绩效直接效应较高的地区

这类地区公共教育支出对本地经济增长推动作用十分显著。浙江、江苏等地的公共教育总投入和生均教育投入常年位于全国领先水平，且当地经济发展水平较高，可以考虑开展教育创新试点，探索新的教育发展方式。此外，尽管贵州、甘肃、广西等地教育支出水平不高，但是当地教育支出显著促进了经济发展，说明其教育结构合理，教育资金使用效率较高，教育支出推动当地经济水平发展效果显著。未来应该继续加大财政支出对教育投入的支持力度，提升教育投入量，进一步加大教育投入对当地经济的推动作用，使当地教育投入与经济增长形成良性的互动循环机制。

（二）对于教育支出经济绩效直接效应较低的地区

上海和天津的公共教育支出情况与浙江和江苏类似，但是当地公共教育支出推动经济增长的直接效应相对偏低，此类地区在以后教育发展过程中应学习和借鉴浙江、江苏等地的教育管理经验，相应地调整和优化公共教育支出结构，进一步完善教育经费投入机制，以提高其教育资金使用效率。

像广东、安徽这类地区教育支出总量虽然常年位于全国领先水平，但是当地生均教育支出相较于支出总量排名较为落后，说明当地教育投入力度仍需提升，未来在继续加大教育投入力度的同时，还应优化教育管理制度，提高教育体系效率，同时利用网络传媒等手段降低教育单位成本，科学配置教育资源，减少因当地学生数量庞大所导致的生均教育资源不足等问题。

此外，山西、吉林等教育支出规模常年低于全国平均水平的地区，当地政府应该在保证财政资金其他各方面均衡分配的前提下，更多地倾向于教育事业，增强教育对当地经济的持续推动作用。

对于青海、宁夏、内蒙古这类经济基础较差、教育水平相对落后的地区，虽然近年来受益于西部支援计划，教育支出增长率明显优于东部地区，但是教育支出对经济增长的推动作用仍处于落后水平。当地教育投入应重点关注初、中等以及职业教育的发展，根据当地经济特色精准定位区域发展需求，积极培养与当地优势产业相关的人才，以推动当地特色经济的发展，巩固当地优势产业地位，通过当地优势产业的发展推动其经济水平的提高，从而更好地促进区域经济协同发展。

（三）针对教育支出经济绩效正向空间溢出的地区

这类地区公共教育支出在显著推动本地经济增长的基础上，还促进了邻近地区的经济发展水平。像浙江、江苏、北京等地区，当地经济发展水平较高，可以大力发展网络教育，拓宽教育覆盖面，并进一步加强教育东西协作计划，以便我国其他教育水平落后的地区能够便捷地享受优质教育资源。另外，这些地区高等教育水平较高，且高等教育与经济发展有一种相互促进和制约的关系，可以打造高水平实训基地，推动校企深度合作，为其他高等教育低水平地区的人才提供学习机会，加强与教育落后地区的交流与帮扶活动，带动其他地区经济水平提升。

对于山东、河南这类生源大省，大量学生由于升学、就业等原因流入外地，造成人力资本外溢。这虽然能够提高其他地区的经济发展水平，但是当地人才外流影响了教育支出对本地经济发展的推动作用，未来应该在优化本地教育管理制度的前提下，合理利用教育资源，并适时制定人才管理计划，减少人才外溢现象。

甘肃、青海等地区的经济发展水平较为落后，教育支出经济绩效空间溢出效应较弱，可以根据地区优势产业发展相关教育事业，促进当地高等教育水平发展，吸引高水平人力资本流入，进而促进相关产业发展，形成良性互动循环效应。同时，应进一步改善营商和生活环境，吸引更多高层次人力资本流入，平衡区域间人力资本水平，在提高区域人力资本水平的基础上，进一步提高当地科技水平发展，进而促进公共教育支出经济绩效的正向空间溢出效应。

（四）对于教育支出经济绩效负向空间溢出的地区

这类地区的公共教育支出对邻近地区的经济增长产生了负向影响，在未来的发展过程中应予以重点关注。由前文分析可知，造成公共教育支出经济绩效负向溢出现象的原因主要有两点，即知识溢出效应较弱和人力资本溢入较强。像宁夏、贵州这类地区，教育经费相对不足，教育支出和生均教育支出水平较低，科研投入及高校发展水平较低，重点应该放在拓展教育资金筹集渠道上。部分地区落后的经济发展水平在一定程度上制约了公共教育资金的投入力度，当地政府应该发展多个渠道筹集教育资金，通过企业和社会的力量优化教育支出结构，减少政府财政压力，激活民间教育投资市场，从而促进社会教育体制创新，弥补政府对教育资金支持力度不足所带来的缺陷。

而对于上海、广东等这类外地人力资本流入较多的地区，会减弱其他地区公共教育支出对当地经济增长的推动作用。尽管人力资本集聚具有提升地区生产率、促进城市绿色经济效率等优势，但是人口稠密所带来的人均资源不足、社会福利下降等问题也应引起重视。所以这类地区应该结合宏观形势制定合理的人才引入计划，同时提高科研资金的使用效率，加强与落后地区的人才与技术交流，抵减由于人力资本流入所造成的公共教育支出经济绩效负向空间溢出效应。

第五节　本章小结

"教育兴则国家兴，教育强则国家强"。公共教育支出作为经济发展的核心力量，逐渐成为我国区域经济协同发展的重要着力点。就我国实际情况来看，经济发展水平较高的地区，能够给予教育财政较大的支持，促进当地教育事业发展；部分地区经济发展滞后，教育资金较为匮乏，从而限制了当地教育事业的发展。但是，教育支出对于经济增长的推动作用和空间溢出效应并不一定与支出水平呈显著的正相关，本章借助空间面板计量模型和面板固定效应回归模型，对我国公共教育支出空间溢出效应及影响因素进行实证研究，发现各省域单位教育支出不仅能够显著推动当地经济增长，还存在显著的空间溢出效应，影响其他地区的经济发展水平。从区域来看，东部区域内教育溢出效应要强于中、西部地区，且东部与西部之间的溢出效应要强于中部与东、西部之间，经济发展速度、科技发展水平和教育投入力度会对教育溢出产生正向影响，而劳动力成本和高等教育水平会对教育溢出产生负向影响。对中央政府而言，基于溢出效应实施区域差别政策应该是重点；而对地方政府而言，如何培养人才、留住人才、吸引人才，减少人力资本溢出，增加人力资本溢入应该是其重点工作。

第十一章 我国地方公共教育支出最优规模研究

第一节 引 言

党的十九大报告明确指出，建设教育强国是中华民族伟大复兴的基础工程，必须把教育事业放在优先位置①。近些年来，我国确实比较重视教育事业的发展，公共教育支出不断增加，尤其是西部地区，公共教育经费支出占 GDP 和财政支出的比重都达到了相当比例，但是从各省份的公共教育经费支出情况来看，绝对值和相对比例都差别较大，区域异质性十分明显。

从绝对规模来看，可以考察 31 个省域单位的公共教育经费支出总量与生均公共教育经费两个指标。根据《教育经费统计年鉴（2018）》的数据，公共教育支出总量常年排在前三位的地区是广东、江苏和山东，这三个地区 2017 年的公共教育支出占当年全国公共教育支出总数的 21.54%；而排名最低的三个地区为西藏、青海和宁夏，这三个地区仅占 1.94%。由于各地区经济实力、师资力量和学生人数等背景条件差异较大，该指标并不能很好地解释教育经费投入水平的区域差异，因此我们选择生均公共教育经费进行重点分析。地方生均公共教育经费是衡量地方教育经费投入水平非常直观且有效的指标，从 2005～2017 年的数据来看，我国 31 个省域单位区域间差异还是非常大的，北京、上海两大直辖市的水平一直远高于其他省份，而最低的也不是青海、宁夏等西部地区，像西藏由于学生数量较少，生均公共教育经费反而处于较高的水平，总体来看，生均公共教育经费常年处于低位的是河南、广西和湖南等地。历年生均公共教育经费的最大

---

① https：//www.gov.cn/zhuanti/2017 - 10/27/content_5234876.htm.

值全部来自北京，最小值全部来自河南，河南省历年的生均公共教育经费甚至不到北京市的十分之一，生均公共教育经费极差值很大。

从相对规模来看，可以考察公共教育支出占 GDP 比重和公共教育支出占财政支出比重，前者一直是国际通用的衡量一个国家和地区对教育重视程度的指标；后者则更为直接地反映了一个国家或地区政府对教育的支持力度。从 31 个省域单位 2000~2017 年公共教育经费占 GDP 的比重来看，各地区公共教育经费占 GDP 的比重均有不同程度的上升，但是总体来看与发达国家还有较大的差距，该比例我国始终未能突破 5%，而部分发达国家已经超过了 6%，甚至达到 7% 的水平。此外，我国该比例的区域差异十分明显。从 2017 年的数据来看，江苏、山东、福建等省份该比例都未超过 3%，而西藏该比例连续多年在 10% 以上，最近几年超过了 15%，西藏情况比较特殊；甘肃、贵州、青海、新疆该比例也超过了 7%，可见区域异质性十分明显。但是西部这几个省域单位公共教育经费占 GDP 比重较高与当地经济发展水平较低有关，和发达国家较高的比重又有所不同。从各省域单位 2000~2017 年公共教育支出占财政总支出的比重来看，各区域该比例一直处于 10%~20%，区域差异也十分明显，像广东、贵州、云南、甘肃等地区该比例趋于稳定，而北京、福建等大部分地区该比例均逐年下降，2017 年 31 个省域单位该比例极差达到了 11.87%，最高的是北京的 25.83%，最低的是青海的 13.96%，差距非常大。相对指标本书选择国际通用指标公共教育支出占 GDP 比重进行进一步分析。

通过对全国 31 个省域单位 2000~2017 年生均公共教育经费和公共教育支出占 GDP 比重两大指标数据进一步分析，可以更加清晰地认识到 31 个省域单位公共教育经费投入水平的空间差异。此处选择变异系数和泰尔指数进行进一步的研究，具体公式如下：

$$\text{变异系数}: V = \frac{\sqrt{\dfrac{\sum\limits_{i=1}^{31}(N_i - \overline{N})^2}{31}}}{\overline{N}} \tag{11-1}$$

式中，N_i 为 i 地区当期变量值；$\overline{N}$ 为当期所有地区变量均值。变异系数主要反映某组数据的差异程度，不涉及地理分布情况，取值均为 0~1，数值越大，则表明差异程度越大，反之则越小。

基于 GDP 分布的泰尔指数：

$$TI_{区域间} = \sum_{i=1}^{31} \frac{M_i}{M} \ln \frac{\dfrac{M_i}{M}}{\dfrac{P_i}{P}} \qquad (11-2)$$

式中，M_i 为 i 地区当期变量值；M 为当期所有地区变量值之和；P_i 为当期 i 地区生产总值；P 为当期所有地区生产总值之和。基于 GDP 分布的区域间泰尔指数表示各区域指标分布与 GDP 分布的差异程度，取值为 0～1，数值越大表明区域指标分布与 GDP 分布的差异程度越大，反之则差异程度越小。

基于 31 个省域单位 2000 ～2017 年两大指标数据测算结果如表 11 -1 所示。

表 11 -1　　　31 个省域单位 2000 ～2017 年公共教育经费投入空间异质性指数

年份	生均公共教育经费		公共教育经费支出占 GDP 比重	
	变异系数	区域间泰尔指数	变异系数	区域间泰尔指数
2000	—	—	0.3494	0.7521
2005	0.9574	0.6556	0.5571	0.9567
2010	0.6702	0.5785	0.5265	0.9393
2011	0.7151	0.5918	0.5184	0.9150
2012	0.6604	0.5548	0.4841	0.8535
2013	0.6838	0.5463	0.4929	0.8324
2014	0.6974	0.5902	0.5596	0.8974
2015	0.6365	0.6001	0.5970	0.9361
2016	0.6314	0.5646	0.5323	0.8715
2017	0.6310	0.5974	0.5857	0.9248

资料来源：笔者计算。

由表 11 -1 可知，我国 31 个省域单位生均公共教育经费的变异系数和区域间泰尔指数虽然有下降的趋势，但一直大于 0.5；而公共教育经费支出占 GDP 比重的两大系数甚至有上升的趋势，表明公共教育支出相对于 GDP 分布更加不均衡，区域间差异较大，即绝对指标和相对指标的变异系数和区域间泰尔指数均超过 0.5，表明区域异质性十分明显。

第二节　理论基础与模型设计

一、理论基础

巴罗（Barrow，1990）将政府支出作为内生变量引入规模报酬不变的生产函数中，从理论上说明存在一个政府支出最优规模。根据巴罗的理论，假定经济总产出按如下形式生产：

$$Y = F(K, N, G/N) \tag{11-3}$$

式中，Y 代表真实产出；K 代表期初的（私人和公共）资本存量；N 代表就业数量；G 代表政府支出。

假定 $g = \dfrac{G}{N}$，公式（11-3）两边对时间 t 求导，可得：

$$\frac{\mathrm{d}Y}{\mathrm{d}t} = \frac{\mathrm{d}F}{\mathrm{d}N}\frac{\mathrm{d}N}{\mathrm{d}t} + \frac{\mathrm{d}F}{\mathrm{d}K}\frac{\mathrm{d}K}{\mathrm{d}t} + \frac{\mathrm{d}F}{\mathrm{d}g}\frac{\mathrm{d}g}{\mathrm{d}t} \tag{11-4}$$

假设 $\alpha = \dfrac{\mathrm{d}F}{\mathrm{d}N}\dfrac{N}{Y}$、$\beta = \dfrac{\mathrm{d}F}{\mathrm{d}K}$、$MPG = \dfrac{\mathrm{d}F}{\mathrm{d}G}$，相应变量对时间的导数为 y、n、k、g^*，则公式（11-4）变形为：

$$\frac{y}{Y} = \alpha \frac{n}{N} + \beta \frac{k}{Y} + MPG \frac{g^*}{g}\frac{G}{Y} \tag{11-5}$$

式中，α 代表就业的边际产出；β 代表资本的边际收益；MPG 代表政府支出的边际产出。

以自然效率作为条件，财政提供的每一单位公共服务，都要占用一单位的公共资源，即财政支出的边际成本是 1。根据边际成本等于边际收益的原则，理论上当边际收益 $MPG = 1$ 时，即财政支出每增加 1 元，产出也增加 1 元，此时财政支出规模最优。假设 γ 为政府支出的边际产出弹性 $\gamma = MPG \dfrac{G}{Y}$，且政府相对规模 $S = G/Y$，则 $MPG = \gamma/S$，当 $MPG = 1$ 时，$\gamma = S$。将 $\gamma = MPG \dfrac{G}{Y}$ 代入公式（11-5）可得：

$$\frac{y}{Y} = \alpha \frac{n}{N} + \beta \frac{k}{Y} + \gamma \frac{g^*}{g} \qquad (11-6)$$

式中，α、β、γ 为待估参数，且 γ 表示财政支出的最优规模。

二、模型设定与数据来源

（一）模型设定

1. 模型一：公共教育支出占 GDP 的最优规模

首先，不考虑对财政支出进行分类，根据柯布—道格拉斯生产函数，有：

$$Y = AK^{\alpha}L^{\beta}G^{\gamma} \qquad (11-7)$$

式中，A 代表一定的技术水平，是常数；K 代表资本存量；L 代表劳动力数量；G 代表政府财政支出；α、β、γ 分别代表 K、L、G 的弹性系数。

对公式（11-7）两边取对数，得：

$$\ln Y = C + \alpha \ln K + \beta \ln L + \gamma \ln G \qquad (11-8)$$

2. 模型二：公共教育支出占总财政支出的最优规模

将财政支出分为公共教育支出与其他财政支出两大类，假设柯布—道格拉斯生产函数为：

$$Y = AK^{\alpha}L^{\beta}G_1^{\gamma_1}G_2^{\gamma_2} \qquad (11-9)$$

式中，A、K、L 的经济含义与公式（11-7）相同；G_1 代表公共教育支出；G_2 代表其他财政支出。

对公式（11-9）两边取对数，得：

$$\ln Y = C + \alpha \ln K + \beta \ln L + \gamma_1 \ln G_1 + \gamma_2 \ln G_2 \qquad (11-10)$$

由公式（11-8）、公式（11-10）可得：

$$\gamma \ln G = \gamma_1 \ln G_1 + \gamma_2 \ln G_2 \qquad (11-11)$$

对公式（11-11）两边同除系数 γ，整理得：

$$\ln G = \frac{\gamma_1}{\gamma} \ln G_1 + \frac{\gamma_2}{\gamma} \ln G_2 \qquad (11-12)$$

由于 γ 表示 $MPG = 1$ 条件下政府财政支出的最优规模，即 $\gamma = \dfrac{G}{Y}$。γ_1 表示政府支出在 $MPG = 1$ 条件时公共教育支出占 GDP 的最优比重 $\gamma_1 = \dfrac{G_1}{Y}$，故 $\dfrac{\gamma_1}{\gamma} = \dfrac{G_1}{G}$ 表示公共教育支出占总财政支出的最优规模，$\dfrac{\gamma_2}{\gamma} = \dfrac{G_2}{G}$ 表示其他财政支出占总财政支出的最优规模，并且满足 $\gamma = \gamma_1 + \gamma_2$。为求得 $\dfrac{\gamma_1}{\gamma}$，进一步变形求得如下方程并做回归：

$$\ln \frac{G}{G_2} = \frac{\gamma_1}{\gamma} \ln \frac{G_1}{G_2} + \varepsilon \qquad (11-13)$$

（二）数据选取与数据来源

本章选取 1997～2017 年全国及 31 个省份的省际数据，其中以支出法国内生产总值中资本形成总额减去预算内固定资产投资额代表资本存量 K，全社会从业人数代表劳动力数量 L，地方财政一般预算支出代表总财政支出 G，国家公共教育经费代表公共教育支出 G_1，地方财政一般预算支出减公共教育支出代表其他财政支出 G_2。所有数据均来自历年《中国统计年鉴》《教育经费统计年鉴》及各省份地方统计年鉴、国家统计局。

第三节　实证分析

由于全国 31 个省份样本量太大，所用模型、指标选取、测算方法等又完全一致，限于篇幅，本章仅以全国数据为代表展示具体测算过程。

一、模型一：公共教育支出占 GDP 的最优规模

由于非平稳的时间序列数据可能推断出错误的结论，且经验分析表明多数宏观经济变量都是非平稳的（吕光明，2004），因此需要先对数据变量进行单位根检验。若单位根检验表明数据非平稳，则需要进一步进行协整检验，看各变量之间是否存在一种长期的均衡关系，如果存在，则可以对各变量直接进行协整回

归；如果不存在，可以对数据差分后再回归。为剔除价格因素的影响，本章对名义数据进行了 GDP 平减指数的变换，使之变为真实数据。采用迪基—富勒检验法（ADF 单位根检验），结果如表 11 - 2 所示。

表 11 - 2　　　　　　　　　　变量单位根检验结果

变量	ADF 值	5% 临界值	(C,T,K)	结论
$\ln GDP$	- 3.150157	- 3.02997	$c,t,0$	I(1)
$\ln K$	- 2.146944	- 1.960171	$0,t,0$	I(1)
$\ln L$	- 16.09315	- 3.020686	$0,t,0$	I(0)
$\ln ED$	- 4.780045	- 1.962813	$c,t,1$	I(2)

注：C 代表常数项，T 代表时间趋势项，K 代表滞后期结束。
资料来源：笔者计算。

根据检验结果可知，模型中 $\ln L$ 为平稳序列，其余变量均为非平稳序列，被解释变量的单整阶数为 1 阶，$\ln K$ 与 $\ln ED$ 的单整阶数均为 2 阶，为防止伪回归出现，不能直接回归，需要进一步进行协整检验。协整检验的方法有很多，考虑到本章要对多变量进行协整检验，因此采用 Johansen 极大似然估计法，结果如表 11 - 3 所示。

表 11 - 3　　　　　　　　　　变量的协整检验结果

协整方程数量的原假设	特征值	迹统计量	5% 临界值	概率
没有 *	0.920507	80.47861	47.85613	0
最多有 1 个 *	0.623822	32.36901	29.79707	0.0247
最多有 2 个	0.341281	13.79283	15.49471	0.0888
最多有 3 个 *	0.265438	5.861139	3.841466	0.0155
协整方程数量的原假设	特征值	最大特征值统计量	5% 临界值	概率
没有 *	0.920507	48.1096	27.58434	0
最多有 1 个	0.623822	18.57618	21.13162	0.1098
最多有 2 个	0.341281	7.931696	14.2646	0.3857
最多有 3 个 *	0.265438	5.861139	3.841466	0.0155

注：* 表示在 5% 的显著性水平下拒绝原假设。表中存在两种统计结果，分别是迹统计量和最大特征值统计量，因此表头不能合并。
资料来源：笔者计算。

由上述检验结果可知，$\ln GDP$、$\ln K$、$\ln L$、$\ln ED$ 这四个变量之间存在协整关系，因此，可以对它们进行协整回归。对 $\ln GDP$ 与 $\ln K$、$\ln L$、$\ln ED$ 进行协整回归，发现解释变量的 VIF 值均大于 10，这表明变量 $\ln K$、$\ln L$、$\ln ED$ 之间存在严重的多重共线性。为了克服多重共线性，本书借助 SPSS 软件进行主成分分析，以特征值大于 1 为标准。检验结果表明模型通过了 KMO 和巴特利特检验。经分析可以提取一个主成分因子，且其累积贡献率达到了 96.530%，即该主成分因子可以集中三个解释变量 96.530% 的信息。各变量在该因子的载荷值如下：

$$F = 0.340\ln K + 0.337\ln L + 0.341\ln ED \qquad (11-14)$$

作 $\ln GDP$ 对因子 F 的主成分回归分析，发现模型存在一阶自相关。为克服模型的自相关，我们引入 AR 项，所建立的回归方程如下：

$$\ln GDP = 11.589 + 0.128F + 0.905AR(1) \qquad (11-15)$$
$$R^2 = 0.992 \qquad DW = 1.311 \qquad F = 716.13$$

经检验，上述模型不存在自相关与异方差等问题，各变量的 t 检验在 1% 的水平下显著，模型的拟合度优良。把公式（11-14）代入公式（11-15），则可建立最终形式的回归方程，即：

$$\ln GDP = 11.589 + 0.0435\ln K + 0.0431\ln L + 0.0436\ln ED + 0.905AR(1)$$
$$(11-16)$$

由以上检验结果可知，公共教育支出的边际产出弹性为 0.0436，根据前文教育经费的自然效率条件 $MPG = 1$ 可知，我国公共教育支出占 GDP 的最优规模为 4.36%。查阅《教育经费统计年鉴》，2013~2017 年我国公共教育经费支出占 GDP 的比例平均为 4.16%，尚未达到 4.36% 的水平。而且该数值在 2015 年达到峰值后，于 2016 年、2017 年接连回落，2017 年国家公共教育经费占 GDP 的比例仅为 4.11%，对教育投入重视程度有所下滑。

按照上述方法，对我国 31 省份（港、澳、台除外）公共教育支出占 GDP 的最优规模进行测算，结果如表 11-4 所示。

表 11-4		各省份公共教育支出占 GDP 的最优规模		单位：%
地区	公共教育支出占 GDP 的最优规模	近五年地方公共教育支出占 GDP 比重	与最优规模差额	近五年公共教育支出占 GDP 的比重	与最优规模差额
北京	5.64	4.26	-1.38	6.75	1.11
天津	7.24	3.01	-4.23	3.34	-3.90
河北	3.82	3.45	-0.37	3.50	-0.32

续表

地区	公共教育支出占GDP的最优规模	近五年地方公共教育支出占GDP比重	与最优规模差额	近五年公共教育支出占GDP的比重	与最优规模差额
山西	5.30	4.87	− 0.43	4.88	− 0.42
内蒙古	9.91	3.58	− 6.33	3.59	− 6.32
辽宁	4.03	2.89	− 1.14	3.13	− 0.90
吉林	5.63	3.54	− 2.09	3.89	− 1.74
黑龙江	1.75	3.87	2.12	4.31	2.56
上海	2.83	3.34	0.51	3.95	1.12
江苏	3.45	2.55	− 0.90	2.74	− 0.71
浙江	4.84	3.00	− 1.84	3.11	− 1.73
安徽	5.53	4.28	− 1.25	4.48	− 1.05
福建	4.72	2.96	− 1.76	3.09	− 1.63
江西	6.05	4.82	− 1.23	4.83	− 1.22
山东	5.13	2.72	− 2.41	2.81	− 2.32
河南	5.10	3.77	− 1.33	3.79	− 1.31
湖北	4.71	2.97	− 1.74	3.48	− 1.23
湖南	5.31	3.38	− 1.93	3.54	− 1.77
广东	4.60	3.07	− 1.53	3.16	− 1.44
广西	4.61	4.90	0.29	4.90	0.29
海南	4.85	6.01	1.16	6.06	1.21
重庆	10.42	3.99	− 6.43	4.24	− 6.18
四川	3.85	4.30	0.45	4.58	0.73
贵州	6.33	7.42	1.09	7.43	1.10
云南	4.38	6.67	2.29	6.70	2.32
西藏	8.64	16.95	8.31	16.65	8.01
陕西	7.82	4.18	− 3.64	4.74	− 3.08
甘肃	5.07	7.72	2.65	8.10	3.03
青海	5.76	7.68	1.92	7.69	1.93
宁夏	7.07	5.62	− 1.45	5.82	− 1.25
新疆	4.48	6.90	2.42	7.69	3.21

注：①近五年指2013～2017年，下同；②地方公共教育支出指剔除了中央拨付，下同。

资料来源：笔者计算。

从表 11 - 4 数据可以看出，绝大部分省份的公共教育支出占 GDP 的比例尚未达到最优规模，如果剔除中央拨付，差距更甚。具体来看，除个别省份外，东部地区与中部地区的教育经费投入规模普遍不足，且中部地区的差额更大；而西部地区由于国家财政补贴及经济总量低等原因，教育经费实际投入规模反倒远超出最优规模，定量分析与定性分析结果基本一致，表明教育经费实际投入规模与最优规模的区域异质性明显。东部地区的教育经费支出总额与教育发展程度一直领跑全国，多年来形成了东部地区教育投入超额的固有印象，但实证检验表明，东部地区总体的教育投入规模仍未与经济发展水平相匹配，原因主要有两点：一是东部地区教育经费投入的总额巨大，但由于学生数多，生均教育经费并不高，很多省市的生均教育经费远不如西部地区；二是用于基础教育的经费不足，我国很长一段时间内教育经费的内部分配结构失衡（丁忠民和玉国华，2017）。农村教育、职业教育学生由于受教育年限短，流动性不高等原因，可以迅速转化为有效劳动力参与当地的经济建设，而教育经费投入不足致使其无法发挥应有的经济效益。中部地区教育经费支出水平与最优规模差距较大，表明其教育投入与教育重视程度亟待提高。近年来，我国中部地区经济增长乏力，地方财力不足，虽然公共教育支出占财政支出的比例不低，但总额并不高。此外，河南、湖南、湖北等地区均为教育大省，学生数多，生均教育经费更显不足。西部地区的公共教育经费投入规模普遍高于最优规模，主要由当地生产总值较小，经济发展水平不高，加上学生数少、国家补贴力度大等原因综合促成，单看教育经费总额，与东部地区和中部地区仍有很大差距。同时，实证结果也从侧面反映出西部地区的教育投资绩效较低，未来应注重教育经费的管理与使用。

二、模型二：公共教育支出占总财政支出的最优规模

沿用模型一的方法，首先运用 Eviews 软件对公式（11 - 13）中的序列 $\ln\dfrac{G}{G_2}$ 和序列 $\ln\dfrac{G_1}{G_2}$ 进行 ADF 单位根检验，检验结果均为 I(0)，即平稳序列，且在 5% 水平下显著。Johansen 协整检验结果显示变量之间存在长期均衡关系，遂对公式（11 - 13）进行协整回归，发现随机误差项存在自相关，引入 AR 项，回归模型如下：

$$\ln \frac{G}{G_2} = 0.4658 + 0.1759\ln\frac{G_1}{G_2} + 0.6023AR(1) \qquad (11-17)$$

$$R^2 = 0.9986 \qquad DW = 1.8048 \qquad F = 3937.164$$

由以上检验结果可知，我国公共教育支出占总财政支出的最优规模为 17.59%。通过查阅《教育经费统计年鉴》与《中国统计年鉴》，2013～2017 年我国公共教育支出占总财政支出的比例平均为 17%，且 2015～2017 年连续三年低于 17%，与公共教育支出占 GDP 结果相同，均低于最优规模，表明我国公共教育支出仍需加大力度。

按照上述方法，对我国 31 个省份公共教育支出占总财政支出的最优规模进行测算，结果如表 11-5 所示。

表 11-5　　　　　各省份公共教育支出占总财政支出的最优规模　　　　单位：%

地区	公共教育支出占总财政支出的最优规模	近五年地方公共教育支出占总财政支出比重	与最优规模差额	近五年公共教育支出占总财政支出的比重	与最优规模差额
北京	31.85	18.44	-13.41	29.23	-2.62
天津	17.83	16.17	-1.66	17.92	0.09
河北	23.01	19.45	-3.56	19.71	-3.30
山西	22.68	19.38	-3.30	19.41	-3.27
内蒙古	18.64	14.86	-3.78	14.90	-3.74
辽宁	17.90	15.35	-2.55	16.61	-1.29
吉林	21.87	15.53	-6.34	17.06	-4.81
黑龙江	19.62	14.99	-4.63	16.72	-2.90
上海	19.02	14.58	-4.44	17.25	-1.77
江苏	27.69	19.54	-8.15	21.07	-6.62
浙江	25.98	21.50	-4.48	22.25	-3.73
安徽	22.35	18.71	-3.64	19.57	-2.78
福建	24.58	20.44	-4.14	21.31	-3.27
江西	20.13	19.17	-0.96	19.21	-0.92
山东	24.13	21.66	-2.47	22.37	-1.76
河南	24.27	21.04	-3.23	21.15	-3.12
湖北	22.32	15.60	-6.72	18.26	-4.06

地区	公共教育支出占总财政支出的最优规模	近五年地方公共教育支出占总财政支出比重	与最优规模差额	近五年公共教育支出占总财政支出的比重	与最优规模差额
湖南	22.75	17.31	-5.44	18.11	-4.64
广东	20.77	19.87	-0.90	20.50	-0.27
广西	23.48	20.51	-2.97	20.55	-2.93
海南	21.05	18.42	-2.63	18.58	-2.47
重庆	23.25	17.17	-6.08	18.27	-4.98
四川	21.07	17.87	-3.20	19.07	-2.00
贵州	20.03	20.19	0.16	20.22	0.19
云南	19.71	19.33	-0.38	19.40	-0.31
西藏	12.52	12.73	0.21	12.73	0.21
陕西	24.67	18.36	-6.31	20.78	-3.89
甘肃	23.03	18.78	-4.25	19.70	-3.33
青海	14.68	12.95	-1.73	12.96	-1.72
宁夏	18.48	14.75	-3.73	15.28	-3.20
新疆	24.19	17.42	-6.77	19.39	-4.80

资料来源：笔者计算。

检验结果显示全国及各省份公共教育支出占总财政支出的规模普遍不足，结合表 11-4，东部地区与中部地区公共教育支出不足，未来应进一步加大教育经费投入力度。西部地区公共教育支出占财政支出比例不足，但占 GDP 比重超额的原因可能是西部地区教育投资绩效不高，教育投入没有对经济发展贡献应有的作用。

三、聚类分析

从上述实证结果不难看出，即便是同地区（东部、中部、西部）内，各省份之间也存在区域差异，简单地将 31 个省份划分为东部、中部、西部三类并不适用，因此对上述实证结果进行聚类分析。考虑到公共教育支出占总财政支出比例均低于最优规模，遂根据各省份公共教育支出占 GDP 的比重与教育支出最优规模之间的差额，借助 SPSS25 软件进行 K 均值聚类分析，取 K 值为 4，具体结果如表 11-6 所示。

表 11 – 6　　　　　　　　　　　　　聚类分析结果

类别	地区
地区一	天津、内蒙古、重庆、陕西
地区二	辽宁、吉林、江苏、浙江、安徽、福建、江西、山东、河南、湖南、湖北、广东、宁夏、河北、山西
地区三	北京、上海、海南、广西、四川、贵州
地区四	黑龙江、云南、西藏、甘肃、青海、新疆

资料来源：笔者绘制。

由表 11 – 6 可知，根据各省份教育经费支出规模与最优规模之间差额的高低，将 31 个省份分为四个大类。第一类地区当前教育支出规模严重不足，与最优规模之间差额很大。陕西虽然教育支出总额位列全国中等，但其生均教育经费常年低于全国平均水平。内蒙古和天津虽然生均教育经费高于全国平均水平，但其教育支出总额较低，常年位列全国倒数，难以形成规模效应。重庆的教育支出总额及生均教育经费都严重不足，当地政府应该重视教育，加大教育投入力度以提高重庆的城市竞争力，发挥其西部明星城市的带头作用。第二类地区当前教育经费投入规模虽不足，但与最优规模差额不大。其中大多数省份经济总量比较大，教育经费总额常年位列全国领先水平，尤其广东、江苏、山东，但其生均教育经费却严重不足，学生的教育资源与经济发展水平并不匹配。而辽宁、吉林、宁夏等地的教育经费总额投入不足，宁夏近年来多次排名最后，吉林与辽宁的公共教育经费增长率基本停滞，这都使得当地教育难以形成规模效应。第三类地区当前教育经费投入规模略超最优规模或刚好持平。其中，北京和上海的生均教育经费很高，且教育经费总额较高，其教育投入经济收益良好。河北生均教育经费并不高，但教育经费总额较高，加之依托"京津冀"一体化发展战略，教育正外部性得到显现。四川省近年来教育经费总投入一直较高，但生均教育经费偏低，且四川成都的教育资源明显优于四川其他地市，省内区域差异较大。第四类地区当前教育经费投入规模远超最优规模。第四类地区基本属于西部地区，经济总量较低且国家财政补贴力度大，因此教育支出占 GDP 的比例较高，但其教育投入远超最优规模，经济发展水平却较低，这也反映出第四类地区教育经费使用效率低下，教育投资收益不高。

第四节　公共教育支出规模影响因素的实证分析

一、影响因素分析

教育支出除受地方经济发展水平影响外，还更多地受到诸如政府对教育的重视程度、社会文化传统等意志性因素影响。相对于经济发展水平这一显性变量而言，意志性因素对教育投入比例的影响更大。当经济发展水平一定时，重视教育的"主观意志"是确保国家公共教育投入达到合理规模的最重要条件，甚至可以在一定程度上摆脱经济发展阶段对公共教育投入水平的制约，实现教育的超前发展。在此基础上，本章选取以下影响教育支出规模的因素。

（1）人均 GDP（$agdp$）。人均 GDP 常用来衡量一个国家或地区的经济发展状况，公共教育支出规模不可避免地受到当地经济发展水平的制约。通常来说，地区经济发展水平越高，其教育投入绝对额越大，在此预计人均 GDP 对公共教育支出规模有正向作用。

（2）人均财政收入（fin）。当前我国教育经费的主要来源是政府财政拨款，因此，地方政府的财政能力是影响教育支出规模的主要因素之一。本章用一般公共预算收入与常住人口的比值代表人均财政收入，并预计其对公共教育支出规模有正向作用。

（3）政府对教育的重视程度（gov）。政府对教育的重视程度直接决定了教育经费的支出规模。本章根据表 11 – 6 聚类分析的结果，引入政府重视程度虚拟变量，将地区一、二、三、四分别赋值 1、2、3、4，并预计政府重视程度对公共教育支出规模有正向作用。

（4）社会文化传统（asy）。如果一个地区有浓厚的社会文化传统，那么该地区对教育的重视程度会更高，受教育水平也相对较高，因此本章选取平均受教育年限来表征社会文化传统，并预计其对公共教育支出规模有正向作用。

（5）财政分权度（fd）。本章采用省一般预算收入占中央一般预算收入比值来衡量财政分权度，并预计其对公共教育支出规模有负向作用。

（6）政府竞争度（$fdishare$）。地方政府为吸引外资，加快当地经济增长，竞相加大基础设施投资，挤占科教卫生等公共投入，本章用各地政府吸引的 FDI 占全国当年 FDI 的比重来刻画政府竞争度。

（7）学生数（*student*）。教育支出的最终作用主体是学生，学生数量是影响教育经费支出的直接因素。本章用各级在校学生数与年末总人口数的比重刻画各省学生数，并预计其对公共教育支出规模有正向作用。

（8）循环累计效应（*L.*）。其又叫循环累积因果理论，由经济学家纲纳·缪达尔（Karl Gunnar Myrdal）提出，他认为在社会经济发展动态过程中，社会经济各因素之间存在循环累计因果关系。教育支出某因素的发展会影响下一期经济因素的发展并不断积累，本章用滞后一期的被解释变量表征循环累积效应。

二、模型设定、变量说明及数据来源

为验证以上影响因素的作用，估计如下回归模型：

$$edu_{it} = c + \alpha_1 edu_{i,t-1} + \alpha_2 \ln agdp_{it} + \alpha_3 \ln fin_{it} + \alpha_4 gov_i + \alpha_5 asy_{it}$$
$$+ \alpha_6 fd_{it} + \alpha_7 fdishare_{it} + \alpha_8 student_{it} + \varepsilon_{it} \qquad (11-18)$$

$$\ln aedu_{it} = c + \alpha_1 \ln aedu_{i,t-1} + \alpha_2 \ln agdp_{it} + \alpha_3 \ln fin_{it} + \alpha_4 gov_i + \alpha_5 asy_{it}$$
$$+ \alpha_6 fd_{it} + \alpha_7 fdishare_{it} + \alpha_8 student_{it} + \varepsilon_{it} \qquad (11-19)$$

式中，下标 i 代表省份；t 代表时间。被解释变量 edu_{it} 和 $\ln aedu_{it}$ 分别代表 i 省第 t 年公共教育支出占 GDP 的比例以及生均教育经费；$edu_{i,t-1}$ 和 $\ln aedu_{i,t-1}$ 分别代表滞后一期的被解释变量，其余解释变量同上述分析；c 是常数项；ε 是随机扰动项。

本章选取 1997～2017 年全国 31 个省份的省级面板数据，数据均来自历年《中国统计年鉴》《教育经费统计年鉴》及各省份地方统计年鉴、国家统计局，其中生均公共教育经费为公共教育经费除以在校学生数（在校学生数统计范围包括学前教育、特殊教育、小学、初中及中等职业、普通高中、高等教育）。平均受教育年限的计算方法参考国家统计局的标准，假定未上过学、小学、初中、高中、大专及以上学历居民的平均受教育年数分别为 2 年、6 年、9 年、12 年和 16 年，其中 2000 年各省份的平均受教育年限无法获得，本章采用 1999 年与 2001 年的平均值代替。各变量的描述性统计如表 11-7 所示。

表 11-7   变量描述性统计

变量名	变量解释	均值	标准差	最大值	最小值	观测数
edu	公共教育支出占 GDP 比例	0.0399	0.0211	0.1845	0.0163	
ln*aedu*	生均公共教育经费	7.3116	0.7052	9.5065	5.9001	
ln*fin*	人均财政收入	6.4264	0.7636	8.5057	4.7787	
ln*agdp*	人均 GDP	8.9278	0.5257	10.1535	7.6902	$N=651$
gov	政府重视程度	2.4516	0.9456	4.0000	1.0000	$n=31$
asy	平均受教育年限	8.8974	1.4049	13.3942	3.4320	$T=21$
fd	财政分权度	0.0318	0.0267	0.1436	0.0007	
fdishare	政府竞争度	0.0316	0.0482	0.2882	0.0002	
student	学生数占总人口比例	0.1847	0.0305	0.2560	0.1040	

资料来源：笔者计算。

三、回归结果分析

（1）回归方法。本章引入被解释变量的一阶滞后项作为解释变量，构建动态面板数据模型，同时避免了固定效应模型与随机效应模型可能遗漏关键变量使回归结果有误的缺陷。布鲁德尔和邦德（Blundell & Bond，1998）将"差分 GMM"与"水平 GMM"结合后作为一个系统进行估计，称为"系统 GMM"估计。本章采用系统 GMM 法，实证分析借助软件 Stata15.0 完成。

（2）回归结果分析。本章采用系统 GMM 的方法，并通过逐步添加解释变量的方式分别对两个模型进行回归，结果整理如表 11-8 所示。首先，两个回归模型中的核心解释变量均通过了显著性水平检验，且通过了 5% 水平上的 Arellano - Bond AR（2）扰动项自相关检验及 Sargan 过度识别检验。其中以 *edu* 为被解释变量的模型中，*L. edu* 的估计系数随着解释变量的增多而递减，但始终高度显著为正，表明我国公共教育支出存在较为强烈的循环累积效应，地区当年度的公共教育支出受往年支出规模影响较大。人均财政收入 ln*fin* 的系数随着解释变量的增多而递增且高度显著，表明地方政府的教育支出规模受财政能力的影响很大，财政能力高的省份教育支出规模也大，这一结果也从表 11-4 和表 11-5 中有所显现，公共教育支出占 GDP 比例不足的省份，其教育支出占总财政支出的比例也普遍不足。代表政府重视程度的虚拟变量 *gov* 显著为正，表明政府对教育的主观态度的确会影响教育支出规模。财政分权度 *fd* 的系数显著为负，说明中国的财政分权制度的确会扭曲地方政府的公共支出结构，减少教育支出。但政府竞争度 *fdishare* 的系数却为正，虽然并不显著，考虑到政府竞争度的差异性，其对教育支出的具体作用我们在后文进行分析。学生数占总人口的比重 *student* 的系数为正，因为教育的边际成本远大于零，尽管学生数增加会降低固定成本，但其并不能抵消高边际成本带来的支出增加。通常来讲，经济发达的地区和社会文化传统浓厚的地区，其教育支出规模会更大。但 ln*agdp* 和 *asy* 的系数却显著为负，可能的原因是文化传统浓厚的地区会有更高的人力资本，从而推动当地的经济发展，而且其带来的经济增长额远超教育投入额，使得回归结果为负。为验证这一猜想，本章以生均教育经费 ln*aedu* 为被解释变量重新回归，发现 ln*agdp* 与 *asy* 的系数显著为正，且除 *student* 的系数符号发生变化外，其余解释变量的系数符号均未发生变化，表明模型整体拟合优良，各变量有着较好的稳健性。学生数的系数之所以发生变化，是因为学生数量的增多势必会降低生均教育经费，山东、广东等省份的教育支出总额很高，但其生均教育经费并不高也印证了这一点。

表 11 -8　　　　　　　　　　　　　　模型估计结果

变量	公共教育支出占 GDP 比重			生均公共教育经费		
	（1）	（2）	（3）	（1）	（2）	（3）
L. edu	0. 9112 *** （24. 82）	0. 7444 *** （7. 08）	0. 6563 *** （5. 92）			
L. lnaedu				0. 9911 *** （18. 58）	0. 5789 *** （7. 18）	0. 6107 *** （8. 73）
ln*fin*	0. 0103 * （1. 69）	0. 0150 ** （2. 08）	0. 0214 *** （2. 78）	0. 3140 *** （2. 73）	0. 2442 *** （4. 41）	0. 2573 *** （4. 45）
ln*agdp*	- 0. 0521 *** （ -3. 49）	- 0. 0539 *** （ -3. 98）	- 0. 0383 *** （ -2. 77）	0. 0978 （0. 59）	0. 1195 （1. 17）	0. 2196 * （1. 75）
gov		0. 0078 *** （2. 58）	0. 0074 ** （2. 41）		0. 0727 （1. 43）	0. 0481 ** （2. 42）
asy		- 0. 0076 ** （ -2. 31）	- 0. 0076 ** （ -2. 23）		0. 0426 * （1. 71）	0. 0359 * （1. 91）
fd			- 0. 2822 ** （ -2. 21）			- 3. 4831 *** （ -3. 62）

续表

变量	公共教育支出占 GDP 比重			生均公共教育经费		
	(1)	(2)	(3)	(1)	(2)	(3)
fdishare			0.0224 (0.84)			0.3321 (1.13)
student			0.0415 (0.43)			−1.4781* (−1.81)
C	0.0563 (1.63)	−0.0445 (−0.61)	−0.1602* (−1.66)	−0.8627 (−1.56)	0.4128 (0.56)	0.1794 (0.21)
AR (1)	(−2.3648) 0.0180	(−2.5) 0.0124	(−2.5342) 0.0113	(−3.278) 0.0010	(−2.7997) 0.0051	(−3.0064) 0.0026
AR (2)	(0.3051) 0.7603	(0.5529) 0.5804	(0.8277) 0.4078	(−1.4249) 0.1542	(−1.7098) 0.0873	(−0.3642) 0.7157
Sargan	(95.2307) 0.5885	(86.0751) 0.7998	(85.5524) 0.8110	(109.2717) 0.5553	(127.9485) 0.1756	(163.7019) 0.1939

注：*、**、*** 分别表示相关回归结果在 10%、5%、1% 水平下显著。括号内表示 z 值，AR (1)、AR (2) 括号外表示 P 值。Sargan 括号内表示 chi2 值，括号外表示 P 值。表 11-9 同。

考虑到不同地区之间的异质性，以表 11-6 结果分类，分别检验不同地区教育支出规模影响因素的差异。由于上述回归结果已经验证了政府重视程度 gov 对教育支出有显著正向作用，且假定四类地区内部的政府重视程度相同（同一地区赋值相同），遂剔除 gov 变量，回归结果整理如表 11-9 所示。与前文相同，模型（1）代表教育支出占 GDP 比例 edu 为被解释变量，模型（2）代表生均教育经费 lnaedu 为被解释变量，各解释变量符号基本与表 11-9 相同。其中地区二的人均 GDP 在两个模型中系数均为负，可能的解释是随着经济的发展，原本完全由政府包揽的教育投入负担逐渐转移给居民个人（郑磊，2008）。而且，与其他三个地区政府竞争度会削弱教育支出不同，地区二的政府竞争度对教育投入有显著正向作用，因为地区二主要是经济发达省份，其对于外商投资的吸引已经越过不计成本的投入基础建设的阶段，转而在人文、环境、卫生、教育等软方面下功夫，提高自身综合竞争力的同时，加大了地方教育支出。这也解释了地区二的循环累积效应远小于其他三个地区的原因，经济欠发达省份在教育支出上更倾向于保持每年稳定的增速，受上一年影响较大，而经济发达省份会根据当年度的财政能力及政府意愿，动态调整教育支出比例。此外，地区四的财政分权度及政府竞争度对教育支出的负向作用尤其强烈，远超其他三个地区，因为地区四多为西部欠发达省份，受自身环境和经济发展水平约束，其吸引资本要比其他省份付出更大的代价——某种程度上，挤占更多的科教文卫资金，因此对教育投入的副作用更甚。

表 11 − 9　　　　　　　　　　　　分地区模型估计结果

变量	地区一		地区二		地区三		地区四	
	（1）	（2）	（1）	（2）	（1）	（2）	（1）	（2）
L. edu	0.6756 *** (7.16)		0.4006 *** (2.87)		0.6969 *** (12.09)		0.4644 *** (4.59)	
L. lnaedu		0.9791 *** (14.90)		0.1721 * (1.72)		0.8170 *** (27.13)		0.6750 *** (20.11)
lnfin	0.0220 *** (12.40)	0.2863 * (1.86)	0.0064 * (1.71)	0.5064 *** (6.25)	0.0081 ** (2.05)	0.1766 *** (4.96)	0.0492 *** (3.34)	0.3810 *** (4.87)
lnagdp	− 0.0209 *** （− 3.62）	0.1336 *** (2.67)	− 0.0256 *** （− 3.40）	− 0.0496 （− 0.46）	− 0.0107 * （− 1.77）	0.2078 *** (3.07)	− 0.0156 （− 1.20）	0.1057 (0.59)
asy	0.0040 *** (3.85)	− 0.0844 （− 1.64）	0.0017 *** (2.61)	0.0368 (0.95)	− 0.0051 *** （− 3.10）	0.0496 (0.92)	− 0.0044 * （− 1.75）	0.0074 (0.51)
fd	− 0.7323 *** （− 12.99）	− 1.8938 *** （− 3.84）	− 0.1268 ** （− 2.11）	− 2.4675 *** （− 2.64）	− 0.5192 *** （− 2.67）	− 3.2883 *** （− 6.33）	− 0.6485 * （− 1.95）	− 8.6545 ** （− 2.14）
fdishare	− 0.2913 *** （− 7.95）	− 1.9064 *** （− 7.21）	− 0.0054 （− 0.26）	0.6301 ** (2.55)	− 0.1313 *** （− 3.06）	− 1.5776 *** （− 3.43）	− 0.8277 （− 0.84）	− 32.2474 ** （− 2.39）
student	0.0213 * (1.88)	− 0.9167 *** （− 5.19）	0.0873 ** (1.96)	− 4.2925 *** （− 2.58）	0.0578 * (1.95)	− 3.3637 （− 1.14）	0.1511 * (1.66)	− 1.8905 *** （− 4.67）
C	0.0583 *** (2.89)	− 0.6067 * （− 1.73）	0.1397 ** (2.19)	5.4507 *** (6.17)	0.0273 (1.51)	− 0.0588 （− 0.15）	− 0.0054 （− 0.07）	0.2886 (0.22)
AR(1)	（− 1.795） 0.0727	（− 2.007） 0.0447	（− 2.289） 0.0221	（− 2.263） 0.0236	（− 1.911） 0.0561	（− 2.005） 0.0450	（− 2.174） 0.0297	（− 1.808） 0.0707
AR(2)	（− 0.892） 0.3724	（0.785） 0.4325	（− 1.297） 0.1945	（− 1.407） 0.1596	（− 1.358） 0.1744	（− 0.441） 0.6590	（− 0.385） 0.6999	（− 0.895） 0.3707
Sargan	（61.447） 0.9281	（25.762） 0.9991	（25.735） 0.9182	（39.208） 0.9349	（39.456） 0.9703	（38.568） 0.9635	（62.973） 0.9064	（71.223） 0.8572

资料来源：笔者计算。

第五节　结论与建议

一、基本结论

本章采用 1997～2017 年的中国省际面板数据，分析了全国及 31 个省份公共教育支出的最优规模及其影响因素，研究结果表明：（1）东、中部地区的公共教育支出规模普遍不足而西部地区超额，这也反映了西部地区教育投资绩效不高，教育未有效转化为生产力，且各省份教育支出占总财政支出的比例普遍偏低，这可能与当前地方政府财政支出偏大有关。（2）地区经济发展水平及地方政府财政能力与教育支出有显著正相关关系。除了显性指标外，地区文化传统、政府重视程度等意志性因素也能决定当地教育投入力度。（3）不同地区影响教育支出规模的因素不同，同一因素在不同地区的效果也不同，政府竞争对地区四各省份教育投入有强烈的阻碍作用，而对地区二各省份教育投入却有显著的促进作用。

二、对策建议

结合本章前述分析与上述结论，提出如下对策建议。

第一，扭转东部地区教育支出超额的固有印象，经济发达省份应该对标北京、上海两大城市，在公共教育支出总量问题基本解决的基础上，制定生均教育经费基本标准，优化教育经费支出结构，提高教育经费使用效益。结合自身优势，拓宽教育经费来源，逐步提高教育经费总投入中的社会投入占比，发动全社会的力量保障当地教育事业的发展。改变城乡之间教育的不公平，坚持"两条腿"走路，培养农村劳动力、留住农村劳动力。此外，进一步加强政府间的良性竞争，在教育投入、人才培养、环境改善等方面相互学习、共同进步，打造教育"高投入—高产出"示范区，切实推动中国教育事业的改革与发展。

第二，经济发展水平和地方财政能力的确制约着中、西部欠发达省份的教育事业发展，应根据自身情况，加大基础教育与职业教育培养力度，借鉴东部发达省份的宝贵经验，走出教育与经济发展消极互动的境地。当地政府要从根本上转变观念，提高教育重视程度，孕育优秀文化传统，摆脱经济发展水平与地区财力的制约。只有切实提高当地居民的综合素质，才能更好地发挥教育对经济发展的促进作用。减少无意义的政府竞争，提高教育质量与资金使用效率，优先落实教育投入，把钱用在刀刃上，真正做到筹好用好管好教育经费。

第三，因地制宜制定政策。对于地区一和地区四，地方政府的财政能力对教育的影响作用比地区二和地区三更高，但社会文化传统的促进作用不明显。中央应该加大对经济欠发达省份的政策倾斜与资金支持，同时建立完善的监督机制，确保教育经费用到最关键的地方，充分发挥教育经费保障教育发展的引领作用。而经济发达省份在保证教育总投入稳步提升的基础上，更应该注重城乡教育公平，优化教师队伍结构，促进产教融合，营造浓厚的文化氛围，确保教育事业稳步发展。

第三篇
专题篇

第十二章 高等教育专题1：经济高质量发展视角下高等教育资源的配置效率

第一节 引　言

随着国家高等教育改革的不断推进以及投入力度的不断加大，我国高等教育规模稳步发展，结构逐步优化，迈入普及化发展阶段。但高等教育肩负着培养人才，促进经济高质量发展的重任，这就要求高等教育不仅要重投入，更要重产出，重效率。当前，把教育资源作为稀缺资源并进行有效配置已在高等教育领域成为共识，加之人口结构发展趋势转变、国家财政限制、地方高校竞争等一系列压力，如何提升我国高等教育资源配置效率显得尤为重要。不少学者研究发现我国高等院校在人才培养、科技创新、社会服务等领域产出成果显著，但高等教育培养人才、培育技术的最终目的是为经济结构转型、经济高质量发展助力。高校毕业生连年创新高，但高端人才仍然匮乏、科技创新成果显著，但高精尖技术占比太低，这些现象表明当前我国高等教育存在"大而不强、多而不精"的问题。高等教育产出应该"质""量"两手抓，并且两手都要硬。因此，打破传统的投入产出指标体系束缚，在经济高质量发展视角下研究中国高等教育资源配置效率并针对性提出建议，意义深远。

第二节 文献综述

国外学者首先对教育与经济之间的关系进行了探讨。卢卡斯（1988）认为从长期考虑，积累的人力资本率决定经济增长率。罗伯特（Robert，1991）通过构建人力资本模型表明一个国家在教育和人力资本方面投入的大小，决定了这个国家的劳动生产率和总技术水平的高低。贾亚苏里亚（Jayasuriya，2003）利用76个国家的面板数据构建SFA模型，实证检验了教育经费投入对教育人力资本的配置效率的影响。弗莱舍（Fleisher，2015）认为人力资本会从直接与间接两方面影响全要素生产率的增长，直接影响来自技术创新，而间接影响来自人力资本的溢出效应。随着研究的深入，国外学者开始关注高等教育资源配置效率。阿夫基兰（Avkiran，2001）通过建立三种绩效模式，即整体绩效、教育服务提供绩效和收费注册绩效测算了澳大利亚大学的相对效率，结果表明，大学部门在技术和规模效率方面表现良好，但在提高付费入学率方面仍有提升的空间。柯布－克拉克（Cobb-Clark，2016）使用小组数据分析学生成绩和学校预算分配的关系，研究表明预算的分配对某些年级的学生成绩很重要。德拉塞拉（Della-Sala，2016）通过构建结构方程模型来识别教育资源对学生成绩的影响，并作为资源分配的依据。

国内学者对于高等教育资源配置效率的研究主要分为两类。第一类是高等教育财政支出效率。黄臻和易罗婕（2016）将福利经济学中的萨缪尔逊原则引入我国高等教育财政投入衡量标准，发现足够的公共教育投入能够有效提高高等教育的整体效率，且公共教育投入的公平性能够使教育资源分配趋向平衡。周胜（2014）研究发现各地区公共教育经费的配置方向与该地区各级各类教育的效率优势存在差异，即东部地区的教育经费投入向基础教育倾斜，中西部则向高等教育和职业教育倾斜，而三大地区教育效率的优势却分别体现在高等教育、职业教育、初等教育上，表明我国的教育经费投入未充分考虑各地区实际。方超和黄斌（2019）通过借鉴并改良教育生产函数，研究发现我国政府与市场的教育经费投入均能提高高等教育的产出效率，但市场的资源配置效率更高，因而其高等教育的产出效率更高。第二类是高等教育资源配置效率。张朝玉和李东光（2018）系统论述了什么是高等教育资源、谁来配置高等教育资源、怎样配置高等教育资源以及高等教育资源配置的效果如何四个问题，认为未来我国高等教育资源配置效率以及转型问题是研究重点。易明等（2019）运用Window-Malmquist指数法测算了我国31个省域单位2004～2015年的高等教育投入产出效率，研究发现我国高等教育投入产出效率总体呈现DEA有效，但存在区域差异，这种"区域鸿沟"不利于高等教育投入产出效率的提升。蒋玉成等（2020）以工业劳动生产率增长为视角测算了2006～2017年我国30个省份高等教育资源配置的静态与动态效率，研究发现东部省份高等教育资源配置效率显著低于中、西部省份，且存在明显的教育投入浪费。

综上所述，国内外学者对高等教育投入产出效率已经有了相对系统的研究，但仍有改进的空间。一是当前高等教育资源配置效率研究的投入产出指标相对陈旧。产出指标多为毕业生数、学生毕业率、论文课题数等，考察范围相对片面，未充分与经济社会发展挂钩。二是测算方法多为一阶段 DEA 与 Malmquist 结合，并未剔除环境变量等对效率值的影响，使测算结果不精确。因此，本章结合当下社会发展现实，以经济高质量发展为视角测算中国高等教育资源配置效率，并选用三阶段 DEA 与三阶段 DEA-Malmquist 模型以提高测算结果的精确性。

第三节　研究方法与变量选取

一、研究方法

（一）三阶段 DEA 模型

DEA 模型是当前测算效率的常见模型，但传统的 DEA 模型测算结果会受到外部环境、管理无效率和随机误差的影响，导致决策单元无法达到效率前沿（Fried，2002）。因此本章采用三阶段 DEA 模型以消除影响，提高测算结果的精确性。

第一阶段：运用传统 DEA 模型测算各决策单元的效率值以及投入松弛。本章选取规模报酬可变的 BCC 模型，在 BCC 模型中综合效率（TE）包含纯技术效率（PTE）和规模效率（SE），即 $TE = SE \times PTE$。此外，对高等教育资源配置效率而言，控制投入更合理，因此对任意一个决策单元，投入导向下的规划可以表示为：

$$\min \theta$$

$$\text{s. t.} \begin{cases} \sum_{j=1}^{n} \lambda_j X_j + S_j^- = \theta X_{j0} \\ \sum_{j=1}^{n} \lambda_j Y_j - S_j^+ = Y_{j0} \\ \sum_{j=1}^{n} \lambda_j = 1 \\ \lambda_j, S_j^-, S_j^+ \geq 0, j = 1, 2, \cdots, n \end{cases} \quad (12-1)$$

式中，θ 表示各决策单元的技术效率值；λ_1，$\cdots$，λ_n 是决策变量；X_{j0}、Y_{j0} 分别表示第 j_0 个决策单元的输入、输出指标向量。

第二阶段：相似随机前沿分析。以投入松弛变量为被解释变量，以选取的各外部环境变量为解释变量建立 SFA 模型，进而对环境因素及随机误差项进行调整，使决策单元面临相同的外部环境，保证计算出的效率值能更真实反映内部管理水平。关于随机误差项的分离，当前存在误用 Jondrow 公式（Jondrow & Lovell，1982）的情况，本章参考了罗登跃（2012）给出的适用公式以分离统计噪声和管理无效率。

第三阶段：使用调整后的投入变量与原产出变量重新运行 DEA，得到剔除了环境影响和随机误差之后的各决策单元效率值。

（二）三阶段 DEA-Malmquist 模型

三阶段 DEA 模型可以对高等教育资源配置效率进行静态分析，而三阶段 DEA-Malmquist 模型可以分析其动态效率变化。三阶段 DEA-Malmquist 模型可分解为：第一步使用原始投入产出变量运行 DEA Malmquist 模型分析全要素生产率的变化；第二步利用随机前沿法对投入变量进行调整；第三步使用调整后的投入变量与原始产出变量运行 DEA-Malmquist 模型分析全要素生产率的变化（李金凯等，2020）。

国外学者凯夫斯（Caves）等率先将 Malmquist 指数运用到生产分析中，通过距离函数之比构造生产率指数。假设 (X_t, Y_t) 和 (X_{t+1}, Y_{t+1}) 分别是 t 期和 $t+1$ 期的投入产出组合，投入产出组合从 (X_t, Y_t) 转变为 (X_{t+1}, Y_{t+1}) 即为生产率变化。$D_c^t(x^t, y^t)$ 和 $D_c^{t+1}(x^{t+1}, y^{t+1})$ 表示规模报酬不变时的距离函数，则基于 t 期和 $t+1$ 期的参照技术的 Malmquist 指数分别为：

$$M_t(x^t, y^t, x^{t+1}, y^{t+1}) = \frac{D_c^t(x^{t+1}, y^{t+1})}{D_c^t(x^t, y^t)} \tag{12-2}$$

$$M_{t+1}(x^t, y^t, x^{t+1}, y^{t+1}) = \frac{D_c^{t+1}(x^{t+1}, y^{t+1})}{D_c^{t+1}(x^t, y^t)} \tag{12-3}$$

从 t 时期到 $t+1$ 时期的综合生产率指数可以表示为：

$$M(x^t, y^t, x^{t+1}, y^{t+1}) = (M_t \times M_{t+1})^{1/2} = \left[\frac{D_c^t(x^{t+1}, y^{t+1})}{D_c^t(x^t, y^t)} \times \frac{D_c^{t+1}(x^{t+1}, y^{t+1})}{D_c^{t+1}(x^t, y^t)} \right]^{1/2} \tag{12-4}$$

进一步将公式（12-4），即综合生产率指数分解，得：

$$M(x^t, y^t, x^{t+1}, y^{t+1}) = \frac{D_v^{t+1}(x^{t+1}, y^{t+1})}{D_v^t(x^t, y^t)} \times \left[\frac{D_v^t(x^t, y^t)}{D_v^{t+1}(x^t, y^t)} \times \frac{D_v^t(x^{t+1}, y^{t+1})}{D_v^{t+1}(x^{t+1}, y^{t+1})} \right]^{1/2} \times$$

$$\left[\frac{D_c^t(x^{t+1}, y^{t+1})/D_v^t(x^{t+1}, y^{t+1})}{D_c^t(x^t, y^t)/D_v^t(x^t, y^t)} \times \frac{D_c^{t+1}(x^{t+1}, y^{t+1})/D_v^{t+1}(x^{t+1}, y^{t+1})}{D_c^{t+1}(x^t, y^t)/D_v^{t+1}(x^t, y^t)} \right]^{1/2}$$

$$= PEch \times TEch \times SEch \qquad (12-5)$$

亦即：

$$TFPch = PEch \times TEch \times SEch \qquad (12-6)$$

式中，*TFPch* 表示全要素生产率，*TFPch* > 1 表明生产率水平提高，*TFPch* < 1 表明生产率水平降低；*PEch* 表示纯技术效率变化；*TEch* 表示技术进步；*SEch* 表示规模效率变化。

二、变量选取

（一）投入产出变量

经济高质量发展是贯彻新发展理念的重要目标，贯彻新发展理念是经济高质量发展的必要条件。本章构建包含"结构合理的产业体系、创新有序的市场体系、区域平衡的协调体系、生态友好的绿色体系、基于内需的开放体系以及高效公平的共享体系"6 个子系统，33 个二级指标在内的经济高质量发展体系，采用熵权 TOPSIS 法计算 6 个子系统得分作为 6 个产出变量。依据"人力—物力—财力"导向选取"专职教师数、普通本科学校数、高校占地面积、生均公共教育经费以及固定资产值"为 5 个投入变量的"5 投入—6 产出"效率评价模型，具体变量描述如表 12-1 所示。

表 12-1   投入产出变量描述

分类	一级指标	二级指标	衡量方式	属性
投入	人力投入	专职教师数	专职教师数	+
	物力投入	普通本科学校数	普通本科学校数	+
		高校占地面积	高校占地面积	+
	财力投入	生均公共教育经费	公共教育经费/学生数	+
		固定资产值	固定资产值	+

续表

分类	一级指标	二级指标	衡量方式	属性
产出	结构合理的产业体系	产业结构合理化	产业泰尔指数	−
		产业结构高级化	第三产业产值/第二产业产值	+
		劳动要素市场化程度	个体就业人数/全社会就业人数	+
		资本要素市场化程度	金融业增加值/GDP	+
	创新有序的市场体系	财政科技支出占比	财政科技支出/财政总支出	+
		技术市场成交额占比	技术市场成交额/GDP	+
		研发人员占比	RD 从业人员数全时当量/全部就业人数	+
		研发投入占比	RD 经费内部支出/GDP	+
		高新技术创收	高技术产业营业收入/GDP	+
		人均专利授权	专利授权数/常住人口	+
	区域平衡的协调体系	区域收入协调	各省份人均 GDP/全国人均 GDP	+
		区域消费协调	各省份居民消费水平/全国平均消费水平	+
		区域城镇化率	城镇人口/总人口	+
		城乡消费差距	农村人均消费/城镇人均消费	+
		城乡收入差距	农村人均纯收入/城镇人均可支配收入	+
	生态友好的绿色体系	废水排放强度	废水排放量/GDP	−
		废气排放强度	二氧化硫排放量/GDP	−
		固体废弃物排放强度	一般工业固体废弃物排放量/GDP	−
		单位 GDP 能耗	综合能源消耗量/GDP	−
		生活垃圾处理	生活垃圾处理率	+
		人均绿地面积	区域绿地面积/区域人口	+
	基于内需的开放体系	内资投资比重	国内直接投资总额/全社会投资额	+
		内贸依存度	社会商品零售总额/GDP	+
		外贸依存度	进出口总额/GDP	+
		出口贡献率	净出口/GDP	+
		外商投资额占比	外商实际投资额/GDP	+
		旅游开放度	国际旅游外汇收入/GDP	+
	高效公平的共享体系	城镇登记失业率	城镇登记失业率	−
		医疗福利	每万人医疗卫生机构床位数	+
		财政支出占比	公共财政支出/GDP	+
		教育福利	平均受教育年限	+
		交通福利	交通运输路线密度	+
		养老福利	社会养老保险实际领取人/常住人口	+

注："属性"一列中"＋（−）"表示该指标为正（负）向指标，越大（小）越优。

资料来源：笔者绘制。

（二）环境变量

环境变量主要选取对高等教育资源配置效率有显著影响，同时又是决策单元本身不能改变的因素（刘自敏等，2014；亓寿伟等，2016）。本章综合前人研究，选取政府竞争、劳动力人口占比以及财政分权三个具有代表性的环境变量（亓寿伟等，2016；曹可成，2020）。

（1）政府竞争。近年来，我国经济发展方式已经从"粗放型"向"集约型"改进，各地的竞争模式也从资源竞争转变为人才竞争、技术竞争。当前的政府竞争通过吸引人才集聚与技术创新，提高当地的资源配置效率，进而为经济的高质量发展提供支持。本章采用各地政府吸引的 FDI 占全国当年 FDI 的比重来衡量政府竞争度。

（2）劳动力人口占比。适龄劳动力人口是一国经济发展的"主力军"。一方面，劳动力作为一种要素投入，可以为地区贡献人力资本，促使其经济发展；另一方面，劳动力人口具有较强的流动性，"用脚投票"使得资金、技术、人才等流向区位优势更好的地区，增强流入地区的综合实力并削减流出地区的竞争力。本章用各区域 15~64 岁人口占总人口比重衡量劳动力人口占比。

（3）财政分权。"中国式"财政分权与官员晋升机制会促使地方政府过分重视经济建设，一定程度上压缩医疗、教育、养老等政府福利性支出，阻碍经济高质量发展的同时，降低高等教育资源配置效率。本章采用省一般预算收入占中央一般预算收入比值来衡量财政分权。

三、数据来源及处理

早在 1993 年，《中国教育改革和发展纲要》提出国家公共教育支出占 GDP 的比例要在 2000 年达到 4%，然而直到十二年之后的 2012 年才完成这一目标。"后4%时代"高等教育的产出效率是否与高规模投入相匹配值得研究，加之教育经费数据目前仅更新至 2018 年，因此研究的样本区间为 2012~2018 年，研究对象为我国 30 个省域单位（港澳台地区及西藏数据严重缺失，故忽略不计）。相关统计数据均来源于《中国统计年鉴》《中国环境统计年鉴》《中国能源统计年鉴》《中国贸易外经统计年鉴》《中国教育统计年鉴》《中国教育经费统计年鉴》、各省域单位统计年鉴以及国家统计局。其中，生均公共教育经费与固定资产值均经过各省域单位以 2012 年为基期的 GDP 指数平减为实际值。

第四节　实证分析

一、经济高质量发展各子系统水平

本章将经济高质量发展体系的 6 个子系统得分作为产出变量，首先需要通过熵权 TOPSIS 方法计算各子系统得分。该方法的核心思想是对指标进行标准化处理后，熵权法客观赋予各测度指标权重，降低主观赋予权重的人为因素干扰；TOPSIS 法比较各测度对象与最优方案和最劣方案的相对距离，计算简单。二者结合使经济高质量发展水平测度结果更合理、更客观。其具体步骤为：

第一，运用极差法对各测度指标 X_{ij} 进行标准化处理以消除量纲。

$$Y_{ij} = \begin{cases} \dfrac{X_{ij} - \min(X_{ij})}{\max(X_{ij}) - \min(X_{ij})}, X_{ij} \text{ 为正向指标} \\ \dfrac{\max(X_{ij}) - X_{ij}}{\max(X_{ij}) - \min(X_{ij})}, X_{ij} \text{ 为逆向指标} \end{cases} \qquad (12-7)$$

式中，i 表示省份；j 表示指标；X_{ij} 和 Y_{ij} 分别表示原始的和标准化后的测度指标值；$\max(X_{ij})$ 和 $\min(X_{ij})$ 分别表示指标 X_{ij} 的最大值和最小值。

第二，计算各测度指标 Y_{ij} 的信息熵 E_j。

$$E_j = \ln \frac{1}{n} \sum_{i=1}^{n} \left[\left(Y_{ij} \middle/ \sum_{i=1}^{n} Y_{ij} \right) \ln \left(Y_{ij} \middle/ \sum_{i=1}^{n} Y_{ij} \right) \right] \qquad (12-8)$$

第三，计算各测度指标 Y_{ij} 的权重 W_j：

$$W_j = (1 - E_j) \middle/ \sum_{j=1}^{m} (1 - E_j) \qquad (12-9)$$

第四，构造加权矩阵 $\boldsymbol{R}$：

$$\boldsymbol{R} = (r_{ij})_{n \times m} \qquad (12-10)$$

式中，$r_{ij} = W_j \times Y_{ij}$。

第五，根据加权矩阵 **R** 确定最优方案 Q_j^+ 与最劣方案 Q_j^-：

$$Q_j^+ = (\max r_{i1}, \max r_{i2}, \cdots, \max r_{im})$$
$$Q_j^- = (\min r_{i1}, \min r_{i2}, \cdots, \min r_{im})$$

$$(12-11)$$

第六，计算各测度方案与最优方案 Q_j^+ 与最劣方案 Q_j^- 的欧氏距离 d_i^+ 和 d_i^-：

$$d_i^+ = \sqrt{\sum_{j=1}^{m}(Q_j^+ - r_{ij})^2}$$
$$d_i^- = \sqrt{\sum_{j=1}^{m}(Q_j^- - r_{ij})^2}$$

$$(12-12)$$

计算各测度方案与理想方案的相对接近度 C_i：

$$C_i = \frac{d_i^-}{d_i^+ + d_i^-}$$

$$(12-13)$$

式中，相对接近度 C_i 介于 0 ~ 1 之间，C_i 值越大表明 i 省份经济高质量发展水平越高；反之越差。

基于上述研究，中国 2018 年经济高质量发展水平各子系统测度结果如表 12 - 2 所示。

表 12 - 2　　　　　　　2018 年各省份经济高质量发展水平子系统得分

省份	结构合理 产业体系	创新有序 创新体系	区域平衡 协调体系	生态友好 绿色体系	基于内需 开放体系	高效公平 共享体系
北京	0.8499	0.7958	0.8192	0.6601	0.6832	0.5790
天津	0.4129	0.4897	0.5986	0.4637	0.6656	0.4890
河北	0.1693	0.1124	0.2027	0.2607	0.1662	0.3523
山西	0.1402	0.0933	0.1600	0.2553	0.1367	0.3502
内蒙古	0.1325	0.0456	0.2838	0.4145	0.2363	0.3023
辽宁	0.2067	0.1607	0.3061	0.4193	0.4588	0.3684
吉林	0.2193	0.1156	0.2091	0.3597	0.2086	0.3594
黑龙江	0.2401	0.0581	0.2444	0.2486	0.1773	0.3404
上海	0.5488	0.5182	0.8392	0.9312	0.8379	0.4634
江苏	0.1895	0.4836	0.5169	0.6074	0.4117	0.3233

省份	结构合理 产业体系	创新有序 创新体系	区域平衡 协调体系	生态友好 绿色体系	基于内需 开放体系	高效公平 共享体系
浙江	0.2098	0.5122	0.5677	0.4839	0.3520	0.3240
安徽	0.1450	0.2505	0.2489	0.3248	0.2127	0.3251
福建	0.2035	0.2892	0.4276	0.3508	0.3144	0.2283
江西	0.1413	0.1996	0.2065	0.3026	0.1725	0.2795
山东	0.1546	0.2455	0.2612	0.4051	0.2516	0.3327
河南	0.1030	0.1333	0.1796	0.2865	0.1773	0.3498
湖北	0.1764	0.2380	0.3232	0.3112	0.1850	0.3578
湖南	0.1209	0.1595	0.2208	0.2705	0.1768	0.3312
广东	0.2113	0.5515	0.4642	0.7056	0.7265	0.3046
广西	0.1636	0.0561	0.1575	0.3281	0.2788	0.3675
海南	0.3696	0.0293	0.2192	0.3358	0.5130	0.4088
重庆	0.2185	0.2319	0.3050	0.3598	0.2689	0.3643
四川	0.1664	0.1647	0.2141	0.2897	0.1463	0.3137
贵州	0.1416	0.0989	0.0703	0.2545	0.1279	0.3709
云南	0.1473	0.0417	0.0646	0.2528	0.3265	0.2859
陕西	0.1233	0.2188	0.1912	0.3304	0.2851	0.3421
甘肃	0.2499	0.0843	0.0227	0.2496	0.1149	0.4432
青海	0.2414	0.0955	0.1339	0.2014	0.1439	0.4816
宁夏	0.1833	0.1403	0.1977	0.5395	0.1410	0.3569
新疆	0.1850	0.0203	0.1221	0.4195	0.1597	0.4289
均值	0.2255	0.2211	0.2926	0.3874	0.3019	0.3641

资料来源：笔者计算。

　　如表 12-2 所示，中国的经济高质量发展总体水平并不高，6 个子系统的均值得分都相对较低。其中产业体系和创新体系得分最低，表明中国经济发展方式虽已由又快又好向又好又快转变，但依然任重道远。北京、上海的经济高质量发展水平明显优于其他省份，天津、江苏、浙江、广东等地区呈第二梯队，但各子系统得分各有优劣，东部地区的经济高质量发展水平明显高于东北地区以及中、西部地区，区域差异明显。

二、基于三阶段 DEA 模型的静态分析

（一）第一阶段 DEA 结果及分析

（1）从全国角度看，如图 12 - 1 所示，2000 ~ 2018 年中国高等教育资源配置效率平均综合技术效率在 0.87 波动，平均纯技术效率围绕 0.91 波动，平均规模效率围绕 0.96 波动，且波动幅度均不大，效率较高。自 2012 年起，高等教育的国家公共教育经费投入增速迅猛，从 5012 亿元增长到 2018 年的 7546 亿元，年均增长率 7.2%，充分显现了国家对高等教育事业快速发展、良好发展的重视。

（2）从区域角度看，中国四大区域高等教育资源配置效率存在显著差异。东部地区三项效率值均高于全国平均值，而中、西部地区及东北地区的三项效率值均低于全国平均值。综合技术效率最高的地区是东部地区，达到 0.97，除山东与河北外，东部地区其他省份全部为 DEA 有效。综合技术效率最低的地区是东北地区，低至 0.736，主要原因是东北地区的纯技术效率仅有 0.795，远低于全国平均的 0.909。这表明东北地区的制度和管理效率相对落后，导致在目前的技术水平上造成了一定程度的资源浪费。规模效率是由于决策单元规模因素影响的效率，反映的是实际生产规模与最优生产规模的差距。考虑到多年来国家对西部地区的财政补贴力度，西部地区规模效率较高是合理的。而中部地区和东北地区迫于财政压力，规模效率相对较低。四大区域在三项效率值的排名一致，均为东部地区 > 全国平均 > 西部地区 > 中部地区 > 东北地区。

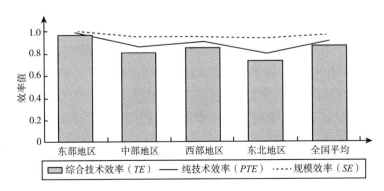

图 12 - 1　四大区域第一阶段高等教育资源配置效率均值（2012 ~ 2018 年）

资料来源：笔者绘制。

（二）第二阶段 SFA 结果及分析

将第一阶段的投入松弛变量作为被解释变量，将政府竞争、劳动力人口占比以及财政分权三个环境变量作为解释变量，构建 SFA 模型进行回归分析。为精确计算结果，本章采用逐年回归的方式，共建立 35 个回归方程，考虑篇幅，本章借鉴已有研究的处理方法（卢曦等，2017；李金铠等，2020），仅展示中间年份 2015 年的回归结果，如表 12 - 3 所示。查阅临界值表，5% 显著性水平下自由度为 7.045，LR 单边误差均通过检验。

具体来看，政府竞争与五项投入松弛之间均为显著负相关，表明政府竞争度高的地区可以减少不必要的高等教育资源投入，一定程度上提高高等教育资源配置效率。现代化的政府竞争是对人才、资金与技术的竞争，高效透明的地方政府更有竞争力，从而在一定程度上减少高等教育资源投入浪费。劳动力人口占比与专职教师投入松弛之间显著负相关，与其他四项投入松弛正相关。因为师生比相对固定，劳动力人口占比高意味着适龄学生数多，减少教师投入浪费。但学生数越多，其边际成本却不低，高校在物力与财力的投入就会存在过剩，造成资源浪费。财政分权与五项投入松弛之间显著正相关，表明"中国式"财政分权的确在一定程度上压缩了科教文卫等政府福利性支出，从而降低了高等教育资源配置效率。

表 12 - 3　　　　　　　　第二阶段 SFA 回归结果（2015 年）

环境变量	专职教师数投入松弛值	生均公共教育经费投入松弛值	固定值产值投入松弛值	普通本科学校数投入松弛值	高校占地面积投入松弛值
常数值	6313.000 *** (6.371)	-8.456 (-1.364)	-354.410 *** (12.693)	-32.960 (-1.193)	-27.400 *** (-6.060)
政府竞争	-263188.90 *** (-239276.000)	-38.74 *** (-12.126)	-3279.30 *** (-1386.100)	-318.88 *** (-11.090)	-169.95 *** (-10.440)
劳动力人口占比	-18279.90 *** (-21.967)	10.53 (1.186)	420.06 *** (4.073)	39.67 (0.978)	34.17 *** (6.021)
财政分权	315352.70 *** (3000.870)	33.74 *** (24.969)	2635.40 *** (12.719)	239.46 *** (12.460)	125.256 *** (4.631)
sigma - squared	225866550.000	7.204	31478.061	401.209	169.414
gamma	0.939	1.000	1.000	1.000	1.000

续表

环境变量	专职教师数投入松弛值	生均公共教育经费投入松弛值	固定值产值投入松弛值	普通本科学校数投入松弛值	高校占地面积投入松弛值
log likelihood function	-315.040	-51.598	-178.365	-113.961	-104.566
LR 单边误差	14.750***	13.900***	11.270***	8.256**	7.268**

注：***、** 分别表示回归结果在 1%、5% 水平下显著，括号内为 t 值。

资料来源：笔者计算。

（三）第三阶段 DEA 结果及分析

使用调整后的投入值与原始产出值，再次对我国高等教育资源配置效率进行测算，为方便对比，将第一阶段效率值一同列出，结果如表 12 - 4 所示。

表 12 - 4　　第三阶段各省份高等教育资源配置效率均值（2012 ~ 2018 年）

区域	省份	第一阶段 DEA			第三阶段 DEA		
		综合技术效率（TE）	纯技术效率（PTE）	规模效率（SE）	综合技术效率（TE）	纯技术效率（PTE）	规模效率（SE）
东部地区	北京	1.000	1.000	1.000	1.000	1.000	1.000
	天津	1.000	1.000	1.000	1.000	1.000	1.000
	河北	0.832	0.871	0.956	0.861	0.916	0.940
	上海	1.000	1.000	1.000	1.000	1.000	1.000
	江苏	0.960	0.984	0.975	0.927	0.994	0.933
	浙江	1.000	1.000	1.000	1.000	1.000	1.000
	福建	0.967	0.976	0.991	0.939	0.967	0.971
	山东	0.926	0.940	0.985	0.972	0.981	0.991
	广东	1.000	1.000	1.000	1.000	1.000	1.000
	海南	1.000	1.000	1.000	1.000	1.000	1.000
	均值	0.969（1）	0.977	0.991	0.970（1）	0.986	0.984
中部地区	山西	0.963	0.986	0.976	0.986	1.000	0.986
	安徽	0.868	0.911	0.953	0.909	0.950	0.957
	江西	0.695	0.801	0.867	0.715	0.843	0.849
	河南	0.933	0.953	0.979	0.966	0.982	0.983
	湖北	0.700	0.754	0.934	0.760	0.823	0.926
	湖南	0.704	0.745	0.945	0.741	0.802	0.927
	均值	0.810（3）	0.859	0.942	0.846（3）	0.900	0.938

续表

区域	省份	第一阶段 DEA			第三阶段 DEA		
		综合技术效率（TE）	纯技术效率（PTE）	规模效率（SE）	综合技术效率（TE）	纯技术效率（PTE）	规模效率（SE）
西部地区	内蒙古	0.828	0.856	0.965	0.900	0.937	0.959
	广西	0.972	1.000	0.972	0.966	1.000	0.966
	重庆	0.911	0.940	0.969	0.930	0.961	0.968
	四川	0.764	0.817	0.936	0.800	0.875	0.916
	贵州	0.992	1.000	0.992	0.986	1.000	0.986
	云南	0.557	0.698	0.798	0.614	0.796	0.776
	陕西	0.767	0.786	0.975	0.820	0.849	0.967
	甘肃	0.910	0.956	0.953	0.941	0.977	0.963
	青海	1.000	1.000	1.000	1.000	1.000	1.000
	宁夏	0.971	0.981	0.989	0.975	0.998	0.977
	新疆	0.844	0.918	0.920	0.920	0.959	0.958
	均值	0.865 (2)	0.905	0.952	0.896 (2)	0.941	0.949
东北地区	辽宁	0.863	0.945	0.915	0.904	0.962	0.941
	吉林	0.670	0.701	0.957	0.741	0.785	0.946
	黑龙江	0.677	0.737	0.920	0.740	0.808	0.917
	均值	0.736 (4)	0.795	0.931	0.795 (4)	0.851	0.935
全国均值		0.876	0.909	0.961	0.900	0.939	0.957

注：括号内为各地区高等教育资源配置效率排名。

资料来源：笔者计算。

（1）总体分析。从横向看，经济高质量发展视角下我国高等教育资源配置效率年均值（0.900）高于第一阶段的效率（0.876），与效率前沿面相差10个百分点，主要是因为纯技术效率的增长幅度（3.3%）高于规模效率的降低幅度（0.4%），进而使综合技术效率升高。从纵向看，2012～2018年综合技术效率（PTE）值均高于第一阶段效率值，如图12-2所示。其中，规模效率（SE）在第一、第三阶段的趋势基本相同，而纯技术效率（PTE）在2012～2013年、2017～2018年，第三阶段与第一阶段呈现截然相反的趋势，纯技术效率值的增长是第三阶段综合技术效率值升高的主要原因，这与横向分析结果相吻合。综合来看，在当前高等教育资源投入水平下，我国高等教育资源配置的纯技术效率仍有较大进步空间，这意味着当前的管理制度与教育模式尚需改革，未完全与经济社会发展的需求相匹配，这也是接下来高等教育改革的重点。

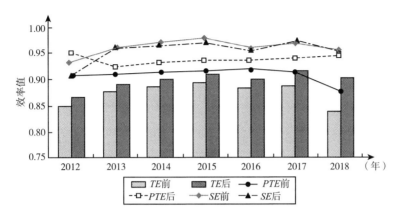

图 12 - 2　2012～2018 年第一、第三阶段全国高等教育资源配置效率均值对比

资料来源：笔者绘制。

（2）省际分析。调整后各省域单位高等教育资源配置效率较第一阶段有较大变化，有 9 个省份低于全国年均综合技术效率值（0.900），比第一阶段减少 4 个省份。由表 12 - 4 可以看出，与第一阶段相同，第三阶段达到效率前沿面的省份仍为 7 个，分别是北京、天津、上海、浙江、广东、海南、青海。19 个省域单位的综合效率值相较第一阶段有所提升，4 个省域单位有所下降。综合技术效率最低的省份是云南，仅有 0.614，距离效率前沿面相差 38.6 个百分点。云南的高等教育资源配置的纯技术效率与规模效率均较低，表明其管理水平与教育投入尚且不足。此外，云南的创新体系子系统得分仅为 0.04，这也说明云南的科技创新投入与技术管理水平需进一步提升。

（3）区域分析。由表 12 - 4 可以看出，调整后四大区域的综合技术效率值均有所提升，增幅最大的东北地区，其综合技术效率值相较第一阶段提升 8%；增幅最小的是东部地区，仅提升 0.1%，基本保持不变。究其原因，中、西部地区以及东北地区受较差的外部环境与机遇影响，导致其纯技术效率与规模效率未达生产前沿面。从图 12 - 3 可以看出，四大区域高等教育资源配置效率差异较大，效率均值排名为东部地区＞西部地区＞中部地区＞东北地区。具体来看，调整后四大区域的纯技术效率均有大幅提升，除东北地区规模效率有所上升外，其余三个地区的规模效率均有不同程度的下降。纯技术效率提升是四大区域高等教育资源配置效率提高的主要原因，而纯技术效率最高的东部地区（0.986）比最低的东北地区（0.851）高出了13.5个百分点，这表明东北地区亟须改善管理制度，提升管理效率，积极学习东部地区先进管理经验，促使高等教育向好发展。此外，如图12-3所示，2012~2018年四大区域高等教育资源配置规模效率均有所上升，这表明了国家对高等教育高投入的趋势。但东部地区和东北地区的纯技术效率有所下降，这表明当前东部地区需要对管理制度与教育模式大胆改革，打破传统教育理念的束缚；而东北地区需要积极学习先进的管理技术与管理经验，早日与高等教育资源投入规模相匹配。

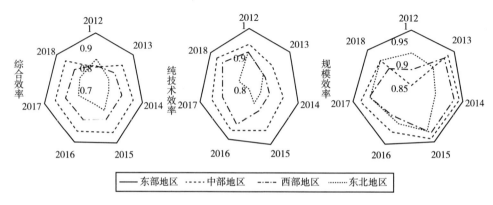

图 12 - 3 第三阶段 2012~2018 年四大区域高等教育资源配置效率趋势

资料来源：笔者绘制。

三、基于三阶段 DEA-Malmquist 模型的动态分析

（1）总体分析。横向看，第三阶段2012~2018年我国高等教育资源配置的技术效率、技术进步以及全要素生产率年均值均高于第一阶段相应值。调整后我国高等教育资源配置的Malmquist指数均值为1.005，增幅2.8%，主要得益于技术进步的提升，由0.979提升至0.997，增幅1.8%，但仍小于1.000。这表明近年来我国高等教育技术水平是"退步"的。可能的原因是当前的高等教育培育出的人才与技术，无法与经济高质量发展相匹配，一定程度上导致高等教育投入产出与经济结构转型脱节。这要求相关决策者与执行者继续解放思想，多方学习，完善高等教育资源配置机制，为经济高质量发展提供优秀人才与先进技术。

纵向看，2012~2018 年我国高等教育资源配置的技术效率、技术进步以及全要素生产率三项指数起伏较大。经过调整，技术效率变化指数围绕 1.008 波动且波动幅度不大；全要素生产率指数围绕 1.005 波动，但从 2013 年之后，全要素生产率指数始终小于 1.000；技术进步指数围绕 0.997 波动，仅 2018 年突破 1.000。这表明，在当前技术条件下，我国高等教育资源配置是有效率的，但总体的技术进步是落后的。这也意味着虽然当前高等教育资源配置静态效率维持在较高水平，但实际每年都有不同程度的微小下降。从图 12-4 可以清晰地看出，我国高等教育资源配置的全要素生产率指数与技术进步指数的趋势基本保持一致，表明技术进步缓慢甚至"退步"是制约我国高等教育资源配置高效运行的关键所在。

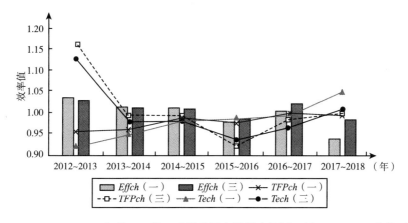

图 12-4　2012~2018 年第一、第三阶段我国高等教育资源配置 Malmquist 指数对比
资料来源：笔者绘制。

（2）省际分析。如表 12-5 所示，各省份、各区域调整后的 Malmquist 指数变化明显。调整后我国高等教育资源配置 Malmquist 指数年均值为 1.005，这表明近几年中国的高等教育资源配置效率是有所增长的，但有 15 个省份 Malmquist 指数低于平均值，占比达到一半，区域差异明显。其中，技术效率指数年均值为 1.008，且仅有 8 个省份技术效率指数低于平均值，这表明在当前技术水平下中国高等教育资源投入是有效率的；技术进步指数年均值为 0.997，且仅有 11 个省份的技术进步指数大于 1.000，这表明中国的高等教育资源投入在某种程度上与经济高质量发展不匹配，缺乏有效的互动机制。根据前文的静态分析结果，东部地区的高等教育资源配置效率是最高的，远高于中西部地区和东北地区，但动态分析结果却完全相反。Malmquist 指数最高的几个省份是青海、宁夏、新疆、广西等西部地区，主要得益于技术进步；最低的几个省份是福建、浙江、江苏、北京等东部地区，主要原因也是技术进步。东部地区的技术效率达到了 1.000，根据技术效率的定义，这表明在当前特定技术水平下，东部地区高等教育资源配置是有效率的，但技术进步指数仅有 0.986，而西部地区技术进步指数达到了 1.020，结合静态分析结果，这表明当前中国的高等教育资源配置效率存在"追赶效应"。由于东部地区的高等教育资源配置效率较高，因此其效率的增长率（Malmquist 指数）相对较低，而西部地区的高等教育资源配置效率较低，因此其效率的增长率较高，即"追赶效应"。造成这种现象的原因有三点：一是东部地区经济体量大、发展速度快，前期庞大的要素投入已转化成对应的产出。随着经济社会持续发展，东部地区高等教育资源配置效率到达了"瓶颈期"，增速放慢甚至短期停滞是合理的。二是东部地区作为中国经济发展的"车头"，承担了经济结构转型，产业优化升级的重任。然而当前的教育模式与制度体系培养的人才与技术无法与经济高质量发展需求匹配，存在一定程度的"脱节"，从而导致东部地区的高等教育资源配置"技术退步"。三是当前以及过去一段时间内中国政府对中西部地区的发展给予了高度重视，在各项资源包括高等教育资源上，有所倾斜。各级领导的重视，为中西部地区的发展创造了条件，吸引了大批优秀人才与高新技术落地生根发芽，间接地为其技术进步提供了智力支持。

表 12-5　　　各省份高等教育资源配置 Malmquist 指数及分解（2012~2018 年）

省份	第一阶段 Malmquist 指数			第三阶段 Malmquist 指数		
	技术效率（*Effch*）	技术进步（*Tech*）	全要素生产率（*TFPch*）	技术效率（*Effch*）	技术进步（*Tech*）	全要素生产率（*TFPch*）
北京	1.000	0.967	0.967	1.000	0.970	0.970
天津	1.000	0.974	0.974	1.000	1.012	1.012
河北	0.995	1.010	1.005	1.019	0.992	1.011
山西	0.980	0.981	0.962	0.988	0.992	0.981
内蒙古	1.020	0.934	0.953	1.036	0.967	1.001
辽宁	0.984	0.977	0.962	0.986	0.983	0.969
吉林	0.990	0.978	0.968	1.003	0.972	0.975
黑龙江	0.981	0.975	0.956	0.984	0.964	0.948
上海	1.000	0.970	0.970	1.000	0.984	0.984

续表

省份	第一阶段 Malmquist 指数			第三阶段 Malmquist 指数		
	技术效率（Effch）	技术进步（Tech）	全要素生产率（TFPch）	技术效率（Effch）	技术进步（Tech）	全要素生产率（TFPch）
江苏	0.968	0.970	0.939	1.005	0.965	0.970
浙江	1.000	0.957	0.957	1.000	0.966	0.966
安徽	1.001	0.995	0.996	1.007	0.994	1.001
福建	0.991	0.931	0.923	0.989	0.958	0.947
江西	0.987	0.978	0.965	0.996	0.986	0.982
山东	0.954	1.002	0.956	0.983	0.987	0.970
河南	0.972	1.031	1.002	0.994	1.013	1.007
湖北	0.997	0.991	0.989	1.025	0.962	0.986
湖南	1.019	1.009	1.028	1.041	0.985	1.026
广东	1.000	1.006	1.006	1.000	1.005	1.005
广西	1.031	1.010	1.041	1.038	1.020	1.059
海南	1.000	0.930	0.930	1.000	1.018	1.018
重庆	1.011	0.982	0.993	1.013	0.972	0.985
四川	0.973	1.007	0.980	1.007	0.980	0.986
贵州	1.009	0.996	1.005	1.017	1.040	1.057
云南	1.037	0.989	1.025	1.031	1.010	1.042
陕西	0.985	0.998	0.983	0.997	0.983	0.979
甘肃	1.007	0.984	0.990	1.017	1.005	1.023
青海	1.000	0.964	0.964	1.000	1.158	1.158
宁夏	1.038	0.951	0.987	1.032	1.064	1.098
新疆	1.044	0.947	0.988	1.041	1.019	1.061
均值	0.999	0.979	0.978	1.008	0.997	1.005
东部地区	0.991	0.972	0.963（3）	1.000	0.986	0.985（3）
中部地区	0.993	0.998	0.990（2）	1.009	0.989	0.997（2）
西部地区	1.014	0.978	0.992（1）	1.021	1.020	1.041（1）
东北地区	0.985	0.977	0.962（4）	0.991	0.973	0.964（4）

注：括号内为各地区高等教育资源配置全要素生产率排名。
资料来源：笔者计算。

四、中国高等教育资源配置效率的收敛性分析

为验证中国高等教育的资源配置效率是否存在"追赶效应",本章根据巴罗(1995)的思路构建绝对 β 收敛估计式:

$$(\ln TFP_{iT} - \ln TFP_{i0})/T = \beta_0 + \beta_1 \ln TFP_{i0} + \varepsilon_{it} \qquad (12-14)$$

式中, TFP_{iT} 和 TFP_{i0} 分别为 i 区域末期和初期的全要素生产率水平; T 为考察的时间跨度; β_0 和 β_1 为估计参数; ε_{it} 为随机误差。若 β_1 为负数,则认为存在绝对 β 收敛。考虑到绝对 β 收敛模型是一种横截面模型,为克服横截面数据检验所得结论与时间跨度之间的敏感性(Cho & Graham, 1996),本章分成 2013~2014 年、2015~2017 年以及 2013~2018 年三个时间段进行检验。表 12-6 给出了我国 30 个省域单位高等教育资源配置全要素生产率绝对 β 收敛检验结果。

表 12-6　　我国高等教育资源配置全要素生产率绝对 β 收敛性检验

区域	2013~2014 年		2015~2017 年		2013~2018 年	
	β_1	R^2	β_1	R^2	β_1	R^2
全国总体	-0.47 *** (-39.88)	0.9827	-0.20 ** (-2.23)	0.1507	-0.14 *** (-20.68)	0.9385
东部地区	-0.52 *** (-8.72)	0.9047	-0.30 * (-2.17)	0.3711	-0.13 *** (-3.42)	0.5932
中部地区	-0.56 ** (-3.00)	0.6916	-0.20 (-0.89)	0.1651	-0.22 ** (-3.87)	0.7889
西部地区	-0.48 *** (-44.55)	0.9955	-0.10 (-0.54)	0.0312	-0.13 *** (-16.16)	0.9667
东北地区	-0.35 ** (-33.01)	0.9991	0.22 (0.42)	0.1520	-0.17 (-1.50)	0.6915

注:***、**、* 分别表示回归结果在1%、5%、10%水平下显著,括号内为 t 值。R^2 表示模型的拟合优度。

资料来源:笔者计算。

如表 12-6 所示,三个时段全国总体的 β_1 均小于 0,且非常显著,这表明我国高等教育资源配置效率存在绝对 β 收敛,即存在"追赶效应"。这也解释了为何东部地区高等教育资源配置静态效率极高,但动态效率较低,而西部地区静态

效率较低而动态效率较高，与前文假设一致。此外，本章还进行了分地区检验，发现除 2015～2017 年的东北地区 β_1 大于 0 外，其余时段四大区域 β_1 均小于 0，且比较显著，这表明当前我国四大区域高等教育资源配置效率存在"俱乐部收敛"现象，即四大区域内部的高等教育资源配置效率也趋于收敛，逐渐均衡。

第五节　结论与建议

一、基本结论

本章以经济高质量发展为视角，基于我国 30 个省份（港、澳、台与西藏除外）2012～2018 年的面板数据，运用投入导向下的三阶段 DEA-BCC 模型与三阶段 DEA-Malmquist 模型，测算了各省份以及四大区域的高等教育资源配置静态效率和动态演变趋势，并对高等教育资源配置全要素生产率收敛性进行分析。根据测算结果，得到以下结论。

从静态效率看，近年来，经济高质量发展视角下我国高等教育资源配置效率较高，多个省份达到生产前沿面，全国综合技术效率均值达到 0.9，其中规模效率均值达到 0.957，这体现了我国政府对高等教育良好发展的重视。但区域异质性明显，东部地区高等教育资源配置效率最高，均值达到 0.97，而东北地区的效率均值仅 0.79，差距极大，主要原因是东北地区纯技术效率较低，表明东北地区制度和管理效率较低，亟须学习东部地区先进的管理经验，提升管理效率。西部地区高等教育资源配置效率（0.896）高于中部地区（0.846），位列四大区域的第二名，主要得益于过去很长一段时间国家对西部地区的人才与资源倾斜。

从动态效率看，虽然我国高等教育资源配置全要素生产率均值达到 1.005，但仅有 2012～2013 年超过 1.000，2013～2018 年的全要素生产率指数均小于 1.000，这表明即便近年来我国高等教育资源配置效率仍然较高，但正在缓慢下降。此外，与静态效率不同，动态增长趋势显示西部地区的高等教育资源配置全要素生产率最高，而东部地区较低。本章认为产生上述现象的原因：一是东部地区的高等教育发展遇到了"瓶颈期"，东部地区雄厚的资金实力与发达的经济环境保证其高等教育的快速发展，但高等教育资源投入存在刚性，无法迅速与新时代经济高质量发展的需求相匹配，造成了一定程度的"技术退步"；二是近年来国家对西部地区的人才与资源倾斜为西部地区高等教育快速发展提供了保证。进一步的 β 收敛分析显示无论全国总体还是四大区域内部，高等教育资源配置全要素生产率都存在"追赶效应"，即高等教育资源配置效率会趋于收敛，均衡发展。

二、对策建议

在经济高质量发展阶段，为保证我国高等教育资源合理配置，提高投入产出效率，结合上述研究结论提出如下建议：

加大东部地区软件投入水平，适当减少硬件设施投入尤其基本建设支出，改善东部地区高等教育硬件投入冗余的态势。东部地区经济实力雄厚，高等教育硬件设施完善，整体教育质量较高。但要适应经济高质量发展的需求，仍需大胆改革，打破传统僵化的教育体制，发展先进的教育理论与教育理念，从而提升高等教育资源配置的技术进步水平。逐步加大软件投入与科研投入，鼓励创新与良性竞争，培育新技术与创新人才，进一步促进"产学研"深度融合，形成高等教育资源投入与经济结构转型升级的良性互动机制，为经济高质量发展提供新助力。

加大中、西部以及东北地区的硬件投入水平以提升高校的基础办学条件，培养、引进高水平人才以提升高校的教学科研能力，从而提升高校的综合实力，对接地区产业转移和升级。根据地区经济发展实际与产业结构特色培养人才，积极开展专业优化、调整、升级、换代和新建工作，真正做到各类高校办出特色，争创一流。坚持"近者悦、远者来"的理念，用好部省共建政策机遇，以学校国家工程实验室、教育部重点实验室等各类平台为依托，真正做到吸引人才、留住人才。

加强各省份、各区域之间高等教育领域的交流合作。东部地区应发挥车头的作用，敢为天下先，多方探索，大胆创新；中、西部及东北地区应积极学习东部地区的先进管理经验与人才培养机制，增强高等教育服务区域发展的能力。建立全国高等教育协调机制和区域高等教育发展联席机制，建立高校全国性支援合作对接平台，切实提升高等教育资源配置效率，为经济高质量发展增添助力。

第十三章　高等教育专题2：高等教育投入、科技创新和制造业高质量发展

当今世界正经历百年未有之大变局，我国正面临世界经济增长乏力、国际贸易保护主义盛行等多种发展限制，经济高质量发展将面临诸多考验。尽管我国已成为世界制造业第一大国，但制造业大而不强的问题依然突出，"加快建设制造强国，加快发展先进制造业"已成为深化供给侧结构性改革、推动经济高质量发展的重要内容。党的十九大报告将科技创新摆到了更加突出的位置，认为创新是引领发展的第一动力，是建设现代化经济体系的战略支撑。高等院校是人才培养和科技产出的主阵地，高等教育投入的数量制约着人才和科技产出，对科技创新和制造业高质量发展具有重要的推动作用。基于此，研究新时代背景下高等教育投入对科技创新和制造业高质量发展的促进作用以及三者之间逻辑关系与作用机制。

第一节　文献综述

探寻经济高质量发展的研究贯穿于西方经济理论发展的全过程，技术创新同制造业发展的关系也是经济学者一直以来研究的热点。亚当·斯密认为经济增长源于分工所致的机械创新，对科技创新和制造业发展的关系进行了初步探讨，认为科技创新为产品增长的原因之一；而索洛（1956）将"科技创新"视作经济增长的源泉，将科技创新作为给定的外生变量，但未对其进行深入分析；罗默（1990）则将科技创新内生化、实体化，认为科技创新可以转化为中间产品生产的质量和数量，进而影响最终产品的数量和质量，科技创新成为制

造业产品增长的重要一环；安东（Anton，2021）对技术交互的研发部门进行了研究，认为知识溢出促进了技术发展，而不同的技术集群才是经济增长的主要引擎。

作为制造业强国，制造业始终是我国国民经济发展的重要动力支撑，尤其是党的十九大以来，促进制造业高质量发展的呼声逐渐增高，我国学者也更加注重探寻技术创新同制造业高质量发展的关系。曹武军等（2022）认为自主创新对制造业高质量发展的推动作用要强于国内技术引进，而国外技术引进会抑制国内制造业发展；陶长琪和冷琴（2021）认为科技创新可以显著提升制造业高质量发展，但由于不同城市制造业发展水平的差异，科技创新的促进作用不尽相同，技术创新对中等水平城市的提升更明显；陈清萍（2020）则从发达地区制造业出发，采用双重固定效应模型进行研究，认为科技进步对长三角制造业高质量发展具有重要贡献，发达地区更应注重协同创新；吴翌琳和于鸿君（2020）基于制造业企业的微观实证，认为国内企业关注技术创新和市场创新，国外企业着眼组织创新，我国东部地区注重协同创新、中部地区则以技术创新为主导，企业创新推动高质量发展。此外，学者们分别从"互联网＋"（李振叶等，2020）、产业政策创新（张明志和姚鹏，2020）、绿色技术创新（王玉燕和张晓翠，2020）、数字经济（韦庄禹等，2021）、创新要素协同（贺灵和付丽娜，2021）、发展理念创新（李晓华，2021）等角度研究了制造业高质量发展同创新的关系。

作为人才培养和科技产出的主阵地，高等院校的教育投入制约着人才和创新的输出，高等教育投入也逐渐纳入制造业高质量发展的研究框架。牟玲玲等（2021）对高等教育、科技创新和制造业高质量发展的传导机制进行研究，认为高等教育以人力资本、技术进步、溢出效应等方式促进科技创新，进而借助要素效应、技术进步与扩散效应、技术应用效应促进制造业高质量发展；但不同地区的教育投入对制造业高质量发展的影响不尽相同，桑倩倩和栗玉香（2021）认为对中、西部地区的教育投入可以更有效地提高全要素生产率，应加大对中、西部地区的教育投入，注重教育的长效投入，以促进地区的均衡发展；王淑英和郜怡飞（2022）认为高等教育通过两种路径驱动经济高质量发展，分别为人才—成果转化—教育机会支撑型和成果转化—教育机会—合作支撑型，成果转化和教育机会为核心；李燕（2020）认为高校的科技创新在于教育投入，应加强高校科技创新投入水平，加快科研项目的转化与应用，以促进区域经济高质量发展。樊星和马树才（2017）、聂娟和辛士波（2018）、赵冉和杜育红（2020）、张同功等（2021）、杨伊等（2021）、吴伟伟（2021）、王淑英和杨祺静（2022）等均认为高等教育投入对经济发展存在显著促进作用，教育支出均衡可以促进地区经济发展均衡，缩小地区间发展差距。

综上可见，高等教育投入、科技创新、制造业高质量发展之间的研究较为丰富，但研究集中于科技创新和制造业高质量发展，高等教育投入、科技创新与制造业高质量发展间影响机制的实证研究较少，三者间影响机制、作用路径的研究需进一步深化。

第二节　理论分析与研究假设

一、影响机制分析

高等教育投入、科技创新与制造业高质量发展是驱动地区经济发展的重要动力，三者之间存在较强的影响机制。首先，从高等教育投入和科技创新来看，高等教育投入为科技创新发展提供资金支持的同时，培育各类人才，为科技创新提供人力资本和技术服务。其次，从科技创新和制造业高质量发展的关系来看，科技创新始终处于核心位置，推动社会效率的不断提升，为制造业高质量发展提供原动力，科技创新可以使生产要素高级化，减少了生产对于人力资源等生产要素的依赖程度，促进生产效率的提升；同时，掌握科技创新的新型高技术产业得益于效率提升，以更低的成本、更优的产品迅速抢占传统产业的市场，对传统产业形成"挤出效应"，生产要素则流向科技创新类企业，社会资源配置效率得到了提升，促进了制造业的产业升级。最后，从高等教育投入和制造业高质量发展来看，高等教育投入可直接向制造企业提供经营管理类等高素质人才；相反，制造业高质量发展使地方政府的财政收入不断提升，政府则更加重视对高等教育投入，进一步促进科技创新，实现制造业更高质量的发展。具体传导机制如图13－1所示。

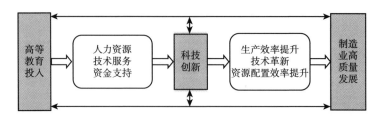

图 13 - 1　高等教育投入、科技创新与制造业高质量发展关系模式图

资料来源：笔者绘制。

二、研究假设

（一）高等教育投入与制造业高质量发展

从上述文献梳理可以看出，高等教育投入促进高级人力资本或人力资本高级化，其对经济高质量发展的促进作用逐渐显现出来，制造业占经济增长的比重也逐渐上升，国家也更加重视制造业的崛起，出台制造业高质量发展相关的政策。而制造业的高质量发展需要高等教育为其培养高质量人才，高质量人才的培养需要大量的资金、教师、学校的硬件和软件设施等基础资源的投入，只有高等教育投入水平提高，才能为制造业培养更多的学术领域和实践领域的人才，从而参与到科学研究和企业生产中，为制造业高质量发展贡献力量。

基于此，本章提出第一个假设：

假设 1：高等教育投入水平越高，越有利于实现制造业高质量发展。

（二）高等教育投入、科技创新与制造业高质量发展

目前有关高等教育投入、科技创新与制造业高质量发展三者之间的逻辑关系的研究较少，但科技创新对制造业高质量发展的促进作用已经得到大量实证检验，本章从高等教育投入对科技创新的中介效应切入，实证探寻高等教育投入、科技创新和制造业高质量发展的内在关系。高等教育投入能够培养更多的学术领域和实践领域的人才，学术人才从事科学研究，实现技术理论的创新和突破，实践人才将新的技术理论应用于制造业生产过程中，指导现实生产活动，从理论和实践两个层面实现科技创新，提高生产效率，改善生产环境，进而促进制造业高质量发展。

基于此，本章提出第二个假设：

假设 2：高等教育投入水平越高，越有利于促进科技创新，进而促进制造业高质量发展。

第三节　变量选取与模型构建

一、核心变量选取

1. 被解释变量

本章选取制造业高质量发展作为被解释变量（$IEHD_{it}$）。根据经济高质量发展的定义，借鉴景维民等（2019）的分类方法，将制造业高质量发展分为规模发展、创新发展和绿色发展三个维度，进行多指标综合评价，构建制造业高质量发展指标体系，如表 13 – 1 所示。

表 13 – 1　　　　　　　　制造业高质量发展指标体系

总体层	目标层	指标层	计算公式	单位	指标取向
制造业高质量发展指标体系	规模发展	工业增加值	—	亿元	正向
		规模以上工业企业利润总额	—	亿元	正向
	创新发展	规模以上工业企业有效发明专利数	—	件	正向
		规模以上工业企业新产品销售收入比重	新产品销售收入/主营业务收入	%	正向
		技术市场成交额	—	亿元	正向
	绿色发展	一般工业固体废物综合利用率	一般工业固体废物综合利用量/产生量	%	正向
		工业污染治理完成投资	—	万元	正向
		废水中化学需氧量排放量	—	万吨	负向
		废气中二氧化硫排放量	—	万吨	负向

注：上述指标体系中，除废水中化学需氧量排放量和废气中二氧化硫排放量为负向指标外，其余均为正向指标。

资料来源：笔者绘制。

本章利用熵值法（温忠麟，2004）依次求出规模发展指数、创新发展指数、绿色发展指数中各个指标的权重以及这三个指数在制造业高质量发展指标体系中的权重，进而求出三个指数的综合得分以及制造业高质量发展指标体系的综合得分。

2. 解释变量

本章的核心解释变量为高等教育投入（HE_{it}）。在制造业向高质量发展转变的过程中，科学技术越来越成为实现专门领域突破的关键因素，掌握高新技术的人才缺口不断扩大。高等教育投入一方面通过培养学术领域的专家和教授，在理论层面实现科技创新，指导技术在工业中的应用；另一方面通过培养实操领域的待就业学生，为工业输送技术人才，使科学技术与制造业发展紧密结合，在实践层面实现科技创新，进而助力制造业向高质量发展转变。普通高校培养人才需要前期大量资源的投入，包括资金、教师、基础硬件和软件设施等，本章选取生均高等教育经费来反映高等教育的资金投入程度，进而反映高等教育的投入水平。

3. 控制变量

借鉴邵慰和吴婷莉（2022）的方法，选择经济发展、产业结构、金融发展、外商投资和对外贸易等作为控制变量引入实证分析模型。

（1）经济发展（ED_{it}）。制造业支撑经济发展，各地区的经济发展水平也会反作用于制造业的发展，考虑到人均 GDP 比 GDP 更能反映地区经济发展水平，故采用人均 GDP 来衡量经济发展，为消除规模效应，对其原始数据进行对数处理。

（2）产业结构（IS_{it}）。产业结构反映经济增长来源，能够提高资源配置效率，降低各种资源的浪费，从而提高经济发展质量，在此采用第三产业增加值在 GDP 中的比重来衡量产业结构的合理程度。

（3）金融发展（FD_{it}）。金融为制造业企业提供融资服务，降低企业的融资成本，将资金向更需要的企业转移，从而促进高效率企业的扩张和低效率企业的淘汰，提高制造业发展质量，在此采用金融业增加值在 GDP 中的比重来衡量金融发展程度。

（4）外商投资（FI_{it}）。外商投资是研发和创新的重要组成部分，外商投资企业带来的技术能够促进本国科技创新，应用于制造业企业，提高制造业的创新水平，采用外商投资企业投资总额来衡量外商投资水平，对其原始数据进行对数化处理。

（5）对外贸易（FT_{it}）。对外贸易往来能够检验工业企业产品质量，促进技术迭代升级，从而提高制造业发展水平，采用进出口总额来衡量对外贸易水平，对其原始数据进行对数化处理。

4. 中介变量

高等教育投入通过培养学术领域和实操领域的技术人才来实现技术在理论和实践层面的突破，进而促进制造业高质量发展，即高等教育投入通过科技创新促进制造业高质量发展，故本章选取科技创新（ST_{it}）作为中介变量，采用国内申请专利授权量来衡量科技创新水平。

二、数据来源与说明

制造业高质量发展综合指数、高等教育投入、科技创新以及控制变量在计算过程中涉及的生均高等教育经费、国内申请专利授权量、工业增加值、利润总额、技术市场成交额、有效发明专利数、工业污染治理完成投资、人均 GDP 等数据均来自《中国统计年鉴》和各省份的统计年鉴。其中利润总额、有效发明专利数、新产品销售收入和主营业务收入均来自规模以上工业企业。由于大部分规模以上工业企业指标从 2004 年开始纳入统计，故数据时间跨度为 2004 ~ 2020年。各个变量的描述性统计特征如表 13 - 2 所示。

表 13 - 2　　　　　　　　　　　各变量的描述性统计结果

变量类型	变量符号	变量名称	观测值	均值	标准差	最小值	最大值
被解释变量	IEHD	制造业高质量发展	527	0.08847	0.084238	0.016759	0.706951
解释变量	HE	高等教育投入	527	16373.59	16004.04	1520.22000	127358.30000
控制变量	ED	经济发展	527	10.37644	0.694098	8.353262	12.00858
	IS	产业结构	527	0.465914	0.093052	0.297917	0.837316
	FD	金融发展	527	0.059178	0.031204	0.014451	0.196340
	FI	外商投资	527	8.005369	1.639373	3.104132	12.12729
	FT	对外贸易	527	7.537894	1.792136	2.599791	11.20515
中介变量	ST	科技创新	527	37781.2800	72627.5300	23.00000	709725.00000

资料来源：笔者绘制。

在 Stata16.0 中对被解释变量"制造业高质量发展"和解释变量"高等教育投入"进行基准回归,画出描述高等教育投入与制造业高质量发展之间关系的散点图与线性回归线,如图 13 – 2 所示。对二者之间的关系进行初步判断,可以得到高等教育投入与制造业高质量发展之间的正向线性关系。图 13 – 2 中,*score* 和 *fhe* 分别代表制造业高质量发展和高等教育投入,*score* 在 0 ~ 1 之间,*fhe* 的单位为元/人。

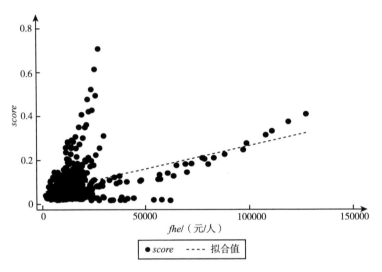

图 13 – 2 高等教育投入与制造业高质量发展散点图与线性回归线

资料来源:笔者绘制。

三、模型构建

以我国 31 个省份(不含港、澳、台地区)的面板数据为基础,借鉴温忠麟等(2004)归纳的中介效应检验方法,构建高等教育投入—科技创新—制造业高质量发展的中介效应模型,实证分析高等教育投入以及科技创新对制造业高质量发展的影响。

$$IEHD_{it} = \alpha_0 + \alpha_1 HE_{it} + \sum_j \delta_{1j} CV_{it} + \mu_i + \theta_t + \varepsilon_{it} \qquad (13-1)$$

$$ST_{it} = \beta_0 + \beta_1 HE_{it} + \sum_j \delta_{2j} CV_{it} + \mu_i + \theta_t + \varepsilon_{it} \qquad (13-2)$$

$$IEHD_{it} = \gamma_0 + \gamma_1 HE_{it} + \gamma_2 ST_{it} + \sum_j \delta_{3j} CV_{it} + \mu_i + \theta_t + \varepsilon_{it} \quad (13-3)$$

式中，i 表示各省份；t 表示时间。$IEHD_{it}$ 表示制造业高质量发展水平，HE_{it} 表示高等教育投入水平，CV_{it} 表示各控制变量，包括经济发展水平 ED_{it}、产业结构合理程度 IS_{it}、金融发展水平 FD_{it}、外商投资水平 FI_{it}、对外贸易水平 FT_{it}；ST_{it} 表示科技创新水平；μ_i、θ_t 分别表示不可观测的个体固定效应、不可观测的时间固定效应；ε_{it} 表示随机扰动项。公式（13-1）动态面板模型为基准回归模型，公式（13-2）和公式（13-3）为中介效应的检验模型。

第四节 实证分析

一、制造业高质量发展指数测算

多指标综合评价方法根据确定权重的不同，分为主观赋权法、客观赋权法和组合赋权法。其中，主观赋权法过度依赖评价者的主观判断，不同评价主体得出的评价结果差异较大，组合赋权法将主观赋权法和客观赋权法结合在一起，在数据部分缺失或难以准确客观判断权重时比较适用。由于本章选取的数据可得性较好、随机性较低，并且参考了大量的高质量发展指标体系构建的方法，故选用客观评价法能够得到较为可靠的权重，以此求得制造业高质量发展指数。

本章采用熵值法对制造业高质量发展指数中各指标进行权重计算，按照层次结构分析理论构造出规模发展指数、创新发展指数和绿色发展指数三个复合指标，分别由规模发展子系统、创新发展子系统和绿色发展子系统指标组的指标计算而来。从熵值法的物理意义来理解，信息熵描述了样本数据变化的速率，在综合评价中由此得到的指标权重描述了指标数值变化的相对幅度。在信息系统中，信息熵越大、信息的无序度越高，其信息的效用值越小；反之，信息熵越小。信息的无序度越低，其信息的效用值越大。

根据朱喜安和魏国栋（2015）对熵值法中无量纲化方法优良标准的研究，极值处理法所得数据除总量恒定性较差外，单调性、差异比不变性、平移无关性、缩放无关性、区间稳定性均表现较好，故本章采用极值熵值法对数据进行处理，并加入时间变量，以比较不同年份之间的数据。极值熵值法评价模型如下：

（1）指标选取。设有 T 个年份，n 个省市，m 个指标，则 x_{tij} 为第 t 年省份 i 的第 j 个指标值。

（2）数据无量纲化处理。由于各个指标的量纲、数量级和正负取向不同，需要对初始数据进行无量纲化处理。对于正向指标，$x'_{tij} = \dfrac{x_{tij} - x_{\min}}{x_{\max} - x_{\min}}$；对于负向指标，$x'_{tij} = \dfrac{x_{\max} - x_{tij}}{x_{\max} - x_{\min}}$，其中 $t = 1, 2, \cdots, T$；$i = 1, 2, \cdots, n$；$j = 1, 2, \cdots, m$。

（3）归一化处理。标准化值为 $p_{tij} = \dfrac{x'_{tij}}{\sum_t \sum_i x'_{tij}}$，平移 0.00001 个单位，避免出现 $p_{tij} = 0$。

（4）计算第 j 个指标的信息熵值。

$$e_j = -K \sum_{i=1}^{n} \sum_{t=1}^{T} (0.00001 + p_{tij}) \ln(0.00001 + p_{tij})，其中 K > 0 且 K = -1/\ln(nT)。$$

（5）计算第 j 项指标的信息效用值。先根据 $d_j = 1 - e_j$ 求出各指标的信息效用值，再根据 $D_k = 1 - E_k (k = 1, 2, 3)$、$E_k = \sum e_j$ 求出规模发展指数、创新发展指数和绿色发展指数的信息效用值。

（6）计算第 j 项指标的权重。先根据 $w_j = d_j \Big/ \sum_{j=1}^{m} d_j$ 求出各指标的权重，再根据 $W_k = D_k \Big/ \sum_{k=1}^{3} D_k$ 求出规模发展指数、创新发展指数和绿色发展指数各自的权重。

（7）计算各省份制造业高质量发展指数综合得分。先根据 $f_{tij} = \sum_{i=1}^{n} \sum_{t=1}^{T} w_j x'_{tij}$ 求出规模发展指数、创新发展指数和绿色发展指数得分，再根据 $F_{tij} = \sum_{k}^{3} W_k f_{tij}$ 求出制造业高质量发展指数综合得分。

二、基准回归结果

采用 Stata16.0 对模型（1）进行回归，得到高等教育投入对制造业高质量发展总体影响的估计结果，如表 13 - 3 所示。其中，第一列仅考虑个体固定效应，第二列仅考虑时间固定效应，第三列仅以高等教育投入作为解释变量，第四列加入控制变量，后两列均考虑省份固定效应和时间固定效应。结果显示，在仅考虑个体固定效应的情况下，生均高等教育经费作为高等教育投入（HE）的代理变量对制造业高质量发展（IEHD）影响的估计系数在1%的显著性水平下为正，在仅考虑时间固定效应的情况下，估计系数也在1%的显著性水平下为正，但小于前者，二者均大于考虑了个体时间双向固定效应时的估计系数，说明地区间的差异与时间因素都会降低高等教育投入对制造业高质量发展的促进作用，时间因素的影响更大；在不考虑其他控制变量的情况下，估计系数在1%的显著性水平下为正，在加入控制变量的情况下也为正，说明提高高等教育投入水平能够显著促进制造业高质量发展，但加入控制变量后估计系数增大，说明经济发展、产业结构、金融发展、外商投资、对外贸易等因素中有的因素可能会抑制高等教育投入对制造业高质量发展的影响，或者其他因素分担了高等教育投入的作用。上述结果验证了假设1。

在加入控制变量的回归结果中显示：人均 GDP 取对数后作为经济发展（ED）的代理变量对制造业高质量发展影响的估计系数在5%的显著性水平下为负，说明提高经济过快发展可能会限制制造业高质量发展，也可能是两者之间存在内生性，制造业高质量发展对经济发展的促进作用抵消了经济发展的作用；第三产业增加值在 GDP 中的比重作为产业结构（IS）的代理变量的估计系数在1%的显著性水平下为正，说明偏重于第三产业的产业结构能够促进制造业高质量发展；金融业增加值在 GDP 中的比重作为金融发展（FD）的代理变量的估计系数在1%的显著性水平下为负，说明金融过度发展可能会限制制造业高质量发展；另外，外商投资企业投资总额作为外商投资（FI）的代理变量的估计系数为负，进出口总额作为对外贸易（FT）的代理变量的估计系数为正，但系数不显著，这可能是因为不同地区之间存在异质性，也可能是变量选取存在偏差。

表 13 - 3　　　高等教育投入对制造业高质量发展总体影响的估计结果

变量	IEHD	IEHD	IEHD	IEHD
HE	$2.41e-06$ *** $(2.96e-07)$	$2.16e-06$ *** $(2.95e-07)$	$1.59e-06$ *** $(2.82e-07)$	$2.08e-06$ *** $(3.30e-07)$
ED	0.025 ** (0.011)	-0.043 *** (0.016)	—	-0.051 *** (0.026)
IS	0.500 *** (0.070)	0.212 *** (0.071)	—	0.266 *** (0.098)
FD	-1.030 *** (0.251)	-0.977 *** (0.248)	—	-1.251 *** (0.271)

续表

变量	IEHD	IEHD	IEHD	IEHD
FI	0.0004 (0.006)	0.007 (0.005)	—	-0.006 (0.006)
FT	-0.0004 (0.006)	0.025 *** (0.005)	—	0.006 (0.007)
常数项	-0.382 *** (0.067)	0.165 (0.140)	0.062 *** (0.008)	0.444 * (0.251)
个体固定效应	是	否	是	是
时间固定效应	否	是	是	是
R^2	0.4764	0.4777	0.4592	0.4973
F 检验	74.31	—	23.92	21.32
Chi2 (22)	—	495.83	—	—
N	527	527	527	527

注：（1） ***、**、* 分别表示统计值在1%、5%、10%的显著性水平下显著。（2）圆括号内的数值为标准误。

资料来源：笔者计算。

三、稳健性检验

从基准回归结果可以看出，加大高等教育投入有利于实现制造业高质量发展。为了尽量保证这些结果的可靠性，本章继续做了两个稳健性检验，详见表13-4。考虑到北京、天津、上海、重庆四个直辖市的高等教育投入水平、科技创新水平和制造业发展水平均明显优于其他地区，可能会影响估计结果，故选择剔除直辖市；考虑到用不同的计算权重的方法对制造业高质量发展综合指数进行计算可能会影响估计结果，故选择用等权法重新计算制造业高质量发展综合指数。表13-4中第一列剔除四个直辖市的数据，第二列用等权法对制造业高质量发展综合指数进行重新计算。

结果显示，去掉北京、天津、上海、重庆四个直辖市以后，生均高等教育经费作为高等教育投入（HE）的代理变量对制造业高质量发展（IEHD）影响的估计系数在10%的显著性水平下仍为正，说明估计结果不受直辖市数据增删的影响，但估计系数减小，说明直辖市高等教育投入水平、科技创新水平和制造业发展水平的突出表现提高了估计系数。用等权法对制造业高质量发展综合指数进行重新计算以后，估计系数在 10% 的显著性水平下仍为正，说明估计结果不受制造业综合指数权重计算方法的影响；但估计系数减小，说明对不同指标进行科学赋权更能合理评价制造业高质量发展综合指数。

表 13 – 4　　　　　　　　　　稳健性检验的估计结果

变量	IEHD	IEHD
HE	1. 36e – 06 * (8. 27e – 07)	5. 28e – 07 * (3. 01e – 07)
ED	– 0. 058 ** (0. 028)	– 0. 026 (0. 024)
IS	0. 303 *** (0. 114)	0. 348 *** (0. 089)
FD	– 1. 330 *** (0. 341)	– 1. 409 *** (0. 247)
FI	– 0. 007 (0. 007)	– 0. 010 * (0. 006)
FT	0. 006 (0. 009)	0. 007 (0. 006)
常数项	0. 490 * (0. 267)	0. 374 (0. 229)
个体固定效应	是	是
时间固定效应	是	是
R^2	0. 4340	0. 5836
F 检验	14. 29	30. 19
N	459	527

注：（1）***、**、*分别表示统计值在 1%、5%、10% 的显著性水平下显著。（2）圆括号内的数值为标准误。

资料来源：笔者计算。

四、异质性分析

前文的基准分析和稳健性检验说明高等教育投入对制造业高质量发展具有显著的促进作用，且估计结果稳健。考虑到东部、中部、西部地区经济发展差异较大，东部地区的高等教育投入水平和制造业高质量发展程度往往高于中、西部地区，地区的异质性可能对估计结果产生影响。因此，进一步分析不同地区的高等教育投入对制造业高质量发展的影响是否相同，如表 13 - 5 所示。

表 13 - 5　　　　　　　　　　异质性分析的估计结果

变量	东部地区	中部地区	西部地区
	IEHD	IEHD	IEHD
HE	2.27e - 06 *** (5.00e - 07)	1.93e - 06 * (1.03e - 06)	- 1.28e - 07 (3.95e - 07)
ED	0.135 ** (0.068)	0.128 *** (0.024)	0.050 *** (0.016)
IS	0.188 (0.241)	0.067 (0.091)	0.098 (0.065)
FD	- 2.608 *** (0.518)	- 0.085 (0.316)	- 0.108 (0.177)
FI	- 0.020 (0.013)	0.016 *** (0.005)	0.012 *** (0.003)
FT	- 0.171 *** (0.040)	0.015 ** (0.007)	0 (omitted)
常数项	0.314 (0.642)	- 1.367 *** (0.219)	- 0.502 *** (0.153)
个体固定效应	是	是	是
时间固定效应	是	是	是
R^2	0.6862	0.8780	0.5945
F 检验	15.31	34.68	11.94
N	187	136	204

注：（1）***、**、*分别表示统计值在1%、5%、10%的显著性水平下显著。（2）圆括号内的数值为标准误。（3）西部地区的估计结果中，FT 的数据由于共线性而被删去。

资料来源：笔者计算。

结果显示：在东部地区，生均高等教育经费作为高等教育投入（HE）的代理变量对制造业高质量发展（IEHD）影响的估计系数在 1% 的显著性水平下为正；在中部地区，估计系数在 10% 的显著性水平下为正；但在西部地区，估计系数为负，不显著；并且东部地区的估计系数大于中部地区。这说明地区的异质性确实存在，可能是因为东部地区的经济条件、基础设施等方面都更吸引技术人才流入，科技创新程度更高更快，进而促进制造业高质量发展，而西部地区由于相对其他地区落后，高等教育投入水平较低，人才吸引力度不够大，还不能有效促进科技创新，进而促进制造业的高质量发展。

五、中介效应

为进一步厘清高等教育投入和科技创新对制造业高质量发展的影响，本部分对三者的影响机制进行实证检验，即高等教育投入能否通过促进科技创新来推动制造业高质量发展，结果如表 13 - 6 所示，其中模型一、模型二、模型三分别对应公式（13 - 1）、公式（13 - 2）、公式（13 - 3）。

结果显示，模型一为基准回归结果，如前文所述；模型二中高等教育投入（HE）对科技创新（ST）影响的估计系数在 5% 的显著性水平下为正，说明高等教育投入对科技创新也具有显著的促进作用；模型三中高等教育投入和科技创新对制造业高质量发展影响的估计系数均在 1% 的显著性水平下为正，且高等教育投入的估计系数减小，说明中介效应存在，即高等教育投入能够通过促进科技创新推动制造业高质量发展。就效应大小来看，高等教育投入对制造业高质量发展影响的总效应为 2.08e - 06，其中直接效应为 1.50e - 06，在总效应中占比 0.7212，中介效应为 5.80e - 07，在总效应中占比 0.2788，说明高等教育投入通过科技创新对制造业高质量发展的促进作用较弱，未能充分发挥科技创新的中介效应，表明我国高等教育投入未能充分刺激科技创新，投入存在一定的冗余。上述结果验证了假设 2。

表 13 - 6　　高等教育投入对制造业高质量发展影响的中介效应的估计结果

变量	模型一	模型二	模型三
	IEHD	ST	IEHD
HE	2.08e - 06 *** (3.30e - 07)	0.660 ** (0.334)	1.50e - 06 *** (1.52e - 07)
ST			8.80e - 07 *** (2.08e - 08)
ED	- 0.051 *** (0.026)	- 74645.12 *** (26344.000)	0.014 (0.012)

续表

变量	模型一	模型二	模型三
	IEHD	ST	IEHD
IS	0.266 *** (0.098)	264641.5 *** (99297.750)	0.033 (0.045)
FD	−1.251 *** (0.271)	−1195409 *** (274163.600)	−0.198 (0.127)
FI	−0.006 (0.006)	−7822.823 (6468.895)	0.0007 (0.0029)
FT	0.006 (0.007)	−714.646 (7185.469)	0.007 ** (0.003)
常数项	0.444 * (0.251)	688864.4 *** (253959.100)	−0.162 (0.116)
个体固定效应	是	是	是
时间固定效应	是	是	是
R^2	0.4973	0.3981	0.8946
F 检验	21.32	14.25	174.58
N	527	527	527
Dir-Eff	1.50e−06		在总效应中的占比为 0.7212
Ind-Eff	5.80e−07		在总效应中的占比为 0.2788

注：（1） ***、**、* 分别表示统计值在 1%、5%、10% 的显著性水平下显著。（2）圆括号内的数值为标准误。

资料来源：笔者绘制。

第五节　结论与建议

通过定性分析高等教育投入、科技创新和制造业高质量发展的影响机制，开展线性关系基准回归、稳健性检验、异质性分析及中介效应检验等实证分析，本章得到两个主要结论：第一，提高高等教育投入水平能够显著促进制造业高质量发展，但不同地区促进效用不同，东部地区的促进效用高于中部地区，而西部地区高等教育投入对制造业高质量发展无显著促进作用；第二，除直接作用于制造业高质量发展外，高等教育投入也可借助科技创新，依靠中介效应推进制造业高质量发展，但中介效应明显弱于直接效应，表明我国高等教育投入存在一定冗余，不足以充分发挥科技创新在生产中的促进作用。

基于本章得出的结论，提出以下建议：第一，中央层面应当高度重视高等教育在制造业高质量发展中起到的作用，加大高等教育投入，为学术界提供更多的高质量学术人才，争取实现理论的创新和突破，为制造业培养更多的高质量技术人才，实现理论向实践的转变，向制造业输送更鲜活的血液和更强大的技术支撑。此外，应当根据东部高、中西部低的现状将高等教育经费适当地向中西部地区倾斜，但不能保持惯性思维，忽略地区间的经济结构和高等教育资源的差异，一味地向中西部倾斜，应当结合各地区做到高等教育经费分配的合理、公平、公正。

第二，各地区科技部门应当加快科研成果转化，将更多的发明专利、应用专利等落地，投入使用，指导制造业的实际生产过程，提高生产效率，改善生产环境，助力制造业高质量发展。可以设立各种类型的科技奖项，奖励各领域的科技工作者；加大技术人才引进力度，给予推动重大科研成果转化的科研人员租、购房补贴和奖金、科研津贴等实际优惠，保障其基本生活质量，为科研人员子女和父母提供配套教育和医疗资源，解除其后顾之忧；提高引进人才的归属感；等等。多措并举，着力解决中西部地区的人才外流现象，留住各领域的人才和技术。

第三，中西部地区应当认识到与东部地区的差距，包括高等教育领域和技术领域，向域外和域内先进地区学习，并因地制宜，加强高等教育投入的监管和配置，提高技术人才的留用规模，东部地区中高等教育投入规模过大的省域单位则应当着重调整资金配置结构，提高资金使用效率。着力推动高等教育和技术资源在区域间的流动，在全国范围内提高高等教育投入水平和科技创新程度，为全国范围的制造业高质量发展贡献各地区的力量。

第十四章　区域专题：山东省公共教育支出绩效研究

第一节　引　　言

百年大计，教育为本，教育是民族振兴、社会进步的基石。教育投入对支撑经济长远发展，不仅具有基础性、保障性的作用，更具有战略性、长远性的作用。近些年，我国越来越重视教育工作，教育经费逐年递增。山东省是教育大省，自然十分重视教育工作，教育经费投入逐年走高，2015 年，全省教育经费总投入达到 2063.23 亿元，占 GDP 的比重低于全国平均水平。但山东省教育经费投入尚存在规模偏小、配置不够合理、使用效率待提高等问题，因此，需要加强研究，客观测算与评价山东省教育经费的投入绩效，以为教育管理部门经费管理提供相应的决策支持。

公共教育经费投入牵涉社会公平等一系列问题，需要不断加强管理和监督，如应持续监督各级政府在义务教育方面所作的努力，考评政府在义务教育资源配置中的合理性，政府以及基层单位使用义务教育资源的效率和效果，提高有限公共资源的使用效率，以提高公共教育经费的绩效，促进公共教育经费的合理使用。目前来看，山东省公共教育经费投入尚存在配置不够合理、经费使用效率待提高等问题。因此，需要加强研究，客观评价山东省公共教育经费的投入绩效，为教育管理部门提供相应的决策支持，以便进一步优化公共教育经费结构，提高经费使用绩效，使得政府投入的教育经费更好地发挥作用。本章正是从公共支出管理这一环节入手，研究在公共财政的框架下，如何利用公共支出绩效评价制度对教育资源的配置和使用情况进行有效监督，以促进提高公共教育经费支出的配置效率和使用效率，进而促进教育公平、实现教育目标。

第二节 山东省公共教育支出现状分析

一、山东省公共教育支出的绝对规模分析

教育支出水平的高低往往与一个地区的社会经济发展程度有着密不可分的关系，同时也是衡量一个地区居民素质和科学文化水平的重要指标。从各地区历年教育支出总量来看，广东、山东、江苏、北京等经济发达地区的公共教育支出总量远高于全国平均水平，且公共教育支出最高的广东近几年教育投入量是最低的宁夏的14倍左右。教育投入总量常年排在前三位的地区是广东、江苏和山东，这三个地区2017年的公共教育支出占到了当年全国公共教育支出总数的21.39%；而排名最低的三个地区为西藏、青海和宁夏，且这三个地区2017年的公共教育支出仅占当年全国公共教育支出总数的1.99%。由此可见，我国不同地区的教育资源分配存在很大的差距。从2000~2017年各地区公共教育支出的增长率来看，我国各地区除个别情况外均处在平稳增长的阶段，但不同地区不同年份的教育支出增长率有较大的差距。2017年公共教育支出增长幅度最高的三个地区是西藏、广东以及河南，其增长率分别为26.95%、13.93%和11.17%；增长幅度最低的三个地区为黑龙江、吉林和内蒙古，其增长率分别为1.38%、0.42%和-0.21%；可见我国各地区的教育投入力度的增长幅度也有很大的差异。总体来看，东部地区投入基数大，增长率并不处于领先地位，而西藏等西部地区基数小，但增长率较高，说明公共教育支出有公平化的均衡发展趋势。各省份2000~2017年主要年份及年均增长率如表14-1所示。

表14-1　我国31个省份2000~2017年主要年份的公共教育支出增长率及年均增长率

单位：%

省份	公共教育支出增长率					2000~2017年均增长率
	2005年	2010年	2015年	2016年	2017年	
北京	18.96	14.77	-0.09	4.84	1.92	13.17
天津	19.45	21.86	-14.89	-6.98	7.58	14.07
河北	20.77	16.52	18.58	8.59	10.74	13.72

续表

省份	公共教育支出增长率					2000~2017 年
	2005 年	2010 年	2015 年	2016 年	2017 年	均增长率
山西	24.74	14.77	23.80	-10.10	5.33	14.03
内蒙古	14.65	28.88	8.75	3.07	-0.21	14.87
辽宁	16.70	12.95	-0.70	2.46	2.77	10.59
吉林	14.21	11.97	11.05	5.48	0.42	11.62
黑龙江	13.96	11.57	13.59	3.00	1.38	11.68
上海	19.62	11.54	2.32	9.58	5.92	10.61
江苏	17.86	20.78	7.31	3.66	7.18	13.55
浙江	12.18	19.43	5.48	8.00	10.35	13.59
安徽	11.57	20.80	9.39	5.53	8.90	15.69
福建	9.36	16.36	11.70	1.71	6.77	12.70
江西	16.10	13.58	8.64	6.10	10.03	16.73
山东	18.48	22.13	8.20	5.99	3.90	13.40
河南	17.83	12.17	2.33	6.96	11.17	14.58
湖北	9.99	9.05	16.72	13.35	4.03	14.32
湖南	17.79	10.11	6.81	11.35	7.67	14.65
广东	9.04	11.42	10.28	7.86	13.93	14.11
广西	11.98	26.61	16.58	5.79	6.82	15.11
海南	24.88	21.11	15.72	4.71	7.70	16.19
重庆	14.80	20.49	13.97	8.05	5.97	16.30
四川	10.95	8.09	11.87	5.82	7.78	15.32
贵州	24.35	13.39	17.26	8.65	8.16	17.84
云南	8.69	16.49	12.41	10.93	10.58	14.17
西藏	27.09	7.58	23.83	-5.23	26.95	19.67
陕西	11.14	6.92	4.68	2.25	2.61	15.42
甘肃	18.24	8.66	17.47	7.76	3.42	15.70
青海	26.97	31.11	1.96	-1.33	9.33	16.37
宁夏	21.94	20.57	11.34	3.74	9.09	15.75
新疆	16.88	21.63	9.56	8.41	7.73	15.75
全国平均水平	15.34	15.57	9.05	5.81	7.40	14.08

注：该数据不包含中央转移支付部分，且已经以 2000 年为基期进行平减处理。

资料来源：依据各地区历年统计年鉴以及教育统计年鉴数据计算。

如表 14 – 1 所示，从 18 年的年均增长率来看，各省份年均增长率相差不是很大，与全国平均水平的差距最高不超过 6 个百分点，说明我国各地区对教育投入都比较重视。但是西藏、贵州、青海、江西、重庆、宁夏这些中西部省份增长率明显较快，年均增长率在 15% 以上，表明中西部地区已经认识到教育的重要性，公共财政支出在向教育倾斜，这对我国区域均衡发展较为有利，而上海和北京的增长率明显偏低，这主要和两地教育基础好、投入基数大有关。值得注意的是，东北地区的黑龙江、吉林、辽宁三省，无论从绝对量还是增长率都处于劣势地位，有拉大差距的趋势，需要重点关注。

二、山东省公共教育支出的生均规模分析

考虑各省市学生人数等背景条件差异，单纯从投入总量和增长率来讨论某地区的教育支出情况并不全面，生均经费指标应该更具有代表性。各省份 2000 ~ 2017 年主要年份的生均公共教育支出如表 14 – 2 所示。

表 14 – 2　我国 31 个省份 2000 ~ 2017 年主要年份的生均公共教育支出数额　　单位：元

省份	生均公共教育支出				
	2005 年	2010 年	2015 年	2016 年	2017 年
北京	12216. 36	22477. 29	37395. 77	39388. 50	39833. 42
天津	4906. 74	12988. 57	23607. 11	21542. 61	23224. 00
河北	1591. 13	3862. 52	6010. 60	6308. 11	6722. 27
山西	1632. 72	3988. 19	8991. 22	8221. 49	8690. 86
内蒙古	2468. 14	8139. 07	13726. 58	14194. 61	14160. 68
辽宁	2894. 37	6972. 22	10145. 77	10514. 78	10851. 04
吉林	2508. 68	6486. 91	12130. 58	13011. 54	13096. 58
黑龙江	2392. 16	5397. 24	11355. 15	11954. 33	12266. 75
上海	11285. 31	15761. 63	28911. 57	31409. 07	33275. 62
江苏	2470. 13	6612. 13	11346. 62	11442. 41	11890. 32
浙江	3407. 49	6655. 06	10780. 92	11606. 09	12587. 09
安徽	1186. 04	3513. 06	6685. 39	6993. 53	7413. 15
福建	2066. 04	5053. 95	8546. 82	8498. 08	8788. 33
江西	1130. 41	2826. 68	6246. 36	6701. 32	7249. 10

续表

省份	生均公共教育支出				
	2005 年	2010 年	2015 年	2016 年	2017 年
山东	1767.67	4273.33	7873.65	8221.63	8410.02
河南	1122.07	2621.43	4659.87	4846.51	5261.47
湖北	1302.34	3325.05	8244.94	9110.36	9296.76
湖南	1538.75	3509.49	6016.77	6532.07	6868.19
广东	1932.00	3797.69	7839.60	8328.76	9264.79
广西	1330.70	3716.67	5833.92	6067.54	6309.62
海南	1586.79	5328.26	9436.26	9680.43	10123.44
重庆	1751.06	4521.56	8853.25	9580.35	10137.51
四川	1280.94	3977.94	7229.71	7609.05	8217.73
贵州	1225.52	3349.46	6717.42	7207.50	7709.09
云南	1797.26	4133.70	7608.95	8409.96	9151.10
西藏	5292.73	9562.43	22932.83	20821.53	25286.61
陕西	1255.28	4516.59	8995.24	9155.92	9209.20
甘肃	1371.80	4238.72	8972.74	9398.62	9695.04
青海	2419.52	7442.07	12523.03	12188.79	13144.96
宁夏	1937.60	4949.61	9167.21	9474.22	10144.80
新疆	2231.80	6172.77	9837.47	10173.39	9517.99
全国平均水平	1920.18	4615.43	8394.86	8761.07	9215.42

注：该数据不包含中央转移支付部分，学生人数不包含高等教育，且已经以 2000 年为基期进行平减处理。

资料来源：依据各地区统计年鉴以及教育统计年鉴数据计算。

从表中数据可以看出，广东、山东、河南、四川这类教育投入总量在全国排名靠前的地区，其生均教育投入量却常年低于全国平均水平。这说明尽管其当地教育投入数额巨大，但是由于学生数量的原因，其教育投入并没有达到应有的水平；而吉林、青海、天津、西藏等地，尽管教育投入总额不高，但是其生均教育水平却远超全国平均水平。总体来看，全国只有北京、浙江、上海、江苏的教育投入总量和生均教育投入处于全国领先水平。从生均经费情况来看，区域差异还是比较明显的。

从上述分析可以看出，山东省教育经费支出总量虽然不断攀升，但是生均经费偏低，需进一步提升。

第三节 山东省公共教育支出绩效评价

山东省是我国的教育大省，在全国具有一定的代表性，本部分采用第五章所构建的绩效评价体系，以山东省为例，通过和其他省市进行横向比较，对山东省公共教育支出的绩效进行系统评价。

一、山东省公共教育支出规模绩效分析

按照第五章所构建的评价体系，此处选择公共教育经费占地区财政支出比重和占地区 GDP 的比重两个比重指标、公共教育支出增长率、公共教育支出与地区财政支出和 GDP 的弹性系数五大指标进行规模绩效评价，评价结果如表 14 – 3 和表 14 – 4 所示。

表 14 – 3　　　　全国 31 个省份公共教育支出规模的指标情况

省份	公共教育支出占 GDP 的比例（%）	公共教育支出占财政支出的比例（%）	生均公共教育支出额（万元）	公共教育支出同比上年增长率（%）	公共教育支出的 GDP 弹性系数	公共教育支出的财政支出弹性系数
北京	3.45	15.12	4.10	9.00	1.05	0.78
上海	2.96	13.05	3.84	6.18	0.79	0.50
山东	2.60	20.61	1.15	7.66	1.10	0.81
江苏	2.39	18.26	1.65	8.02	0.89	1.05
浙江	2.71	19.35	1.62	10.44	1.39	0.83
福建	2.71	18.66	1.23	8.58	0.92	0.74
天津	2.91	15.71	2.96	3.51	-0.15	0.61
河北	3.28	18.81	0.90	8.36	3.52	0.74
辽宁	2.44	13.11	1.27	-2.16	-7.40	1.16
广东	2.78	18.16	1.20	11.48	1.27	1.13
海南	5.27	16.16	1.25	6.99	0.94	0.67
黑龙江	3.52	13.77	1.38	1.16	6.28	0.06
吉林	3.26	14.35	1.50	2.73	1.86	0.27
河南	3.41	19.16	0.70	6.21	0.72	0.59

续表

省份	公共教育支出占GDP的比例（%）	公共教育支出占财政支出的比例（%）	生均公共教育支出额（万元）	公共教育支出同比上年增长率（%）	公共教育支出的GDP弹性系数	公共教育支出的财政支出弹性系数
安徽	3.75	16.41	0.91	7.30	0.91	0.74
江西	4.58	18.45	0.95	8.64	0.95	0.88
湖北	2.99	15.77	1.21	8.84	0.98	1.06
湖南	3.20	16.52	0.94	6.77	0.83	0.65
山西	4.36	17.24	1.08	2.50	94.45	0.42
内蒙古	2.92	12.40	1.69	5.08	7.54	1.29
陕西	4.06	17.81	1.32	3.40	1.12	1.96
甘肃	6.84	16.71	1.18	9.32	-6.47	0.91
宁夏	4.68	12.32	1.15	9.96	1.36	1.01
青海	6.61	11.15	1.73	3.64	1.45	6.35
四川	3.91	16.23	1.02	7.10	1.02	0.74
重庆	3.32	14.29	1.12	6.09	0.57	-1.92
贵州	6.98	19.03	0.99	12.61	0.89	1.16
广西	3.64	19.08	0.87	9.45	1.00	0.85
云南	5.73	16.61	1.05	8.37	0.99	1.05
西藏	15.39	11.77	3.04	19.82	1.49	1.99
新疆	6.58	16.63	1.56	8.89	5.75	0.75
全国标准值	5	25	1.50	10	1.20	1.00

资料来源：根据31个省份统计年鉴整理和计算。

表14-4　　全国31个省份公共教育支出规模指标的无量纲处理结果

省份	公共教育支出占GDP的比例（%）	公共教育支出占财政支出的比例（%）	生均公共教育支出额（万元）	公共教育支出同比上年增长率（%）	公共教育支出的GDP弹性系数	公共教育支出的财政支出弹性系数
北京	68.99	60.50	100.00	90.03	87.17	78.34
上海	59.29	52.21	100.00	61.85	66.10	49.89
山东	52.01	82.44	76.63	76.62	91.74	81.47
江苏	47.72	73.03	100.00	80.22	74.00	100.00
浙江	54.18	77.39	100.00	100.00	100.00	82.92
福建	54.27	74.63	82.03	85.79	76.90	74.02
天津	58.13	62.83	100.00	35.07	-12.59	60.92

省份	公共教育支出占GDP的比例（%）	公共教育支出占财政支出的比例（%）	生均公共教育支出额（万元）	公共教育支出同比上年增长率（%）	公共教育支出的GDP弹性系数	公共教育支出的财政支出弹性系数
河北	65.66	75.24	60.28	83.64	100.00	73.65
辽宁	48.77	52.42	84.82	-21.57	-100.00	100.00
广东	55.56	72.63	79.82	100.00	100.00	100.00
海南	100.00	64.65	83.22	69.92	78.13	66.76
黑龙江	70.33	55.08	91.79	11.62	100.00	5.85
吉林	65.14	57.41	99.81	27.30	100.00	26.72
河南	68.30	76.65	46.82	62.12	60.16	59.30
安徽	75.01	65.66	60.88	73.03	75.85	74.40
江西	91.62	73.79	63.44	86.40	78.82	88.27
湖北	59.83	63.09	80.53	88.42	81.72	100.00
湖南	63.97	66.08	62.36	67.65	69.58	65.12
山西	87.23	68.94	72.11	25.01	100.00	41.66
内蒙古	58.37	49.62	100.00	50.78	100.00	100.00
陕西	81.20	71.25	88.04	34.04	93.43	100.00
甘肃	100.00	66.84	78.52	93.21	-100.00	91.41
宁夏	93.67	49.29	76.55	99.58	100.00	100.00
青海	100.00	44.60	100.00	36.40	100.00	100.00
四川	78.15	64.92	67.97	70.96	84.96	73.56
重庆	66.46	57.17	74.60	60.94	47.49	-100.00
贵州	100.00	76.11	65.73	100.00	73.96	100.00
广西	72.78	76.32	57.88	94.51	83.28	84.62
云南	100.00	66.46	69.96	83.73	82.66	100.00
西藏	100.00	47.08	100.00	100.00	100.00	100.00
新疆	100.00	66.51	100.00	88.85	100.00	75.05
权重	0.2	0.2	0.2	0.2	0.1	0.1

注：数据取2013～2017年平均数据，来源为国家统计局官网及各省市的统计年鉴2018；权重和标准值由专家参考发达国家和地区情况给出，正项指标超过标准值，无量纲指标值为100。

按照前文设定的方法，结合表14-4求出的数据，可以得到全国31个省份的规模绩效指数，详见表14-5。

表 14 – 5 全国 31 个省份的规模绩效指数

省份	规模绩效指数	省份	规模绩效指数
北京	80.46	湖北	76.55
上海	66.27	湖南	65.48
山东	74.86	山西	64.82
江苏	77.59	内蒙古	71.75
浙江	84.61	陕西	74.25
福建	74.44	甘肃	66.86
天津	56.04	宁夏	83.82
河北	74.33	青海	76.20
辽宁	32.89	四川	72.25
广东	81.60	重庆	46.58
海南	78.05	贵州	85.76
黑龙江	56.35	广西	77.09
吉林	62.60	云南	82.30
河南	62.72	西藏	89.42
安徽	69.94	新疆	88.58
江西	79.76		

资料来源：笔者计算。

可见仅从规模绩效考虑，东部沿海省份因其绝对投入较高，所以要高于全国平均水平；中部地区相对较低；而西部地区之所以规模绩效指数较高，与近年来国家大力实行西部地区公共教育补贴有很大关系，加上社会各界人士对西部地区教育情况的持续关注与帮助，结果与定性分析基本一致。

从上述分析可以看出，山东省教育经费支出规模绩效指数为 74.86，在全国 31 个省域单位排名第 15 位，处于中游水平。

二、山东省公共教育支出经济绩效分析

（一）模型的构建以及结果分析

仅从现阶段各地区的教育投入规模无法直接分析当地公共教育资金对其经济增长的贡献程度。因此，为了定量研究公共教育支出对经济增长的绩效，需要利

用 2000～2017 年的全国 31 个省份与教育投资和经济产出相关的代表性数据进行定量研究，主要指标包括地区生产总值（GDP）、全社会固定资产投资（K）、从业人员数量（L）和公共教育支出（ED）。为了减少由于上述指标数据差异性较大所带来的异方差问题，对上述所有指标取对数，并借鉴经典的柯布—道格拉斯生产函数的处理方法，以地区生产总值为被解释变量，全社会固定资产投资、从业人员数量和公共教育支出为解释变量，构建相关模型如下：

$$\ln GDP = C + \alpha \ln K + \beta \ln L + \gamma \ln ED + \varepsilon \qquad (14-1)$$

将我国 31 个省份的相关数据代入模型中，并运用 EViews 软件进行 OLS 回归检验。其中，从业人员数量（L）使用的当地 15～64 岁人口数量；公共教育支出数据（ED）方面，由于其中中央转移支付占比差别较大，且主要倾向于高等教育。因此，本章回归所使用的公共教育支出数据剔除中央拨付部分，仅使用地方性的公共教育支出。所得出的回归结果相关统计量如表 14-6 所示。

表 14-6　　　　　　　　　我国 31 个省份回归结果相关系数及统计量

地区	γ	R^2	调整后的 R^2	t 统计量	F 统计量
北京	0.664 **	0.987	0.985	2.554	360.605
天津	0.246 **	0.995	0.994	2.199	896.827
河北	0.406 **	0.994	0.993	2.586	755.019
山西	0.796 **	0.975	0.970	2.723	182.865
内蒙古	0.313 ***	0.995	0.994	3.756	1003.540
辽宁	0.660 ***	0.986	0.983	10.900	322.499
吉林	0.480 ***	0.995	0.994	4.966	939.590
黑龙江	0.342 **	0.991	0.989	2.924	488.150
上海	0.440 ***	0.997	0.996	6.900	1408.291
江苏	0.366 ***	0.998	0.998	5.379	2656.621
浙江	0.646 **	0.993	0.992	2.697	676.685
安徽	0.526 ***	0.995	0.994	5.238	896.023
福建	0.388 ***	0.998	0.998	3.390	2426.521
江西	0.348 ***	0.998	0.997	7.929	2060.635
山东	0.224 ***	0.998	0.997	4.751	1996.029

续表

地区	γ	R^2	调整后的 R^2	t 统计量	F 统计量
河南	0.175**	0.998	0.997	2.463	2137.801
湖北	0.171	0.998	0.998	1.289	2354.052
湖南	0.281***	0.999	0.998	3.011	3219.292
广东	0.096	0.987	0.985	0.393	363.661
广西	0.072	0.997	0.996	0.610	1382.084
海南	0.272**	0.998	0.997	2.751	1924.944
重庆	0.506***	0.997	0.996	4.292	1364.794
四川	0.190	0.994	0.992	1.308	770.302
贵州	0.458***	0.997	0.997	5.488	1732.177
云南	0.231***	0.998	0.998	3.459	2455.596
西藏	0.197*	0.997	0.997	2.269	1712.067
陕西	0.131	0.998	0.997	1.517	2145.947
甘肃	0.532***	0.987	0.984	4.194	352.010
青海	0.360***	0.996	0.995	5.430	1071.237
宁夏	0.593***	0.995	0.994	3.985	972.761
新疆	0.477**	0.989	0.988	2.443	447.226

注：***、**、*分别表示 γ 在1%、5%、10%的水平下显著。

资料来源：笔者计算。

以北京为例分析相关回归结果，其可决系数（R^2）和调整可决系数显示模型至少可以解释98.5%的方差。$F = 360.605 > F_{0.01}(3, 14) = 5.56$，$F$ 统计量高度显著，表明模型的整体拟合度较好。$t(\ln ED) = 2.554 > t_{0.025}(14) = 2.145$，$t$ 统计量显著，表明公共教育支出对经济产出有显著的影响。其中，公共教育支出 $\ln ED$ 的系数 γ 的估计值为0.664，并且高度显著，表明北京公共教育支出的增长与经济增长呈显著的正相关关系；其弹性系数为0.664，表明北京的公共教育支出每增长1个百分点就可以促进其经济增长0.664个百分点。其余各省份的回归结果分析与北京的回归结果分析基本相似，各地区模型的整体拟合程度较好，各地的公共教育支出对其经济增长都有正向的推动作用，虽然具体推动效用不同，但都具有显著的影响。

（二）格兰杰因果检验

公共教育支出与地区经济水平的相互影响并不一定仅限于当期，理论上存在一定程度的滞后效应，即过去某时段的教育投入可能影响当期的经济增长；反过来，过去某时段的经济发展水平也有可能影响当期的教育投入力度。因此，利用格兰杰因果检验可以有效地反映教育投入与经济发展水平之间的时间滞后因果关系。格兰杰因果检验一般模型形式如下：

$$y_t = C + \sum_{m=1}^{p} \alpha_m y_{t-m} + \sum_{m=1}^{p} \beta_m x_{t-m} + e_t \qquad (14-2)$$

若其中 α_m 为零，则表示 t 期的变量 y 仅与 t 期之前的变量 x 之间存在因果关系。根据公式（14-2），可以用 y_t 表示 t 期的地区生产总值，用 x_{t-m} 表示 $t-m$ 期的公共教育资金投入量。构建的相应面板数据模型如下：

$$GDP_t = C + \sum_{m=1}^{p} \theta_m ED_{t-m} + e_t \qquad (14-3)$$

$$ED_t = C + \sum_{m=1}^{p} \delta_m GDP_{t-m} + e_t \qquad (14-4)$$

利用 EViews 软件进行格兰杰检验，检验过程中，设定模型中的 GDP 与 ED 的影响是双向的，在分析用公共教育资金的滞后变量对当期地区生产总值影响的同时，也分析地区生产总值的滞后变量对当期公共教育资金的影响。

首先对 2000～2017 年全国 31 个省份的地区生产总值与公共教育资金的数据分别进行单位根检验，在 5% 显著水平下只有二阶差分是非平稳序列。因此，利用地区生产总值与公共教育资金的二阶差分数据进行 Kao 残差协整检验，所得 t 统计量为 -1.3544，P 值为 0.0878，在 10% 显著水平下具有协整关系，因此可以对地区生产总值与公共教育资金的数据进行格兰杰因果检验。取滞后阶数为 5，所得结果如表 14-7 所示。

表 14-7　　　　　　　　　　　格兰杰因果检验

原假设	OBS	F 统计量	P 值
ED 不是 GDP 的格兰杰原因	341	2.89683	0.0142
GDP 不是 ED 的格兰杰原因		18.0568	8.00E-16

资料来源：笔者计算。

从表中可以看出，在5%显著性水平下，可以拒绝两个原假设，说明地区生产总值与公共教育支出之间存在双向的格兰杰原因，即地区生产总值与公共教育支出之间有相互的影响作用，且这种相互的影响作用存在一种时间滞后性。

（三）聚类分析

由于我国31个省份的教育投入现状以及教育经济绩效指数差别较大，通过聚类分析可以使得各地有针对性地认识自身教育投入的经济绩效问题。因此，使用SPSS软件对上述31个省域单位的经济绩效指数进行K均值聚类分析，取K值为3，结果如表14-8所示。

表14-8 聚类成员

案例号	省份	聚类	距离	案例号	省份	聚类	距离
1	北京	1	0.007	17	湖北	2	0.020
2	天津	2	0.056	18	湖南	2	0.090
3	河北	3	0.018	19	广东	2	0.095
4	山西	1	0.124	20	广西	2	0.119
5	内蒙古	3	0.111	21	海南	2	0.082
6	辽宁	1	0.012	22	重庆	3	0.081
7	吉林	3	0.056	23	四川	2	0.000
8	黑龙江	3	0.082	24	贵州	3	0.034
9	上海	3	0.015	25	云南	2	0.041
10	江苏	3	0.059	26	西藏	2	0.006
11	浙江	1	0.026	27	陕西	2	0.059
12	安徽	3	0.102	28	甘肃	3	0.107
13	福建	3	0.037	29	青海	3	0.065
14	江西	3	0.077	30	宁夏	1	0.079
15	山东	2	0.034	31	新疆	3	0.053
16	河南	2	0.015				

资料来源：依据表14-3经济绩效指数聚类所得。

为了验证分类结果的稳健性，同时采用类平均—组内连接法对我国31个省份的经济绩效指数进行聚类，结果如图14－1所示。

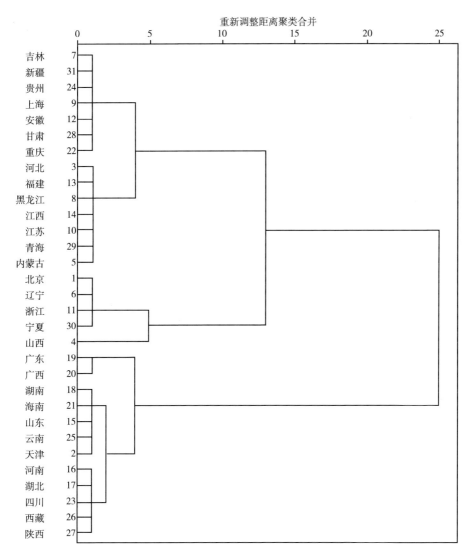

图14－1 我国31个省份公共教育支出经济绩效指数组内连接树状图

资料来源：笔者绘制。

如图14－1所示，当阈值t取值为10时，将其分为三类，结果与之前采取K均值法所得分类结果相同，因此上述分类结果具有稳健性。根据聚类结果，按照教育经济绩效水平将我国31个省份分为三类，结果如表14-9所示。

表14-9 我国31个省份的公共教育支出经济绩效指数聚类结果

地区类别	地区
第一类	北京、山西、辽宁、浙江、宁夏
第二类	河北、内蒙古、吉林、黑龙江、上海、江苏、安徽、福建、江西、重庆、贵州、甘肃、青海、新疆
第三类	天津、山东、河南、湖北、湖南、广东、广西、海南、四川、云南、西藏、陕西

资料来源：笔者绘制。

由表14-9可知，利用K均值聚类分析法，按照各省份公共教育支出的经济绩效指数高低将这31个省份分为三个大类。结合前文规模分析中的数据可以看到，在经济绩效指数较高的第一类中，北京和浙江的教育投入以及生均教育投入均处于全国领先水平，而且其公共教育支出占当地财政支出的比例也远高于全国平均水平，其高额的教育投入很好地推动了当地经济的发展。第一类中的山西、辽宁和宁夏的教育投入水平虽然较低，且占财政支出的比例也不高，但是其教育投入对经济增长的推动作用非常明显，说明当地教育资金的使用效率很高，存在较少的教育资金浪费情况。在经济绩效指数居中的第二类中，只有江苏的教育总投入、生均教育投入以及教育支出占财政支出的比例处于较高的水平，但是其教育投入对当地经济增长的推动程度与第一类地区中的北京和浙江相比还有很大的差距，表明江苏的公共教育资金使用效率较低；第二类中的吉林、上海、青海、黑龙江、内蒙古、甘肃、安徽、重庆、新疆、贵州、福建和江西的教育总投入偏低，另外虽然河北地区的教育投入总量一致高于全国平均水平，但是其生均教育投入量与全国平均水平有很大的差距。在经济绩效指数较低的第三类地区中，天津与西藏的生均教育投入处于全国领先水平，但是天津、西藏与海南、陕西、广西的教育投入总量不足；第三类中的湖南、四川、湖北、广东、山东、河南以及云南的教育投入总量很高，但是由于学生数量较多，其生均教育水平长时间低于全国平均水平，使其当地生均教育资源相对不足。

由上可见，山东省属于第三类，由于生均经费偏低，公共教育经费支出经济绩效相对落后。

三、山东省公共教育支出社会绩效分析

公共教育投资的社会绩效评价相对复杂，需要从促进就业与经济增长、缩小城乡差距以及群众满意度等多个维度进行评价，采用第五章所构建的社会绩效评价模型对山东省公共教育支出的社会绩效进行系统评价。

（一）指标选择与数据来源

本章选取了 31 个省份 2007 ~ 2017 年共计 11 年的面板数据，建立回归模型进行检验。

（1）被解释变量。三个公式的被解释变量分别选取就业率（ER）、地区生产总值（GDP）以及城镇常住居民人均可支配收入和农村常住居民人均可支配收入的比值（UUR）。社会绩效包括促进就业，经济增长以及收入分配。就业率是对促进就业最直接的考量；GDP 一直以来都是我国经济发展水平的衡量指标；对于收入分配，由于我国城乡居民收入差异较大，且其他指标不易获取，故选择城镇居民人均可支配收入与农村居民人均可支配收入的比值作为衡量收入分配绩效的变量。

（2）核心解释变量。教育财政支出增长率（$PEDR$）与教育财政支出总额（ED）。本章主要研究公共教育投资的社会绩效，即公共教育投资的改变会给经济社会发展带来哪些方面的改变。而单纯地衡量教育支出水平的变量一共有两个，一个是支出总额，另一个是支出增长率。因此，本章选取教育财政支出增长率与教育财政支出总额作为核心解释变量。

（3）其他控制变量。一是资本形成总额或者固定资产投资总额（K）：资本形成总额是资本总量指标。属于宏观经济指标，在经济社会中，是衡量经济发展水平的重要指标之一。2001 年，罗默等曾提出社会只有保持一个相当规模的投资水平时，才能使经济发展与收入增长保持一个强劲的势头。二是从业人员数量（L）：不难理解，越多的人就业，就能为经济发展贡献越多的力量，维持高经济发展水平，经济充满活力。因此，从业人员数量是衡量经济增长绩效的一个重要指标。三是居民消费价格指数（CPI）：居民消费价格指数是一种宏观的经济衡量指标，反映居民一般购买的消费与服务的价格水平变动情况。CPI 通常与通货膨胀相关，而根据菲利普斯曲线，通货膨胀与失业呈负相关关系。因此，一定程

度上来说，*CPI* 的变动可以反映就业率的变动。

（4）数据来源。相关数据均来自国家统计局网站以及各省份的统计年鉴，数据区间为 2007～2017 年共 11 年的面板数据。数据处理借助 Eviews9.0 软件完成。

（二）回归结果分析

1. 促进就业

采用 2007～2017 年的面板数据，根据之前建立的体系，具体回归结果如表 14 – 10 所示。

表 14 – 10　　　　　　公共教育支出增长率对就业率的回归结果

样本：2007～2017 年			
有效观测值个数：11			
截面变量个数：31			
总观测值个数：341			
变量	系数	标准误	t 统计量	P 值检验
常数项	0.019304	0.010552	1.829446	0.0683
教育财政支出增长率	0.007745	0.001554	4.984010	0.0000
国内生产总值增长率	0.002262	0.000851	2.658466	0.0083
居民消费价格指数	0.000129	0.000104	1.237344	0.2169
固定横截面（虚拟变量）			
R^2	0.898233	被解释变量均值	0.034255
调整后的 R^2	0.876545	被解释变量样本标准差	0.006749
回归标准差	0.003191	赤池信息量	– 8.562873
和方残差	0.003125	施瓦兹准则	– 8.180808
对数似然值	1493.970	汉南—奎因准则	– 8.410652
F 统计量	36.80481	德宾—沃森统计量	0.813355
P 值检验（F 统计量）	0.000000	—	—

资料来源：笔者计算。

$R^2 = 0.898233$，修正的可决系数为 0.876545，这说明模型对样本的拟合很好。F 统计量的值为 36.80481，这说明教育财政支出增长率、GDP 增长率以及居民消费价格指数联合起来确实对"就业率"有显著影响。

2. 促进经济增长

采用 2007～2017 年的面板数据，根据之前建立的体系，具体回归结果如表 14－11 所示。

表 14－11　　　　　　　　公共教育投资对经济增长的回归结果

样本：2007～2017 年			
有效观测值个数：11			
截面变量个数：31			
总观测值个数：341			
变量	系数	标准误	t 统计量	P 值检验
常数项	4.738803	0.781237	6.065768	0.0000
固定资产投资取对数	0.285990	0.072611	3.938655	0.0001
公共教育支出取对数	0.443945	0.064470	6.886075	0.0000
L 从业人员数量取对数	－0.113697	0.120424	－0.944139	0.3458
固定横截面（虚拟变量）			
R^2	0.990270	被解释变量均值	9.077566
调整后的 R^2	0.989224	被解释变量样本标准差	1.640392
回归标准差	0.170283	赤池信息量	－0.608330
和方残差	8.901872	施瓦兹准则	－0.226266
对数似然值	137.7203	汉南—奎因准则	－0.456110
F 统计量	946.8278	德宾—沃森统计量	0.598560
P 值检验（F 统计量）	0.000000	—	—

资料来源：笔者计算。

$R^2 = 0.990270$，修正的可决系数为 0.989224，这说明模型对样本的拟合很好。F 统计量的值为 946.8278，这说明资本形成总额、公共教育支出总额以及从业人员数量联合起来确实对 GDP 有显著影响。

3. 促进收入分配

采用 2007～2017 年的面板数据，根据之前建立的体系，具体回归结果如表 14－12 所示。

表 14 - 12 　　　　　　　　公共教育投资对收入分配的回归结果

样本：2007 ~ 2017 年			
有效观测值个数：11			
截面变量个数：31			
总观测值个数：341			
变量	系数	标准误	t 统计量	P 值检验
常数项	1.315094	0.624911	2.104449	0.0362
国内生产总值	2.18E - 05	5.07E - 06	4.297255	0.0000
居民消费价格指数	0.017746	0.006050	2.933237	0.0036
教育经费支出	- 0.001229	0.000140	- 8.785212	0.0000
固定横截面（虚拟变量）				
R^2	0.859528	被解释变量均值		2.833402
调整后的 R^2	0.844428	被解释变量样本标准差		0.547798
回归标准差	0.216066	赤池信息量		- 0.132088
和方残差	14.33213	施瓦兹准则		0.249976
对数似然值	56.52106	汉南—奎因准则		0.020132
F 统计量	56.92372	德宾—沃森统计量		0.733064
P 值检验（F 统计量）	0.000000	—		—

资料来源：笔者计算。

$R^2 = 0.859528$，修正的可决系数为 0.844428，这说明模型对样本的拟合很好。F 统计量的值为 56.92372，这说明 GDP、居民消费价格指数以及教育财政支出总额联合起来确实对城镇与农村居民的收入分配有显著影响。

（三）社会绩效的比较分析

公共教育经费支出社会绩效的衡量，采用前文给出的四个指标进行综合分析，四个指标都是正向指标，指标值越大，代表公共教育投资的就业绩效、经济绩效和收入分配绩效越好，且社会满意度越高。当指标值超过标准值时，无量纲标准值记为 100，当该指标为负时，无量纲标准值记为 0，根据全国 31 省份 2007 ~ 2017 年共计 11 年的数据，采用前文设定模型，求出全国 31 省份的公共教育支出社会绩效指标情况，具体指数情况如表 14 - 13 所示。

表 14 - 13　　　　全国 31 个省份的公共教育支出社会绩效指标情况

省份	就业绩效指数	经济绩效指数	分配绩效指数	满意度指数
北京	0.67 ***	0.66 ***	0.0001 *	85
上海	0.82 ***	0.82 ***	− 0.0002 *	95
天津	0.59 ***	0.28 **	− 0.0014 ***	80
重庆	0.73 ***	0.34 **	0.0002 *	70
黑龙江	0.33 ***	0.14 ***	0.0001 **	65
吉林	0.36 ***	0.38 **	0.0009 **	60
辽宁	0.49 ***	0.43 *	− 0.0003 **	58
山西	0.61 ***	0.60 *	− 0.0003 *	73
山东	0.85 ***	0.77 ***	− 0.0001 ***	80
江苏	0.75 ***	0.78 *	− 0.0003 *	85
浙江	0.86 ***	0.79 **	− 0.0004 *	90
福建	0.81 ***	0.58 **	− 0.0007 *	88
安徽	0.71 ***	0.45 **	0.0008 **	77
河北	0.70 ***	0.63 ***	0.0004 ***	69
河南	0.60 ***	0.72 ***	− 0.0004 *	52
湖北	0.55 ***	0.36 **	0.0007 **	70
湖南	0.64 ***	0.31 **	0.0003 **	60
广东	0.81 ***	0.67 **	− 0.0005 *	82
广西	0.51 ***	0.73 ***	0.0006 ***	73
四川	0.61 ***	0.43 **	− 0.0002 **	67
海南	0.48 ***	0.28 ***	− 0.0027 ***	65
甘肃	0.60 ***	0.55 **	0.0002 *	64
陕西	0.53 ***	0.22 **	0.0004 **	70
贵州	0.49 ***	0.19 ***	− 0.0021 **	71
云南	0.45 ***	0.09 **	0.0014 ***	68
江西	0.38 ***	0.21 *	− 0.0002 *	70
宁夏	0.44 ***	0.22 **	0.0005 **	74
青海	0.29 ***	0.22 **	− 0.0009 *	84
内蒙古	0.38 ***	0.42 **	− 0.0008 **	70
西藏	0.32 ***	0.13 ***	0.0013 ***	75
新疆	0.36 ***	0.28 **	0.0010 **	70
标准值	1.00	1.00	0.01	100

注：以上结果均借助软件 Eviews9.0 完成。*** 、** 、* 分别表示在1%、5%、10%水平下显著。

资料来源：笔者计算。

对数据进行无量纲处理，具体结果如表 14-14 所示。

表 14-14   全国 31 个省份的公共教育支出社会绩效指数无量纲指标值

省份	就业绩效指数	经济绩效指数	分配绩效指数	满意度指数
北京	67	66	1	85
上海	82	82	0	95
天津	59	28	0	80
重庆	73	34	2	70
黑龙江	33	14	1	65
吉林	36	38	9	60
辽宁	49	34	0	58
山西	61	60	0	73
山东	85	77	0	65
江苏	75	78	0	70
浙江	86	79	0	75
福建	81	58	0	80
安徽	71	45	8	77
河北	70	63	4	69
河南	60	72	0	52
湖北	55	36	7	70
湖南	64	31	3	60
广东	81	67	0	82
广西	51	73	6	73
四川	61	43	0	67
海南	48	28	0	65
甘肃	60	55	2	64
陕西	53	22	4	70
贵州	49	19	0	71
云南	45	9	14	68
江西	38	21	0	70
宁夏	44	22	5	74
青海	29	22	0	84
内蒙古	38	42	0	70
西藏	32	13	13	75
新疆	36	28	10	70
权重	0.2	0.2	0.2	0.4

资料来源：笔者计算。

综合的全国 31 省份社会绩效指数值，具体结果如表 14－15 所示。

表 14－15　　　　　　　　全国 31 个省份的社会绩效指数

省份	社会绩效指数	省份	社会绩效指数
上海	70.80	河南	47.20
浙江	63.00	内蒙古	44.00
广东	62.40	陕西	43.80
北京	60.80	宁夏	43.80
福建	59.80	青海	43.80
江苏	58.60	湖南	43.60
山东	58.40	新疆	42.80
安徽	55.60	贵州	42.00
广西	55.20	西藏	41.60
河北	55.00	海南	41.20
山西	53.40	云南	40.80
重庆	49.80	吉林	40.60
天津	49.40	辽宁	39.80
甘肃	49.00	江西	39.80
四川	47.60	黑龙江	35.60
湖北	47.60		

资料来源：笔者计算。

从表 14－15 结果不难看出，东部沿海省份以及经济发达省份的社会绩效指数明显较高，而中、西部地区指数较小，说明中、西部地区对于教育财政投资的重视程度，还有待于进一步加强。北京作为中国政治经济文化中心，经济发展受更多方面的影响，教育财政投资的经济绩效指数反倒不显。另外，由于北京市民对教育水平有着更高的期望，所以其社会满意度调查指数并不是太高。问题比较严峻的还有东北三省，从国家统计局以及各省份的统计年鉴数据来看，东北三省近几年 GDP 增长率以及公共教育支出增长率均有不同程度的下降，辽宁的财政支出增长率甚至出现了负指标。从投入的绝对规模来看，东北三省也远低于同量级的其他省份。在国家提出"西部大开发""振兴东北"及"中原崛起"等战略的大环境下，中西部省份应该考虑加大公共教育投资，以谋求更好更健康更持续的经济发展道路。

由此可见，山东省公共教育支出的社会绩效指数为 58.40，在全部 31 个省份中排第 7 位，处于上游水平。

四、山东省公共教育支出的综合绩效分析

采用第五章所设计的三阶段 DEA 模型和设定的指标对我国 31 个省份进行系统评价，并比较分析山东省公共教育支出的综合绩效。

（一）第一阶段：超效率 DEA 效率值分析

第一阶段采用超效率 DEA 模型，在不考虑环境因素的影响的情况下，基于投入与产出变量，对 2017 年我国 31 个省份的公共教育投资效率进行分析。从输出结果可知，公共教育投资的效率平均值为 1.2077，各地区公共教育投资效率存在明显差异。其中，北京、江西、河南、广东 4 个省份的效率值为 1，天津、河北、山西、宁夏等 18 个省份的效率值大于 1，内蒙古、江苏、浙江、福建、山东、湖北、四川、陕西、新疆 9 个省份的公共教育投资的效率值小于 1，公共教育投资效率值存在不同程度的改进空间，具体如图 14 - 2 所示。

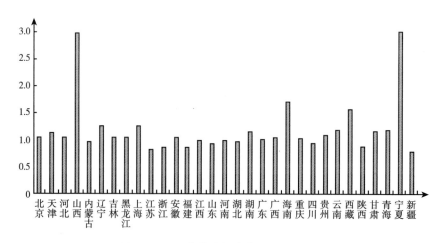

图 14 - 2　公共教育投资第一阶段效率值

资料来源：笔者绘制。

（二）第二阶段：SFA 回归分析

考虑环境变量的影响，SFA 模型用于估计影响效应，系数的估计值得以用来调整各地区的公共教育投入变数，将调整后公共教育投入的变数代入超效率 DEA 模型，并重新测量各省份的公共教育投资效率值。

第一阶段测量的公共教育投资效率并未考虑环境因素的干扰，对于部分地区，不利的环境因素使公共教育投入效率值可能偏低；相反，也有部分地区因有利的环境因素而效率值偏高，使投资绩效的测量和评价结果存在一定程度的不准确性。

本章中的被解释变量为在第一阶段各省份公共教育投入变量的松弛量，解释变量为人均 GDP、居民消费占劳动者报酬比重和人口结构三个环境变量，SFA 回归分析，结果如表 14-16 所示。

表 14-16　　　　　　　　　　SFA 回归结果

自变量 \ 因变量	($salck_1$) 人均教育经费支出	($salck_2$) 教职工数量	($salck_3$) 教育新增固定资产投资
常数项	1172.4453 *** (4.0220)	2.3157 (0.2355)	-33.8141 *** (-33.0236)
人均 GDP	3064.9854 *** (4.7531)	12.6695 ** (2.0857)	245.3144 (213.1512)
居民消费占劳动者报酬比重	-353.5345 (-0.8317)	-2.6064 (-0.4913)	61.5874 *** (19.1244)
人口结构	-4532.6611 *** (-4.9457)	-10.5124 (-1.2878)	-268.2087 *** (-140.5768)
δ^2	302587.35 *** (298219.12)	22.5837 *** (3.9172)	1467.2460 *** (1467.2460)
γ	0.9541 *** (13.1839)	0.9012 (0.6134)	0.9809 *** (60052.595)
对数似然值	-224.7686	-92.3039	-173.459
单侧误差检验	41.1947	58.2012	10.1792

注：***、** 分别表示在 1%、5% 水平下显著。
资料来源：笔者计算。

环境变量对三种投入松弛变量有不同的影响：环境变量（人均 GDP 和居民消费占劳动者报酬比重、人口结构）对人均教育经费支出、教育新增固定资产投资的系数基本能通过显著性检验；环境变量对投入松弛变量教职工数量的影响，只有人均 GDP 对教职工数量的系数可以通过显著性检验；另外两个环境变量对教工数量的系数不能通过显著性检验。

从表 14 – 16 中可以看到，LR 值分别是 41.1947，58.2012 和 10.1792，均大于自由度 3，在 1% 的显著性水平下的临界值为 5.841，拒绝不存在无效率项的原假设，采用随机前沿模型是合理的。投入松弛变量的 γ 值分别是 0.9541，0.9012 和 0.9809，都接近 1，说明各省份公共教育投资效率差异明显，此时的管理因素对各省份公共教育投入冗余的影响占主导地位，有必要运用 SFA 模型对公共教育投入松弛变量中包含的管理因素与相关外部因素进行剥离。

（1）人均 GDP。该变量与人均教育经费支出、教育新增固定资产投资和教职工数量呈显著正相关关系。模型的被解释变量是公共教育投入的松弛变量，当环境因素的回归系数为正时，表示增加环境因素会使决策单元的投入松弛值增加，从而增加决策单元投入冗余或减少产出，不利于效率提高。这说明地区人均 GDP 越高对该地区公共教育投资效率越不利，人均 GDP 较高地区的私立教育发展程度较快，区域内私立教育的发展对该地区公共教育投资效率有一定的制约作用。

（2）居民消费占劳动者报酬比重。负的环境因素回归系数表示环境因素越多，决策单元的投入松弛值会越少，即决策单元投入冗余降低或负产出减少，从而提升效率。居民消费占劳动者报酬比重与人均教育经费支出、教育新增固定资产投资呈显著负相关，即居民消费占劳动者报酬比重越大，人均教育经费支出、教育新增固定资产投资越少。居民消费占劳动者报酬比重和教职工数量呈显著正相关，这说明地区居民消费占劳动者报酬比重越高，该地区的教职工数量越多。

（3）人口结构。该变量与人均教育经费支出、教育新增固定资产投资和教职工数量呈显著负相关，即人口结构越优，那么人均教育经费支出、教育新增固定资产投资越少，教职工数量也越少。

由于以上环境变量对各省份的影响各有不同，以至于各省份面临异质外部环境，这可能导致它们出现不平等的投资绩效排序。因此，要准确考察其公共教育投资效率水平，就必须对原公共教育投入变量进行调整，使所有省份的公共教育面对相同的投资环境与运气后再进行评价。

（三）第三阶段：投入调整后的超效率 DEA

第三阶段排除了环境因素对我国 31 个省份公共教育投资效率评价的影响，这里在超效率 DEA 模型中使用调整后的投入值与原始产出进行分析，得到第三阶段各省份公共教育投资的效率值。从输出结果可知，公共教育投资的第三阶段效率平均值为 1.0615，各地的公共教育投资效率存在明显的差异。其中，北京、江西、河南、广东 4 个省份的效率值为 1；天津、河北、山西、宁夏等 20 个省份的效率值大于 1；江苏、浙江、山东、福建、四川、陕西、新疆 7 个省份的公共教育投资的效率值小于 1，存在不同程度的改进空间。具体效率值如图 14-3 和表 14-17 所示。

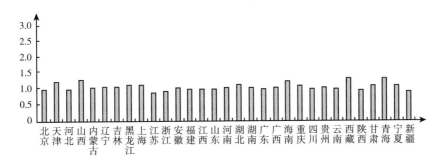

图 14-3 公共教育投资第三阶段效率值

资料来源：笔者绘制。

表 14-17　　　　我国公共教育投资效率值第一阶段和第三阶段对比

省份	第一阶段效率值	第三阶段效率值
北京	1.00	1.00
天津	1.13	1.21 ↑
河北	1.05	1.02 ↓
山西	2.99	1.29 ↓
内蒙古	0.94	1.05 ↑
辽宁	1.26	1.07 ↓
吉林	1.05	1.09 ↑
黑龙江	1.06	1.09 ↑
上海	1.27	1.14 ↓

续表

省份	第一阶段效率值	第三阶段效率值
江苏	0.82	0.88 ↑
浙江	0.87	0.94 ↑
安徽	1.04	1.04
福建	0.86	0.96 ↑
江西	1.00	1.00
山东	0.93	0.96 ↑
河南	1.00	1.00
湖北	0.96	1.12 ↑
湖南	1.16	1.02 ↓
广东	1.00	1.00
广西	1.06	1.01 ↓
海南	1.68	1.24 ↓
重庆	1.02	1.08 ↑
四川	0.93	0.98 ↑
贵州	1.10	1.03 ↓
云南	1.19	1.04 ↓
西藏	1.59	1.34 ↓
陕西	0.86	0.94 ↑
甘肃	1.18	1.06 ↓
青海	1.20	1.32 ↑
宁夏	3.47	1.09 ↓
新疆	0.78	0.90 ↑

资料来源：笔者计算。

由第一阶段和第三阶段效率值的变化可知，第一阶段公共教育投资效率的平均值为1.2077，第二阶段剔除环境因素和统计噪声，第三阶段公共教育投资效率的平均值为1.0615，公共教育投资效率全国平均值变动了12.1057%。剔除了第一阶段测算的公共教育投入效率并未考虑环境因素的干扰。对于14个省份——吉林、天津、江苏、浙江、黑龙江、福建、山东、重庆、湖北、四川、陕西、青海、内蒙古、新疆，因环境因素不利而导致公共教育投入效率值偏低，剔除环境因素和统计噪声后，其效率值较第一阶段有所上升。也有12个省份——上海、甘肃、贵州、辽宁、河北、山西、湖南、海南、云南、西藏、广西、宁夏，由于环境因素有利而导致公共教育投入效率值偏高，因此，经过了第二阶段剔除环境因素和统计噪声，第三阶段其效率值有所下降。有 5 个省份，第一阶段和第三阶段效率值不变，其中北京、江西、河南、广东的公共教育投资效率值为 1，安徽的公共教育投资效率值为 1.04。

而其中山东的效率值仅为 0.93（第一阶段）和 0.96（第三阶段），均小于 1，排名也比较靠后，说明山东的公共教育支出综合绩效偏低。

第四节　研究结论

一、山东省公共教育支出总量虽然不断攀升，但是生均经费偏低

作为我国经济大省，山东的公共教育支出总量常年排在全国前列。21 世纪以来，山东的公共教育支出从 2000 年的 158.95 亿元增长至 2017 年的 1347.76 亿元，增长了 7.5 倍，且近几年一直居全国第三位，仅次于江苏和广东，就公共教育经费支出占当地财政支出的比例来看，该指标在 2016 年和 2017 年分别为 21.42% 和 21.38%，居全国首位，可见，山东十分重视教育工作，投入巨大。但是近年来，山东公共教育支出的增长率逐年下滑，2017 年该指标仅为 3.9%，远低于全国平均水平（7.4%）。

虽然山东的公共教育支出占总财政支出的比重较高，2003～2007 年五年均值为 20.61%，居全国首位，但是从公共教育支出占当地生产总值的比重来看，山东的该指标近几年一直徘徊在 2%～3%，远低于全国平均水平；2017 年该指标为 2.73%，排名全国倒数第 3。从全国层面看，该指标已经连续六年超过 4%，由此可见，山东的教育经费占国内生产总值的比例长期严重偏低，有较大的增长潜力。

从生均教育支出来看，2005 年，山东生均教育经费支出约为 1732 元，位于中游水平（排名为 15/31），但与北京、上海等发达地区差别较大，生均公共教育经费支出仅为上海（9248 元）的五分之一；经过十几年的发展，2017 年，山东生均支出增长至 12709 元，虽增长幅度较大，但仍处于全国中下游水平，排名更加靠后，省域单位排名为 22/31。因此，可以看出山东的公共教育经费支出偏

低，需进一步提升。

从生均经费的增长速度来看，2005~2017 年，年均增速为 18.93%，相比于其他省份增速较为缓慢（排名为 25/31），虽增速高于北京、上海等发达地区，但由于发达地区生均教育支出基数大，生均总经费的差距越来越大。由于西部和中部地区生均教育支出增速较快，山东生均教育支出也开始低于部分西部和中部省份，如西藏、青海、新疆、内蒙古等。

二、规模绩效在全国处于中游水平

虽然从生均经费和教育投入占 GDP 比重来看，山东的排名比较靠后，但是通过选择公共教育经费占地区财政支出的比重和占地区 GDP 的比重、公共教育支出增长率、公共教育支出与地区财政支出和 GDP 的弹性系数五大指标进行规模绩效分析与计量，可以发现山东的公共教育支出的规模绩效在全国处于中游水平，具体绩效指数为 74.86，在全国 31 个省份排名第 15 位，处于中游水平。

三、经济绩效偏低：基于生产函数模型的计量分析

通过对我国 31 个省份 2000~2017 年的相关数据进行回归分析，并比较山东与其他地区的经济绩效指数可以看出，山东公共教育支出的经济绩效指数为 0.224，且在 1% 水平下显著，在全国排名第 25 位，而我国经济绩效指数较高的地区，如北京、浙江、辽宁和陕西，其当地教育支出经济绩效指数均在 0.6 以上，说明山东的教育投入对经济增长的推动作用较低，且与我国其他地区相比还存在很大的差距。总体来看，山东的教育投入对当地经济增长的推动稍显乏力，在我国处于较为落后的水平。未来在相关政策的制定方面，除了继续稳步增加教育投入量外，还应该重点关注教育绩效评价体系的建立以及教育产业结构的调整，建立有效的教育绩效评价体系可以更好地了解当地教育资金的使用情况，发现当地教育资金在使用方面的优势和不足，及时发现问题，进而减少当地教育体系缺陷所带来的损失，以提高教育资金的使用效率，弥补当地生均教育资源较低的缺点，增强教育资金对当地经济的推动作用，加强两者之间的联系，进而促进两者之间相互推动的作用。

四、社会绩效处于领先水平：基于促进就业，经济增长、收入分配的计量分析

社会绩效包括促进就业、经济增长以及收入分配。就业率是对促进就业最直接的考量；GDP 情况一直以来都是我国经济发展水平的衡量指标；对于收入分配，由于我国城乡居民收入差异较大，且其他指标不易获取，故选择城镇居民人均可支配收入与农村居民人均可支配收入的比值作为衡量收入分配绩效的变量。通过对 31 个省份 2007 ~ 2017 年的面板数据，建立回归模型进行检验，并加上问卷调查的社会满意度指标进行综合计量，可得山东公共教育支出的社会绩效指数为 58.40，排在上海、浙江、广东、北京、福建和江苏之后，位居第 7 位，在全国处于领先地位，从分指数来看，山东公共教育支出在促进就业方面表现较好，但在促进经济增长和缩小收入分配方面需要进一步提升。

五、综合绩效偏低：基于三阶段 DEA 模型的计量分析

在评价公共教育支出综合绩效时，本章选取了学生人数、学校数量、地区师生比和地区学历结构四项产出指标和人均公共教育支出、教职工数量、新增教育固定资产投资三项投入指标，以及人均 GDP、居民消费占劳动者报酬比重和人口结构（城镇居民人口比重）三项环境指标，采用 DEA 模型进行综合绩效分析，并通过选取的三项环境指标，进一步处理消除了环境因素所造成的偏差。

第一阶段采用超效率 DEA 模型，在不考虑环境因素的影响的情况下，基于投入与产出变量，对 2017 年我国 31 个省份的公共教育投资效率进行分析。从输出结果来看，公共教育投资的效率平均值为 1.2077，各地区公共教育投资效率存在明显差异。其中，北京、江西、河南、广东 4 个省份的效率值为 1，天津、河北、山西、宁夏等 18 个省份的效率值大于 1，内蒙古、江苏、浙江、福建、山东、湖北、四川、陕西、新疆 9 个省份的公共教育投资的效率值小于 1，公共教育投资效率值存在不同程度的改进空间。山东教育支出的综合效率值仅为 0.93，明显偏低，在全部 31 个省份中排名第 25 位。

第三阶段排除了环境因素对我国 31 个省份公共教育投资效率评价的影响，这里在超效率 DEA 模型中使用调整后的投入值与原始产出进行分析，得到第三

阶段各省份公共教育投资的效率值。从输出结果来看，公共教育投资的第三阶段效率平均值为 1.0615，各地区公共教育投资效率存在明显的差异。其中北京、江西、河南、广东 4 个省份的效率值为 1，天津、河北、山西、宁夏等 20 个省份的效率值大于 1，江苏、浙江、山东、福建、四川、陕西、新疆 7 个省份的公共教育投资的效率值小于 1，存在不同程度的改进空间。其中，山东的效率值为 0.96，依然小于 1，排名与福建并列第 27 位，比较靠后。可见山东的公共教育投资绩效在全国处于较低的地位，需要进一步采取相应的措施，提升公共教育支出的绩效。

综上可知，山东的公共教育支出绝对规模可观，但相对规模并不理想，生均教育经费在全国处于落后地位，因此其公共教育支出的规模绩效在全国仅处于中游水平。但其经济绩效明显偏低，社会绩效虽然相对领先，但主要体现在促进就业方面，对缩小收入差距等收入分配的影响几乎不存在，因此导致其最后的综合绩效相对落后，故山东必须加强公共教育支出管理，以提升支出绩效，把公共教育资金用到实处。

第五节　山东省提高公共教育支出绩效的对策建议

近年来，山东的教育财务工作紧紧围绕教育改革发展大局，创新管理理念，优化工作机制，坚持以促进发展为主线，以制度建设为保障，以推动均衡为目标，不断提高教育经费投入管理使用工作的科学化、制度化、规范化水平，成效显著。但是公共教育经费支出和运行过程中，规模适度和结构合理等方面不可能一直处于理想状态，公共教育经费管理也会存在这样和那样的问题，而且教育问题牵涉几乎所有家庭，所谓众口难调，办让群众满意的教育面临诸多问题。通过和全国省域单位的比较研究可以发现，无论是规模绩效，还是经济绩效，以及最后的综合绩效，山东省都不十分理想，如和全国大部分省份比都有较大差距，生均教育经费偏低，严重影响了山东素质教育的开展；升学压力较大，迫使以应试教育为主，也严重影响了对教育事业的社会满意度。因此，山东必须加强对教育经费支出的管理，增规模、调结构、强管理、重绩效，不断学习先进经验，做好以下几点。

一、合理控制和提高公共教育经费规模

（一）稳步提高公共教育经费的总体规模

教育经费是教育事业发展不可或缺的物质基础，教育事业的发展离不开公共财政经费的支持。教育经费的筹措应坚持以政府投入为主、其他多种渠道共同筹措的原则。政府对教育的投入是具有基础性、保障性的投入，是支撑经济社会长远发展必要的投入，具有战略性和长远性，必须予以保障。公共教育经费是整个教育经费中最主要的部分。公共财政对保障教育事业发展负有不可推卸的职责。因此，随着山东经济社会发展和财力水平的不断提高，在努力做大做强财政总收入的基础上，必须继续稳步提高公共教育经费的总体规模，稳定财政教育经费在教育经费中的主体地位。只有继续稳步提高山东公共教育经费的总体规模，才能为山东教育事业的发展提供源源不断的财力保障。因此山东必须进一步做大做强经济，保证一定的财税收入，为山东公共教育经费的支出提供相应的财力保障。

（二）稳定提高山东公共教育经费占全省 GDP 和全国公共教育经费的相对规模

虽然近几年以来山东公共教育经费占全省 GDP 和全国公共教育经费的比重逐年增长，占财政支出的比重也一直领先于全国平均水平，但教育经费占 GDP 的比重一直比较落后，公共教育经费的规模绩效并不理想。因此山东公共教育经费的支出还有较大的潜力。从绝对额和经济实力来看，山东公共教育经费还是相对较小，财政对教育事业的保障力度也相对不足。从教育事业的发展情况来看，也仅处于中等水平，与发达地区相比，还有较大的差距。因此，山东必须更加重视发展教育事业，加大对教育事业的财政经费投入，首先是要保持山东公共教育经费占全国公共教育经费相对规模的稳定，以此保障教育事业的发展。在此基础上，还应该尽可能提高山东省公共教育经费占全省 GDP 和全国公共教育经费的相对规模，不断加大教育投入力度，支持山东省教育事业的发展，积极赶超先进，逐步缩小与发达城市和地区的差距。

（三）保障公共教育经费增长不低于财政总支出和 GDP 的增长幅度

2013 年 11 月 12 日中国共产党第十八届中央委员会第三次全体会议通过的

《中共中央关于全面深化改革若干重大问题的决定》，在深化财税体制改革、改进预算管理制度有关内容中，提出了"清理规范重点支出同财政收支增幅或生产总值挂钩事项，一般不采取挂钩方式"的有关要求。这就意味着今后"三个增长"将被清理规范。但清理规范教育三个法定增长，并不是意味着政府不再重视教育事业，更不意味着要削弱财政经费对教育事业的保障。相反，教育是公益性事业，对教育的投入必然将继续作为财政经费投入的重点领域予以保障。同时，因为教育的公益性和基础性，财政经费对教育的投入不应低于其他社会事业方面，也不应低于经济社会的总体发展水平。因此，即便今后修订了《中华人民共和国教育法》，对教育三个法定增长进行清理规范，但财政还是要继续加大教育经费投入：一是要保障公共教育经费增长幅度不低于财政总支出的增长幅度。政府必须继续履行对教育事业投入的职责，且对教育事业的保障力度不弱于与其他社会事业；二是要保障公共教育经费增长幅度不低于地区生产总值（GDP）的增长幅度，对教育的财政经费投入，必须与经济社会发展同步，用于教育事业的社会资源要予以重点保障，否则，就意味着对教育经费的投入相对减少，教育事业的发展也将受到影响。山东必须积极响应各级政府的号召，加大教育经费的投入幅度，保证公共教育经费支出增幅快于财政支出和 GDP 的增幅，逐步扩大教育支出规模，保障教育事业又快又好的发展。

（四）探索建立多种渠道共同筹措教育经费的长效机制

教育事业的快速发展，必然需要大量的教育经费投入。无论是从教育事业发展的自身规律来看，还是从山东省财政的实际情况来考虑，社会资金是教育经费不可或缺的组成部分，是公共教育经费的必要补充。因此，在大力增加公共教育经费投入，保障财政经费投入主体地位的同时，必须充分调动社会各方面的积极性，可以按照积极鼓励、大力支持、加强引导、依法依规管理的原则，完善财政、税收、金融、土地等优惠政策和奖励表彰等多种形式，促进社会各方面共同关心和参与支持教育事业发展。要扩大社会资源、资本进入教育领域的途径，通过鼓励捐资助学、引导和规范社会力量办学、促进民办教育发展、非义务教育阶段受教育者合理分担教育培养成本等多种渠道共同筹措教育经费，并逐步建立切实可行的长效机制，切实将对教育的经费投入保障落实到位。近年来，山东通过争取各级财政支持、内部挖潜、外部拆借、吸收社会资金等方式，逐步建立了多方筹措教育资金机制，但亟待进一步完善和提升。众所周知，山东地处东部，经济发达、学生数量多，能够对教育投资形成一定的吸引力，因此，教育领域应转变思路，积极响应政府"招商引资和招财引智"的号召，实行"智资双引"，这是对公共教育支出的有效补充，将有助于提高山东教育支出的规模效益、结构效益和社会效益。

二、积极优化公共教育经费支出结构

（一）"软硬兼施"，适当加大对软件部分的公共教育经费投入

硬件是发展教育事业的必要基础，软件是提高办学水平的关键。教育事业要发展，基本的教育教学条件必须保障，教育教学质量水平更不能忽视，也就是说需要"软硬兼施"，硬件、软件两方面都要抓。山东的教育教学质量总体水平较高，硬件建设在不断提高，但是在教学硬件不断改善的同时，教育管理和教师队伍素质和能力上有所欠缺。要改变这一现状，就必须在注重提高教育事业硬件建设的同时，进一步提高对软件建设的重视程度与投入力度：一是加强对教育管理队伍的建设，加快培训和引进人才，倡导优良风俗，培养"优秀校长"等高水平教育管理人才，提高教育管理团队的业务素质和能力；二是通过培训、差别薪资待遇、教学比赛等手段提高教师队伍的业务素质和工作热情，不断提高山东教育方面的软实力，为素质教育的提升打好基础。

（二）逐步提高各类学校生均公共教育经费基本保障标准

在逐步加大公共教育经费支出的基础上，要进一步明确并强化政府提供公共教育服务的职责，研究完善公共教育经费投入机制，根据各类学校办学条件基本标准，结合教育教学的实际需要，制定出台各类学校生均公共教育经费基本保障标准，并根据经济社会发展水平和财力壮大的速度逐步提高，以保障学校办学经费的稳定来源和增长。除了不断提高生均公共教育经费基本保障标准之外，在执行过程中也要注意精准操作，不断优化调整和提高管理制度，提高针对性。如职业教育的布局还不够合理，办学质量还需要进一步提高，办学条件较为薄弱等，政府必须通过调整优化财政支出结构、加强规划、制定标准等措施，加大对职业教育的投入。

（三）更加重视教育公平，尤其是对农村教育事业的财政经费投入

目前，从山东教育事业发展的总体情况来看，城市教育事业发展优于农村教育事业发展，农村学校的教育设施、教育管理，特别是教育质量和师资队伍建设等方面，与城市学校相比差距明显，城乡之间教育资源配置不均衡。投入失衡仍然是影响和制约城乡教育均衡的主要问题之一。教育公平是最大的公平，是社会公平的基础。实现教育公平，让每个人都享受到均等的教育机会，才能使受教育的人形成公平的意识，在社会生活中行使公平的行为，而社会弱势群体接受教育，能拥有改变自身生存状态和命运的能力。因此，对教育的财政经费投入政策，应当更加注重促进教育公平，更加重视对农村教育事业的财政经费投入，合理安排教育资源，加大对农村薄弱学校的扶持力度，逐步缩小城乡差距。

此外，还应重视区域差异。总体而言，山东中西部地区经济实力弱，财政能力有限，对教育的支持力度不够，在省级公共教育经费支持方面应有所倾斜。

（四）更加重视对高中阶段的财政经费投入

高中教育阶段是义务教育和高等教育的纽带，是建立和完善与社会主义市场经济体制相适应的现代教育体系中承上启下的关键阶段。加快发展高中阶段教育，既能提升基础教育水平，又有利于为高校输送高素质的生源。如果高中教育出现资源不足的情况，必将在一定程度影响教育事业的整体协调发展。针对山东中考普高升学率偏低，高中阶段公共教育经费投入略有不足的问题，根据调研来看，群众对普高升学率和高中阶段的教学质量不太满意，焦虑情况严重。今后，山东要更加重视高中阶段的发展，对其经费投入需与其他阶段教育经费投入同步，并相互协调、彼此衔接，采取有效措施，综合施策，稳定高中阶段教育办学规模，扩建高中学校，提高高中办学能力和质量，满足群众对高中教育数量和质量方面的诉求。

三、全面提高公共教育经费社会绩效

（一）加大对培养学生能力方面的公共教育经费投入

教育的根本目的在于通过有目的、有计划、有组织的教育教学活动，对受教

育者的身心施加影响，把他们培养成为经济社会发展所需要的人才。培养人才的核心在于立德树人，终极目标是促进学生的全面发展。公共教育经费的投入是为了履行政府职责，支持教育事业发展，从根本上讲，就是为了教育培养出适应社会发展并促进社会发展的优秀人才。因此，公共教育经费的安排和使用，应以培养学生能力为指挥棒，发挥财政资金作用，支持、推进、引导教育事业的改革与发展，促进学生全面发展、个性发展：一是要着力增强学生社会责任感、时代使命感；二是要重点培养学生创新创业精神、实践能力；三是要完善对学生课业、学习效率、能力培养等方面进行综合评价的体系；四是要进一步加强学校体育，增强青少年体质；五是要加强艺术教育，提高学生审美能力和人文素养。做好上述工作自然重要，但是知识学习方面也必须十分重视，对于初、高中的学生，升学依然是其最重要的任务。如何把有效的经费，用到培养学生全面发展上来？这就要求山东教育系统做好资金配置管理，根据学生的性质和特点合理分配公共教育经费。

（二）加大对壮大师资队伍，提高教师素质等方面的公共教育经费投入

教育事业的发展，学生能力的培养，归根结底离不开教师的教学。群众对教育的满意度诉求也更多体现在对教师素质和能力的要求上，因此，公共教育经费的投入和使用，应当为提高师资水平服务，进而提高教育支出的社会绩效。

第一，应当注重进一步壮大师资队伍，配备足够的教师。要下大力气支持办好师范教育，采取免费培养、定向培养、委托培养、设立奖学金、助学金、代偿学费等方式和措施，吸引和鼓励优秀人才进入各级各类师范院校学习，毕业后进入教师岗位从教。扩大农村"特岗教师"计划、"三支一扶"支教等政策的实施范围，增加招聘名额，有效补充师资数量。采用走教、巡回支教等创新方式，解决基础教育中音体美教师缺乏等问题；采取特聘兼职教师、企业师傅传帮带、专任教师到企业实习等方式，为各级各类学校增加既能胜任理论教学，又能指导学生实践的教师，做到真正夯实教师队伍。

第二，要提高教师地位，保障教师待遇。要加大公共教育经费投入，下大力气改善教师的工作条件和生活条件，依法保障教师的合法权益和工资待遇，加大力度保障和提高教师的社会地位，增加教师岗位的吸引力。在保障"教师的平均工资水平应当不低于或者高于国家公务员的平均工资水平，并逐步提高"的基础上，继续安排专项资金，对诸如落后和农村地区教师发放特殊津贴，引导和鼓励教师到偏远地区从教；加大改善教师周转住宿条件的力度，保障教师从教的基本条件。

第三，应当提高专任教师的比重。对各级各类学校教师任教设定一定的条件，确保专任教师数量。探索改革完善对学校公共教育经费投入机制，采取对专任教师比例高的学校，在安排公共教育经费时给予倾斜，对专任教师比例低的学校，限期改善，否则减少公共教育经费等奖惩机制，促进各级各类学校提高专任教师的比例。

第四，应当加大对教师的培训，不断提高教师素质和教学能力。支持教育主管部门根据不同阶段教育教师的职业特点，优化培训课程内容设计，采取分批次集中轮训、短期培训，与师范类学生顶岗实习相置换的进修培训，利用互联网开展网络教育、在线培训等多种形式，灵活开展教师培训，增强教师业务素质、法律意识、心理健康等相关知识储备，提高教师能力。

（三）促进提高公共教育经费对经济发展和社会公平的贡献率

经济的发展，离不开教育事业的发展。今天的教育就是明天的生产力。教育质量的高低直接关系到经济社会是否可以实现可持续发展。没有教育的大发展，就不会有国民素质的提高、人力资源的开发和科学技术的进步，经济社会也不可能得到健康、持续和快速发展。

山东教育支出的经济绩效较低，说明教育投入转化为生产力的机制等还需要不断完善，公共教育经费的安排使用要更加注重促进教育领域综合改革，加强教育人才培养的针对性，应对山东经济发展、增长方式转变、产业升级和结构调整的需求，以进一步提高学生的工作能力、职业转换能力和创业能力，做到以服务经济社会发展能力为目标，开展教育教学。

同时，山东公共教育经费的投入以及安排使用应当更加关注受教育机会的均等，且教育教学活动的内容也应当更加注重加强对受教育者的基本能力的提升培养，强化公平、正义、科学、法制等意识的教育和培养；减少愚昧、迷信、贫困、犯罪、不平等、不公正等现象，进而促进社会公平。

（四）投入资金建立家长学校，缓解家长焦虑情绪

通过调研发现，山东的初、高中家长由于升学的压力，普遍存在焦虑过度的情况，过度焦虑的情绪必然会影响到亲子关系、教师与家长关系、师生关系以及

家校关系，使得家长对初、高等教育的满意度不高，所以建议投入资金，支持初、高中学校建立相应的家长学校，做好家长教育和心理按摩，对家长过度的焦虑情绪进行辅导、引导和缓释，让家长认识到教育是一项长远的终身工作，更让家长认识到孩子的差异，从自身孩子的能力和特点出发，设定合理的教育期望，制订合理的教育方案。

四、优化制度体系，以支持教育经费支出和教育事业发展的需要

山东应以制度建设为保障，规范高效使用教育资金。建立完善公共教育投入机制。严格落实、合理划分市本级与区市政府教育支出责任，健全各级教育预算拨款制度和投入机制。2016年，鲁政发〔2016〕1号文件——《山东省人民政府关于贯彻国发〔2015〕67号文件进一步完善城乡义务教育经费保障机制的通知》明确指出，实施城乡统一的义务教育免除学杂费、生均公用经费标准、免费提供教科书、免费提供作业本等政策。此外，应积极建立吸引社会资本投入教育机制。例如作为山东的龙头城市，青岛市已出台《青岛市教育局非营利性民办中小学校出资人奖励办法》《积极支持民间资本进入教育领域促进民办教育健康发展办法》，综合运用政府购买服务、贴息、奖励等多种方式，强化多项举措支持民间资本进入教育领域，激发社会资本参与办学热情。自2016年起，青岛市已经给予民办义务教育学校与公办学校同等的生均公用经费政策和教师养老保险待遇，给予民办学校新建项目贷款贴息补助。建立教育经费监督管理机制。修订完善《教育专项资金管理暂行办法》，根据具体项目制定25个子办法，明确规范立项、分配等8个步骤15个环节，确保专项资金科学管理、公开透明；制定专项资金监管细则，强化全过程监管，切实提高教育资金使用效益；推进教育经费监管平台建设，加强数据动态分析，实现资源协同共享，提升信息化水平。青岛市的一些新思路和新办法，可以在全省进行推广和学习。

在教育财务管理方面，应积极做好"六个规范"：一是规范财务管理体制。学校财务管理实行校长负责制，划定审批权限，违规追责。二是规范财务队伍建设，定期做到财务人员轮岗和业务培训等。三是规范资金管理。健全预算管理制度，建立规范的经费审核报销程序，建立健全内部控制制度、经济责任制度等监督制度，依法公开财务信息，自觉接受监督。四是规范采购管理，通过开放直属单位政府采购端口、制定政府采购实施细则、绘制采购工作流程图和举办不同形

式的采购业务培训班等方式，保证采购工作健康、有序、高效地运行，保障所需货物服务及时高效地配置到位。五是规范资产管理。健全资产台账，做到账账相符、账卡相符、账实相符，成立资产报废审核小组，对学校要报废的资产进行现场勘查，避免国有资产流失。六是规范绩效评价和监督检查。借助第三方机构，开展经费审计及绩效评价等工作，强化绩效评价结果运用，定期组织教育经费专项检查，及时督促整改，对发现的问题和薄弱环节及时整改完善，防患于未然，提升教育系统财务管理整体水平，促进教育事业健康持续发展。

第十五章　总　　论

本书去掉绪论和总论，共有十三章，第二～五章为基础篇，主要是理论、文献、方法和现状研究；第六～十一章为实证篇，选择了不同的切入点进行了实证研究，基于区域差异视角，研究我国公共教育支出的具体绩效问题，即公共教育支出在经济发展和社会进步等方面的重要贡献；第十二～十四章为专题篇，主要是高等教育经费支出专题和区域专题。本章通过前文的系统研究，概括性地总结基本结论，并据此提出相应的政策建议，最后是对本书的研究不足进行总结，并提出未来研究展望，以供参考和思考。

第一节　内容综述

一、基础篇

基础篇主要是理论基础、文献基础、现状研究和绩效评价体系构建。第二章是理论基础研究，主要围绕与"公共教育支出绩效及其区域差异"紧密相关的教育经济理论、公共物品与公共财政理论、区域经济理论和人力资本理论进行了系统分析；第三章是文献基础研究，主要从公共教育支出的区域不均衡、绩效管理与评价、绩效溢出、合理规模和结构等角度进行了文献综述分析，以为后文研究奠定文献基础；第四章是现状分析，主要对我国公共教育支出的非均衡态势进行了分析评价；第五章是绩效评价体系构建，分别从规模绩效、结构绩效、社会绩效、经济绩效、综合绩效等多个层面进行了绩效评价体系构建和验证。

二、实证篇

实证篇主要是基于前文的基础研究，从不同的切入点进行实证分析。第六章是经济绩效的实证分析，从我国 31 个省份区域差异视角出发，系统分析了公共教育支出对经济增长的影响情况；第七章和第八章主要从公共教育支出对人力资本的影响出发，基于中介效应等实证模型研究公共教育支出在为地方人力资本发展做贡献的同时，如何影响地方经济发展和居民收入的提升；第九章和第十章主要围绕公共教育支出绩效溢出问题进行实证研究，基于空间计量模型，从人口流动和知识溢出等角度研究我国公共教育支出绩效的空间溢出问题和治理措施；第十一章主要是基于前文研究，运用计量模型，着重分析我国公共教育支出的空间异质性和区域投入的合理性问题。本篇基于多种计量模型的实证分析，主要是从不同角度深入分析公共教育支出的绩效问题。

三、专题篇

公共教育支出绩效问题研究可以分层级和区域进一步开展，本书主要从高等教育和区域两个方面进行了专题研究。第十二章主要从经济高质量发展视角研究了高等教育资源的配置效率问题；第十三章主要研究高等教育支出对科技创新和制造业高质量发展的影响问题；第十四章是区域专题，基于笔者已有资料，对山东公共教育支出的绩效问题进行了系统评价，并提出了相应的对策建议，同时验证了基础篇第五章所构建的评价模型。

第二节　基本结论

一、教育投入的战略重要性

几年来，科研团队围绕教育经济问题进行了系统研究，随着研究的不断深入，愈加认识到教育的重要性。教育是培养人的工作，而现代社会以人为本，任何一个地区的发展，首当其冲的就是人才的积聚，无论是科技的进步，还是经济的发展，都要依托人才，人才已经是区域生产力发展的核心要素。因此，我国各地区和城市纷纷制定了人才战略，积极进行招才引智，人才的重要性引致了教育的重要性，除了引进，地方人才的培养、人口素质的提升都需要做好教育工作，而开展教育工作需要合理的教育投入和规范投入绩效管理。这些都体现了做好教育投资管理的重要性。

二、公共教育支出绩效管理的迫切性与重要性

目前，一方面是各级政府财政压力逐年加大，对财政资金的使用要求不断提高，从中央到地方都非常重视公共财政资金的绩效管理工作；另一方面我国公共教育支出绩效确实存在一些问题，如对山东的研究就发现，作为东部省份，山东的教育经费绩效明显偏低，投入产出不成正比，说明在资金使用等方面存在不少问题，加上我国幅员辽阔，各地区基础条件差别很大，公共教育支出绩效管理是一项复杂的系统工程，如果做不好公共教育支出绩效的系统管理工作，将会影响教育经费的投入，不利于我国的长远发展，甚至会加大区域发展的不平衡。因此，各级政府努力做好公共教育支出绩效的管理工作，显得非常迫切与重要。作为科研工作者，做好基础研究工作，为公共教育支出绩效管理提供理论支持和现实指导就显得比较有意义。

三、公共教育支出区域差异和绩效溢出的客观存在

鉴于我国各地区基础条件差异较大，本书从始至终基于区域差异视角分析问题，从不同角度分析了公共教育支出的空间异质性，以及绩效空间溢出和溢入问题。公共教育经费，尤其是义务教育阶段的教育经费投入和地方经济发展密切相关，公共高等教育经费、中央转移支付差别较大，在中央和地方实施教育经费管理决策时，必须客观认识到公共教育支出区域差异和绩效溢出问题，在此基础上放弃路径依赖，分析地方背景特点，有的放矢地研究决策，进行不断的优化和改进。例如对于公共教育支出绩效溢出较大的地区，中央政府要考虑通过转移支付进行补偿，地方政府要组建专家队伍，分析人才外流和知识溢出的原因，基于公共教育支出区域差异和绩效溢出的基本现实，采取切实有效的手段去解决问题。

四、人力资本的重要地位

新经济增长理论的发展更加突出了人力资本的重要性，各种实证分析结果更是验证了人力资本是经济增长的重要引擎。现代社会与经济发展需求赋予了人力资本在区域经济发展中的核心地位，是地方经济发展的核心要素，近年来，我国各省份都认识到了人力资本的重要性，纷纷出台人才引进政策，招才引智，抢人大战愈演愈烈。人力资本是知识和技术的载体，而教育是培养人的工作，教育机构是人力资本的主要培育提供主体。本书研究发现，教育发达的省份往往人力资本底蕴深厚，在经济发展中就会抢占先机，而抢人大战的愈演愈烈，导致公共教育支出绩效溢出效应不断加大，在这种现实背景下，做好公共教育经费管理，合理配置教育经费，并做好人才引进和培养工作已经成为我国各省份非常重要的战略问题。

五、需要各级政府和教育部门协同做好绩效管理工作

公共教育支出绩效管理工作是一个复杂的系统工程，不仅需要中央政府运用转移支付等手段进行宏观调控，更需要地方政府统筹规划，在资金分配使用方面发挥好决策和监督等职能，而各级各类学校是教育经费的具体使用单位，他们在提升教育投入绩效方面更是发挥了直接作用。总体来看，公共教育支出绩效管理工作牵涉的主体较多，管理部门和业务部门的决策都非常重要，工作的系统性和复杂性要求各级政府和教育部门协同做好此项工作，而本书的研究成果能够为做好此项工作提供相应的理论支撑和现实指导。

第三节　总体策略

一、客观认识我国公共教育支出的区域异质性

我国是一个区域发展不平衡的发展中大国，东西和南北差距非常大，"西部大开发"和"中部崛起"战略并未能使得区域发展不均衡的态势得到根本性改

变。各省份经济发展水平、人力资本情况、教师与学生素质、初中高等教育发展情况等背景条件因素差别非常大，提升公共教育支出绩效管理需要基于这些条件，采取不同的策略，如不同的经济发展阶段，在初等、中等、高等教育的投资侧重点是不同的。所以在进行公共教育支出绩效管理前，要求中央和地方政府必须充分认识到这些条件的异质性，只有充分了解这些条件及其对公共教育支出绩效的影响，才能够做好科学决策，根据地方发展需要进行公共教育经费管理。因此，实施公共教育支出管理的第一步就是客观认识我国公共教育支出的区域异质性，并以此为基础采取进一步的行动。

二、多策并举，切实提高公共教育支出绩效

公共教育支出绩效管理工作不仅是一项复杂的系统工程，而且是一项需要长期关注并持续付出努力的工作，加诸参与主体十分复杂，需要从中央到地方的财政部门、教育管理部门和教育业务部门多措并举，共同努力。考虑到我国公共教育支出绩效存在的问题，需要各级部门在调研和问题分析的基础上，宏中微观相结合，做出决策并采取行动，在考虑各项因素的基础上，关注社会绩效的重要性，避免片面强调经济绩效，以综合绩效为导向，多措并举，切实提高我国各区域的公共教育支出绩效。

三、中央层面考虑区域差异和绩效溢出溢入问题，服务区域均衡发展战略

为了实施区域均衡发展策略，中央层面出于公平考虑，应该重点关注公共教育支出绩效的区域差异及溢出和溢入问题。一是客观定期评价各地区公共教育支出绩效的溢出溢入大小，并关注走势变化；二是根据绩效溢出情况，实施转移支付，对教育投资溢出较大的地区进行合理补偿，每年的补偿额度应该与溢出大小挂钩；三是中央层面应积极引导绩效溢入地区和绩效溢出地区进行结对帮扶，围绕公共教育支出绩效区域差异和绩效溢出溢入问题，做好宏观层面的调控安排，以平衡教育经费和人力资本资源，做好地方教育工作均衡发展，以服务国家层面区域均衡发展战略。

四、地方政府要重视区域差异，找准问题，有的放矢

地方政府是地方教育事业和经济发展的主体，需要不断提升政务管理和服务能力，以做好教育经费管理工作，提升教育经费支出绩效。一是充分调查研究自身在提升教育经费支出绩效方面的优势和劣势，找准重点，做好教育支出分配管理，如西部省份可以重点发展基础教育，同时考虑人才需求，做好人力资源管理工作，根据自身发展需要，向中央政府提出合理诉求；二是积极学习，但不能盲目照搬发达和先进地区的经验，围绕提升绩效，结合自身条件，不断优化教育支出规模和机构，兼顾经济、社会绩效和教育公平，在找准问题的基础上，有的放矢，能够做到不断提升地方的公共教育支出绩效。

五、各级政府进一步重视人力资本管理工作，夯实发展基础

本书多处强调了人力资本对区域发展的重要性，人才外流和知识外溢问题是各级政府都需要充分重视的问题。例如中央层面应重点关注如何把高精尖特等人才留在我国，防止人才外流，在世界范围内做好招才引智，在引进人才、培养人才和留住人才方面下功夫。而地方政府考虑区域竞争，主要是为本地区发展需要做好人力资本管理工作，人力资本是地区经济发展的基础，人往高处走，人才外流带动了教育支出绩效的外溢，各溢出地区应该充分认识问题，找准问题症结，做好留住人才工作；溢入地区同样应该分析人才和知识溢入原因，在招才引智的同时，也需要考虑留住人才的问题，拥有了适合自己发展的人力资本体系和人才队伍，地区经济发展才能得以持续，因此，各级政府应进一步重视人力资本管理工作，以人才促发展，夯实区域可持续发展的人力基础。

第四节　研究不足与展望

教育经济学是研究教育和经济之间关系的经济学分支学科，是介于经济学、教育学、数学之间的边缘学科、交叉学科，国内外学者已从不同层面和视角对其进行了系统研究。本书主要围绕教育财政的绩效问题进行了宏观研究，在绩效评

价体系构建、教育支出的空间溢出、公共教育支出合理规模等方面进行了创新研究，具有一定的理论意义；而基于我国区域差异所进行的实证和专题研究，在丰富和验证教育经济理论的同时，能够为我国做好公共教育支出绩效管理工作提供现实指导，具有一定的现实意义。但是相关研究停留在宏观层面和中观层面，较少涉足微观层面，体现了本书的研究不足，并和国外逐步把研究触角深入微观领域相违和，当然这也给未来进一步的研究指明了方向。

展望未来，希望和业界同人一起，不断深耕教育经济领域的问题，分层级、分区域、分主体开展系统研究。如本书主要研究了公共教育支出的省域单位绩效溢出问题，在试图分成初等、中等和高等教育进行公共教育支出绩效溢出研究时，始终无法得出合理的结果，后续研究团队还会进一步完善数据，修正模型，开展新一轮研究工作，对不同教育层级的支出绩效研究将会成为研究团队未来深耕研究的一个重点领域。最后希望围绕教育经济领域，不同区域、不同主体、不同层级等视角和层面的研究能够得到进一步开展，以为我国经济和社会发展奠定理论基础，并提供现实指导。

参考文献

[1] 卜振兴. 论教育投入及其结构对经济增长的作用 [J]. 西南大学学报（社会科学版），2015（5）：81-89，206-207.

[2]［美］布里姆莱，［美］贾弗尔德. 教育财政学：因应变革时代（第九版）[M]. 窦卫霖，主译. 北京：中国人民大学出版社，2007.

[3] 才国伟，刘剑雄. 收入风险、融资约束与人力资本积累——公共教育投资的作用 [J]. 经济研究，2014（7）：67-80.

[4] 蔡文伯，黄晋生. 高等教育投入与城乡收入差距：抑制还是促进 [J]. 黑龙江高教研究，2019（2）：74-79.

[5] 曹浩文，高兵，王静美. 面向2035首都基础教育财政支出结构优化研究——京沪比较与启示 [J]. 首都师范大学学报（社会科学版），2020（1）：171-177.

[6] 曹可成. 财政分权视角下基础教育支出效率测度及影响因素研究 [J]. 统计与信息论坛，2020（3）：113-121.

[7] 曹武军，刘凡，薛朝改. 技术创新路径对制造业高质量发展的影响研究——基于制造业27个细分行业的实证分析 [J]. 价格理论与实践，2021（11）：155-158.

[8] 陈晨，仲伟周. 人力资本、教育等级性与区域收入差距的实证分析 [J]. 华东经济管理，2018（8）：80-87.

[9] 陈纯槿，郅庭瑾. 世界主要国家教育经费投入规模与配置结构 [J]. 中国高教研究，2017（11）：77-85，105.

[10] 陈漫雪，吕康银，王文静. 中学教育对城镇居民收入的影响效应 [J]. 湖南农业大学学报（社会科学版），2015，16（6）：83-89.

[11] 陈清萍. 科技进步、协同创新与长三角制造业高质量发展 [J]. 江淮

论坛，2020（2）：103－112．

［12］陈瑛．城市工资溢价：规模聚集效应与人力资本溢出效应［J］．云南财经大学学报，2018（10）：86－98．

［13］程雪．高等职业教育均衡发展理论内涵及政策定位［J］．中国成人教育，2014（2）：79－80．

［14］丛树海，周炜．中国公共教育支出绩效评价研究［J］．财贸经济，2007（3）：37－42，128．

［15］邓志辉，杨卫军．省域内高职教育的非均衡发展简析——以陕西省为例［J］．中国职业技术教育，2011（12）：35－37．

［16］丁忠民，玉国华．社会保障、公共教育支出对居民收入的门槛效应研究［J］．西南大学学报（社会科学版），2017（4）：55－64，190．

［17］董志华．人力资本与经济增长互动关系研究——基于中国人力资本指数的实证分析［J］．宏观经济研究，2017（4）：88－98．

［18］杜伟，杨志江，夏国平．人力资本推动经济增长的作用机制研究［J］．中国软科学，2014（8）：173－183．

［19］樊慧玲．我国义务教育资源配置的绩效评估体系构建［J］．教育科学研究，2019（8）：12－16．

［20］樊儒经，张雯．人力资本和流动人口对于区域经济增长差异的影响研究——基于2011—2015年度江浙沪地区数据的实证分析［J］．人口与发展，2019（3）：14－26．

［21］樊星，马树才．中国区域高等教育对经济增长贡献率的时空特征研究——基于中国省域面板数据的实证分析［J］．中国高教研究，2017（8）：74－79，84．

［22］范剑勇．产业集聚与地区间劳动生产率差异［J］．经济研究，2006（11）：72－81．

［23］范庆泉，周县华，潘文卿．生产性财政支出效率看规模优化：基于经济增长的视角［J］．南开经济研究，2015（5）：24－39．

［24］范先佐．教育经济学新编［M］．北京：人民教育出版社，2015．

［25］方宝．三十年来我国高等教育经济功能研究的发展及偏误［J］．河北师范大学学报（教育科学版），2015（5）：73－78．

［26］方超，黄斌．我国高等教育经费投入的资源配置效率评价——基于空

间计量经济学的实证检验 [J]. 重庆高教研究, 2019 (5): 91 - 103.

[27] 方超, 罗英姿, 黄斌. 研究生教育扩展、人力资本积累与劳动力的收入差距——兼论收入差距的空间分布机制 [J]. 中国高教研究, 2018 (3): 93 - 98.

[28] 傅勇, 张晏. 中国式分权与财政支出结构偏向: 为增长而竞争的代价 [J]. 管理世界, 2007 (3): 4 - 12, 22.

[29] 耿华萍, 刘祖云. 城乡义务教育非均衡发展现实归因的理论思考 [J]. 南京社会科学, 2016 (4): 134 - 139.

[30] 耿乐乐. 义务教育生均经费支出更公平了吗? ——基于 1995 — 2016 年生均经费基尼系数的测算 [J]. 教育学术月刊, 2020 (2): 50 - 55, 70.

[31] 关会娟, 李昕, 谭莹. 教育投入、交易成本与区域收入差距 [J]. 财经研究, 2019 (7): 97 - 111.

[32] 郭翠兰. 河南省义务教育非均衡发展的原因与对策 [J]. 中国教育学刊, 2014 (7): 15 - 18.

[33] 郭矜. 财政分权对我国教育资源非均衡配置影响及原因分析 [J]. 地方财政研究, 2016 (2): 84 - 91, 96.

[34] 郭庆旺, 贾俊雪. 公共教育政策、经济增长与人力资本溢价 [J]. 经济研究, 2009 (10): 22 - 35.

[35] 郝宏杰. 财政支出、空间溢出效应与服务业增长——基于中心城市数据的空间杜宾模型分析 [J]. 上海财经大学学报, 2017 (8): 79 - 92.

[36] 郝硕博, 倪霓. 创新异质性、公共教育支出结构与经济增长 [J]. 财贸经济, 2014 (7): 37 - 49.

[37] 郝志文. 城乡义务教育非均衡发展原因探析——以河北省为例 [J]. 人民论坛, 2010 (32): 152 - 153.

[38] 何艳, 刘娟娟. 中国教育经费与地区经济的非均衡性研究 [J]. 国家教育行政学院学报, 2014 (5): 73 - 78.

[39] 贺灵, 付丽娜. 创新要素协同、市场化改革与制造业高质量发展 [J]. 财经理论与实践, 2021 (6): 126 - 131.

[40] 黄晖. 中国经济增长区域差异的制度分析 [J]. 经济地理, 2013, 33 (1): 35 - 40.

[41] 黄臻, 易罗婕. 我国高等教育投入公平性与教育整体效率研究 [J]. 湘潭大学学报(哲学社会科学版), 2012 (6): 21 - 25.

［42］蒋玉成，刘思源，洪玉管. 工业劳动生产率增长视角下高等教育资源配置效率地区差距研究［J］. 教育发展研究，2020，40（11）：76 - 84.

［43］金戈，史晋川. 多种类型公共支出与经济增长［J］. 经济研究，2010（7）：43 - 56.

［44］金钰莹，叶广宇. 我国教育公平与区域经济增长的耦合协调性分析——基于2003 — 2016 年省际面板数据［J］. 湖南社会科学，2019（4）：115 - 122.

［45］景维民，王瑶，莫龙炯. 教育人力资本结构、技术转型升级与地区经济高质量发展［J］. 宏观质量研究，2019（4）：18 - 32.

［46］靖东阁，谢德新. 从量化到质性教育均衡发展研究范式的转向［J］. 当代教育科学，2014（11）：12 - 15.

［47］［英］克里夫·R·贝尔菲尔德. 教育经济学——理论与实证［M］. 北京：中国人民大学出版社，2007.

［48］李秉中. 我国教育经费支出的制度性短缺与改进路径［J］. 教育研究，2014（10）：41 - 47.

［49］李德刚. 中国财政支出最优规模比较研究——基于变参数状态空间模型［J］. 中国人口·资源与环境，2017（S1）：315 - 318.

［50］李海峥，贾娜，张晓蓓，等. 中国人力资本的区域分布及发展动态［J］. 经济研究，2013（7）：49 - 62.

［51］李金铠，马静静，魏伟. 中国八大综合经济区能源碳排放效率的区域差异研究［J］. 数量经济技术经济研究，2020，37（6）：109 - 129.

［52］李恺，罗丹. 义务教育均衡发展的收敛性分析——基于我国31 个省（市）面板数据的实证研究［J］. 教育发展研究，2015，35（10）：7 - 14.

［53］李祥云，张建顺，陈珊. 公共教育支出降低了居民收入分配不平等吗？——基于省级面板数据的经验研究［J］. 云南财经大学学报，2018（8）：3 - 13.

［54］李小球，李琼. 2005 — 2015 年中国义务教育均衡性的实证检验——基于生均经费视角［J］. 教育科学，2019（3）：67 - 74.

［55］李晓华. 以新发展理念引领制造业高质量发展［J］. 人民论坛·学术前沿，2021（13）：51 - 59.

［56］李昕，关会娟. 各级教育投入、劳动力转移与城乡居民收入差距［J］. 统计研究，2018（3）：80 - 92.

［57］李燕. 高校科技创新与城市经济高质量发展——基于19 个副省级及以

上城市的实证检验 [J]. 科技管理研究, 2020 (13): 1-7.

[58] 李振叶, 刘杨程, 徐斌. "互联网+" 对工业高质量发展的影响——基于面板中介效应模型的估计 [J]. 科技进步与对策, 2020 (14): 86-93.

[59] [美] 理查德·A·金, [美] 奥斯汀·D·斯旺森, [美] 斯科特·R·斯威特兰. 教育财政: 效率、公平与绩效 (第3版) [M]. 曹淑江, 主译. 北京: 中国人民大学出版社, 2010.

[60] 栗玉香, 冯骁. 基于地方需求的美国联邦政府教育财政供给策略 [J]. 河南社会科学, 2017 (3): 119-124.

[61] 栗玉香. 教育财政效率的内涵、测度指标及影响因素 [J]. 教育研究, 2010 (3): 15-22.

[62] 梁军, 赵青. 教育人力资本及其溢出效应对中国科技创新的影响研究——基于省际面板数据的经验分析 [J]. 上海大学学报 (社会科学版), 2018 (6): 122-131.

[63] 梁文泉, 陆铭. 城市人力资本的分化: 探索不同技能劳动者的互补和空间集聚 [J]. 经济社会体制比较, 2015 (3): 185-197.

[64] 刘宝生. 省域义务教育均衡发展的制约因素分析——基于辽宁省的案例研究 [J]. 辽宁教育研究, 2008 (2): 61-63.

[65] 刘成奎, 柯翙. 纵向财政不平衡对中国省际基础教育服务绩效的影响 [J]. 经济问题, 2015 (1): 13-20.

[66] 刘红宇, 马陆亭. 教育社会投入发展测度及其在教育经费投入政策中的价值 [J]. 现代教育管理, 2019 (6): 42-48.

[67] 刘湖, 于跃, 张家平. 教育消费结构、收入差距与经济增长 [J]. 陕西师范大学学报 (哲学社会科学版), 2019 (3): 93-104.

[68] 刘华军, 张权, 杨骞. 中国高等教育资源空间分布的非均衡与极化研究 [J]. 教育发展研究, 2013 (9): 1-7.

[69] 刘魏, 张应良, 田红宇. 人力资本投资与农村居民收入增长 [J]. 华南农业大学学报 (社会科学版), 2016 (3): 63-75.

[70] 刘晓凤. 巴西高等教育支出绩效评价: 原则、指标体系、方法及应用 [J]. 现代教育管理, 2014 (4): 123-128.

[71] 刘新荣, 占玲芳. 教育投入及其结构对中国经济增长的影响 [J]. 教育与经济, 2013 (3): 49-55.

［72］刘洋．我国政府支出适度规模估计及最优动态路径研究［J］．管理学报，2009（12）：1653 – 1656.

［73］刘友金，周健，曾小明．高校扩招、人力资本积累与创新能力提升［J］．湖南财政经济学院学报，2018（1）：5 – 17.

［74］刘泽云，袁连生．我国公共教育投资比例研究［J］．高等教育研究，2006（2）：62 – 66.

［75］刘志辉．我国省级区域义务教育均衡的实证研究——基于2009 —2015 年的统计数据分析［J］．教学与管理，2018（9）：23 – 27.

［76］刘志民．教育经济学［M］．北京：北京师范大学出版社，2017.

［77］刘中文，李录堂．浙江省农村人力资本投资效率实证分析［J］．农业经济问题，2010（3）：61 – 64，111.

［78］刘自敏，张昕竹，杨丹．我国省级政府卫生投入效率的时空演变——基于面板三阶段 DEA 模型的分析［J］．中央财经大学学报，2014（6）：97 – 104.

［79］罗登跃．三阶段 DEA 模型管理无效率估计注记［J］．统计研究，2012（4）：104 – 107.

［80］罗伟卿．财政分权对于我国公共教育供给数量与区域差异的影响［D］．北京：清华大学，2011.

［81］马树才，孙长清．经济增长与最优财政支出规模研究［J］．统计研究，2005（1）：15 – 20.

［82］马拴友．公共教育支出与经济增长——我国公共教育支出的最优规模估计［J］．社会科学家，2002（2）：16 – 20.

［83］孟望生，向君．公共教育"欠账"和"超付"的经济增长效应——基于中国省级面板数据的经验研究［J］．经济与管理，2020（2）：50 – 57.

［84］闵维方，马莉萍．教育经济学［M］．北京：北京大学出版社，2020.

［85］牟玲玲，王晨曦，王欣然．科技创新、高等教育与制造业高质量发展耦合特征及机理探究——以京津冀为例［J］．管理现代化，2021（6）：23 – 27.

［86］聂娟，辛士波．我国高等教育质量差异化及对区域经济增长的效应分析［J］．中国软科学，2018（11）：58 – 65.

［87］牛玉龙．金融发展与经济增长区域差异研究［D］．重庆：重庆理工大学，2016.

［88］欧志文．内涵式发展：农村义务教育均衡发展的必然取向［J］．内蒙

古师范大学学报（教育科学版），2012（2）：23 - 26.

[89] 庞祯敬，李慧. 区域间普通高中教育均衡发展的思考与评价 [J]. 现代中小学教育，2014（8）：27 - 30.

[90] 亓寿伟，俞杰，陈雅文. 中国基础教育支出效率及制度因素的影响——基于局部前沿效率方法的分析 [J]. 财政研究，2016（6）：103 - 113.

[91] 钱雪亚，缪仁余，胡博文. 教育投入的人力资本积累效率研究——基于随机前沿教育生产函数模型 [J]. 中国人口科学，2014（2）：74 - 127.

[92] 任军，张立军，途门. 内蒙古城乡教育非均衡发展的改善措施——基于通辽地区城乡学校发展现状的调查 [J]. 黑龙江民族丛刊，2015（2）：149.

[93] 桑倩倩，栗玉香. 教育投入、技术创新与经济高质量发展——来自237个地级市的经验证据 [J]. 求是学刊，2021（3）：86 - 99.

[94] 商海岩，刘清源. 教育支出、人力资本积累与区域科技创新 [J]. 山东财经大学学报，2019（4）：76 - 86.

[95] 上海工程技术大学课题组. 上海教育绩效评价制度研究 [J]. 科学发展，2013（11）：46 - 62.

[96] 邵慰，吴婷莉. 智能化、要素市场与工业经济高质量发展 [J]. 经济问题探索，2022（2）：112 - 127.

[97] 沈立，倪鹏飞，王雨飞，等. 科教支出、空间溢出与城市经济增长 [J]. 金融评论，2019（3）：32 - 47.

[98] 沈有禄. 普通高中教育经费地区差异研究——基于 2007 —2016 年的数据 [J]. 教育与经济，2019（6）：35 - 45，56.

[99] 施威，杨琼，耿华萍. 城乡义务教育非均衡供给的理论、历史与现实逻辑 [J]. 教育发展研究，2017（6）：8 - 14.

[100] 宋丹丹. 区域异质性、教育投入与经济绩效——基于 2004 —2013 年31 个省市的面板数据 [J]. 金融经济，2017（18）：104 - 106.

[101] 宋旭光，何宗樾. 义务教育财政支出对代际收入流动性的影响 [J]. 财政研究. 2018（2）：64 - 76.

[102] 宋争辉，中国优质高等教育资源区域分布非均衡化的历史演变与现实思考 [J]. 高等教育研究，2012（5）：22 - 28.

[103] 孙玉环，季晓旭. 教育投入对中国经济增长作用的区域差异分析——基于多指标面板数据聚类结果 [J]. 地理研究，2014（6）：1129 - 1139.

［104］唐忠，崔国胜．北京义务教育非均衡发展的实证分析［J］．北京社会科学，2006（2）：63．

［105］陶长琪，冷琴．以创新驱动促进江西省制造业高质量发展的实证研究［J］．江西师范大学学报（自然科学版），2021（1）：1－9．

［106］王奔，晏艳阳．我国生均教育经费支出的省际差异及其影响因素［J］．经济地理，2017（2）：39－45．

［107］王凤羽，冉陆荣．公共教育支出最优规模分析与估计——以重庆市农村职业教育为例［J］．贵州社会科学，2019（1）：78－83．

［108］王甘，李唐，杨威．公共教育支出、经济开放度与地区间教育水平差异间关系的实证分析——基于1998—2008年中国省际面板数据［J］．技术经济，2012（3）：76－81．

［109］王国洪．人力资本积累、外出就业对民族地区农村居民收入的影响——基于2013—2015年民族地区大调查数据的实证研究［J］．民族研究，2018（3）：27－41，123－124．

［110］王红．教育规划纲要实施以来教育经费投入情况分析［J］．教育经济评论，2016，1（1）：27－45．

［111］王华星，段平方．我国义务教育财政资金支出效率研究——基于三阶段DEA模型的实证分析［J］．兰州财经大学学报，2017（10）：99－108．

［112］王建容，夏志强．我国义务教育均衡发展的内涵及其指标体系构建［J］．理论与改革，2010（4）：70－73．

［113］王琴，马树超．区域职业教育均衡发展的内涵和原则［J］．职业技术教育，2010，31（7）：16－19．

［114］王瑞军．基于省域视角的中国交通运输对区域经济发展影响研究［D］．北京：北京交通大学，2013．

［115］王胜华．公共投入、人力资本与居民收入——来自省级面板数据的证据［J］．中南财经政法大学学报，2017（4）：68－74，159－160．

［116］王胜华．政府支出经济增长效应区域异质性研究［D］．北京：中国财政科学研究院，2018．

［117］王淑英，杨祺静．高等教育规模对经济增长的空间效应研究——基于国际科技合作的视角［J］．教育经济评论，2022（1）：23－39．

［118］王先柱，余吉祥．人力资本积累与中国农村居民收入增长——来自农

村劳动力市场化进程的作用［J］. 农业技术经济，2012（1）：74－82.

［119］王彦峰. 区域学前教育均衡发展：概念释义、问题归因与实现路径［J］. 湖南师范大学教育科学学报，2015，14（6）：91－96.

［120］王玉燕，张晓翠. 环境规制、技术进步和制造业高质量发展［J］. 吉林工商学院学报，2020（6）：5－12.

［121］王悦. 中国区域人口红利的经济增长效应实证研究［D］. 沈阳：辽宁大学，2017.

［122］王振东，彭建强. 我国地方公共教育投入合理规模研究［J］. 财政研究，2008（9）：69－72.

［123］韦庄禹，李毅婷，武可栋. 数字经济能否促进制造业高质量发展？——基于省际面板数据的实证分析［J］. 武汉金融，2021（3）：37－45.

［124］温忠麟，叶宝娟. 中介效应分析：方法和模型发展［J］. 心理科学进展，2014，22（5）：731－745.

［125］文超，付佩，姚蕊. 教育财政支出的社会绩效与时空效应——以广东省为例［J］. 地方财政研究，2018（11）：92－99，104.

［126］吴健梅，陈丰. 城乡义务教育非均衡发展的统计调查实证分析［J］. 经济研究参考，2014（69）：45－52.

［127］吴伟伟. 谁更愿意投资高等教育——人力资本流动下地方经济增长促进高等教育财政投入的空间效应与门槛效应［J］. 教育学报，2021（2）：151－165.

［128］吴翌琳，于鸿君. 企业创新推动高质量发展的路径研究——基于中国制造业企业的微观实证［J］. 北京大学学报（哲学社会科学版），2020（2）：105－118.

［129］武磊. 义务教育非均衡发展现状及地方政策选择——以河南省焦作市为例［J］. 中州学刊，2008（4）：112.

［130］肖大勇. 生产性公共支出对经济增长和效率的作用机制研究［D］. 上海：上海社会科学院，2018.

［131］肖远飞，罗叶. 我国省级产业发展中技术创新、人力资本的空间溢出效应研究［J］. 科技管理研究，2018（9）：118－124.

［132］邢春冰，贾淑艳，李实. 教育回报率的地区差异及其对劳动力流动的影响［J］. 经济研究，2013（11）：114－126.

［133］徐丽，杨澄宇，吴丹萍. 教育投资结构对居民收入代际流动的影响分

析——基于 OLG 模型的政策实验 [J]. 教育经济评论, 2017 (4): 36 – 62.

[134] 徐倩, 常秀丽, 吕承超. 教育公平视阈下中国教育经费分布的空间非均衡及极化研究 [J]. 学术探索, 2017 (5): 137 – 149.

[135] 许雯雯. 公共教育支出对城乡居民收入差距的影响——基于 2005 — 2014 年省级面板数据的实证分析 [J]. 河北科技师范学院学报 (社会科学版), 2018 (4): 51 – 61.

[136] 薛进军, 高晓淳. 再论教育对收入增长与分配的影响 [J]. 中国人口科学, 2011 (2): 2 – 13, 111.

[137] 闫坤, 刘新波. "以县为主" 教育管理体制下农村义务教育非均衡发展的测算——基于历年省级数据的实证分析 [J]. 中国社会科学院研究生院学报, 2010 (4): 13 – 21.

[138] 严秋菊. 义务教育非均衡发展原因分析及解决对策 [J]. 中国教育学刊, 2010 (12): 71 – 72.

[139] 杨蓉, 刘婷婷. 中国教育经费配置结构分析——基于历史趋势和国际视野的双重探讨 [J]. 全球教育展望, 2019 (6): 46 – 61.

[140] 杨晓妹, 刘文龙. 公共教育支出、人力资本积累与制造业结构升级——基于总量与结构效应双重视角的实证分析 [J]. 贵州大学学报 (社会科学版), 2019 (3): 20 – 29.

[141] 杨伊, 胡俊男, 谭宁. 高等教育投入、人力资本结构对区域经济增长影响的外溢性研究 [J]. 黑龙江高教研究, 2021 (9): 36 – 44.

[142] 杨友才, 赖敏晖. 我国最优政府财政支出规模——基于门槛回归的分析 [J]. 经济科学, 2009 (2): 34 – 44.

[143] 姚继军, 马林琳. "后 4% 时代" 公共教育投入总量与结构分析 [J]. 教育发展研究, 2016, 36 (5): 17 – 21, 78.

[144] 叶杰. 发展趋势与因素分解: 中国省域间高等教育经费支出中的公平性问题——基于基尼系数及其结构分解与变动分解技术的分析 [J]. 中国高教研究, 2015 (10): 36 – 43.

[145] 叶杰, 周佳民. 中国生均教育经费支出的省际差异: 内在结构、发展趋势与公共原因 [J]. 教育发展研究, 2017 (23): 30 – 41.

[146] 易明, 彭甲超, 张尧. 中国高等教育投入产出效率的综合评价——基于 Window – Malmquist 指数法 [J]. 中国管理科学, 2019, 27 (12): 32 – 42.

[147] 于璇. 我国中西部贫困地区普通高中教育经费投入: 成就、问题及对策 [J]. 教育学报, 2019 (3): 94 – 103.

[148] 余杰, 胡臣瑶, 贺杰. 教育经费投入强度、结构、体制的宏观分析——基于中国与 OECD 国家的比较 [J]. 会计之友, 2020 (1): 103 – 111.

[149] 余靖雯. 政府教育投入、非政府教育投入和经济增长 [J]. 浙江社会科学, 2012 (6): 4 – 14, 156.

[150] 余秋莹, 寇璇, 王莹. 义务教育财政支出绩效及其影响因素实证分析 [J]. 公共经济与政策研究, 2016 (1): 82 – 96.

[151] 袁梅. 推进民族地区义务教育均衡发展: 内涵重释与路径深化 [J]. 民族教育研究, 2019 (6): 93 – 98.

[152] 曾继耘, 高宁波, 许爱红. 山东省义务教育均衡发展的问题及对策研究 [J]. 当代教育科学, 2015 (11): 40 – 44.

[153] 詹新宇, 刘文彬. 中国公共教育支出的经济增长质量效应研究——基于 "五大发展理念" 的视角 [J]. 教育与经济, 2019 (1): 46 – 57.

[154] 张长青, 王佳. 我国普通高等教育区域非均衡发展的实证分析 [J]. 黑龙江大学自然科学学报, 2010 (3): 308 – 314, 318.

[155] 张朝玉, 李东光. 高等教育资源配置研究的概述、评析与展望 [J]. 现代教育管理, 2018 (5): 13 – 18.

[156] 张鼎权. 教育对经济增长贡献地区差异影响的实证分析 [J]. 统计与决策, 2019 (2): 149 – 152.

[157] 张虎, 周迪. 我国高等教育公平与效率马太效应比较及协调发展实施路径——基于 1995—2012 年分省份数据的实证研究 [J]. 教育发展研究, 2015, 35 (Z1): 12 – 18, 28.

[158] 张辉蓉, 盛雅琦, 罗敏. 我国义务教育均衡发展 40 年: 回眸与反思——基于数据分析的视角 [J]. 西南大学学报 (社会科学版), 2019 (1): 72 – 80, 194.

[159] 张绘. "后4%时代" 我国教育经费投入需多维度改革并举 [J]. 教育科学研究, 2017 (1): 27 – 33, 47.

[160] 张军, 吴桂英, 张吉鹏. 中国省际物质资本存量估算: 1952 — 2000 [J]. 经济研究, 2004 (10): 35 – 44.

[161] 张琳, 盛秀婷. 我国城镇化进程中教育投入与经济增长关系的实证研究 [J]. 教育发展研究, 2015 (19): 59 – 65.

［162］张明志，姚鹏．产业政策与制造业高质量发展［J］．科学学研究，2020（8）：1381－1389．

［163］张淑翠．公共民生视野下的政府最优规模——基于 DEA－Tobit 回归修正法估计［J］．山西财经大学学报，2012（2）：9－19．

［164］张同功，张隆，赵得志，等．公共教育支出、人力资本积累与经济增长：区域差异视角［J］．宏观经济研究，2020（3）：132－144，175．

［165］张同功，张隆，赵得志，等．我国公共教育支出经济绩效空间溢出效应研究［J］．教育与经济，2021（3）：20－30．

［166］张同功，赵得志．我国公共教育支出非均衡测算及影响因素研究［J］．黑龙江高教研究，2020（2）：50－56．

［167］张文武，梁琦．劳动地理集中、产业空间与地区收入差距［J］．经济学（季刊），2011（2）：691－708．

［168］张小芳，潘欣欣，陈习定，等．教育公共支出与收入不平等——基于结构门槛回归模型的实证研究［J］．宏观经济研究，2020（1）：164－175．

［169］张秀武，赵昕东．人口年龄结构、人力资本与经济增长［J］．宏观经济研究，2018（4）：5－18．

［170］赵冉，杜育红．高等教育、人力资本质量对"本地－邻地"经济增长的影响［J］．高等教育研究，2020，41（8）：52－62．

［171］赵树宽，余海晴，刘战礼．高等教育投入与经济增长关系的理论模型及实证研究［J］．中国高教研究，2011（9）：11－15．

［172］郑成．西部高等教育发展对经济增长贡献的问题研究［J］．重庆高教研究，2017（4）：30－38．

［173］郑磊．财政分权、政府竞争与公共支出结构——政府教育支出比重的影响因素分析［J］．经济科学，2008（1）：28－40．

［174］郑志来．供给侧新视角下高等教育非均衡发展问题研究［J］．黑龙江高教研究，2017（3）：21－25．

［175］钟无涯．教育投入与经济绩效——基于京沪粤的区域比较［J］．教育与经济，2014（2）：64－72．

［176］周安华，颜梓鸿，曹虹剑．公共教育支出对居民财产性收入影响的作用机制分析［J］．湖南社会科学，2018（4）：135－145．

［177］周胜．公共教育经费配置的效率差异与对策——基于中国各地区数据

的经验研究 [J]. 技术经济与管理研究, 2014 (4): 80 - 83.

[178] 周胜, 刘正良. 中国教育投入的外溢效益及其计量检验 [J]. 教育与经济, 2013 (1): 36 - 41.

[179] 周亚虹, 宗庆庆, 陈曦明. 财政分权体制下地市级政府教育支出的标尺竞争 [J]. 经济研究, 2013 (11): 127 - 139, 160.

[180] 朱红琼, 王雅媛, 李小庆. 教育发展非均衡分析——基于贵州省的实证 [J]. 统计与决策, 2019 (15): 93 - 96.

[181] 朱晓东, 张忠家, 王利军. 我国高等教育对经济增长贡献的区域差异研究——基于人力资本产出弹性视角 [J]. 江西社会科学, 2014 (2): 82 - 86.

[182] 左勇华, 黄吉焱. 江西省高等教育与经济增长关系的实证检验 [J]. 统计与决策, 2017 (10): 104 - 107.

[183] ABAYASEKARA A, ARUNATILAKE N. School - level Resource Allocation and Education Outcomes in Sri Lanka [J]. International Journal of Educational Development, 2018 (61): 127 - 141.

[184] ANA I. MORENO M, ROBIN L, et al. Public Transport and School Location Impacts on Educational Inequalities: Insights from São Paulo [J]. Journal of Transport Geography, 2018 (67): 110 - 118.

[185] ANTÓNIO A, TANZI S V. Public Sector Efficiency: An International Comparison [J]. Public Choice, 2005, 123 (3 - 4): 321 - 347.

[186] ANTON B, FRANK C K. Economic Development and the Structure of Cross - technology Interactions [J]. European Economic Review, 2021 (132): 1 - 33.

[187] ASCHAUER D. Is Government Spending Productive? [J]. Journal of Monetary Economics, 1989 (23): 177 - 200.

[188] AVKIRAN N K. Investigating Technical and Scale Efficiencies of Australian Universities Through Data Envelopment Analysis [J]. Socio - Economic Planning Sciences, 2001 (1): 57 - 80.

[189] BECKER G S. A Theory of the Allocation of Time [J]. Economic Theory, 1965, 75 (299): 493 - 517.

[190] BERTINELLI L, ZOU B. Does Urbanization Foster Human Capital Accumulation? [J]. Journal of Developing Areas, 2008, 41 (2): 171 - 184.

[191] BLANKENAU W F, SIMPSON N B, TOMLJANOVICH M. Public Educa-

tion Expenditures, Taxation, and Growth: Linking Data to Theory [J]. American Economic Review, 2007, 97 (2): 393 –397.

[192] BLANKENAU W. Public Schooling, College Subsidies and Growth [J]. Journal of Economic Dynamics and Control, 2005, 29 (3): 487 –507.

[193] CHO D, GRAHAM S. The Other Side of Conditional Convergence [J]. Economic Letters, 1996, 50 (2): 285 –290.

[194] COBB – CLARK D A, JHA N. Educational Achievement and the Allocation of School Resources [J]. Social Science Electronic Publishing, 2013 (3): 23 –37.

[195] DADON – GOLAN Z, BEN D H I, KLEIN J. Revisiting Educational (in) equity: Measuring Educational Gini Coefficients for Lsraeli High Schools during the Years 2001 —2011 [J]. International Journal of Educational Development, 2019 (70): 102091.

[196] DANIELE C, HERMAN G, van de W. Policies, Skills and Earnings: How Educational Inequality Affects Earnings Inequality [J]. Socio – Economic Review, 2018, 16 (1): 137 –160.

[197] DANILO I, BARRY M, BERNARD F. Urban Employment Growth: Evidence from Great Britain 1981 —2001. [C]. European Regional Science Association, 2006.

[198] DEBORAH A, COBB C, NIKHIL J. Educational Achievement and the Allocation of School Resources [J]. Australian Economic Review, 2016, 49 (3): 251 –271.

[199] DELLA S M R, KNOEPPEL R C, MARION R. Modeling the Effects of Educational Resources on Student Achievement: Implications for Resource Allocation Policies [J]. Education and Urban Society, 2017 (2): 180 –202.

[200] DIRK K, ALEXANDER L. On the Optimal Provision of Social Insurance: Progressive Taxation Versus Education Subsidies in General Equilibrium [J]. Journal of Monetary Economics, 2016 (77): 72 –98.

[201] DORAN J, JORDAN D. Decomposing European NUTS2 Regional Inequality from 1980 to 2009: National and European Policy Implications [J]. MPRA Paper, 2013, 40 (1): 22 –38.

[202] DRAGOESCU R M. Education as a Determinant of the Economic Growth: The Case of Romania [J]. Procedia-Social and Behavioral Sciences, 2015 (197):

404 – 412.

[203] DUMAN A. Education and Income Inequality in Turkey: Does Schooling Matter? [J]. Financial Theory and Practice, 2008, 32 (3): 369 – 385.

[204] ERSADO L, GIGNOUX Jérémie. Egypt: Inequality of Opportunity in Education [J]. Middle East Development Journal, 2019 (9): 22 – 54.

[205] EYAL B H, YOSSI S. Expansion and Inequality of Educational Opportunity: A Comparative Study [J]. Research in Social Stratification and Mobility, 2013 (31): 22 – 31.

[206] FLEISHER B L H, ZHAO M. Human Capital, Economic Growth, and Regional Inequality in China [J]. Journal of Development Economics, 2010 (2): 2015 – 2231.

[207] FRIED H O, LOVELL C A K, SCHMIDT S S, et al. Accounting for Environmental Effects and Statistical Noise in Data Envelopment Analysis [J]. Journal of Productivity Analysis, 2002 (1 – 2): 157 – 174.

[208] GIULIO G, TIZIANA L, GIUSEPPE G. Territorial and Individual Educational Inequality: A Capability Approach Analysis for Italy [J]. Economic Modelling, 2018 (71): 247 – 262.

[209] GLOMM G, RAVIKUMAR B. Public versus Private Investment in Human Capital Endogenous Growth and Income Inequality [J]. Journal of Political Economy, 1992, 100 (4): 818 – 834.

[210] GUSTAFSSON J E, NILSEN T, HANSEN K Y. School Characteristics Moderating the Relation between Student Socio – economic Status and Mathematics Achievement in Grade 8: Evidence from 50 Countries in TIMSS 2011 [J]. Studies in Educational Evaluation, 2018 (57): 16 – 30.

[211] HANSEN K Y, GUSTAFSSONA J E. Identifying the Key Source of Deteriorating Educational Equity in Sweden between 1998 and 2014 [J]. International Journal of Educational Research, 2019 (93): 79 – 90.

[212] HENNING F. Understanding the Education Gap in Immigration Preferences across Countries over Time: A Decomposition Approach [J]. Electoral Studies, 2019 (61): 102061.

[213] HICKROD G A, SABULAO C M. Increasing Social and Economic Inequal-

ities among Suburban Schools: A Study in Educational Administration and Finance [J]. Final Report, 1969: 102.

[214] JAIME A S E, ADRIANA C S A, EDWINVAN G. Evolution of the Inequality of Educational Opportunities from Secondary Education to University [J]. International Journal of Educational Development, 2019 (66): 193-202.

[215] JAMES J, LOVELL C A K, IVAN S, et al. On the Estimation of Technical Inefficiency in the Stochastic Frontier Production Function Model [J]. Journal of Econometrics, 1982.

[216] JAYASURIYA R, WODON Q. Measuring and Explaining Country Efficiency in Improving Health and Education Indicators [J]. World Bank Working Paper, 2003 (9): 5-16.

[217] JEAN - MARIE V, ITZHAK Z. Education Technology, Human Capital Distribution and Growth [J]. CESifo Working Paper Series, 2006.

[218] JONDROW J, LOVELL C A K, MATEROV I, et al. On the Estimation of Technical Inefficiency in the Stochastic Frontier Production Function Model [J]. Journal of Econometrics, 1982 (2-3): 233-238.

[219] KAMALIKA C, BIDISHA C. Low Level Equilibrium Trap, Unemployment, Efficiency of Education System, Child Labour and Human Capital Formation [J]. Journal of Economics, 2018: 69-95.

[220] KNIGHT J B, SABOT R H. Educational Expansion and the Kuznets Effect [J]. American Economic Review, 1983, 73 (5): 1132-1136.

[221] KOLAWOLE O, TITUS A. Human Capital Contribution to Economic Growth in Sub - Saharan Africa: Does Health Status Matter More than Education? [J]. Economic Analysis and Policy, 2018 (58): 131-140.

[222] LANDAU D. Government Expenditure and Economic Growth: A Cross - Country Study [J]. Southern Eeconomic Journal, 1987 (1): 783-792.

[223] LUCAS R. On the Mechanism of Economic Development [J]. Journal of Monetary Economics, 1988 (22): 13-42.

[224] LUIS F G, FÁBIO D W. Inequality of Opportunity for Educational Achievement in Latin America: Evidence from PISA 2006-2009 [J]. Economics of Education Review, 2012, 31 (5): 694-708.

［225］LUNDBORG P, MAJLESI K. Intergenerational Transmission of Human Capital: Is it a One – way Street? ［J］. Journal of Health Economics, 2018: 206 – 220.

［226］MARTIN M. The Efficiency of Investment in Human Capital in IT Enterprises ［J］. Transportation Research Procedia, 2019: 1134 – 1140.

［227］MATILDA D. Sino – African Relations and ODA in the Twenty – First Century: Chinese Aid and Public Expenditure in Education and Health Sectors of Sub – Saharan African Nations ［J］. Chinese Political Science Review, 2019: 375 – 402.

［228］MCMAHON W W. Education Finance Policy: Financing the Nonmarket and Social Benefits ［J］. Journal of Education Finance, 2006, 32 (2): 264 – 284.

［229］MCMAHON W W. Education and Growth in East Asia ［J］. Economics of Education Review, 1998, 17 (2): 159 – 172.

［230］NECMI K A. Investigating Technical and Scale Efficiencies of Australian Universities through Data Envelopment Analysis ［J］. Socio – Economic Planning Sciences, 2001, 35 (1): 57 – 80.

［231］PANG B. A Sentimental Education: Sentiment Analysis Using Subjectivity Summarization Based on Minimum Cuts ［C］. Meeting of the Association for Computational Linguistics, 2004.

［232］PERKINS M. Education and Economic Growth: What Makes Investment Effective? ［C］. Undergraduate Research and Scholarship Conference (Paper 4) . 2016, http: //scholarworks. boisestate. edu.

［233］PETRAKIS P E, STAMATAKIS D. Growth and Educational Levels: A Comparative Analysis ［J］. Economics of Education Review, 2002, 21 (5): 513 – 521.

［234］PHILIPPE D E, FRANCISCO M M. The Political Economy of Higher Education Admission Standards and Participation Gap ［J］. Journal of Public Economics, 2017 (154): 1 – 9.

［235］PSACHAROPOULOS G. Returns to Investment in Education: A Global Update ［J］. World Development, 1994, 22 (9): 1325 – 1343.

［236］ROBERT J B. Government Spending in a Simple Model of Endogeneous Growth ［J］. Journal of Political Economy, 1990, 98 (5): 103 – 125.

［237］ROMER P M. Endogenous Technological Change ［J］. Journal of Political Economy, 1990 (5): 71 – 102.

［238］ROODMAN D. A Note on the Theme of Too Many Instruments ［J］. Oxford Bulletin of Economics and Statistics, 2009 (1): 135 – 158.

［239］RUGGIERO J, MINER J, BLANCHARD L. Measuring Equity of Educational Outcomes in the Presence of Inefficiency ［J］. European Journal of Operational Research, 2002 (142): 642 – 652.

［240］SCHULTZ T W. Capital Formation by Education ［J］. Journal of Political Economy, 1960, 68 (6): 571 – 583.

［241］SCHULTZ T W. Investment in Human Capital ［J］. American Economic Review, 1961 (51): 1 – 17.

［242］SHAWN F D. The Rise and Fall of Worldwide Education Inequality from 1870 to 2010: Measurement and Trends ［J］. Sociology of Education, 2012, 86 (2): 158 – 173.

［243］SOLOW R M. A Contribution to the Theory of Economic Growth ［J］. Quarterly Journal of Economics, 1956, 70 (3).

［244］STUART S R, WILLIAM C S. The Attenuation of Human Capital Spillovers ［J］. Journal of Urban Economics, 2008: 373 – 389.

［245］SU X J. The Allocation of Public Funds in a Hierarchical Educational System ［J］. Journal of Economic Dynamics and Control, 2004, 28 (12): 2485 – 2510.

［246］SYLWESTER K. A Model of Public Education and Income Inequality with a Subsistence Constraint ［J］. Southern Economic Journal, 2002, 69 (1): 144 – 158.

［247］TULLOCK G. Another Part of the Swamp ［J］. Public Choice, 1987 (1): 83 – 84.

［248］TURNOVSKY S J. Fiscal Policy, Elastic Labor Supply, and Endogenous Growth ［J］. Journal of Monetary Economics, 2000 (1): 85 – 210.

［249］TUSHAR A. Educational Inequality in Rural and Urban India ［J］. International Journal of Educational Development, 2014 (34): 11 – 19.

［250］WILLIAM F B, NICOLE B S. Public Education Expenditures and Growth ［J］. Journal of Development Economics, 2004, 73 (4): 583 – 605.

后 记

文至后记，离写下前言已经两年有余，随着研究的不断深入，研究内容也在不断地拓展和延伸，章节分布也进行了多轮调整，终于成稿，其间艰辛，不忍回顾。2016年获批青岛市"十三五"教育规划重大招标课题，自此团队开启了教育支出绩效问题的研究；2017年获批"十三五"教育规划山东省重点课题，使得研究的视野和领域更加宽广；2018年获批国家社科基金教育学专项。可谓一步一个脚印地踏实前行，2018年更是取得学院业绩遥遥领先的第一名，拥有了"经管一哥"的外号，随后正高职称和博导资格顺利拿下，井底之蛙式的骄傲难以避免，但了解结题要求之后的压力也如期而至，不同于国家社科一般项目的结题要求比较灵活，教育专项对课题组提出了三篇CSSCI收录期刊论文和出版专著的硬性要求，自此研究团队开启了"写稿—改稿—投稿—被拒稿"的痛苦轮回，多少个夜晚挑灯夜战！多少次讨论会战火纷飞！随着研究的不断推进，在一轮轮沟通讨论中终于看到了曙光！在自我怀疑和否定中逐渐找回自信！数年努力，在晨钟暮鼓、光阴轮回里逐渐踏实笃定，编撰写作过程中我看到了团队的每个成员为此付出的心血和成长。这本专著不仅是团队成果的汇编总结，更是记录了大家团结协作一起奋斗的岁月。

行文至此，内心不仅充满收获的喜悦和成就感，更是满怀感激！首先要感谢和我一起奋斗过的弟子们，他们和课题研究一起成长，"铁打的导师，流水的研究生"，如今早期参与研究的学生已经成为工作岗位上的骨干力量，他们在政府、高校和企业发挥着自己的聪明才智，在研究过程中养成的严谨作风对他们做好工作一定大有裨益，感谢他们在青春岁月里和我一起奋斗！其次感谢导师刘立峰和李勋来院长等领导对研究工作的大力支持和帮助，作为课题组成员，两位专家多次参与课题的讨论和指导，没有两位专家高屋建瓴地指导，课题研究和专著写作会很难完成；再次感谢吕承超、陈阳、陈明、尚英仕等年轻老师在研究过程中给予的帮助，他们在计量模型选择与使用方面给予了团队坚决的支持；最后，感谢自己和家庭成员的付出和努力，每一篇论文的选题和研究框架，每一章节的构思和写作，自己都做到了亲力亲为，在不断地阅读文献、研究打磨中寻找切入点，使得研究不断深入和全面，三更灯火五更明，日复一日地走在教学、科研、健身的路上，依然保持了热情和努力，虽已人到中年，但依然看到了自己的成长，感谢自己的努力和家人的陪伴！

完稿之时，看着熟悉的键盘，又想起和编辑们的邮件往来和对稿件的反复打磨，感谢审稿专家和编辑老师的批评、帮助和指导，你们是我前行路上的贵人，这本专著倾注的心血远大于当年的博士论文，所以希望该书出版之后，能够进一步丰富和充实教育经济学领域的研究，并启发同行进行更加深入的思考，本人也期待和行业专家、编辑老师们进行更加深入的交流和讨论。

此时此刻，刚刚获悉国家社科基金鉴定通过的消息，我应该敲下最后一行字了，一路走来，在大家的支持和帮助下，顺利地完成了课题研究和专著写作，我想我们都会满怀感激和期待开启新的篇章，我们江湖再见！

张同功

2023 年 3 月 2 日于青岛